公共冲突管理评论

（2014）

主　编：常健
副主编：许尧

南开大学出版社
天　津

图书在版编目(CIP)数据

公共冲突管理评论. 2014 / 常健主编. —天津：南开大学出版社，2015.6

ISBN 978-7-310-04797-0

Ⅰ. ①公… Ⅱ. ①常… Ⅲ. ①突发事件—公共管理—研究—中国 Ⅳ. ①D63

中国版本图书馆 CIP 数据核字(2015)第 093525 号

南开大学出版社出版发行

出版人：孙克强

地址：天津市南开区卫津路 94 号　邮政编码：300071

营销部电话：(022)23508339　23500755

营销部传真：(022)23508542　邮购部电话：(022)23502200

*

北京楠海印刷厂印刷

全国各地新华书店经销

*

2015 年 6 月第 1 版　2015 年 6 月第 1 次印刷

250×170 毫米　16 开本　24 印张　2 插页　376 千字

定价：50.00 元

如遇图书印装质量问题，请与本社营销部联系调换，电话：(022)23507125

前言

公共冲突是事关公共利益的冲突。有效管理公共冲突，充分利用和发挥其正向功能，抑制和转化其负向功能，关系到社会的稳定和国家的长治久安。

当代中国社会正处于社会转型的关键时期，公共冲突发生的频率、规模和强度都呈现上升趋势，对政府治理能力构成严峻挑战。对公共冲突管理的深入研究，有助于加深对公共冲突产生原因和发展过程的理解，改善公共冲突的管理方式，促进公共冲突的化解，转化公共冲突产生的结构性因素，建构公共冲突的治理体系，提升国家对公共冲突的治理能力。

公共冲突管理在国内作为一个新兴的学术研究领域，正在吸引越来越多学者的关注和研究。自2012年起，已先后在北京理工大学、北京林业大学和南开大学举行了三次专题学术研讨会，在《中国行政管理》、《国家行政学院学报》、《上海行政学院学报》等国内重要学刊上开设了研究专栏，并出版了教材和一批学术专著。为了进一步推动这一研究领域的发展，南开大学周恩来政府管理学院公共冲突管理研究中心决定出版《公共冲突管理评论（2014年）》一书，汇集当前这一领域重要的学术成果，以期吸引更多的学者关注和投身这一领域的研究。

本书汇集了2014年10月18～19日在南开大学举行的“公共领域冲突管理学术研讨会”的参会论文。本届研讨会的主题为“公共领域冲突管理的制度建设”，分议题包括中国公共冲突的历史与现状分析，中国公共冲突管理的现状与制度需求，公共冲突管理制度的要素、结构和实施条件，中国公共冲突管理的现有制度及其实施效果，国外和港澳台地区公共冲突管理制度及其实施效果，各个具体领域冲突管理的机制和制度建设，公共冲突管理的理论、方法和技术，以及公共冲突管理典型案例分析等。根据收到的参会论文，我们设立了六个栏目，分别是“公共冲突的发展趋势和原因分析”“公共冲突管理的制度建设”“公共冲突化解的理论与方法”“公共冲突管理主体研究”“环境和社区冲突管理研究”和“网络、医患和城管冲突管理研究”。所包括的27篇论文集中反映了国内公共冲突管理研究的热点问题，代表了目前这一领域研究的学术深度。

公共冲突管理是一个有待开拓和深耕的学术领域，希望《公共冲突管理评论（2014年）》一书的出版能够吸引更多的学者关注并投身于这一领域的研究，碰撞思想火花，拓展研究思路，展开多视角、全方位的研究。同时，公共冲突管理又是一个与公共管理实践紧密联系的领域，我们也希望有更多的政府官员和社会组织关注这一领域的研究成果，并能够从公共管理者的冲突管理实践中汲取更多现实养分，滋养这一领域茁壮成长。

常健

2014年11月于南开大学

目　录

公共冲突的发展趋势和原因分析

公共冲突管理的制度建设

公共冲突化解的理论与方法

公共冲突管理主体研究

环境和社区冲突管理研究

网络、医患和城管冲突管理研究

公共冲突的发展趋势和原因分析

信访活动中的非制度化行为逻辑

曹峰　李贺楼

摘　要：当前信访制度运作过程中存在的最突出问题便是信访活动中非制度化行为的大量存在，这些行为形成的具体原因各有不同，但都是信访民众在给定条件下的理性行动，反映了信访民众在不同的行动背景下的风险与收益权衡，并进而形成了信访制度在不同背景下运作的一贯特征，即“有底线、无规则”。要改善信访制度在当下的运作局面，最重要的是要强化制度实施，落实既有规则，实现信访活动的规则化。

关键词：信访；非制度化行为；行为逻辑

一、引言

信访制度在其建立和发展至今的六十多年时间里，在联系国家与民众从而为后者提供诉求表达渠道、为前者提供舆情和政策反馈渠道等方面发挥了重要的历史作用。[①]但是当前信访制度运作过程中存在的种种问题也引起了社会广泛关注，并引发了学界持续的讨论。其中最为突出的问题是偏离信访制度规定的上访行为如越级上访、重复上访以及“非正常上访”等的大量存

作者介绍：曹峰，马克斯维尔公共管理学院博士，清华大学公共管理学院助理教授，公共管理学院就业社会保障研究中心副主任，北京市哲学社会科学应急管理研究基地专职研究员。

文章来源：本文刊于《国家行政学院学报》2015年第2期。

① 刁杰成：《人民信访史略》，北京：北京经济学院出版社，1996年。

在。这些现象的存在表明信访制度运作存在失灵问题，即其设定的制度化的运作方式在实际中并未得到有效落实，从而形成了大量的非制度化的行为。那么为什么会产生这样的现象？在既有文献中，对此问题的分析与解答主要围绕信访制度设计进行，其中一个或明或暗的假设就是上述问题的形成源于信访制度设计的不合理，甚至就是信访制度的存在所致。[①]虽然这些分析与观点具有重要的启发意义，但主要甚至单纯以制度条文为分析对象也存在不足。制度条文本身只是一个静态的框架，其具体的社会效果从根本上取决于动态社会行为过程。因此，过分强调制度设计而忽视对现实社会行为过程的把握可能面临脱离实际的风险。有鉴于此，我们在本文对与信访有关的社会行动过程中的基本行动逻辑做一分析，并以G省B县为案例地区对分析结论做了补充说明。

二、信访活动中的理性逻辑

信访制度公开宣示的功能之一是“联系党和政府与人民群众”，即联系国家与民众，因此其本质上是国家为民众提供的一个政治参与的渠道。所谓政治参与，指民众经由各种途径、采用各种手段与国家或政府展开互动，对之提出各种价值诉求并要求予以实现。[②]但民众的政治参与并非必然循着国家供给的制度渠道进行，借鉴抗争政治研究中“政体模型”关于民众与政体互动过程中“正常的”（或‘日常非斗争行为’）和“越界的”两类行为的区分[③]，可以识别出两类理想意义上的政治参与形式，即完全循着国家供给的制度渠道的政治参与以及以逾越国家设置的“底线”形式实施的政治参与，后者的极端情形便是抗争政治中分析的一类大众抗争行为，即暴乱/叛乱或革命。但除了上述两种理想意义上的政治参与之外，在不同社会和文化背景下都存在着大量介于这两者之间的政治参与形式，欧博文将之统称为“既不过分也不安分的”（neither transgressive nor contained）“跨界抗争”（boundary-spanning

① 相关文献可见如下文章中的综述，童之伟：《信访体制在中国宪法框架中的合理定位》，《现代法学》，2011（1）；张红、李栋：《中国信访制度：困境与变革》，《华中科技大学学报（社会科学版）》，2012（6）。

② [美]塞缪尔·P. 亨廷顿、琼. 纳尔逊：《难以抉择：发展中国家的政治参与》，王晓寿、吴志华等译，北京：华夏出版社，1989年。

③ 道格·麦克亚当、西德尼·塔罗、查尔斯·蒂利：《斗争的动力》，李义中、屈平译，南京：凤凰出版传媒集团、译林出版社，2006年。

contention)。[①]在信访制度运作过程中也存在大量的这类参与形式，国内学者将之概括为“踩线不越线”。[②]因此，在实际中信访制度可以被民众以偏离制度本意的方式加以策略性地利用以实现自身价值诉求，这是一种给定条件下的很自然的选择。

对于理性的信访民众而言，选择采用非制度化行动策略必然面临着一个风险与收益的权衡问题，而这种风险与收益从根本上取决于政府所能容忍的“底线”何在。现实中信访民众面对的“政府”并非铁板一块的整体，而是在纵向有着中央和地方、高层与基层之分。[③]不同层面的政府对“底线”的认定并不一致：越到高层，其对“底线”的认定越多地涉及与政权的稳定有关的宏观层面的政治考量。就此而言，虽然政府对于逾越“底线”的行为仍保持着强大的打击决心和能力，但对于民众诉求，即便其表现出非制度化形式，高层政府出于策略的考虑并不便于直接出面干预，从而显得容忍度较高。[④]但与高层的全局考虑不同，作为基层国家的地方政府的“底线”则更多地涉及地方经济发展、社会稳定等直接影响地方官员职业安全、政治前途的事项。[⑤]而这一“底线”说到底是地方政府对自上而下的政治控制与绩效要求的理性反映。[⑥]对于信访民众而言，在绝大多数情况下其诉求及诉求表达行为不会触及高层政府划定的“底线”，且其直接的诉求表达对象也是地方政府。因而在绝大多数情况下信访民众非制度化行为所面临的是地方政府划定的“底线”，而这一“底线”划在何处归根到底取决于地方政府对高层为之划定的“底线”的反应，其真实地决定了信访民众与地方政府之间的互动过程，我们接下来基于既有研究发现和地方调研发现对此做一分析。

信访民众与地方政府间的互动自20世纪90年代中期进入学界关注视野以来经历了一个变化，即从“依法抗争”到“谋利型上访”。依法抗争所描述的是在20世纪80年代中后期至90年代农民以中央和高层政策、法令为支持

① Kevin J. O'Brien. 2003. Neither Transgressive nor Contained: Boundary-Spanning Contention in China, *Mobilization: An International Journal* 8(1): 51-64.

② 应星：《从“讨个说法”到“摆平理顺”——西南一个水库移民区的故事》，中国社会科学院研究生院社会学系，2000年3月。

③ Fayong Shi & Yongshun Cai. 2006. Disaggregating the State: Networks and Collective Resistance in Shanghai. *The China Quarterly* 186: 314-332.

④ Elizabeth J. Perry. 2001. Challenging the Mandate of Heaven: Popular Protest in Modern China. Critical *Asian Studies* 33(2): 163-180.

⑤ Yongshun Cai. 2008. Power Structure and Regime Resilience: Contentious Politics in China, British *Journal of Political Science* 38(3): 411-432.

⑥ Maria Edin.2003. State Capacity and Local Agent Control in China: CCP Cadre Management from a Township Perspective. *The China Quarterly* 173: 35-52.

对抗地方官员不法行为的“抗争”过程及行动机制。[①]而“谋利型上访”则是对本世纪初农村税费改革完成之后农村地区极少数农民以上访为手段要挟地方政府谋取不当甚至非法利益行动过程的描述。[②]我们从2013年至今多个地方的田野调查中，这一变化屡屡被地方官员提及，综合多个地方的基层官员的表述便是：过去是老百姓“怕”当官的，上访只是在忍无可忍的情况下作为对抗农业税负过重、地方官员腐败等问题的手段；而现在是当官的“怕”老百姓，在面对一些人的无理甚至非法要求时除一味妥协求全之外无计可施。必须指出上述表述有过于简化之嫌，但与现实并无根本出入。这一变化过程充分反映了地方政府在不同的“底线”约束下对信访民众行为“底线”的不同划定及由此决定的信访民众的策略选择。

自改革开放以来相当长一段时期内，推动地方经济增长成为高层政府对地方政府行动的主要期待。虽然中央在20世纪80年代中后期之后针对农村地区因农民税负问题和基层官员腐败问题引发的严重社会矛盾一再出台政策、法令限制地方政府行为，但由于这些政策、法令往往在实际中与地方经济增长目标有牵连，因而多数只能停留在纸面上而难以落到实处。在此情形下农民通过制度化的方式维权成功的可能性极低，农民唯有通过越级上访、集体上访引起高层注意才能解决问题，所以就出现了各种非制度化的行动策略。[③]由于农民实施这些行为确系事出有因，高层对此通常会予以容忍，且会利用农民制造的上访事件以个案方式整顿地方吏治，达到舒展民意、维护政治大局稳定之功效。但问题是这种对信访民众诉求个案式的解决与对地方吏治的个案式的整顿并不会从根本上改变地方官员面对的主要是经济增长这一“底线”约束，而在诸如保障民生与民众权利等方面面临的约束不足的现实。因而即便民众通过越级上访、群体性事件这类非制度化行为引起高层关注、获得权益诉求的实现，但通常需要承受较大风险。所以这类举动往往具有极为明显的“抗争”色彩。

面对多年积累的大量社会矛盾局面，十六大后中央提出建设“和谐社会”的政治理念，其核心要求之一便是切实维护群众合法权益、尊重并保障民生。

---

① Kevin J. O'Brien. 1996. Rightful Resistance. *World Politics* 49(1): 31-55；田先红：《息访之道——国家转型期的桥镇信访治理研究》，1995-2009. 华中科技大学社会学专业，2010年5月。

② Thomas P. Bernstein & Xiaobo Lü. 2003. *Taxation without Representation in Contemporary Rural China*, Cambridge University Press: Cambridge.

③ Xueliang Ding. 1994. Institutional Amphibiousness and the Transition from Communism: The Case of China. *British Journal of Political Science* 24(3): 293-318.

受自上而下对官员行为的政治监管的强化以及媒体迅速发展带来的对官员行为的社会监督的加强，地方官员与民生和民众权利相关的行为“底线”迅速被收紧。在相当长一段时期内存在的“老百姓怕当官的”现象整体上得以改变甚至在一些地方被逆转。我们调研过程中多位基层官员均对此印象深刻。地方官员行为“底线”被收紧直接限制了其可能的侵害民众权益的行为的发生。且在此背景下，民众一旦面临公权力侵权行为，其通过“依法抗争”的形式成功实现自身价值诉求的有效性较之前也有所增强，相应地也就降低了民众非制度化参与形式存在的必要性。仅就此而论，上述历史背景变迁可能会使得信访制度成为一个民众制度化参与以维护自身合法权益的渠道。但现实中的情形并非如此简单，其原因在于信访制度本身所具备的“制度两栖”特征。

所谓“制度两栖”指信访制度既可作为国家治理工具与手段，也可被民众策略性地用于实现超出制度设定预期的目的。[①]在早期这一特征主要表现为上文提及的民众用以实现通过制度化途径无法予以实现的权益诉求方面，但在当下则可能更多地与部分民众用以策略性地谋求不当甚至非法利益有关。简单来讲，既然民众可以经由信访渠道通过非制度化方式维护自身合法权益，其自然可能借此实现其他诉求，包括合法但不属于信访解决范围内的诉求或不当甚至非法利益诉求。民众对信访制度拓展利用潜能成功利用的可能性直接取决于地方政府对此的反制能力，而高层政府对地方政府行为“底线”的收紧直接制约了这一反制能力。需要指出的是，与高层对民众行动设立的“底线”不同，高层政府对地方政府行动的“底线”体现在明确的绩效考核和责任追究过程中。地方官员可能不会重视依法解决信访事项，但为规避政治风险、确保职业发展必然要重视与信访相关的考核目标的达成。虽然这类考核和追责机制在此前即已存在，但随着高层政治理念的转变、社会媒体发展带来的信息流动的增强，这类考核和追责机制的效果较此前有本质的变化。上述变化的结果便是民众对信访制度拓展利用成功可能性的增大。这样就形成了信访制度实际运作过程中的如下一方面乱象：不论诉求所涉及的是否属于信访受理范围内事项且不论诉求合法、合理与否，只要上访人愿意承受时间、经济与精力成本，其都可能进入信访渠道，甚至一些不合理、不

① [英]安东尼·吉登斯：《社会的构成：结构化理论大纲》，李康、李猛译，北京：生活·读书·新知三联书店，1998年。

合法诉求都能得以实现。如此一来信访也就在事实上“无所不包”。这类情形中的极端现象便是大量存在的“谋利型”上访。

在此有必要根据我们田野调查的发现对“谋利型”上访的一般形成过程做一简要描述。在我们的调研过程中几乎所有被问及这一现象的基层信访系统的官员都认为可归入这一类型的上访人在最初反映的事项都至少有其合理、合法成分，而之所以最终形成“谋利型”上访主要有三个发展路径。其一，上访人的诉求形成本与地方政府无关但应予以解决却由于地方政府失职、渎职而长期得不到妥善解决，上访人诉求在长期的上访过程中随着投入的各种成本的不断增加而不断增多，待上访人实施诸如进京“非正常上访”这类行为后，地方政府迫于压力又以经济补偿方式解决，结果诱发上访人在问题解决后继续以各种理由“狮子大开口”。其二，地方政府对于上访人诉求的形成负有主要责任，为息事宁人以经济方式解决，直接诱发上访人在此后继续以各种理由“狮子大开口”。第三，上访人的上访过程也是一个社会学习过程，而既有成功的“谋利型上访”行为对于部分上访人具有示范作用，从而引发“连锁反应”，形成新的“谋利型上访”。

无论“谋利型上访”如何形成，涉及其中的信访民众与地方政府间的互动过程中的行动逻辑是一致的，即信访民众的诉求仅限于实际的物质利益而绝大多数情况下不会触及高层所关注的“底线”；地方政府的行动目的同样是要使自身的行动以及后果保持在高层对之设定的“底线”范围之内，其基本逻辑与“依法抗争”时期并无不同，即都是在风险与收益权衡下的理性行为选择，二者都反映了信访活动中非制度化行为的理性逻辑。

三、“有底线、无规则”的制度运作及其在当下的后果

信访制度条文已经为信访活动中各方之间的互动过程设定了规则，即关于信访事项的受理范围、办理程序、责任追究等的规定。但问题是真正具备实际约束力的并非这些条文规则，而是前文分析中所提及的两条“底线”：一条是高层为地方政府设定的“底线”；另一条是地方政府在高层为之设定的“底线”之下为信访民众行动设定的“底线”。在“依法抗争”的时代背景下，前一条“底线”相对宽松，因而地方政府行为可以“无规则”，进而使得民众诉求要么不能得以表达，要么只能以非制度化的方式表达。而在“谋利型上访”

的时代背景下，前一条“底线”被收紧，相应地后一条底线被放松，从而即便地方政府按规则行事，信访民众的行为也可以“无规则”。因此，在不同时期，信访制度的运作过程始终呈现出“有底线、无规则”特征。

需要再次指出的是，上述关于两个时期的划分有过于简化现实之嫌。在当下现实中即便是采取非制度化行为的信访民众也有相当一部分是因为合法诉求未得到有效满足，而非出于谋取不当甚至非法利益所致。简化分析目的在于更为明确地阐明在理性行动逻辑驱动下的真实信访运作过程的基本特征。这种“有底线、无规则”状况的后果直接体现在三个方面，我们以J省B县的相关统计数据对信访制度运作“有底线、无规则”逻辑的后果做一描述。

1. 诉求事项类型“无所不包”

《信访条例》第十四条首先以列举形式规定信访人不服五类组织、人员职务行为的，可提出信访事项；所列举的五类组织和人员中，至少“行政机关及其工作人员”和“法律、法规授权的具有管理公共事务职能的组织及其工作人员”这两类组织和人员的职务行为明显属于行政行为。也即据此规定，至少是对部分行政行为的不服可以进入信访程序。但紧接着，该条又对此做出了如下限定：“对依法应当通过诉讼、仲裁、行政复议等法定途径解决的投诉请求，信访人应当依照有关法律、行政法规规定的程序向有关机关提出。”《信访条例》第十五条则进一步以排除的方式限定了其受理事项范围。[①]但由于信访制度运作中实际存在的“有底线、无规则”逻辑，《信访条例》上述规定在实际中根本难以落实，大量本不属于信访受理范围内事项进入信访渠道，信访制度在实际运作过程中“无所不包”（图1）。

①《信访条例》第十五条规定：“信访人对各级人民代表大会以及县级以上各级人民代表大会常务委员会、人民法院、人民检察院职权范围内的信访事项，应当分别向有关的人民代表大会及其常务委员会、人民法院、人民检察院提出，并遵守本条例第十六条、第十七条、第十八条、第十九条、第二十条的规定。”

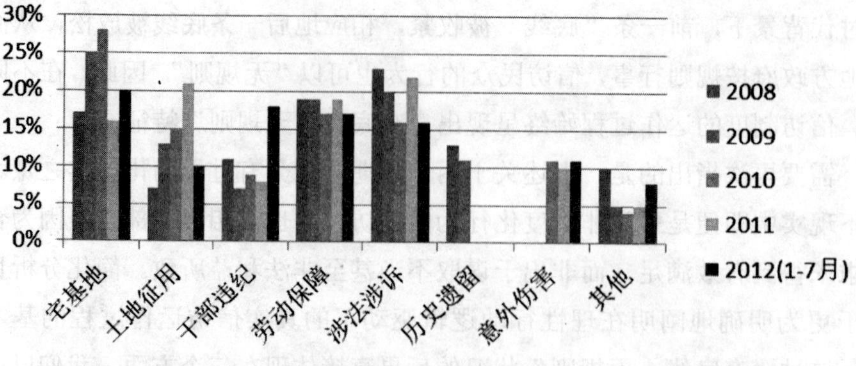

图 1　G 省 B 县各类信访事项比例分布（2008 年至 2012 年 7 月）

2. **信访活动中非制度化行为普遍**

信访制度运作的“有底线、无规则”逻辑会潜在地诱发上访人通过不触及高层政府关注的政治合法性和稳定“底线”的非制度化行为，借此对地方政府施加压力以达成自身诉求。以 B 县为例，2012 年 1～7 月，该县上访人围堵市委、市政府 7 次 100 余人次，平均每月 1 次，次均 15 人。围堵或到县政府大门非正常集体访 93 次 1816 人次，平均每月 13 次以上，次均 20 人。其中，该县某镇 S 某因宅基地纠纷引发侵财、侵害案件，多次扯白条幅县访；该县某乡某村因儿童溺水死亡事件家属抬尸围堵县政府。此外，现实中信访人往往“多条腿走路”，除了去信访部门上访外，还到党政机关、人大立法机构、司法部门，甚至到北京使领馆区、领导驻地及天安门地区等公共场所上访。最后，根据《信访条例》规定，来访超过 5 人（含 5 人）以上反映共同事项的，需推选不超过 5 人代表参加信访部门接谈。但实际中信访部门往往不得不面对日益增多的集体来访（图 2），信访部门对此需要花费大量时间与精力进行现场解释、劝导工作。

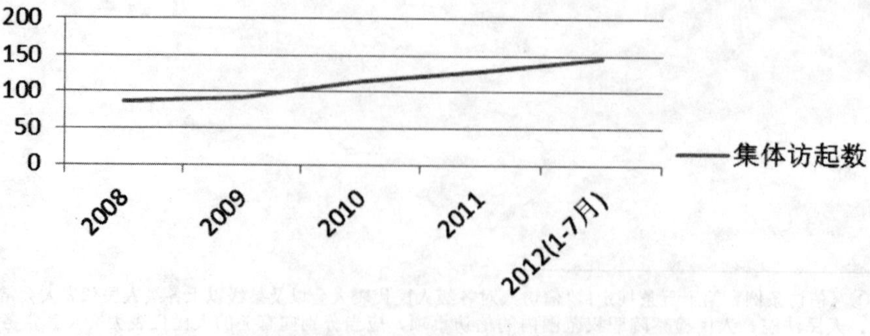

图 2　集体访起数变化（2008 年至 2012 年 7 月）

3. 信访案件终结成本高且困难

信访制度实际运作中的“无所不包”以及非制度化行为的普遍存在导致信访案件难以终结，涉法涉诉案件便是此类案件的典型代表。所谓涉法涉诉案件指涉及司法问题、应当通过司法途径予以解决的信访事项。《信访条例》明文规定此类案件信访机构不予受理，但实际中仍然有大量这类案件进入了信访渠道。据调研了解这类案件主要有三种情形，其一是本属于司法管辖事项的上访人不通过司法途径解决，直接选择进入信访渠道。其二是上访人走完了所有司法程序后对之处理意见或决定不服转而进入信访渠道。最后便是上访人为同一事项同时进入司法渠道和信访渠道。对于基层地方政府和信访机关来说，一旦严格依照《信访条例》规定对这类案件不予受理则可能“激化矛盾”引发上访人更为激烈的非制度化行为，而一旦予以受理、处理，则极有可能损害司法权威。尤其是上访人因对法院判决不服而上访的案件，地方政府和信访机关只能通过解释、教育、疏导等“磨嘴皮”办法加以应付。以B县为例，2008年以来涉法涉诉案件占比基本上在20%左右。除涉法涉诉案件外，地方政府对于政策性问题引发上访案件也只能应付而根本无法予以解决。所谓政策性问题引发上访案件指上访人所反映诉求涉及政策问题，除非高层（至少是省级）政府统一出台政策，没有任何政策依据可对这类问题予以解决。实际中政策性问题主要集中在民办教师、计划经济年代遗留问题以及复转军人问题等方面。以B县为例，该县政策性问题上访人群主要为60年代为国家担担子人员、民办教师及代课教师、复转军人、农村电影放映员，人群规模达3000余人。这类人群的诉求主要涉及退休、退养及相关待遇方面，由于县一级政府根本无权对此出台政策，所以始终无法解决。但由于这类上访人群规模大、反映问题同质性高，往往形成集体上访。最后，对于一些疑难复杂问题或发展成“谋利型”上访情形的案件，地方政府往往要花费极高的成本却不一定能做到“案结事了”。如B县某镇某村Y某因债务纠纷对法院判决不服，连续上访20多年，为使其停止继续上访，2011年B县对其给予30万元“救助”，此后Y某息诉罢访，但事隔不到一年，2012年Y某又以为女儿找工作为由继续多次上访。

四、讨论与建议

制度的基本功能表现为对社会行动的限定（constraint）和使能（enabling）作用；制度的实际运作状态是具有能动性的社会行动者对制度规则之于其行动的限定与使能的能动反应过程，由此制度规则构成行动者行动的条件，并在其社会行动过程中被重塑，此即制度（结构）的“二重性”特征。由此而论，对制度运作后果不能仅着眼于制度规则条文，而要更多地关注在条文规则下的实际社会行动过程。我们在本文中的分析表明，信访制度运作中表现出来的诸多问题是作为理性行动者的信访民众与同样作为理性行动者的地方官员之间在各自“底线”范围内“无规则”互动的产物。但这种“无规则”本身就是最真实的互动规则，体现了地方政府与信访民众之间互动的真实逻辑。只不过这种真实逻辑与制度设计者所设计互动“规则”相悖而已。需要注意的是，虽然这种情形的出现多少与信访制度本身的制度设计有关，但更主要的是与当前中国社会中的“规则环境”有关。首先，如吴毅等人指出的，任何制度都存在与上、下、左、右各种既定制度与关系的接洽，其绩效不可能孤立地评判。[①]信访制度运作存在的“无规则”情形在很大程度上受整个制度环境影响。其次，在这个制度环境下，无论是地方官员还是民众的“规则意识”可能略显薄弱。这两个现实原因就使得即便是在技术上完全理性的制度条文设计也会在现实中屡屡碰壁。实际上，2003 年以来中央和各级地方层面上均实施了大量的制度改进和创新，但信访制度运作中存在的前述问题仍未获得实质性的解决，即能说明这一点。

但另一方面，如钱穆先生指出的，任何制度有利有弊，这一点古今概莫能外。[②]我们并不能因为信访制度的运作过程存在种种问题就一笔抹去其历史和现实中所发挥的作用。虽然通过信访解决问题的过程往往无法实现制度设计的“规则化”，但在多数情况下这只不过是在当前整个制度及制度实施环境下地方在制度运作过程中必要的“变通”而已。另外需要指出的是，在从中央到乡镇所有层级受理的信访案件总量中，绝大多数是在市、县以及乡镇等基层得以解决的，只不过观察者的注意力往往更多地投向那些更能吸引眼

① 吴毅等：《村治研究的路径与主体——兼答应星先生的批评》，《开放时代》，2005（4）。
② 钱穆：《中国历代政治得失》，北京：生活·读书·亲知三联书店，2011 年。

球的案例而已——虽然这些案例在绝对量方面并不小，但其在全国各级受理的信访总量中所占比重是极小的。这部分案例的存在固然能说明信访制度运作“弊”的一面，但切不可因此无视该制度或许更大的“利”的一面。

我们并不认为信访制度运作现状是理想的，前文分析中指出的信访制度潜在的非制度化逻辑的存在也必然使得其在实际运作过程中面临种种乱象。但在一个规则意识欠缺的制度环境下，这些乱象或许是为了尽可能有效地维护民众权益、管控地方政府及其官员行为并进而维护政治稳定而必须承受的代价。要简单地通过制度再设计消除这些乱象极可能是缘木求鱼：一方面，所谓“废除信访制度”的言论太过天真，即便这个制度被废除，在当下及今后一个时期内，肯定还要出现一个或许不同名实则一回事的制度来承担其所承担的功能；另一方面，所谓“强化信访制度”的观点可能失之短视，无论是所谓的“信访法治化”还是“强化信访机构”等，或许能解眼前之忧，但却又会为长远的法治化进程制造障碍和麻烦。我们的主张是，维持现行信访制度的基本设计，从其实施机制入手推进其运作逐步实现制度设计者所预期的“规则化”；同时要“跳出信访”，下大力气加强其他权利救济和纠纷解决机制。这个过程将会伴随着当下信访制度在实际中承担的功能之重要性的逐步降低以及其他有着确定程序和明确规则的救济、解纷机制功能实际重要性的逐步增强；这个过程同时也是各个层面的国家治理与社会运行的规则化水平逐步提升的过程。这个过程不是可以通过制度设计人为推动的，而是在制度实施的规则化水平——即制度设计者所期望的规则化水平——不断提升中逐步完成的。

当代国际准则框架与民族分离主义运动

王剑峰

摘　要：冷战结束以来，以民族分离和民族独立为目的的民族冲突在当代国际政治中地位凸显。虽然理论上当代国际准则框架基本上不鼓励民族分离主义运动，但实践上二者之间存在张力。一般来说，民族分离主义运动违反国际体系的两个基本原则：一是国家主权原则，二是民族自决原则。国家主权原则规定只有主权国家才能行使对领土排他性的控制权，而民族分离主义者不具此资格；一个新的国家的合法性必须经每个国家的正式承认，而一个国家是否承认某一政治实体的国家身份，通常取决于自己的国家利益和外交政策考量；当冲突发生时，国家之间互不干涉和互不使用武力的原则，使得民族分离主义者不能合法地获得外部支持。另一方面，虽然联合国宪章在一定限度上对民族自决权加以承认，但在实践上倾向于把自决当成一种“政治原则”而非“法律权利”。当今世界民族冲突的事实说明，国际准则框架与民族分离运动之间存在张力。族群冲突的政治解决日益成为当代国际社会的主流选择。

关键词：民族分离主义；民族冲突；国际准则框架

一、引言

“民族分离主义运动”一般指少数民族群体向其所在的主权国家提出单方

面的分离要求，并以民族名义和形式采取实际行动的集体行为。国际关系领域中民族冲突研究的一个重要内容是国际体系内普遍认可的准则、规定、程序和行为原则与族裔政治运动之间的相互关系。国际准则是国际交往中被大多数国家承认并遵守的国际行为规范，例如联合国宪章、联合国决议、国际公约，等等。国际准则框架由法律的和政治的准则、规定、程序，以及治理国家之间关系的体系与管理体制内成员的原则构成。

冷战结束以后，民族主义运动引起欧美政治学界的高度关注，相关著述颇丰，国际影响很大。国内2000年以后才逐渐有学者关注这类问题。朱毓朝、茹东燕探讨了怎样从国家主权原则层面上理解民族问题。[①]朱毓朝还讨论了自决权与分离主义的关系，相关的国际法原则及其国际实践。[②]王英津则从法理上讨论“分离权”，认为对于分离权，国际法并没有从严格意义上进行规范，因而不能将分离权与国际法上的自决权混为一谈。[③]杨恕、李捷则探讨了分裂主义国际化的挑战性和危险性。[④]

国际体系基于民族自决和民族国家的原则，因而国际准则框架晚近建树的诸多内容便显现着对族裔民族主义和民族分离主义运动持有强烈的否定态度。这里笔者将主要讨论国际体系为什么不支持民族分离主义？其合法性何在？族群冲突与国际准则框架之间存在什么样的张力？

二、民族分离主义运动违反国家主权原则

主权国家构成当代国际体系的单元，这一原则首先在1648年的《威斯特伐利亚和约》（the Peace of Westphalia）中获得确立，300年之后写入联合国宪章。威斯特伐利亚体系赖以存在的主要原则就是主权这一合法的、绝对的并且是唯一的存在。主权是合法的，因为在国际法中主权国家不附属于任何其他国家；主权是绝对的，因为它要么存在，要么不存在，并不存在某种中间的状态（简短的过渡时期除外）；主权是唯一的，因为主权国家在其管辖范围内可以行使至高无上的权威。

作者简介：王剑峰（1967—），男，蒙古族，辽宁省人，中国社会科学院民族学与人类学研究所副研究员，主要研究方向为民族理论与民族政策、民族问题政治经济研究。

① 朱毓朝、茹东盐. 当代国际关系中的民族问题.《世界民族》2004年第5期。

② 朱毓朝：《国际法和国际政治中的分离主义》，《国际政治科学》2005年第2期。

③ 王英津：《有关“分离权”问题的法理分析》，《世界经济与政治》2011年第12期。

④ 杨恕、李捷：《分裂主义国际化进程研究》，《世界经济与政治》，2009年第1期。

在威斯特伐利亚体系时代，主权与国家权力几乎相等。世人把主权视为国际体系的基石。当然一些学者对此提出质疑，认为冷战已经走向结束，长期存在稳定的主权概念也走向终点，“在我们所处的时代，民族主义倾向于提升一种截然相反的敏感性。发育完好的民族国家极为罕见。一旦国家与民族未能吻合，民意将走向民族，威严不再属于政治国家。因而，规则范畴的界定逐渐取决于作为人民的民族而不是土地”①。对于诸多尚未获得主权的民族分离主义运动来说，这只不过是一种无谓的慰藉。因为目前被广泛接受的国家主权平等原则具有三个特点，他们为分离主义者设下了障碍。第一个特点是国家领土主权原则和建立新的国家所必具的合法性的国际准则。第二个特点就是要求体系内的所有成员相互承认主权，而对于分离主义分子来说，从业已存在的国家那里获得国家身份的认可，已经证明难以实现。国家之间的体系阻碍民族分离主义的第三个特点就是要求互不干涉内部事务。以下我们来逐个分析这些问题。

（一）国家领土主权原则与领土获得的合法性

一旦某个共同体由于具备可能永久存在的合理性，从而获得作为一个国家的重要特征：名义上是一个有组织的政府、有特定的领土，并具备在其他国家控制下独立开展自己国际关系的能力，那么，一个新的国家就形成了。这些条件的获得可以通过以下途径：批准独立、承认已经存在的事实上的独立、从联盟解体中独立、两个或更多的单元（前殖民地或者帝国的某些部分）的合并或者国家的合并、经相互协商而分裂成两个或更多的国家、通过占领而获得独立。

对于那些渴望成立自己主权国家的族裔政治运动来说，要想获得独立的国家身份，最直接的方法要么是通过相互协商分割已有的国家，要么是通过武力占领获得独立。如果一个国家的独立是通过相互协商并同意分割而形成的，这在国际法的框架内是可以承认的。但是，几乎毫无例外，国际准则体系谴责暴力占领的独立。因此，国际法看似为民族分离主义获得独立的国家地位提供了一条容易的道路，但实际上并非如此。最大的困难在于暴力分离与相互协商的分离之间是有很大区别的。

---

① Nicholas Onuf. “Intervention for the Common Good,” in Gene M. Lyons and Michael Mastanduno, eds. *Beyond Westphalia? State Sovereignty and International Intervention*. Baltimore: John Hopkins University Press, 1995, p.52.

在帝国统治的中世纪社会，政治的主要目的是拥有统治人民的权力。但是随着基于国家主权原则的威斯特伐利亚国际体系的诞生，领土或者土地成为政治生活的最终目标。在这个体系里，主权国家可能永远也不会牺牲的价值就是政治独立。事实上，这意味着国家不会放弃领土完整，除非出现个别的极特殊情况。因此，几乎没有任何国家会默许民族分离主义活动而放弃领土，因为如果这样做，就会违反国家主权的基本原则：领土完整。

除了现实的困难，关于领土主权问题的国际法原则（通过证明自己对领土的全权拥有从而实践自己对每一片领土行使权威）亦对民族分离主义分子不利。传统国际法有关领土主权的取得和变更的方式一向沿用罗马法中关于私有财产权的观念，一般认为主要方式有五种：先占（occupation）、时效（prescription）、添附（accretion）、割让（cession）和征服（conquest）。[①]先占（也称占领）是指国家通过占领而有意识地取得当时不在任何其他国家主权之下的土地的行为。西方国际法学把它作为国家取得领土的一种原始方式。先占的主体是国家，先占必须是以国家的名义占取。国际法上，“时效”作为领土取得方式之一，是指国家长时期地持续稳定地占有某一土地，从而取得该土地的主权。添附是指一国的领土由于自然的原因或者人为的措施而新增加。割让是指一国的领土根据条约转移给另一国，割让分强制性的和非强制性的。征服是指国家以武力占领他国领土的部分或者全部，或者战后经过兼并而取得领土主权。

这五种获得领土主权的办法中，仅实际占有领土和分离相关。但根据国际法的原则，占领是国家取得当时不属于任何其他国家的领土。这就决定了民族分离运动获得自己的疆域几乎是不可能的。首先，占领必须是以国家的名义进行，占领实施的主体必须是国家。民族分离分子肯定不具备这些资格。其次，目前全球几乎全部的陆地都已经各有其主。最后，占领土地的机会基本为零。但是，关于通过先占获得领土的国际法原则仍然具有重要性，因为过去的占领经常引发现在的边界争端。

先占获得领土的法律已经被国际联盟体系之下的常设国际确立下来。在“东格陵兰法律地位”案中，常设国际规定对某一领土的主权必须基于两个要素：申诉人必须首先证明其对领土行使主权的意图和意愿，并且第二，申诉

① 李广民、欧斌、余丽萍、王新中等：《国际法》，北京：清华大学出版社，2006 年，第 92～93 页。

人必须拿出在该领土范围内实质地行使或者展示主权权威的某些证据。①

对于民族分离主义者来说，考验的第一步不是很大的障碍，因为他们通常可以证明对应该属于自己的土地行使领土主权的意图和政治意愿。问题在于第二步，因为常设国际在案例中认为，在缺少另一方竞争要求的情况下，哪怕是最小的主权行使都会是赋予拥有领土主权的充分条件。但是，毫无例外，民族分离主义运动提出领土要求通常都不可能不受所在国家的挑战。这种情况下，民族分离主义者对其宣称的领土行使实际权威的证据必须是确凿的，而这几乎是不可能做到的。进一步说，相对于民族分离主义分子来说，当下的国家拥有更多的力量来证明自己对这片土地的主权。看起来民族分离主义分子通过第二关的唯一办法就是赢得决定性的军事胜利，跟目标国对抗，以此实现对自己要求的土地实施控制，行使真正的权威，并维持相当长的一段时期。这种情况非常少见，更不用说占有领土了，因此，从国际法来看，通过占领获得国家身份几乎没有任何保证。

（二）承认原则与获得独立国家身份的合法性

承认是国际法上独有的制度设计，各国的民法中并无类似的制度规定。国内一个自然人、法人或不具法人资格的机构是否为民法的主体，均由法律规定，一旦出现纠纷，也是由法院裁决，不存在什么承认问题。在国际法上一个政治实体是否具有国家身份，并没有一个国际机构来做有拘束力的裁决，而是由国际社会中的其他国家分别决定，这一决定的方式就是承认。因此，国际法上有国家承认的问题。如果一个国家内部发生政权更替而未经宪法程序（例如通过革命或政变，把原来的政府推翻或使之流亡国外），新政权是否具有合法性，实际上并没有一个国际机构来决定，而是由国际社会的其他国家通过承认的方式来决定。承认是一种政治行为，通常不具法律效力。这是因为国家没有承认之义务，承认与否纯属政治上的考虑，因而是政治行为。

承认一个国家意味着另一个国家承认一个处于被讨论中的政治实体具有国家的特征。承认是赋予其在国际上具备一个合法的国家资格，允许其加入由国家们组成的家庭“俱乐部”，享有作为国家的全部权利和特权，并履行责任和义务。族裔民族主义者若要得到独立的国家身份，必须先获得国际认可，

① J.L Brierly. *The Law of Nations: An Introduction to the International Laws of Peace*, 6th ed. London: Oxford University Press, 1963, p.163.

否则他们顶多是一个“无赖的国家”。事实证明，有关承认问题的国际法规定对民族分离主义分子的请求是一个巨大的障碍。

虽然国际法中某些条约对承认做了规定，但有关承认的规定在很大程度上仍属于国际习惯法。国际法关于国家的要素已有共识，即人民、领土、政府以及与他国建立交往关系的能力。[①]因而“国家在决定一个政治实体是否可以被承认为‘国家’时，理论上应该以是否符合这四要素来决定，但实践上国家是否承认一个政治实体为国家时，通常以自己国家的利益及政策考虑为主”[②]。

国际实践中，有三个政治法律原则用以决定哪些实体可以被承认为主权国家：意识形态原则、构成原则和宣示原则。意识形态标准决定着一个新国家或者其政府是否可以通过政治资格的审查。实际上，承认依赖于一个未来的国家是否可能成为承认一方的友好政府。二战结束后的30年间，美国拒绝承认中华人民共和国，其原因既不是构成问题，也不是宣言问题，而是意识形态，即拒绝承认通过革命取得政权的新政府。一直到20世纪70年代，代表美国利益的亨利·基辛格博士的现实政治盖过了意识形态的障碍，把承认的范围扩大到毛泽东领导的社会主义中国。

构成原则提出唯有“承认”才能制造国家身份，才能赋予一个新政府在国际社会的地位及合法性。也就是说，“承认”是国家必需的构成要素。一个国家在没有获得他国承认之前不能被称为国家。根据构成理论，承认行为本身提供了国家资格获得的必要条件，赋予某一政府以权力。在国际法中，国家通过承认之行为获得一个合法的国家身份。承认行为不仅仅是构成要素，而且也是互惠的，就是说，它也带来作为国家的权利和义务，而这在被承认之前是不存在的。1993年承认波兰和捷克斯洛伐克是两个独立的国家，便是构成学说的两个案例。

构成原则虽然提出了通向国家身份之路的最低门槛，但面对复杂的国际事务，里面仍然有含糊不清之处。比如，到底有多少国家是通过承认其国家身份而取得合法存在的？对此，人们并不确定。冰岛是1991年公开承认波罗的海诸国独立的第一个国家，但是，直到获得诸多西方国家承认之前，冰岛

① 见1933年12月26日签订的《美洲间国家权利义务公约》(*Inter-American Convention on Rights and Duties of States*)，第一条。League of Nations Treaties. Series (LNTS), Vol. 165, p.19.

② 丘宏达：《现代国际法》，台北：三民书局，1995年，第314页。

的承认不具实质意义。这些是摆在民族分离主义分子面前的难以克服的巨大障碍。构成理论作为族群获得国家身份的一道门槛不具有弹性。布莱利（J.L. Brierly）注意到，严格执行构成理论意味着一个不被承认的国家在国际法中既没有权利也没有责任。[①]这似乎有点荒唐，因为像波罗的海诸国这样的国家，在他们获得广泛承认之前确实都不稳定，但都合法地存在着。族裔民族主义分子有时虽然能够证明自己具备作为国家的所有其他特征，但承认的条件和要求可以使之受挫。他们甚至可以赢得内战的胜利，但仍然不会被承认。

宣示理论认为承认问题的构成论存在缺陷，因而承认行为并不是一个构成要素，而是一种宣示行为。一些国际法专家接受了这个理论。宣示理论认为“国家之国格或政府之权威是先于‘承认’而独立存在的；‘承认’只是对既存事实正式予以确认而已”[②]，或者说“承认”只是国家或政府存在的证据。因此，宣示说又叫“证据理论”（Evidentiary Theory）。证据论曾在有关国家和政府承认之案例中得以应用。[③]宣示理论的核心是一个国家或政府治理和控制人口与领土的能力，但是这个理论仍然困境重重。例如，“控制”如何加以衡量？对国家身份的正式承认并不会给以前不存在的国家带来存在的合法性。[④]相反，宣示理论假定，一个国家或可先于被承认而事实上存在。这样，不管它是否被其他国家正式承认，它都有权利被当作“国家”对待。[⑤]从宣示理论来看，承认的主要目的在于承认迄今尚未明确的东西是某种事实，即宣布为一个国家的实体的独立；并声明承认国已经做好准备接受这一事实所产生的正式后果，即它是国际交往的普通国家。

虽然宣示理论把国家们的承认视为国际体系中其他国家的一种政治行为，事实上，获得其他国家的承认通常很难、很微妙，尤其在一个当下国家竭力把自己区别于其他国家时。在缺乏固定规则的情况下，承认一个正在发生冲突的起义地区独立，或许操之过急，从而被当成其他国家对内部事务的不公正的干涉，比如1994和1996年间的车臣。通常情况下，一国内部发生

---

① Brierly. *The Law of Nations*, p.138.

② 俞国赐：《国际法新论》，台北：启英文化公司，2002年，第118页。

③ 例如，“德波联合仲裁法庭”（The German-Polish Mixed Arbitral Tribunal）赞成大多数国际法学家之意见，认为对于国家之“承认”没有“构成”性质，而仅系宣示而已。或者说“承认”只是对国家之存在加以宣告而已，并不具备被承认国是否为一个国际社会所认可的国家之国际法效力。只要合乎国家构成的那四个法律要素——领土、人民、有效统治的民主政府以及与其他国家建立交往关系的能力，那就是国际法上所认定之国家了。

④ Brierly.*The Law of Nations*, p.139.

⑤ Brierly,.*The Law of Nations*, p.139.

的起义属该国内部事务，与其他国家无关。

有两种例外的情况，其他国家可以借以规避偏袒冲突中的某一方的指控，同时又可以承认政治的和军事的现实，那就是在国际法之下，承认“起义身份”（status of insurgency）或者“战争身份”（status of belligerency）。承认这两个身份意味着对民族分离主义者的要求给予“半承认”[①]，因为这两种情形反映了“对一国内部存在战争的国际承认”[②]。承认一个国家内部存在战争也意味着有关战争问题的国际法准则适用于它。类似的例子有东帝汶独立、南北苏丹分裂，以及2011年的利比亚内战。

某一群体与其所属国家爆发内战，如果赋予该群体以“起义身份”，不管是默许还是明示，都表示承认国把“起义者”视为合法的对手，而不是法律的违反者。诚然，这并非自动地要承担起中立的法律责任，可能的情况是承认国仍自由地为合法政府提供帮助，或许进行非法干预，如果他为起义者提供物质援助的话。因此，虽然这两种情况防止起义者免遭违法者的待遇，但赋予他们“起义身份”绝不是给予起义地区以“国家身份”。

相应地，衡量起义群体是否具备“战争身份”，它必须满足某些标准：第一，必须是在一国境内存在武装冲突。第二，起义必须实际占领和控制境内的一块领土。第三，起义必须具备战争法认定的战争行动，这种战争行动必须在一系列明确的指挥下，依靠有组织的武装力量进行。第四，外部国家必须承认起义行为为战争状态。[③]

但是，承认战争状态也不能简单理解为就是承认分离群体为国家。赋予这一身份纯粹是暂时的，因为它把交战双方全都置于国家地位，但仅仅出于某些目的和战争长短的考量。一方面，其他国家承认起义行为处于战争状态可能对发生起义的国家来说是有利的，因为承认行为自动地向其他国家开脱自己对内部反叛问题所采取的行动的责任。另一方面，承认起义者处于战争状态经常是他们展示自己属于国家身份的第一步。而承认是否合宜，他们对此的判断可能有别于承认国的判断。赋予交战身份，虽然本质上暂时的，但确实给起义者以某种程度的合法性。面对试图瓦解自己领土完整的运动，几

① Alexis Heraclides. *The Self-determination of Minorities in International Politics*. London: Frank Cass, 1991, p.25.

② Rosalyn Higgins. "Internal War and International Law," in Cyril E. Black and Richard A. Falk, eds., *The Future of the International Legal Order, vol. III: Conflict Management* . Princeton, NJ: Princeton University Press, 1971, p.88.

③ Higgins. "Internal War and International Law," p.88; and James E. Bond. *The Rules of Riot: Internal Conflict and the Law of War*. Princeton,NJ: Princeton University Press, 1974, p.34.

乎没有哪个国家愿意给予这样的分裂运动以合法性，不管这种运动的目标多么有限，冲突的持续有多短。

因此，谈到领土所有权问题，不管是赋予全部的国家身份，还是赋予相对有限的起义身份，还是起义或交战身份，都已经证明这是国际体系设计的、需要民族分离主义者跨越而又几乎不可能跨越的障碍。

（三）不干涉和不使用武力原则与获得外部支持的合法性

国家主权平等原则是国际体系的基础。只有国家在其边界内享有司法垄断权，而且这一权力是被体系内所有国家承认的。因此，在这个体系里，国家被赋予在其边界内行使主权而不受外部干涉，这是符合逻辑的，否则将会使“主权”变得毫无意义。因而，对一国内部事务不干涉原则是国际法的核心原则之一，也可以视为禁止对他国使用武力的支持，因为干涉暗含使用武力或者威胁使用武力，而这是违反国家领土主权至上原则，与国际法相冲突。

各个国家有义务不干涉其他国家的内政外交，这在1946年联合国国际法委员会的《国家权利义务宣言草案》（*Draft Declaration on the Rights and Duties of States*）第一条和第三条中有规定，而第九条规定：各国有责任不把战争作为实施国家政策的工具，并不得使用威胁或武力，或以与国际法律秩序相抵触之任何其他方法侵害他国领土完整或政治独立。《联合国宪章》第二条规定：各会员国在其国际关系上不得使用威胁或武力，或以与联合国宗旨不符之任何其他方法，侵害任何会员国或国家之领土完整或政治独立。

但在下列条件下，国际法精神允许违背不干涉原则：出现特殊情况和原因，例如防御、和平与安全（在这种情况下可以通过政府间组织或者通过成员国按照某种解决办法进行集体干涉）；出现罕见的人道主义灾难，尤其是出现诸如制度化的种族主义和针对多数人的暴力，以及典型的殖民主义。[①]2003年发生在苏丹达尔富尔地区的种族屠杀事件中，似乎可以找到更多的理由为国际干涉辩护。这些理由从纯粹的现实主义的权力考量（例如“强权就是公理”以及出于保护自己的需要而进行干涉），到国际认可的正当理由（例如目标政府同意、目标国家统治当局垮台、国际社会达成的共识等），再到纯粹的全球主义的解释，例如遵守超国家机构制定的普遍准则或者决定等。总而言

① Alexis Heraclides. *The Self-determination of Minorities in International Politics*.London: Frank Cass,1991,p.26.

之，在打击毒品、防控疾病、限制武器扩散、人道主义救助等领域，我们可能会看到国际社会不断努力影响一个国家的主权自治。

即便如此，不干涉和不使用武力仍然是国际法的基本准则。因此，在传统国际法解释之下，民族分离主义分子不具有寻求外部支持甚至邻国亲属族群支持的合法性。从严格意义上讲，不干涉意味着针对国家的不介入，而不是不干预对其支持。传统国际法之下，在与第三国的关系中，与起义者相比较，一个合法政府处于优势地位，至少在战争状态被承认之前是这样。充其量，战争身份可以带给民族分离主义分子和国家之间以平等地位，但战争身份被认可极为罕见，而且它本质上又是临时性的。

显而易见，与合法的政府相比，不干涉和不使用武力的规范性原则限制民族分离主义分子获得外部支持。理查德·法克（Richard A. Falk）强调了在国家们的体系中政府之间在各自执政的任期内具有怎样的相互利益关系，因此，对“民族分离主义”挑战的制度约束是“主权国家”基本理念的一种符合逻辑的表达，这种理念认为只有主权国家才能对领土行使排他性的控制。[①] 虽然这些法律性准则和现实政治因素看似并不具备百分之百的说服力，但国家之间相互约定的义务和战略考虑增强了国际体系形成针对分离主义分子的严防死守。

三、自决与民族分离主义运动

（一）从自决原则的演变看自决权的有限性

17 世纪的威斯特伐利亚体系建立了主权至上的合法性准则，用以治理国家与国家之间关系，但它并没有回答主权究竟在一个国家的哪里存在这一关键问题。之后一个时期，合法性的王朝原则的实质仍然完好无损，那就是统治者有权决定各自领土上的政府的权力和政府的组成。

18 世纪民族主义的崛起修正了原来的模式。在民族主义的影响下，王朝主权原则被人民主权原则（主权归人民全体所有，政府应由人民产生并服从人民的意志）所替代，意味着至少在理论上，有关政府的问题应该由原来被

① Richard A. Falk. *The International Law of Civil War*.Baltimore: Johns Hopkins University Press, 1971, p13.

统治的人民所决定。人民主权理念认为，“政府的基础是人民的意志，而不是君主的意志，人民如果不满意他们所属的国家的政府，就应该放弃它，并按照自己的意愿重新组织”[①]。

人民主权的理念来自自决原则。在19世纪的欧洲，自决原则与民族主义的理念结合在一起，继而产生民族自决原则，根据这一原则，一方人民由于他们形成了一个民族，那么他们就有权决定自己的政治命运。本杰明·纽伯格（Benjamin Neuberger）分析了这一理念的理论基础和分析视野：“民族自决的呐喊源于反抗民族压迫，反抗‘各民族监狱’的帝国统治，反对人为的边界划分，因为它割裂了‘自然的’族裔文化民族。在民族自决的背后是新秩序的视野，在这个视野里，政治的和族裔的边界将重合，基于自然的民族-国家的体系将利于并确保国际和平与稳定。”[②]

欧洲率先感受到民族自决理念的影响，然后是其他地区。在19世纪上半叶，拉丁美洲的民族解放运动是一场争取民族权力的斗争，而19世纪下半叶在大英帝国统治的范围内，加拿大和澳大利亚相继成为主权独立的国家。

第一次世界大战期间，美国总统威尔逊一方面出于国家利益(主要原因)，另一方面也为了维护世界民主安全和民族自决，带领美国参战，重申了民族自决原则；而列宁出于俄国国内斗争的需要，带领苏维埃摆脱战争，宣布民族原则是社会主义世界秩序的新的指导原则。[③]对于威尔逊和列宁来说，民族自决原则赋予人民决定自己命运的权利的同时，并没有充分考虑业已存在的国家边界和政治结构，更不用说历史和文化传统了。民族自决包含两个重要内容：分离权利和建立独立国家的权利。十月革命胜利后，列宁领导的苏维埃政府在《俄罗斯各族人民权利宣言》等文献中一再重申民族自决权原则，并阐明了这一理论。而在威尔逊看来，民族自决与民主之间，以及这些概念与集体安全的自我治理体系理念之间并不存在鸿沟。[④]

威尔逊赋予民族自决原则在当时具有普遍性的重要意义，但这一分析视野与以下三个障碍相抵触，而这三个障碍几乎没有一个可以完全跨越。首先，在现实世界，严格执行民族自决原则就得分裂已有的国家，这一问题所涉的

① A. Rigo Sureda. *The Evolution of the Right of Self-determination: A Study of United Nations Practice*. Leiden, The Netherlands: A.W. Sijthoff, 1973, p.17.

② Benjamin Neuberger. *National Self-determination in Postcolonial Africa*. Boulder, CO: Lynne Rienner, 1986, p.4

③ Neuberger. *National Self-determination in Postcolonial Africa*, p.5.

④ James Mayall. *Nationalism and International Society*. Cambridge: Cambridge University Press, 1990, p.44.

内部震荡不说，困难还在于需要得到主要大国的默许。虽然欧洲大国（例如英国和法国）原则上愿意接受民族自决权，但他们并不愿意把这一权力扩大到本土或者附属领地。早期，英国政府不愿意赋予爱尔兰人完全的自决权，认为这会破坏国家完整、危害国家安全、侵损国家主权。只是到了都柏林复活节起义（1916 年）六年之后的 1922 年，英政府才准备承认爱尔兰自由政府，但并不是全部的主权，北爱尔兰仍然被排除在外。近看，当前对于苏格兰的独立运动，英国政府亦是绞尽脑汁，百般阻挠。

民族自决原则无法克服的第二个问题是少数民族的地位和身份问题。当今世界不论国家大小，大多数国家都存在少数民族不满的问题。另外，由于欧洲的许多少数民族群体跨境分布，如果严格遵照民族自决原则行事，那么将会出现新的国家激增，大规模的人口流动或移民。

民族自决原则普遍化道路上的第三个障碍是欧洲霸权希望在亚洲和非洲继续保留自己的殖民地。而赋予殖民地上的各民族以民族自决无疑违背了欧洲霸权一己私利，他们仅仅支持在有限的范围内实施这一原则，因此，民族自决原则仅限于欧洲。

第一次世界大战以后，主要大国拾起民族自决话语，把它视为一种原则而不是一种权力来接受，并从现实性和政治利益的考量出发，重新描绘了欧洲地图，但这个地图仅仅粗略地反映了民族原则，并不包含任何固定程序的内容。因此，民族自决原则甚至在《国联盟约》（*Covenant of the League of Nations*）中都没有体现。唯一的影响就是该原则从选择的领域被搬到自然和本原的领域，自决行动的理念被民族自决主义的理念所取代。

一直到第二次世界大战结束，民族自决才扩展到殖民地，这显然是一个悖论。1918 年以后，英国和法国这两个大国都是当时拥有广袤领土的帝国，也都属于自由宪政主义根基最为牢固、民族统一推进最为深远的国家之列。最初，自由帝国主义者试图解决自由民主的政治价值与民族意义上（并且最终以种族意义上）界定的帝国秩序理念之间的矛盾，而帝国秩序界定的依据是在概念上划分出两个世界：文明化国家和野蛮人国家。通过一段时期的启蒙教育和自我管理政府的准备，野蛮人国家可以发展从而迈入文明化的国际社会之列。[①]可见，西方传统中所谓的民族自决从始至终带有文化中心主义

① James Mayall. *Nationalism and International Society*, Cambridge: Cambridge University Press, 1990, pp.45-46.

的价值观，充斥对非西方文明的歧视与蔑视。

（二）联合国框架下的民族自决：政治原则还是法律权利?

早在两次世界大战间歇期（1919～1939），把自决当成“政治原则”使用还是当成“法律权利”执行，这类问题一直不是十分明确。二战结束以后，民族自决作为国际生活诸多理论中的一种基本的民主原则，开始在联合国体系内受到越来越多的关注。可以肯定，当初几个大国在美国敦巴顿橡树园起草《联合国宪章草案》时，并没有包括自决权内容。但是在旧金山会议上，在前苏联以及拉丁美洲国家和阿拉伯世界的压力下，自决权被写入宪章。民族自决在联合国宪章里得到承认，但问题依然备受争议。二战结束以后，联合国倾向于把自决视为一种政治原则来使用，这主要表现在：第一，自决权是在联合国宪章基本原则上进行阐释，主要通过联合国决议执行。例如，1970年通过的《联合国友好关系原则宣言》和国际法院的咨询意见（例如 1974年关于纳米比亚和西撒哈拉的意见，以及 2010 年“科索沃单方面宣布独立是否符合国际法”的咨询意见）。第二，对普遍人权进行制度化的详细解释。1966年《国际人权公约》（*Covenants on Human Rights*）标志这一制度的建立。第三，关注殖民地问题，具有决定性意义的决议是 1960 年《给予殖民地国家和人民的独立宣言》。

实际上，上述四个联合国文件着重强调只有在三种情况下可以支持民族自决：一是遭受殖民主义统治；二是遭受外国占领和强加的政治统治；三是遭受种族主义政权统治。同时也一再申明，支持民族自决并不意味着鼓励已有主权国家的内部少数民族的分离和独立要求。这几个重要决议“在强调民族自决、反对殖民主义、支持民族独立的原则前提下均特别包括了对国家主权原则的保护条款。比如在《给予殖民地国家和人民的独立宣言》的七个条款中，前五个条款确认了基于世界人权宣言的基本原则，包括民族自决权，而后两个条款特别强调了任何在整体或部分上破坏国家统一和领土完整的行为都违背了联合国宪章”。[①]《联合国友好关系原则宣言》则强调“有关主权平等和民族自决的原则，不能被理解为相关国际条约给予许可或者鼓励任何整体或部分地破坏现存的主权独立国家的国家统一和领土完整的行为，当然

① 朱毓朝：《有关分离主义的国际法、国际政治分析》，《国际政治科学》，2005 年第 2 期。

同时决议也申明这些主权独立的国家应代表国内的全体民众而且不能实行对不同民族的歧视政策”[①]。《国际人权公约》之《公民权利和政治权利国际公约》第一条虽然强调“所有人民都有自决权”，但第十二条（三）和第十九条（乙）都强调了国家安全的优先原则。

可见，自1960年代以降，“联合国有相当一部分决议特别限制对国家主权和内部事务的任何干涉和侵犯行为”[②]。很明显，联合国这样做的一个没有公开的目的就是：一旦去殖民化过程结束，就冻结世界政治和领土版图。[③]联合国的政策是反对这种从既有的独立国家中脱离的非殖民地性质的分离主义行为。1970年的《友好关系宣言》明确反对和拒绝任何威胁独立国家民族统一和领土完整的分离主义运动。除了殖民地以及其他类似的非自我管理政府地区，自决权只能适用于被占领地区以及那些受种族主义制度（例如种族隔离）统治的多数人，而不是那些相同政策下的少数民族。总而言之，理论上，自决的基础已经以地区的原则取代族群和文化原则，在实践上，自决意味着仅仅是摆脱西方殖民地统治而独立。这一目的受到曾经是西方殖民地的非洲和亚洲国家的支持，也受到其他国际和区域组织的青睐。对于亚洲和非洲新兴国家来说，主权、领土完整、国家安全的迫切性妨碍他们按族裔或者文化路线实践自决。所以，虽然非洲和亚洲的许多民族主义者很早就提出重画由西方殖民帝国创造的“人为的边界”，但是他们一旦获得了独立，就变成维护领土完整的热情支持者。

如何解释自决和分离这两个概念的局限性，Heraclides 指出了二者之间的联系：在国际法中自决基本上限定于反殖民地性质的自决（外部方面）、多数人统治（内部方面），也包括反种族主义者和反占领性质的自决，而不是人口较少的少数人分离主义性质的自决或者“民族”性质的自决。因此，对分离主义实体的承认是不被允许的，分离（与分治相对应）并不是建立国家。[④]Allen Buchanan 则指出自决权滥用的危险性，即分离将意味着国际无政府状态的出现。[⑤]

1992年12月，联合国颁布47/135号决议升级管理当代国家体系中的少

① 朱毓朝：《有关分离主义的国际法、国际政治分析》，《国际政治科学》，2005年第2期。
② 朱毓朝：《有关分离主义的国际法、国际政治分析》，《国际政治科学》，2005年第2期。
③ Mayall. *Nationalism and International Society*, p.44.
④ Alexis Heraclides. “Secessionist Conflagration: What Is to Be Done?,” *Security Dialogue*, 25, 3, 1994, p.284.
⑤ Allen Buchanan. “Self-determination and the right to Secede,” *Journal of International Affairs*, 45, 2, Winter 1992, p.350.

数人地位的准则，题为《个人隶属民族、族群、宗教、或语言性少数族群权利宣言》（*Declaration on the Rights of Persons Belonging to National or Ethnic, Religious or Linguistic Minorities*），规定了保护少数人权利的最低国际标准，例如，少数民族母语发展指导建议措施以及推广少数民族传统文化知识的建议措施等。但鉴于杜绝少数民族建构自己国家的可能性，此决议仍然反映出坚持反对分裂主义的一贯风格。

四、余论

分析国际体系变化的内在逻辑有助于加深理解为什么当代国际准则框架不支持民族分离主义运动，同时国际实践有时又与国际准则之间存在矛盾和张力。有关新国家建立以及对其承认的国际法律框架、不干涉原则和对自决原则的解释，这一切都在共谋抵制分离主义行径。可见，分离主义诉求通常冒犯国际体系的两个基本原则：国家主权原则和民族自决理念。但具有讽刺意味的是，所在国利用第一个原则为自己作为统一的国家而辩护，而寻求分离和独立的族裔民族主义者则拿起第二个原则为自己争取国家身份而辩护。民族冲突的事实揭示了订立的国际准则与民族分离运动之间存在张力。另外，从国家角度讲，宪法以一种几乎跟国际法一样的方式运作，对分离进行抵制，例如加拿大就是依靠立法阻止法语魁北克省的独立进程。实际上，战后只有三部宪法承认分离的权利：1947～1974 年间的缅甸宪法、南斯拉夫宪法，以及苏维埃联盟宪法。

对于国际准则框架来说，当然也有一些例外的情况，例如 1971 年印度承认孟加拉国独立，60 年代一些非洲国家承认比夫拉，南斯拉夫和苏联解体以后成立的新兴国家也很快得到欧洲国家的承认，但这些情况只是用来强调已有的规则。正因为我们感到分离成功的案例少得可怜，所以承认分离显得那么惹眼。众所周知，20 世纪 90 年代早期国际上发生了诸多分离事件，多集中在苏联和东欧地区实行联邦制的转型国家阵营。即使有的分离运动取得了军事胜利（例如俄罗斯的车臣，摩尔多瓦东部德涅斯特地区、格鲁吉亚阿布哈兹地区、阿塞拜疆的卡拉巴赫，以及新近发生的乌克兰克里米亚独立运动，等等），但为防止对其他分离的法律认可，在承认与不承认之间仍有一条很清楚的界线。90 年代以来分离运动的连锁反应虽然预示着关于分离的国际准则体系的某些变化，但仅仅限于某种范畴，即它正式承认一个政治集团失去冷战的重要影响。

总体来看，国际法框架、国际准则和现实的国家实践共同抵制民族分离主义运动。当然，族裔政治运动的目标或许是分离，但也有可能不是。政治学者威廉姆·萨佛兰（William Safran）研究中所持的事实显示，有许多选择并不是分离性质的，但也能满足族裔政治要求，例如政治的联合安排、地方自治、多元文化、族群吸纳、肯定性行动等。[①]但是，对于多数族裔政治运动来说，他们想获得的头彩仍然是分离并取得独立的国家身份，而不是以上策略性的满足。在应对国内民族分离主义问题上，学者们应该拿起国际准则的理论武器，旗帜鲜明地反对分裂，维护国家安全和统一，为民族问题治理体系现代化和治理能力现代化献计献策。

① William Safran, "Non-separatist Policies Regarding Ethnic Minorities: Positive Approaches and Ambiguous Consequences," *International Political Science Review*, 15, 1 January 1994, pp.61-80.

中国公共冲突演变的新趋势及应对思路

——基于典型群体性事件的分析

王赐江

摘　要：近年来，中国群体性参与的公共冲突与以往相比，出现了一些值得高度关注的新特点和新趋势。主要表现为：一定地域内的“邻避运动”时有发生，重在宣泄不满的“阶层冲突”明显增多，着眼利益表达的“罢工行为”接连不断，围绕权利展开的“价值追求”初现端倪。面对公共冲突出现的新情况，在处置上必须抛弃惯常思维和陈旧做法，以新的理念破解难题。

关键词：公共冲突；群体性事件；法治；决策民主化

毋庸讳言，当前中国正处于“矛盾凸显期”和“公共冲突高发期”。2012年党的十八大报告再次作出了“社会矛盾明显增多”①的基本判断。进入21世纪以来，社会性的公共冲突② “易发”“多发”，呈现出发生起数和参与人数“双增多”的态势。

不过，近年来，尽管由土地征收、房屋拆迁等问题引发的公共冲突事件

作者简介：王赐江，《人民日报》主任编辑，北京 100733。

文章来源：本文发表于《中国行政管理》2015年第1期。

① 2010年《中共中央关于制定国民经济和社会发展第十二个五年规划的建议》，出现了“社会矛盾明显增多”的表述，2012年十八大报告中再次出现了这句话。

② 南开大学常健教授等学者认为，公共冲突分为社会性的公共冲突和公共组织内的冲突两大类，前者包括公众间的冲突、公众与公共组织之间的冲突以及公共组织间的冲突。常健：《中国公共冲突化解的机制、策略和方法》．北京：中国社会科学出版社，2013年。

仍占大多数，但与以往相比，群体性参与的公共冲突出现了一些值得高度关注的新特点和新趋势。结合典型案例进行具体分析，无疑有着重要的理论价值和现实意义。本文重在围绕公共冲突的重要表现形式——群体性事件[①]，以影响较大的案例为依托进行分析和探讨。

一、近年来公共冲突呈现的新特点

整体看来，当前中国的群体性事件发生了以下新变化：

（一）一定地域内的“邻避运动”时有发生

“邻避运动”这一词汇来自“邻避效应”，是指居民或单位希望相关项目“Not-In-My-Backyard”（不要建在我家后院），而采取的集体行动或抗争行为。通俗地讲，在当下中国，主要指由环保问题引发的群体性事件。随着工业化、城市化进程的快速推进，此类事件明显增多。因相关建设项目（如化工厂、垃圾场、核电厂、殡仪馆等邻避设施），与所在区域每个人的身体健康等切身利益休戚相关，此类群体性事件的参与者往往数量庞大。

追溯已屡见不鲜的“邻避运动”，不能不提较早发生的以下两起群体性事件。2007 年厦门“PX 事件”——由于担心 PX 项目落户厦门带来污染，6 月 1 日起数千市民连续两天走上街头“集体散步”，表达反对建设该化工项目的意愿，最终这一已获国家相关部门批准、投资过百亿元的项目迁至漳州。2008 年上海“磁悬浮事件”——1 月 12 日，“沪杭磁悬浮项目上海机场联络线”规划地段附近上千居民，高呼反对污染的口号“集体散步”至人民广场，次日又有许多市民到南京路步行街“集体购物”以示抗议，后来时任上海市长韩正表示该项目线路选址尚需进一步听取各方意见。

上述两起由公众环保担忧引发的群体性事件，最终以良性的官民互动而落幕。但是，由环保问题导致的群体性事件更多的却是以相对暴烈的方式呈现出来。如 2012 年四川“什邡事件”——7 月 1 日，因担心钼铜项目污染，

① “群体性事件”并不是严格意义上的学术概念。本人认为，对这一概念的学理界定应侧重于其表现形式和运行特征，而不应预先设定某种价值判断，可将其概括为：“特定群体或不特定多数人通过规模性聚集，采取没有法律依据的行为，对一定范围内的社会秩序造成影响的体制外活动”。这种表述顾及了实施主体、行为特征和社会后果等要素，具有较大的包容性。王赐江：《群体性事件类型化及发展趋向》，《长江论坛》，2010（4）。

什邡居民集会、游行、示威并冲击党政机关，最终造成警民冲突。同年发生的江苏“启东事件”——7月28日上午，因担心“南通大型达标水排海基础设施工程”带来污染，江苏启东上千市民占据市委、市政府大楼，损坏办公物品和车辆，并形成警民对峙局面。

较近的一起典型案例为海南“三江事件”。2014年11月18日上午，海南省海口市三江镇的一些村民聚集在康乐花园项目工地，拆除部分建筑围墙，并与施工方、在场维持秩序的公务人员发生冲突。事件造成5名行政执法队员、1名公安民警和2名群众受伤，10余台公务车辆被砸。事件的诱因是省市重点项目康乐花园（项目包括省皮肤性病防治中心等3家职业病防治医院）在此地落户，当地群众担心会带来环境污染和疾病传播，从而采取抵制行为。

2012年10月26日上午，在第十一届全国人大常委会第二十九次会议闭幕后举行的专题讲座中，环保部原总工程师、中国环境科学学会副理事长杨朝飞披露：自1996年来以来，由环境问题引发的群体性事件一直以年均29%的速度增长；近些年来，重特大环境事件高发、频发；2005年以来，环保部直接接报处置的事件共927起，重特大事件72起，其中2011年重大事件比上年同期增长120%，特别是重金属和危险化学品突发环境事件呈高发态势。[①]

（二）重在宣泄不满的“阶层冲突”明显增多

在城乡二元结构仍未消解、数量庞大的农民工难以融入城镇的背景下，由这种隔膜所形成的不满极易被一些看似微小的导火索点燃，最终酿成大的事端，从而使群体性事件的参与主体呈现出“阶层化”或“族群化”的特征。

如，2011年广东“潮州事件”——一起由“农民工讨薪被打”引起的外来工与本地人之间的群体性冲突。6月1日，四川籍民工熊汉江在讨薪过程中被老板找人将“手筋、脚筋砍断”，激起亲属和老乡们的愤怒。6日晚，冲突升级，一度形成外来务工者与本地人双方之间的对抗，造成车辆损毁和人员受伤。

几乎与此同时，广东又发生了“增城事件”。6月10日晚，占道经营的四川籍孕妇王联梅与当地治安员产生纠纷，广州增城新塘镇千余名外来务工人员围攻派出所，破坏车辆、银行柜员机，袭击公安民警。12日，广州市政

① 综合新华社电：《环境群体事件年均递增29%》，《新京报》，2012-10-27。

府召开新闻发布会，认定这是一起个别群众与治保人员纠纷引发的聚众滋事事件。

2012 年 6 月 25 日，广东省中山市又发生一起“外来人员聚集事件”。事件由一名重庆籍少年打骂一名当地小学生被村治保员制服之后，双方发生冲突而引发。聚集围观的重庆等地外地人员增至 300 人左右，部分外来务工人员向村委会和镇政府办公楼投掷石块等，并与前来维持秩序民警发生冲突。

比较典型的还有 2013 年发生的北京“京温事件”。5 月 3 日凌晨，一名安徽籍 22 岁女青年在京温商城内坠楼身亡。因怀疑女子被他人杀害、警方处理不公，8 日部分来京务工的安徽同乡相互邀约到京温商城门前反映问题，打起横幅游行并引发围观。

在广东接连发生的“潮州事件”“增城事件”和“中山事件”，以及北京“京温事件”中，多数参与者虽与作为事件起因的当事人并无直接利害关系、亦无明显利益诉求，但却同属“外来务工者”阶层。这一群体由于共同的身份、地位，而容易站在一起共同发泄由城乡分割、阶层对立形成的怨气。这些群体性事件表明，“让不同人群和谐共处，携手融入不断发展的工业化、城市化图景中，是今天社会管理需要破解的新课题”①。

（三）着眼利益表达的“罢工行为”接连不断

在 2008 年国际金融危机后，一方面企业生产成本提高、产品出口压力加大，另一方面国内劳动力数量减少、新生代员工维护自身权益的意识增强。在这种情况下，国内发生了一系列工人围绕薪酬问题展开的停工事件，并出现向其他领域和群体扩散的态势，甚至有观点认为中国已进入“罢工高发期”②。

较早引人注意的罢工事件来自日本在华汽车厂商。2010 年 5 月 17 日，位于广东省佛山市的本田汽车零部件制造有限公司数百名员工，因对工资和福利不满而停工，之后本田在中国的所有四家组装工厂全部暂停生产。另一家日本汽车巨头丰田公司也未能幸免，同年 5～7 月间其在华工厂已至少发生 9 起罢工事件。

考察中国近年来急剧增加的罢工事件，主要有两大群体发起并参与其中：一是以外资企业员工为主体的工人，罢工主要围绕薪酬等待遇问题而展开；

① 詹勇：《流动时代唱好融合大戏》，《人民日报》，2011-6-15。
② 王亚煌：《中国进入罢工高发期》，中国经营网，2014-4-18。

一是出租车司机，从北京、重庆、杭州等大城市，到汕头、三亚、新乡等中小城市，由于份儿钱过高、黑车挤占市场等引发的“出租罢运”事件屡见不鲜。

令人忧虑的是，2014 年中国发生了数起以医生、教师为主体的罢工事件。如：8 月 21 日，湖南省岳阳市第二人民医院 200 多名医务人员宣布“暂停执业”，在该院门诊楼前静坐，抗议前一天发生在该院的暴力伤医事件。11 月 17 日，黑龙江省肇东市发生 8000 名教师参与的大罢工，全市中小学全部停课。起因是工资和福利待遇太差：作为全国百强县的肇东的教师工资竟然低于贫困县 1000 元。

2010 年 6 月，中国官方首度对接连发生的外资企业员工罢工事件作出回应。时任商务部长陈德铭在接受凤凰卫视采访时说：无论富士康，还是广州本田都是个案，并不呈现整体性，没有形成全国性的工潮。[①]但是，必须看到近年来国内罢工事件的发生起数和参与人数明显增多，且参与主体呈复杂化、多样化趋势；尤其是事关救病、育人的医生和教师群体的参与，需要高度重视、积极应对。

（四）围绕权利展开的“价值追求”初现端倪

考察中国的群体性事件，依照其驱动力量基本可分为三大类：

一是基于“利益表达”的群体性事件，此类事件由具体利益问题尤其是身体健康利益或经济利益引发，参与者的行动目的在于维护、争取和实现自身利益，如上文所述的“邻避运动”和“罢工行为”等；二是基于“不满宣泄”的群体性事件，参与者在行为动机上既无“利益诉求”，又与作为事件诱因的当事方并无“利害关系”，而是重在发泄不满，如上文所述的“阶层冲突”等。

还有一类是基于“价值追求”的群体性事件。此类事件参与者的行动目标，既不是为了维护和实现自身的经济利益，也不是重在发泄不满情绪，而主要是为了追求某种具有意识形态色彩的“价值”。这里所说的“价值”不是指经济学意义上的“体现在商品里的社会必要劳动”，也不是指社会学意义上的“用途或积极作用”，而是指政治学意义上的理念、规范、原则或主张。[②]

“基于价值追求的群体性事件”，其核心诉求和驱动力量主要为权利和自

① 中国官方：《罢工事件是个案》，《联合早报网》，2010-6-20。

② 王赐江：《冲突与治理：中国群体性事件考察分析》，北京：人民出版社，2013 年，第 146～154 页。

由，参与者的行为具有较强的主动性。这些政治权利和自由既可是宪法和法律所明确赋予但没有落到实处的，也可是公民认为应当享有但未以法律和政策文本予以确认的，如：选举权和被选举权，受教育权，言论、出版、集会、结社、游行、示威自由以及宗教信仰自由等。

进入 21 世纪以来，此类群体性事件主要围绕“村民自治权”展开，在一些农村地区因村委会选举引发的群体性事件呈多发态势。2002 年在浙江省永康市古山镇前黄村发生的“选举风波”就是一个典型案例——2002 年 5 月，前黄村进行村委会换届选举，但是政府领导下的选举指导小组多次违反选举程序，暗箱操作，村民们觉得其民主权利受到侵害，从而与政府官员发生对峙并到市政府集体上访。

不过，近年来，又发生了一些国内外高度关注、由“价值追求”驱动的群体性事件。如，2012 年中共十八大前后发生的“呼吁官员财产公开”活动，持续数年、至今未了的在京外地家长要求“教育平权”的活动，等等。其中，2013 年由《南方周末》新年献词引发的广东“南周事件”格外引人注目

2013 年伊始，因新年献词被改换并出现错误，《南方周末》员工群起抗议，在网络世界引发强烈反响，进而演变成为“反对媒体管控，呼吁新闻自由”的社会公共事件。1 月 7 日下午，在南方周末报社办公楼外，开始有人举行示威活动，抗议新闻审查，呼吁新闻自由，并在大门口献花、演讲等。

当前，中国的社会性群体性事件主要还停留在“利益表达”层面，“基于价值追求的群体性事件”相对较少。但是，随着经济社会的发展和人们权利意识的增强，此类群体性事件正呈现出日渐增多的态势。如何将其限定在一定范围内，防止向社会运动方面演进，是值得执政者认真思考的问题。

二、对处置群体性事件的几点思考和建议

面对群体性事件出现的新特征和新趋向，在处置上必须抛弃惯常思维和陈旧做法，以新的理念破解难题。在应对思路上，可以概括为“理性看待、法治思维、决策民主和分类处置”。

（一）理性看待“稳定压倒一切”，摆脱“不稳定幻象”

“稳定压倒一切”的提法源于 20 多年前。1989 年 2 月 26 日，邓小平同

志在会见美国总统布什时说："中国的问题，压倒一切的是需要稳定。没有稳定，什么都搞不成，已经取得的成果也会失掉。"[①]仔细读一下这篇讲话就会发现，小平同志提出"压倒一切的是需要稳定"，主要是针对当时的政治环境和发展社会主义民主而言的。他强调，"中国一定要坚持改革开放，这是解决中国问题的希望。但是要改革，就一定要有稳定的政治环境""民主是我们的目标，但国家必须保持稳定"。

但是，小平同志当年所言的"稳定压倒一切"早已超越了特定时代的"政治"和"民主"范畴，在地方政府的实际操作中成了无所不包的"超级容器"。当前，"社会稳定问题泛化"的趋势突出——政治、经济、社会、文化甚至居民生活中可能出现的所有问题都可被基层政府列为"不稳定因素"，真可谓"社会稳定是个筐，什么都可往里装"。由于影响稳定的问题如此之广，加之有"一票否决"的指挥棒左右着个人进退，因此在很多领导干部眼中便出现了"不稳定幻象"[②]，甚至到了风声鹤唳、草木皆兵的地步。

其实，矛盾无时不有、无处不在，社会本来就是在不断克服矛盾、解决问题的过程中发展进步的。毕竟，"在我们这样大的国家里，有少数人闹事，并不值得大惊小怪，倒是足以帮助我们克服官僚主义"[③]。面对错综复杂的矛盾和问题，关键是要有正确的态度和化解办法。毕竟，"一致与冲突，都是社会存在的两种基本动力。稳定与变迁，是社会存在的两种基本形式。冲突是社会结构固有成分；冲突引起社会变迁，社会变迁排除冲突的消极影响"[④]。

毋庸置疑，在进行政治改革和民主建设时，社会稳定必不可少甚至是"压倒一切"的"第一责任"；否则，不仅政治民主无法实现，还很有可能造成社会动荡、生灵涂炭。但是，不能将局限在特定区域内的普通群众诉求上升到社会稳定层面，过度反应甚至大动干戈。因此，必须冷静、理性地看待"稳定压倒一切"。

（二）对于"人民内部矛盾"应坚决摒弃"敌对思维"

在现阶段，中国的群体性事件主要表现为利益表达、不满宣泄和某种程度的价值（包括权利）追求，总体上属于"人民内部矛盾"的范畴。但是，

① 《邓小平文选》（第三卷），北京：人民出版社，1993 年，第 284 页。
② 孙立平：《"不稳定幻象"与维稳怪圈》，《人民论坛》，2010（13）。
③ 《建国以来毛泽东文稿》（第六册）．北京：中央文献出版社，1992 年，第 352 页。
④ 宋林飞：《西方社会学理论》，南京：南京大学出版社，1997 年，第 321～322 页。

一些基层官员在群体性事件发生后，出于推卸责任、快速处置等方面因素的考虑，往往冠之以“一小撮人煽动不明真相的群众”“有组织，有预谋”“境外敌对势力遥控指挥”等“大帽子”，结果常适得其反、使事态进一步恶化。

一般认为，“人民内部矛盾”是指人民群众在根本利益一致基础上产生的矛盾，为非对抗性的矛盾。在新中国成立初期，对一些干部习惯用革命战争年代对付敌人的方式对待“群众闹事”的做法，毛泽东同志就曾予以尖锐批评：“现在我们有些同志，对待人民内部问题动不动就想‘武力解决’，这是非常危险的，必须坚决纠正的。”[①]不过，当群体性事件发生后，基层政府的惯常做法却是将属于“人民内部矛盾”的事件当成“敌我矛盾”来处理。这就容易使事态由“非对抗性”向“对抗性”演变，最终酿成大的事端。

需要思考的是，为何基层政府习惯于对人民群众的“维权抗争”采取“敌对行为”？笔者认为，这主要有政治考量和经济利益两个方面的原因：一是现行的官僚体制和权力来源方式决定了基层官员对上负责、对下漠视的基本态度，“一票否决”的考核方式又促使其为求政绩、保官帽而不惜动用武力以尽快平息事态；二是地方官员往往与事件起因或群众诉求有关系到个人利益的经济纠葛，甚至会牵涉到其腐败行为，这些都促使他们对可能有损自身经济利益的群众“维权抗争”怀有敌视态度和抵触情绪。2011 年 4 月 1 日，时任中共中央政治局常委、中纪委书记贺国强在中央党校所作的专题报告中称，“从这些年查处的一些群体性事件和重大责任事故看，背后往往隐藏着官商勾结、以权谋私等问题”[②]。

必须认识到，目前，从整体上看，中国多发的群体性事件还远未触及政治体制和社会制度层面，“人民内部矛盾”的界定对分清性质、妥善处置具有十分重要的意义。这种定性，也就决定了政府在处置时的行为边界：一是切忌在事实还未查清的情况下，就仓促将事件定性为“有组织、有预谋”的对抗性行为。二是不能随意动用专政工具打压人民群众的维权或抗争活动，尤其是不可在事发现场滥用警力强力压制。当然，对于少数人的违法行为，也要依法处理。

① 薄一波：《若干重大决策与事件的回顾》（下）．北京：中央党校出版社，1993 年，第 571 页。
② 贺国强：《认清形势 坚定信心 深入推进党风廉政建设和反腐败斗争》，《人民日报》，2012-5-21。

（三）牢固树立“规则意识”，善于在法治框架内止纷息争

在现代社会，规则主要表现为法律、政策和道德规范，而政策法规则是其中的“硬约束”。对行政机关来说，“法无授权则不可为”，但是在实际生活中政府行为的随意性、违规甚至违法性已成常态。这种行为方式不仅引发了许多群体性事件，而且也会给群体性事件的处置埋下诸多隐患。在日常社会管理中，政府机关和公务人员普遍奉行“搞定就是稳定”“摆平就是水平”“没事就是本事”的官场哲学。在这种具有官场“潜规则”意味的思维指引下，想尽一切办法平息事态——不管方式、手段是否合法，就成了习惯。

于是，便出现了一种见怪不怪的现象：事发后当地官员一方面大骂群众做事不讲规则，另一方面又无原则、无底线地使出浑身解数息事宁人。在维护自身权益上，群众则信奉“大闹大解决”“小闹小解决”“不闹不解决”的信条。这样一来，官员与群众的“无原则行为”便形成了恶性循环，进一步损害和削弱了整体社会的“规则意识”。无论是对党委、政府而言，还是对社会中的个人、团体、组织来说，法律法规都是其最需严格遵守的“规则”底线，而党委、政府本应在其中起到带头和示范作用，必须“善于运用法治思维和法治方式化解矛盾”。

目前，“依法治国”“依法执政”已成为中国共产党的政治承诺。2014 年 10 月党的十八届四全会通过《全面推进依法治国若干重大问题的决定》，提出了“建设中国特色社会主义法治体系，建设社会主义法治国家”的目标。可以说，政治宣言和法律文本意义上的法治目标和规则已经明晰，基本做到了“有法可依”，下一步亟须强化的是对法律法规这一基本规则的敬畏和遵守，在“科学立法、严格执法、公正司法、全民守法”上下大力气、苦功夫。

意识决定行动，观念支配行为。在全社会尤其是党委、政府中牢固树立以法律法规为核心的“规则意识”已成当务之急。“从法律实施主体来看，行政执法中需要规则意识，司法活动需要规则意识，公民守法更需要规则意识，法律监督也离不开规则意识。当前中国法律实施的最大障碍是规则意识的缺乏，也是目前法律实施不甚理想的主要症结。”[①]这就需要加强法制宣传教育以提高思想认识，加大对违规者的法律惩戒力度以塑造敬畏感。

① 刘作翔：《强化和提高规则意识是法律实施的关键》，《人民法院报》，2012-3-30。

（四）准确把握核心诉求，注重分类处置区别对待

如前所述，当前中国的群体性事件可为三大类：基于利益表达的群体性事件、基于不满宣泄的群体性事件和基于价值追求的群体性事件。这种根据核心诉求和驱动力量所作的类型化，对于准确把握、妥善处置群体性事件具有重要意义。面对具体诉求和表现形式多种多样的群体性事件，需要把握其核心要素予以分类处理。

在“基于利益表达的群体性事件”中，不管事件的起因是土地征收、房屋拆迁、移民安置、矿群矛盾，还是企业改制、劳资纠纷、非法集资，这些因素均属与经济收入密切相关的“利益问题”。对于前文论及的“邻避运动”和“罢工行为”，其核心诉求仍涉及参与者的生命安全、身体健康和个人收入等利益。那么，在事件发生后，事发地党委、政府首先需要考量的就是这些利益诉求是否合理合法。对人民群众的合法诉求，应当坚决满足，并依法依规查处侵害群众利益的行为，严肃追究相关部门及人员的责任；对没有法律依据的合理诉求，应当在法制框架内尽量予以灵活性、人性化的处理，以密切党群、干群关系；对非法诉求，则应开展耐心细致的解释、说服、教育工作，力争使群众认识到自身诉求的不妥，如果仍不能理解也绝不可“法外施恩”。

“基于不满宣泄的群体性事件”背后，往往隐藏着人民群众对当地党委、政府长期积累的不满情绪和严重失衡的社会心理基础。这就需要搞清群众不满的现实根源以对症下药，因此从根本上消除此类事件发生的土壤颇费时日。如2008年贵州“瓮安事件”发生后，当地采取了一系列旨在解决深层次矛盾和问题的措施，在痛定思痛中实现了浴火重生[①]。对于由城乡二元结构导致的“阶层冲突”，则应积极推动农民工的市民化进程，加快实现以人为核心的城镇化，通过基本公共服务均等化等缩小城乡差距。

面对“基于价值追求的群体性事件”，则要搞清这种价值追求是否有法律依据。如果属于法律明确赋予的“合法权利”，则应切实予以维护，以取信于民彻底平息事态。如2011年广东“乌坎事件”发生后，乌坎村在省工作组支持下依法产生了新一届村党支部和村委会，满足了群众的“权利诉求”，为进

① 毛浩、董伟、白皓：《瓮安答卷》，《中国青年报》，2012-4-27。

一步解决属于“利益诉求”的土地问题奠定了组织基础。而对那些追求法外权利和对执政方式提出异议的群体性事件，由于其价值追求涉及法律修订和政策调整，从根本上化解则需综合考量和抉择。

（五）增强民众对公共决策的参与度，提高决策民主化水平

正如两千多年前古希腊政治家伯利克里所说，“最坏的事情莫过于在结果尚未适当讨论之前就匆匆地付诸行动”[①]。近年来中国群体性事件之所以增多，与地方政府在公共决策过程中的不公开、不透明密切相关。如何保障人民群众的“知情权、参与权、表达权和监督权”，已成为亟待解决的课题。

如：在 2011 年大连“PX 事件”发生前，一场台风冲垮了化工公司的防波堤，记者采访遭到殴打，大连市民才因此明白身边还有个“PX 项目”；2012 年四川“什邡事件”中涉及的钼铜项目，因一场盛大的奠基典礼仪式才为公众知晓。尽管上述项目拥有完备的审批手续和环评报告，有关污染问题也并非公众所想象的那样严重；但是，事发后的官方解释已很难消除民众疑虑，政府的公信力和权威性广受非议。

公共决策主要指政府在管理社会公共事务过程中所做出的决定。由于其议题往往具有很强的公共产品性质，事关特定区域内每位公民的切身利益；因此，政府在公共决策过程中，应当遵循“重大情况让人民知道，重大问题经人民讨论”[②]的原则：

第一，建立重大事项社会稳定风险评估机制。如果公共决策的议题属于涉及群众切身利益的重大事项，就应将其列入社会稳定风险评估范围。最终形成的报告应当作出无风险、有较小风险、有较大风险和有重大风险的评价，提出可实施、可部分实施、暂缓实施、不实施的建议，作为重大事项责任主体作出决定的重要依据。

第二，涉及公众利益的重大事项须经各级地方人大讨论决定。地方各级人民代表大会是地方国家权力机关，根据《地方各级人民代表大会和地方各级人民政府组织法》，依法有权讨论、决定本行政区域内的重大事项。毫无疑问，对公共决策中涉及面广的“重大事项”，地方政府理应在进行社会稳定风险评估之后，提交人民代表大会讨论、决定。

① [英]戴维·赫尔德：《民主的模式》，燕继荣等译，北京：中央编译出版社，2008 年，第 16 页。
② 1987 年中国共产党第十三次全国代表大会报告：《沿着有中国特色的社会主义道路前进》。

第三，在公共决策过程中保障公众知情权。关系千家万户的重大事项除要严格履行审批程序外，还应通过大众传播工具广而告之，澄清认识、消除疑虑。必要时，通过发放调查问卷、举行座谈会和听证会等方式，广泛征求群众的意见和建议；在项目实施过程中，还应吸收群众代表对进行全程监督，并发挥舆论监督的建设性作用。

应当看到，在中国公民权利意识日渐增强的新形势下，民众与政府围绕公共决策的博弈必将成为常态。如果，政府在决策过程中能够切实保障人民群众的“知情权、参与权、表达权和监督权”，民众逐渐习惯于依法维权且这种理性维权活动能够得到及时回应；那么，就可有效避免“和平博弈”演变成为“暴力冲突”。

公共冲突管理的制度建设

公共领域冲突管理的制度建设

常健　田岚洁

摘　要：公共领域冲突的有效管理不能仅靠强化临时性的应急措施，而必须要加强冲突管理的制度建设。冲突管理制度可以使冲突各方建立稳定的程序预期、责任后果预期、他人行为预期和结果预期。中国现行体系中有许多制度具有公共冲突管理的功能，但存在着制度供给不足、制度间衔接存在缝隙、制度执行力弱和制度内容的压抑性导向问题。公共领域冲突管理制度的建设方向是利用冲突的正面功能，抑制其负面功能；建设要求是建立完善、协调、纵横交织的公共领域冲突管理制度体系；建设路径是充分发挥现有制度的冲突管理作用，在此基础上逐步扩展制度的功能空间；建设过程中要特别注意提升社会信任度。

关键词：公共领域；冲突管理；制度建设

公共领域，是指涉及公共交往和公共利益的领域。公共领域的冲突，是指在公共交往中涉及公共利益的冲突。与私人领域冲突不同，公共领域中的冲突由于涉及公共利益，因而直接关系到社会的和谐与国家的稳定。因此，

作者简介：常健（1957—），男，汉族，天津市人，南开大学周恩来政府管理学院副院长、教授、博士生导师，博士，主要研究方向为公共冲突管理、人权理论；田岚洁（1986—），女，汉族，南开大学周恩来政府管理学院博士生，主要研究方向为公共冲突管理。

基金项目：国家社科重点项目“公共领域冲突管理体制研究”（批准号：13AGL005），天津市教委重大社科项目“社会管理创新与诚信社会建设”（批准号：2011ZD004）。

文章来源：本文刊载于《国家行政学院学报》2013年第5期。

只有建立一套完善的公共领域冲突管理制度，才能有效化解各种公共冲突，保证社会的深层稳定和国家的长治久安。

一、公共领域冲突管理对制度供给的需求

在中国，公共领域的冲突主要集中在土地征用、城市拆迁、社区管理、企业改制重组、行政执法、就业安置、移民安置、环境污染等领域。随着中国社会转型的不断深入，私人领域和公共领域的冲突发生频率都呈现快速增长的趋势，而且一些私人领域的冲突，如医疗纠纷、消费纠纷、交通纠纷、劳资纠纷等，经常跨界转化为公共领域的冲突。这使得公共领域的冲突管理、化解和转化面临着巨大的压力。

针对公共领域冲突管理面临的巨大压力，政府采取了一系列强有力的措施，使中国公共领域的冲突还没有对公共秩序和公共安全形成极度的威胁。然而，从公共领域冲突的发生频率和升级趋势来看，仅仅靠强化临时性的应急措施，已经越来越难以完成日益艰巨的冲突管理任务。必须调整公共领域冲突管理的总体战略，强化冲突管理的制度建设，通过制度体系的结构性约束来有效提升公共领域冲突管理的效率。

制度是规定人们行为方式的相对稳定的规则体系。杰克·奈特（Jack Knight）认为，各种不同制度有两个共同的特征：第一，它是一套以某些方式构建社会互动的规则；第二，这套规则必须为相关团体和社会的每个成员所了解。制度可以分为正式制度和非正式制度。正式制度靠外部实施，非正式制度则自我实施。无论是正式制度还是非正式制度，都会对社会互动结构产生影响，只是影响的程度和稳定时间有所不同。①

根据大卫·休谟和亚当·斯密的观点，制度的重要功能就在于通过建立内部制裁和外部制裁来限制个人的自私自利行为。②根据帕森斯的观点，制度的这种功能是通过定义人们的合理预期行为来实现的。③

互动的人们之间存在着利益的冲突。根据理性选择理论，个体为追求各种不同的目标和利益而行动，并且为了更有效地满足这些利益而选择他们的

① [美]杰克·奈特：《制度与社会冲突》，周林伟译，上海：上海人民出版社，2009 年，第 2～3 页。
② Adam Smith, *The Theory of Moral Sentiments*, Indianapolis: Liberty Classics, 1969, pp.161-162.
③ Talcott Parsons, The Problem of Controlled Institutional Change, in Talcott Parsons, ed., *Essays in Sociological Change*, New York: Free Press, 1945, p. 239.

行为。在相互依赖的社会结构关系中，每个人的报酬都取决于他人的报酬和选择，每个人选择也取决于所有人的选择。因此，对其他人的行为预期便被纳入到每个人自己的决策当中。社会制度是形成这些预期的一个重要资源。社会制度影响了理性行为人为了评估其潜在策略以及选择其理性行为而进行的计算。制度为理性行为人的计算提供两种重要的信息：一是对违规行为会有怎样的制裁；二是其他人可能的未来行为。这些信息会改变社会成员的合理行为，并进而改变冲突的结果。[①]

对于公共领域的冲突管理来说，冲突管理制度的最主要功能，在于使冲突各方建立合理和稳定的行为预期，促使各方更偏向采取合作策略。与各种冲突应急处置措施相比，公共领域冲突管理制度具有更大的确定性和稳定性，它可以消除预期行为与其结果关系的不确定性，从而消除了冲突当事各方在理性计算上的困难，使冲突各方的行为更趋于理性。具体来说，冲突管理制度的建设和实施，可以使冲突各方当事人的理性行为预期产生四个方面的重要影响，并以此来影响他们的冲突行为、冲突过程和冲突结果。

第一，冲突管理制度的确定性使冲突各方对冲突的必经程序形成稳定的预期。在缺乏稳定制度的环境下，冲突各方不明确以何种渠道可以有效地表达自己的主张，不知道是否有合法的程序使问题能够得到有序的解决，不知道权威部门在什么条件下以何种方式对冲突进行第三方干预。在这种情况下，各方只能将冲突扩大化以吸引关注，或凭借一己之力压倒对方来达成冲突目标。如果对解决冲突的规则和程序建立起明确的制度，就会使冲突各方对表达渠道、交流和化解的程度和规则形成明确的预期，保持冲突化解的希望，从而更倾向于以符合程序的方式与对方进行利益博弈。

第二，冲突管理制度所规定的制裁，使冲突各方对自己违规行为可能遭受的制裁形成稳定的责任后果预期。在缺乏稳定制度的情境下，冲突各方往往对采用非理性的甚至暴力的方式无所顾忌，从而很容易导致冲突的不断升级。如果以制度化的方式对冲突中的各种过激行为规定相应的惩罚措施，冲突各方就会对自己不理性行为所要承担责任和后果形成稳定预期，从而约束自己的行为，更倾向于采取合作的方式，降低冲突升级为暴力的可能性，将社会行为引向均衡结果的方向。

---

① [美]杰克·奈特：《制度与社会冲突》，周林伟译，上海：上海人民出版社，2009年，第16页。

第三，冲突管理制度是被普遍了解的行为规则，因而对冲突各方的行为选择都会有所影响。因此，冲突各方都可以据此来预测对方对冲突行为的理性选择，并据此来确定己方应当采取的理性应对策略。在这个意义上，冲突管理制度能够为各方建立起一种可以信赖的互动平台，使各方能够在对各方行为的合理预期的基础上来选择更合理的行为方式。

第四，冲突管理制度可以使冲突各方对冲突结果建立合理的预期。冲突管理制度当缺乏稳定的冲突管理制度时，冲突各方对于冲突的结果往往都有过高的预期，这导致各方可以忍受更高的冲突成本来实现这种预期，从而促进冲突的不断升级。如果建立起稳定的冲突管理制度，就可以在很大程度上使冲突各方形成相对现实的预期，这有助于冲突各方计算冲突的成本和收益，从而对冲突动机形成有效的内在约束。

如果冲突各方能够借助冲突管理制度对冲突管理的程序、个人行为的责任后果、他人可能的行为选择以及冲突最终的结果共同建立起合理的预期，那么一方面可以使各方理性地计算自己行为的成本和收益，对自己的行为方式形成内在约束，从而防止冲突的非理性升级；另一方面也可以使各方对对方的行为方式形成基本预期，这有助于双方之间形成相互信任，开展有效的沟通和理性的合作，从而促进冲突的化解。因此，对公共领域冲突管理的制度供给，直接决定着政府冲突管理的效能和效率。

二、现行体制中具有公共冲突管理功能的制度供给

公共领域冲突管理的制度建设需要形成五种相互联系、不可或缺的冲突管理机制，它们分别是不同主张的表达机制、对立观点的交流机制、冲突利益的整合机制、争议事项的裁决机制和对抗行动的制动机制。[①]从这一分析视角出发，可以看到在中国现行体制中，有许多现行制度对公共领域的冲突具有一定的管理功能。

（一）不同主张的表达制度

要使产生冲突的不同主张得到有序表达，就需要建立不同主张的规范表

① 参见常健、许尧：《论公共冲突管理的五大机制建设》，《中国行政管理》，2010 年第 9 期。

达制度。提供制度化表达渠道的现行制度主要包括信访制度、各级人民代表大会的建议和提案制度、各级人民政治协商会议的建议和提案制度。

1. 信访制度

中国信访制度的建立发端于1951年《政务院关于处理人民来信和接见人民工作的决定》颁布实施，1982年颁布了《党政机关信访工作暂行条例（草案）》，1995年颁布了《信访条例》，2005年又对《信访条例》进行了修改补充。

根据《信访条例》，信访制度可以从四个角度来定义。从信访人的角度来说，信访是指公民、法人或者其他组织采用书信、电子邮件、传真、电话、走访等形式反映情况，提出建议、意见或者投诉请求。[①]

从信访机关的角度来说，县级以上人民政府信访工作机构是本级人民政府负责信访工作的行政机构，履行下列职责：（1）受理、交办、转送信访人提出的信访事项；（2）承办上级和本级人民政府交由处理的信访事项；（3）协调处理重要信访事项；（4）督促检查信访事项的处理；（5）研究、分析信访情况，开展调查研究，及时向本级人民政府提出完善政策和改进工作的建议；（6）对本级人民政府其他工作部门和下级人民政府信访工作机构的信访工作进行指导。[②]

从信访事项的角度来说，百姓对各类事项的信访，可以是向国家机关单位反映情况，可以对国家机关工作提出建议、意见，或是提出批评，也可以是对国家机关的决定提起申诉，还可以是对国家机关工作人员的违法行为提出检举、控告等。[③]

从处理方式的角度来说，对信访事项有权处理的行政机关经调查核实，应当依照有关法律、法规、规章及其他有关规定，分别作出以下处理，并书面答复信访人：（1）请求事实清楚，符合法律、法规、规章或者其他有关规定的，予以支持，督促有关机关或者单位执行；（2）请求事由合理但缺乏法律依据的，应当对信访人做好解释工作；（3）请求缺乏事实根据或者不符合法律、法规、规章或者其他有关规定的，不予支持。[④]

从功能上看，信访提供了一种渠道，“使最底层的贫弱者可以在最高层的权威者耳边喊出他们自己的声音”[⑤]，从而成为人们“苦情申诉、民意传达”

---

① 参见国务院：《信访条例》（2005），第一章，第二条。
② 参见国务院：《信访条例》（2005），第一章，第六条。
③ 参见国务院：《信访条例》（2005），第一章，第二条。
④ 参见国务院：《信访条例》（2005），第五章，第三十二条。
⑤ 李宏勃：《法制现代化进程中的人民信访》，北京：清华大学出版社，2007年，第219页。

的重要途径。

2. 各级人民代表大会的建议和提案制度

人民代表大会制度作为我国的根本政治制度，具有民意表达、采集民意信息与信息整合功能。各级人民代表大会是权力机构，但各级人大代表可以代表人民表达自己的主张。具体来说：

（1）人大代表具有提出议案权。根据《中华人民共和国地方各级人民代表大会和地方各级人民政府组织法》第 18 条的规定，地方各级人民代表大会举行会议的时候，主席团、常务委员会、各专门委员会、本级人民政府，可以向本级人民代表大会提出属于本级人民代表大会职权范围内的议案；县级以上的地方各级人民代表大会代表十人以上联名，乡、民族乡、镇的人民代表大会代表五人以上联名，可以向本级人民代表大会提出属于本级人民代表大会职权范围内的议案，由主席团决定是否列入大会议程，或者先交有关的专门委员会审议，提出是否列入大会议程的意见，再由主席团决定是否列入大会议程。[①]第 46 和 47 条规定，县级以上的地方各级人民代表大会常务委员会主任会议可以向本级人民代表大会常务委员会提出属于常务委员会职权范围内的议案；县级以上的地方各级人民政府、人民代表大会各专门委员会，可以向本级人民代表大会常务委员会提出属于常务委员会职权范围内的议案；省、自治区、直辖市、自治州、设区的市的人民代表大会常务委员会组成人员五人以上联名，县级的人民代表大会常务委员会组成人员三人以上联名，可以向本级常务委员会提出属于常务委员会职权范围内的议案。[②]

（2）人大代表享有提出建议、批评、意见的权利。根据《中华人民共和国地方各级人民代表大会和地方各级人民政府组织法》，县级以上的地方各级人民代表大会代表向本级人民代表大会及其常务委员会提出的对各方面工作的建议、批评和意见，由本级人民代表大会常务委员会的办事机构交有关机关和组织研究处理并负责答复；乡、民族乡、镇的人民代表大会代表向本级人民代表大会提出的对各方面工作的建议、批评和意见，由本级人民代表大会主席团交有关机关和组织研究处理并负责答复。[③]

① 参见第十届全国人民代表大会常务委员会第十二次会议：《中华人民共和国地方各级人民代表大会和地方各级人民政府组织法》（2004 年 10 月 27 日，第四次修正），第 18 条。

② 参见第十届全国人民代表大会常务委员会第十二次会议：《中华人民共和国地方各级人民代表大会和地方各级人民政府组织法》（2004 年 10 月 27 日，第四次修正），第 46 条、第 47 条。

③ 参见第十届全国人民代表大会常务委员会第十二次会议：《中华人民共和国地方各级人民代表大会和地方各级人民政府组织法》（2004 年 10 月 27 日，第四次修正），第 19 条。

（3）人大代表要反映群众的意见和要求。根据《中华人民共和国地方各级人民代表大会和地方各级人民政府组织法》，“地方各级人民代表大会代表应当和原选举单位或者选民保持密切联系，宣传法律和政策，协助本级人民政府推行工作，并且向人民代表大会及其常务委员会、人民政府反映群众的意见和要求。”“乡、民族乡、镇的人民代表大会主席、副主席在本级人民代表大会闭会期间负责联系本级人民代表大会代表，组织代表开展活动，并反映代表和群众对本级人民政府工作的建议、批评和意见。”“地方各级人民代表大会代表、常务委员会组成人员，在人民代表大会和常务委员会会议上的发言和表决，不受法律追究。”[①]

3. 各级人民政治协商会议的建议和提案制度

中国人民政治协商会议是中国人民爱国统一战线的组织，人民政协的界别设置，为社会各界的利益表达提供了制度保障。[②]根据《中国人民政治协商会议章程》，中国人民政治协商会议全国委员会和地方委员会密切联系各方面人士，反映他们及其所联系的群众的意见和要求，对国家机关和国家工作人员的工作提出建议和批评。中国人民政治协商会议全国委员会委员和地方委员会委员要密切联系群众，了解和反映他们的愿望和要求。参加中国人民政治协商会议全国委员会和地方委员会的单位和个人，有通过人民政协会议和组织充分发表各种意见、参加讨论国家大政方针和各该地方重大事务的权利，对国家机关和国家工作人员的工作提出建议和批评的权利，以及对违纪违法行为检举揭发、参与调查和检查的权利。

中国人民政治协商会议全国委员会和地方委员会的主要职能中包括民主监督和参政议政。民主监督是对国家宪法、法律和法规的实施，重大方针政策的贯彻执行、国家机关及其工作人员的工作，通过建议和批评进行监督。参政议政是对政治、经济、文化和社会生活中的重要问题以及人民群众普遍关心的问题，开展调查研究，反映社情民意，进行协商讨论。通过调研报告、提案、建议案或其他形式，向中国共产党和国家机关提出意见和建议。[③]中国人民政治协商会议全国委员会和地方委员会组织委员视察、参观和调查，

① 参见第十届全国人民代表大会常务委员会第十二次会议：《中华人民共和国地方各级人民代表大会和地方各级人民政府组织法》（2004年10月27日，第四次修正），第34条、第37条。

② 周淑真：《中国人民政治协商会议的制度精神与价值》，《中国人民大学学报》，2007年第5期。

③ 参见中国人民政治协商会议第十届全国委员会第二次会议：《中国人民政治协商会议章程修正案》（2004年3月），第一章，第二条。

了解情况，就各项事业和群众生活的重要问题进行研究，通过建议案、提案和其他形式向国家机关和其他有关组织提出建议和批评。

（二）对立观点的交流制度

表达机制使观点对立公开化，如果缺乏相应的交流机制加以修正和纠偏，就会使表达趋于极端化。因此，公共冲突管理不仅需要建立不同主张的表达渠道，还必须为各种对立的观点建立相应的制度化的交流平台。中国具有该功能的现行制度主要包括人大的听取和质询制度、人民政协的审议和讨论制度、村民会议和村民代表会议制度等。

1. 各级人民代表大会的听取和质询制度

根据《中华人民共和国地方各级人民代表大会和地方各级人民政府组织法》，县级以上的地方各级人民代表大会的职权中包括“讨论、决定本行政区域内的政治、经济、教育、科学、文化、卫生、环境和资源保护、民政、民族等工作的重大事项”，“听取和审查本级人民代表大会常务委员会的工作报告”，“听取和审查本级人民政府和人民法院、人民检察院的工作报告”；乡、民族乡、镇的人民代表大会行使的职权中包括“听取和审查乡、民族乡、镇的人民政府的工作报告”。[①]

人大代表具有提出质询案和进行询问的权利。[②]地方各级人民代表大会举行会议的时候，代表十人以上联名可以书面提出对本级人民政府和它所属各工作部门以及人民法院、人民检察院的质询案。在常务委员会会议期间，省、自治区、直辖市、自治州、设区的市的人民代表大会常务委员会组成人员五人以上联名，县级的人民代表大会常务委员会组成人员三人以上联名，可以向常务委员会书面提出对本级人民政府、人民法院、人民检察院的质询案。质询案由主席团决定交由受质询机关在主席团会议、大会全体会议或者有关的专门委员会会议上口头答复，或者由受质询机关书面答复。在主席团会议或者专门委员会会议上答复的，提质询案的代表有权列席会议，发表意见。在地方各级人民代表大会审议议案的时候，代表可以向有关地方国家机关提出询问，由有关机关派人说明。

① 参见第十届全国人民代表大会常务委员会第十二次会议：《中华人民共和国地方各级人民代表大会和地方各级人民政府组织法》（2004 年 10 月 27 日，第四次修正），第三章，第四十四条。

② 参见第十届全国人民代表大会常务委员会第十二次会议：《中华人民共和国地方各级人民代表大会和地方各级人民政府组织法》（2004 年 10 月 27 日，第四次修正），第三章，第四十七条。

2. 各级人民政治协商会议的审议和讨论制度

中国人民政治协商会议全国和各级地方委员会全体会议行使的职权中，包括听取和审议常务委员会的工作报告；讨论有关工作并作出决议；参与对国家和地方事务的重要问题的讨论，提出建议和批评。[①]

3. 村民会议和村民代表会议制度

根据《中华人民共和国村民委员会组织法》第24条规定，涉及村民利益的下列事项，经村民会议讨论决定方可办理：（1）本村享受误工补贴的人员及补贴标准；（2）从村集体经济所得收益的使用；（3）本村公益事业的兴办和筹资筹劳方案及建设承包方案；（4）土地承包经营方案；（5）村集体经济项目的立项、承包方案；（6）宅基地的使用方案；（7）征地补偿费的使用、分配方案；（8）以借贷、租赁或者其他方式处分村集体财产；（9）村民会议认为应当由村民会议讨论决定的涉及村民利益的其他事项。[②]

4. 社区业主大会制度

根据《物业管理条例》，物业管理区域内全体业主组成业主大会。业主大会应当代表和维护物业管理区域内全体业主在物业管理活动中的合法权益。业主大会就以下事项进行讨论并作出决定：（1）制定和修改业主大会议事规则；（2）制定和修改管理规约；（3）选举业主委员会或者更换业主委员会成员；（4）选聘和解聘物业服务企业；（5）筹集和使用专项维修资金；（6）改建、重建建筑物及其附属设施；（7）有关共有和共同管理权利的其他重大事项。[③]业主大会会议可以采用集体讨论的形式，也可以采用书面征求意见的形式。

（三）冲突利益和整合制度

对立观点的交流可以消除误解，限制极端化的主张，但却不能消除利益的对立。要实际化解冲突，还必须建立冲突利益的整合机制。中国具有该功能的现行制度主要包括协商制度和调解制度。

1. 协商制度

协商是在争议发生之后，由当事人双方直接进行磋商，自行解决纠纷。

---

① 参见中国人民政治协商会议第十届全国委员会第二次会议：《中国人民政治协商会议章程修正案》（2004年3月），第三章，第三十四条。

② 参见《中华人民共和国村民委员会组织法》（2010年10月），第24条。

③ 参见《物业管理条例》（2007年8月），第二章，第十一条。

中国现行的协商制度主要包括以下形式：（1）工资集体协商制度：工资集体协商，是指职工代表与企业代表依法就企业内部工资分配制度、工资分配形式、工资收入水平等事项进行平等协商，在协商一致的基础上签订工资协议的行为。[①]（2）政治协商制度：是指在中国共产党领导下，各政党、各人民团体、各少数民族和社会各界的代表，以中国人民政治协商会议为组织形式，经常就国家的大政方针进行民主协商的一种制度。根据《中国人民政治协商会议章程》，中国人民政治协商会议全国委员会和地方委员会的主要职能之一就是政治协商。政治协商是对国家和地方的大政方针以及政治、经济、文化和社会生活中的重要问题在决策之前进行协商和就决策执行过程中的重要问题进行协商。[②]中国人民政治协商会议全国委员会和地方委员会可根据中国共产党、人民代表大会常务委员会、人民政府、民主党派、人民团体的提议，举行有各党派、团体的负责人和各族各界人士的代表参加的会议，进行协商，亦可建议上列单位将有关重要问题提交协商。中国人民政治协商会议全国委员会和地方委员会全体会议的议案，应经全体委员过半数通过。常务委员会的议案，应经常务委员会全体组成人员过半数通过。各参加单位和个人对会议的决议，都有遵守和履行的义务。如有不同意见，在坚决执行的前提下可以声明保留。

2. 调解制度

调解是指经过第三者的排解疏导、说服教育，促使发生纠纷的双方当事人依法自愿达成协议、解决纠纷的一种活动。中国的调解主要包括四种形式：（1）人民调解：它是作为群众性组织的人民调解委员会对民间纠纷的调解。[③]人民调解制度作为我国一项特殊的政治制度，其调解问题的广泛性、解决方式的和平性、解决效果的及时高效性，使其长期以来在调解社会矛盾与冲突方面起到了重要作用。（2）法院调解：它是人民法院对受理的民事案件、经济纠纷案件和轻微刑事案件进行的调解。（3）行政调解：它是基层人民政府，即乡、镇人民政府对一般民间纠纷的调解，或国家行政机关依照法律规定对某些特定民事纠纷或经济纠纷或劳动纠纷等进行的调解；（4）仲裁调解：即

① 参见《工资集体协商试行办法》（2000 年），第一章，第三条。

② 参见中国人民政治协商会议第十届全国委员会第二次会议：《中国人民政治协商会议章程修正案》（2004 年 3 月），第一章，第二条。

③ 参见《中华人民共和国人民调解法》（2010 年 8 月），第一章，第二条。

仲裁机构对受理的仲裁案件进行的调解。[①]

（四）争议事项的裁决制度

并非所有的利益冲突都能够通过协商和调解加以解决。当冲突各方的利益无法通过谈判和调解实现有效整合时，为了防止冲突行动的发生，就需要建立争议事项的裁决机制，由中立第三方对冲突事项进行裁决，强制各方接受、执行解决方案。中国具有该功能的现行制度主要包括仲裁制度和诉讼制度。

1. 仲裁制度

仲裁制度是指争议各方当事人达成协议，自愿将争议提交选定的第三者，根据一定程序规则和公正原则作出裁决，并有义务履行裁决的一种法律制度。根据《中华人民共和国仲裁法》，仲裁的适用对象是平等主体的公民、法人和其他组织之间发生的合同纠纷和其他财产权益纠纷。[②]

2. 诉讼制度

包括民事诉讼制度、行政诉讼制度和司法诉讼制度等。

民事诉讼制度是针对民事纠纷而建立的诉讼制度。根据《中华人民共和国民事诉讼法》，人民法院受理公民之间、法人之间、其他组织之间以及他们相互之间因财产关系和人身关系提起的民事诉讼。[③]

行政诉讼制度是针对公民与国家机关之间的纠纷而建立的诉讼制度。根据《中华人民共和国行政诉讼法》，公民、法人或者其他组织认为行政机关和行政机关工作人员的具体行政行为侵犯其合法权益，有权依照本法向人民法院提起诉讼。人民法院依法对行政案件独立行使审判权，不受行政机关、社会团体和个人的干涉。人民法院设行政审判庭，审理行政案件。[④]行政诉讼受理的案件可以涉及：（1）对拘留罚款、吊销许可证和执照、责令停产停业、没收财物等行政处罚不服的；（2）对限制人身自由或者对财产的查封、扣押、冻结等行政强制措施不服的；（3）认为行政机关侵犯法律规定的经营自主权的；（4）认为符合法定条件申请行政机关颁发许可证和执照，行政机关拒绝颁发或者不予答复的；（5）申请行政机关履行保护人身权、财产权的法定职

① 参见《中国的调解制度》，中央政府门户网站：http://www.gov.cn/test/2006-04/30/content_271848.htm。
② 参加《中华人民共和国仲裁法》（1995 年），第一章，第二条。
③ 参见《中华人民共和国民事诉讼法》（2008 年 4 月），第一篇，第一章，第三条。
④ 参见《中华人民共和国行政诉讼法》（1990 年 10 月），第一章，第二条、第三条。

责，行政机关拒绝履行或者不予答复的；（6）认为行政机关没有依法发给抚恤金的；（7）认为行政机关违法要求履行义务的；（8）认为行政机关侵犯其他人身权、财产权的。①

刑事诉讼制度是针对刑事犯罪案件而建立的诉讼制度。根据《中华人民共和国刑事诉讼法》，人民法院依照法律规定独立行使审判权，人民检察院依照法律规定独立行使检察权，不受行政机关、社会团体和个人的干涉。②

（五）对抗行为的制动制度

当冲突无法以和平的方式加以处理和化解，并且升级到对抗性行动阶段时，就需要启动对抗行动的对抗机制，由合法拥有强制权力的政府机构，依法强制执行某项合法裁决，或采取强制性措施防止、阻止和镇压冲突方采取严重的对抗性行为，避免对社会秩序或冲突方造成严重甚至致命伤害。中国具有该功能的现行制度主要包括强制制度和处罚制度。

1. 强制制度

强制制度包括行政强制制度和刑事强制制度。行政强制措施的适用对象是违反行政法律规范的相对人，或具有自我危害性，或虽对社会公共利益、公共安全有危害性，但其主观没有恶性，或基于紧急情势，而对其财物施以强制的财物或权益的所有人、使用人等相对人。根据《行政强制法》第九条规定，行政强制措施的种类包括限制公民人身自由；查封场所、设施或者财物；扣押财物；冻结存款、汇款；以及其他行政强制措施。在限制人身自由方面，中国相关立法规定了多种方式，如保护性约束、立即拘留、强制扣留、强制搜查、强制隔离、强制治疗、现场管制、强行驱散等。刑事强制措施是对犯罪嫌疑人、被告人、现行犯或已决犯采用的，即其适用对象只能是已被追究刑事责任、有重大犯罪嫌疑有可能对其追究刑事责任的人。其主要形式包括拘传、取保候审、监视居住、刑事拘留和逮捕。

2. 处罚制度

处罚制度包括行政处罚制度、行政处分制度、民事责任追究制度和刑罚制度。行政处罚是指行政机关或其他行政主体依法定职权和程序对违反行政法规尚未构成犯罪的相对人给予行政制裁的具体行政行为。处罚种类包括人

① 参见《中华人民共和国行政诉讼法》（1990年10月），第二章，第十一条。
② 参见《中华人民共和国刑事诉讼法》（2012年3月），第一章，第五条。

身罚（如行政拘留和劳动教养）、行为罚（如责令停产停业、暂扣或吊销许可证和营业执照）、财产罚（如罚款和没收财物）、申诫罚（如警告和通报批评）。行政处分只能适用于行政机关的工作人员或其他由行政机关任命或管理的人员。其种类包括警告、记过、记大过、降级、撤职、开除等。民事责任追究制度是要求侵权者承担民事责任。根据《中华人民共和国民法通则》第 134 条，承担民事责任的方式主要有：停止侵害，排除妨碍，消除危险，返还财产，恢复原状，修理、重作、更换，赔偿损失，支付违约金，消除影响、恢复名誉，赔礼道歉等。刑罚制度是对刑事违法或犯罪者予以的刑事惩罚。中国现行刑罚制度中的主刑主要包括管制、拘役、有期徒刑、无期徒刑和死刑；附加刑主要包括罚金、剥夺政治权利、没收财产、驱逐出境等。

从以上分析可以看到，中国在公共领域冲突管理的五大机制方面，已经建立了相应的制度。正是由于这些制度安排的存在，使中国公共领域的冲突仍然能够控制在可以承受的范围之内。

三、现行冲突管理的制度体系存在的问题

尽管现行体制中对冲突管理需要建立的五大机制都有一定的制度安排，但随着社会转型带来的矛盾集聚，公共领域冲突管理现行体制中的各种制度在应对中仍然暴露出许多明显的缺陷和问题，使得其难以充分满足公共领域冲突管理的现实需要。这些缺陷和问题可以概括为以下四个方面：

1. 制度供给不足

与私人领域的冲突管理制度相比，中国公共领域的冲突管理制度明显供给不足，主要表现为以下方面：

第一，制度缺位。在许多需要进行冲突管理的公共领域，缺乏必要的制度建设。以社区管理与物业管理冲突为例，从表面上看，中国似乎存在着一个较为系统的社区管理法律制度的体系，包括《中华人民共和国城市居民委员会组织法》、《城市街道办事处组织条例》、《物业管理条例》等。然而，在这些法律法规中，并未涉及如何化解社区服务与物业冲突的内容。[1]

第二，制度管辖面不足。在一些公共冲突领域，存在着一定的冲突管理

① 许晓芸：《法律确立与制度回应：城市社区管理的法律规制》，《新疆社会科学》，2013 年第 1 期。

制度，但其管辖面过窄，许多冲突管理过程被排除在外。例如，2011年2月18日，最高人民法院就有关拆迁诉讼问题进行了司法解释，在《关于当事人达不成拆迁补偿安置协议就补偿安置争议提起民事诉讼人民法院应否受理问题的批复》中规定："拆迁人与被拆迁人或者拆迁人、被拆迁人与房屋承租人达不成补偿安置协议，就补偿安置争议向人民法院提起民事诉讼的，人民法院不予受理，并告知当事人可以按照《城市房屋拆迁管理条例》第16条的规定向有关部门申请裁决。"①

第三，制度权威等级低。在我国，有一些公共领域的冲突管理制度只是政府的条例、规章、规定甚至临时性通知，其权威性、严谨性、持续性和全面性程度都较低，无法为有效化解冲突提供必要的权威支持。

第四，制度本身的精细程度低。许多制度在内容设置上不甚合理，缺乏细节的规定。以"信访制度"为例，首先，信访制度在程序上虽具有操作的具体规定，但事实上不具备明确、稳定的规则；其次，信访事项涉及社会生活的方方面面，信访制度不具备依据各方面的规范处理问题的能力。②诸如此类问题留下了过大的自由裁量空间，无法形成严格的制度约束。

2. 制度间衔接存在缝隙

任何制度都不应独立存在，都应不同程度地与制度体系或制度环境中的其他制度存在一定的制度联系和相互依赖。但当今中国公共领域冲突管理的现存制度之间存在着较大的衔接缝隙，主要表现为以下几个方面：

第一，制度系统化不足。由于存在大量零散的、低级别的规定，缺乏统一的上位法律，因而各种低级别的规定之间很难保证相互一致。这使得经常出现因规定之间的冲突而导致的纠纷无法解决。

第二，制度间发展不均衡。各种制度之间需要相互配套。但从宏观的角度看，公共领域冲突管理的五大机制之间发展不均衡，交流机制和利益整合机制的建设明显滞后，如利益整合的方式还缺乏多样化的、适合冲突事项的化解形式；对谈判、调解等利益整合方式还缺乏有约束力的程序规定等。③这样使得表达机制受到反压，裁决机制不堪重负。从中观角度看，在同一机制中的各项制度之间发展也不均衡。

① 参见《高法解释拆迁补偿纠纷法院不受理》，"找法网"：http://china.findlaw.cn/fangdichan/fangwuchaiqian/cqjf/cqjfcl/65331.html。

② 洪冬英：《当代中国调解制度变迁研究》，上海：上海人民出版社，2011年，第180页。

③ 常健、许尧：《论公共冲突管理的五大机制建设》，《中国行政管理》，2010年第9期。

第三，制度设计重纵向约束，轻横向约束。可以看到，现有具备冲突管理功能的绝大多数制度都是以自上而下的约束为主，而缺乏对横向主体间的约束。表现为主体以政府为主，缺乏对社会力量的重视。在行政化的等级体制中，约束主体以政府为主，冲突管理更多依赖权力级差解决问题，如果超出合法范围来采取强制措施解决公共冲突，极有可能导致政府被卷入其中，引发所谓“二阶冲突”。①而社会组织在社会冲突化解方面发挥着政府机构无法发挥或无法充分发挥的一些作用，承担着诸如意见表达者、评估者、调解者、咨询者、倡导者等角色。这些角色和作用可以对政府的冲突管理职能作出重要和有益的补充，但目前并没有在制度上得到相应的规定。②

3. 制度执行力不足

公共领域已有的冲突管理制度的实际执行效果也存在着一定的问题。具体表现为三个方面：

第一，由于缺乏系统化的、高权威、可持续的冲突管理制度，使得现存制度在执行中面临更多的阻力。

第二，由于缺乏细致的制度规定，因此对违反制度的情况难以予以有足够力度的惩罚，使违法违规的成本降低。

第三，制度变化的连续性不强。制度变化即对制度中部分内容的调整和修改，多数制度在实施过程中都会与制度制定时的预期效果有差异，因此就要对制度不断做出调整，当一项制度还算合理时，对制度的修改调整，就需要注意前后相对连续性。制度政策的大幅度变化时，往往让执行者和遵守者无所适从。③

4. 制度内容的压制性导向

公共领域现行的冲突管理制度在内容导向上没有将冲突视为一种可以利用来发挥正向功能的能量，而是只作为一种破坏性力量。因此在制度设计上缺乏考虑对冲突正面功能的利用。表现为两个方面：

首先，对冲突能量以堵为主，缺乏因势利导。所谓“堵”，就是努力抑制冲突的出现。④传统的制度建设主要立足于“堵”，设法抑制冲突的发生，压

① 参见常健、韦长伟：《当代中国社会二阶冲突的特点、原因及应对策略》，《河北学刊》，2011 年第 3 期。

② 参见常健、赵伯艳：《社会组织参与公共冲突治理的功能、作用与条件》，转引自赵永茂主编：《公共行政、灾害防救与危机管理》，北京：社会科学文献出版社，2011 年，第 249～266 页。

③ 陈满雄：《提高制度执行力》，《中国行政管理》，2007 年第 11 期。

④ 常健、许尧：《论公共冲突管理的五大机制建设》，《中国行政管理》，2010 年第 9 期。

抑冲突虽然可能获得暂时的表面平静，但随着冲突能量的积聚，极有可能在未来爆发更大规模、更加剧烈的冲突。

其次，冲突管理目标重表面平静，牺牲深层稳定。所谓“表面平静”，就是将公共冲突管理的目标设定为表层冲突的平息；所谓“深层稳定”，就是将公共冲突管理的目标定位为深层冲突的化解。[①]现有制度重表面平静，便有可能制造稳定的假象，而实际上却在不断聚集冲突能量。

公共领域冲突管理制度存在的上述问题，会使潜在的冲突各方形成不利于冲突化解的行为预期，阻碍冲突管理制度有效发挥作用。因此，必须针对这些存在的问题，强化冲突管理制度的建设。

四、建立和健全冲突管理制度的目标和路径

完善中国公共领域冲突管理的制度体系建设，不仅需要明确建设的目标和要求，而且需要确定合适的建设路径和建设过程。

从建设目标来看，公共领域冲突管理制度体系的建设，应当充分利用和引导公共冲突的正面功能，抑制和转化公共冲突的负面功能。科塞在《社会冲突的功能》一书中具体分析了社会冲突可能具有的正面功能，认为在社会单位之间的异质性和功能依赖性较高的社会中，低暴力、高频度的冲突可以提高社会单位的更新力和创造力水平，使仇恨在社会单位分裂之前得到宣泄和释放，促进常规性冲突关系的建立，提高对现实性后果的意识程度，社会单位间的联合度和适应外部环境的能力得到提高和增强。[②]因此，建立和健全冲突管理制度的任务，不是一味地压抑冲突，而是设法抑制冲突的负面作用，充分利用冲突的正面功能。

从建设要求来看，需要建立完善、协调、纵横交织的公共领域冲突管理制度体系。首先，制度必须全面覆盖才能有效发挥作用，否则，那些制度空白和漏洞就会成为投机者的突破口，破坏制度的网络制约力。因此，必须填补公共领域冲突管理制度的各种空缺，堵塞制度覆盖的各种漏洞，使冲突管理制度真正形成一个覆盖各个角落的约束之网。其次，任何一种制度都是在一个更大的制度体系中发挥作用的。因此，公共冲突机制中的各项制度不应

① 常健、许尧：《论公共冲突管理的五大机制建设》，《中国行政管理》，2010年第9期。
② 参见[美]科塞：《社会冲突的功能》中译本，北京：华夏出版社，1988年，第17～183页。

当是零散和相互隔绝的，而应当相互衔接，相互促进和补充。最后，在约束方式方面，不仅要强化纵向制约，而且要努力强化横向制约。随着单位制度的逐渐衰落，社会主体逐渐从完全受单位纵向等级体制制约的“单位人”，转化为更多受社会成员之间横向相互制约的“社会人”。因此，应当努力通过正式制度与非正式制度的相互配合，形成纵横交织的制度制约结构，增强制度体系整体的制约能力。

从建设路径来看，要充分发挥现有制度的冲突管理作用，在此基础上逐步扩展制度的功能空间。人们在原有的制度环境下已经形成了特定的行为预期和行为习惯。完全推翻过去的制度，建立全新的制度，很容易遭遇人们原有行为预期和行为习惯的强烈抵制，导致执行效果不佳。因此，要充分利用原有制度的有效功能，包括正式制度和非正式制度，在此基础上逐渐扩大其作用范围。同时，认真研究那些非正式制度发挥作用的原因，并分析其局限，将那些能够以正式方式更好发挥正面功效的非正式制度正式化，以增加其稳定性和权威性。

从建设过程来看，要特别注意在制度建设过程中如何提升社会信任度。制度中的重要内容是对违规行为进行惩罚。惩罚被认为是促进合作的一种手段，但在不同国家中，由于人们之间的信任程度不同，惩罚的效果显示出明显的差别。一些学者认为，在低信任度的社会中，惩罚可以促进合作，因为在这种社会中的人们的期望是：其他社会成员只有当存在很强的激励动因时才会为合作作出贡献；另一些学者则认为，高信任程度才能使惩罚发挥作用，因为在高信任度的社会中，人们可以相互信任对方将为公共事务作出共同的贡献，同时也会通过惩罚搭便车者来强化合作规范。丹尼尔·巴利耶特（Daniel Balliet）和保罗·范·朗格（Paul Van Lange）在 18 个国家进行了 83 项实验，涉及 7361 人。他们的研究结果表明：在人与人之间有高度信任感的社会，惩罚机制可以大幅促进合作；而在信任度较低的社会，这种方式却不那么奏效。他们认为，这是因为在相互信任程度较高的社会中，惩罚机制会被视为加强合作的规范，更容易被人们接受。① 根据这一研究结论，要想使公共领域冲突管理制度中的制裁和惩罚机制真正发挥促进合作化解冲突的作用，就要在制度建设过程中注意提升社会信任程度。为了使制度的目的能够

① Daniel Balliet and Paul A. M. Van Lange, Trust, Punishment and Cooperation across 18 Societies, *Perspectives on Psychological Science*, July 2013 vol. 8, no. 4, pp.363-379.

为公众所理解和接受，在制度建设中，就要广泛征求公众的意见，让各种不同意见相互交锋，并通过适当程序达成妥协，使公众认识到任何制度都不是完美无缺的，并因此理性地接受制度本身的局限及其实施所带来的成本。

突发公共事件舆论引导框架构想

赵振宇

摘　要：在我国社会转型期，突发公共事件频发，引起社会学、管理学、政治学和新闻传播学等诸多学科的关注。但是对于突发公共事件的舆论引导研究越来越偏重于引导策略的显学，缺乏系统论的视角、辩证思维的视角、程序理论的应用以及危机传播的解读。本文在系统论的视野关照下，旨在构建应对突发公共事件舆论引导的传播系统。

关键词：突发公共事件；舆论引导；危机传播

对于突发公共事件的爆发、舆论危机的出现以及如何进行舆论引导，我们需要从三个层面来解读：宏观层面的系统论解读、中观层面的危机传播解读、微观层面的舆论引导策略解读。同时，只有三个层面层层叠加，相互关照，最终形成合力才能为突发公共事件的舆论引导提供理论支持和实践指引。本文试图将三者融会贯通，最终形成应对突发公共事件舆论引导的传播系统构建。

作者简介：赵振宇，华中科技大学新评论研究中心主任、二级教授、博士生导师，武汉市人民政府参事。

基金项目：本文为国家社会科学基金重点项目“应对突发事件舆论引导系统构建研究”（项目编号11AXW006）研究成果。

文章来源：本文曾以《系统视野下的突发事件舆论引导框架构想》为题发表于《现代传播》2012 年第 10 期，《中国人民大学复印资料》2013 年第 3 期全文转载。

一、突发公共事件舆论引导的现实关照

1. 信息传播环境的变化加大突发公共事件舆论引导的难度

与突发公共事件舆论引导重要性相对应的是发生变化了的信息传播环境。多元化的媒体格局，党媒与都市媒体并存、传统媒体与新媒体并存、大众媒体与自媒体并存。需要我们面对的是，对于突发公共事件的舆论场而言，网络和手机等新媒体已经成为舆论的集合地。

2014 年 7 月 21 日，中国互联网信息中心发布第 34 次调查报告显示，截至 2014 年 6 月，我国网民规模达 6.32 亿，其中手机网民达 5.27 亿，较 2013 年底增加 2699 万人，网民中使用手机上网的人群占比提升至 83.4%，相比 2013 年底上升了 2.4 个百分点。

网络应用已从生活娱乐逐步向社会经济领域渗透，网民对网络信任和安全的要求也日渐提高。在“可用”的基础之上，构建“可信”的网络环境则是未来的必然趋势。

网络及手机媒体的快速传播、匿名传播、扩散性传播的特性使得舆论出现井喷式效应，同时在危机传播中，传播渠道的开放性使得传播信息的双方极易出现信息不对称、编码解码不一致，传授的意义出现偏差。在突发公共事件引起的危机中，尤其是在网络和新媒体上，人们对大声疾呼视而不见，对沉默无语百般拷问，将义正词严视为托词辩解，将好言相劝视为欺骗诱导。[①]与此同时，陈旧的执政理念、政府对传媒的认识、媒体本身的舆论引导能力、公众民主表达的主观愿望及狂热的网络噪音都将影响舆论引导的效果。

2. 当前突发公共事件舆论引导存在的问题急需解决

近年来，经过诸如“汶川地震”、新疆“7.5”事件、“成都公交燃烧事件”“7.23 温州动车事故”等诸多突发公共事件的考验，我国在应对突发公共事件舆论引导方面有了巨大的进步，但是还是有以下问题急需我们解决：

第一，“三强三弱”。日常舆论引导能力较强，突发公共事件的舆论引导能力相对较弱；对自然灾害、事故灾害的引导能力较强，对公共卫生事件、社会安全事件的舆论引导能力相对偏弱；对传统媒体的引导能力较强，对新

① 胡百精著：《危机传播管理——流派、范式与路径》，北京：中国人民大学出版社，2009 年，第 33 页。

媒体的引导能力相对较弱。

第二,“叠加效应”。“事件处置不当”和“舆论引导不当”形成叠加效应。在一些突发公共事件中，当地政府和相关责任人由于各种原因，对突发公共事件处置不当，造成事件的负面影响扩大。而在事件发生后，舆论引导又出了问题，某些地方政府为了政绩或者是其他需要，瞒报、漏报、谎报事件，造成公众与政府的对立和误解。两者同时发生时，往往会产生严重的叠加效应，产生负面影响。

第三,“协调机制缺失”。突发公共事件发生后，部门和部门之间如何协调，没有规章制度予以明确。近些年来，我国发生重大突发公共事件后，往往是中央政府临时让各个政府机构协调处理，一切按照中央政府的安排。这种做法或许可以解决某一次突发公共事件，但是不规范、欠科学，于是，应对突发公共事件就很难收成效。

第四,“问责机制欠缺”。突发公共事件发生后，相关负责人没有及时上报，应该问责；舆论引导失败，也要进行问责；媒体报道后，没有积极应对，不积极配合，不有效地进行善后处理，也要问责；媒体没有按照党的方针政策和新闻传播规律办事，出现了差错和问题也要问责。问责机制的建立，对于舆论引导失败无人负责的现状将大有助益。而现在，却恰恰缺少这一重要环节。

3. 突发公共事件舆论引导的理论研究不足

对于突发公共事件舆论引导研究，尽管有了诸多成果，但从整体上看，仍然有一些问题需要我们注意。

（1）缺乏系统论的视角。突发公共事件的舆论引导需要贯穿于突发公共事件发生的监测、预警、应对、问责和评价的各个过程，并最终构建舆论引导系统。

（2）缺乏分类研究的视角。这类研究往往将突发公共事件作为一个整体看待，对自然灾害、事故灾难、公共卫生事件、社会安全问题四种不同类型的突发公共事件很少进行分类研究，从而影响实际效果。

（3）缺乏辩证转化的视角。不同类型的突发公共事件，在一定条件下，存在向其他类型转化的可能，使危机演变更为复杂。同时，在危机演化的不同阶段，舆论会呈现出不同的态势，需要用辩证的思维方式研究突发公共事件及其舆论引导策略。

（4）缺乏对程序理论的应用。如何让政府和媒体在突发公共事件中按照相关程序进行舆论引导，这是一个值得研究的跨学科课题。

（5）缺乏传播学尤其危机传播理论探讨。突发公共事件和危机密不可分，既可能是危机的后果，也可能是危机的原因。而危机中舆论的形成和传播，尤其是引导过程中的信息传播，前人研究更多偏重于策略和技能，所以对于突发公共事件的舆论如何进行危机传播解读是本文试图做到的。

二、突发公共事件中舆论引导的组成元素

突发公共事件中舆论引导的相关元素有很多，本文主要研究以下几个重要元素：

1. 舆论引导的主体

舆论引导的主体包括政府部门、企业组织、非政府组织、媒体、个人。在这五类引导主体中，政府部门作为一个公共权力机构，有义务协调社会各个组织的关系，维护经济的平稳发展，促进社会文化建设。当突发公共事件发生时，政府部门有义务处理好突发公共事件，有义务把突发公共事件造成的负面影响降到最低，有义务对因突发公共事件产生的舆论进行引导，并使舆论有利于突发公共事件的解决。

对于企业来说，因其经济利益和企业长远发展的原因，他们在日常的信息传播中，需要在公众中投射品牌形象建立良好口碑，当突发公共事件涉及企业的利益时，他们需要进行危机公关，而成为突发公共事件的舆论引导主体，比如三鹿奶粉事件。

非政府组织是伴随着我国公民社会的不断壮大，政府职能转变和政府放权于社会的改革大背景下出现的。虽然我国的非政府组织还存在自主性低、官办色彩浓、缺乏活力、效率低下等诸多问题。[①]但非政府组织由于其组织的非营利性、对于公民的价值观、生活理念、社会问题的关注产生越来越大的影响，逐渐在一些公益、环保等突发公共事件发生时成为舆论引导一个不可或缺的力量。

媒体在舆论引导大系统中较为特殊，当媒体作为一个组织时，它是舆论

---

① 邓国胜：《政府与 NGO 的关系：改革的方向与路径》，《中国行政管理》，2010 年第 4 期。

引导的主体。突发公共事件发生时，除极少数媒体自身的危机公关之外，媒体作为一支重要的舆论引导主体出现，因其信息传播的规律与政府信息传播规律的不同，在信息的选择、观点的关注、舆情的呈现等方面都会和政府这一舆论引导的主体有所不同，严重时甚至会发生冲突，引起舆论混乱。

个人的舆论引导主体功能在人人都有麦克风的时代被放大，无论是传播效率和传播范围远非最初的“舆论领袖”可以比拟。不久前，人民日报社社长张研农在与复旦大学学生交流时透露：人民日报人在新媒体格局中应有强烈的“危机意识”。他说：“一次社内编辑记者培训，有一场讨论对我们触动很大。一位年轻编辑说，人民日报现在的发行量是280多万份，这个数字看起来很多，但是相对而言仍较少。这位编辑举出了我们的‘对手’：‘微博女王’姚晨，粉丝1955万，这意味着，她每一次发言的受众，即便不算微博“转发”后的间接传播，比人民日报发行量多出近7倍。”[①]公众对事件形成舆论的前提是接受到信息，无疑姚晨作为个人发布的微博信息到达率高得惊人。所以个人，尤其是作为公共人物，或者某个突发公共事件的当事人作为舆论引导的主体在新媒体时代所起的作用越来越大。

在五类舆论引导主体中，引导的渠道和方式都有所不同，其中政府和媒体是舆论引导的主要力量，无论在引导内容和渠道，甚至反馈上都有一定的先天优势，同时五类主体的有效联动也至关重要。

2. 舆论引导的渠道

随着网络的普及，新媒体的不断涌现，信息发布渠道出现多元化，使得舆论格局发生变化。2014年8月18日，习近平主持召开中央全面深化改革领导小组第四次会议审议通过了《关于推动传统媒体和新兴媒体融合发展的指导意见》，为我国新闻传播业的发展提供了蓝图，指明了前进的方向。

习近平在会上强调，推动传统媒体和新兴媒体融合发展，要遵循新闻传播规律和新兴媒体发展规律，强化互联网思维，坚持传统媒体和新兴媒体优势互补、一体发展，坚持先进技术为支撑、内容建设为根本，推动传统媒体和新兴媒体在内容、渠道、平台、经营、管理等方面的深度融合，着力打造一批形态多样、手段先进、具有竞争力的新型主流媒体，建成几家拥有强大实力和传播力、公信力、影响力的新型媒体集团，形成立体多样、融合发展

① http://ah.people.com.cn/GB//n/2012/0428/c229939-16988620.html 人民网。

的现代传播体系。

由于长久以来的新闻管理体制，在突发公共事件爆发时，我们可以看到，传统主流媒体往往拘泥于多种因素的约束而无法做出及时的反应，从而在满足社会公众的“知情权”和“表达权”方面存在不少缺憾。而网络等新媒体作为一种自发性的意见表达形式，却能在这方面产生明显的效率优势。[①]尽管如此，我们依然不能忽略传统媒体在舆论引导中的重要作用，其权威性和可信度都能带来好的传播效果，其以正视听的作用不可小觑。同时，不同的舆论引导主体，面对引导过程中不同的信息流，传播渠道的选择也会有所不同。突发公共事件发生时，面对网络媒体井喷式、多元化的舆论，网络的非理性舆论及噪音流的出现，作为舆论引导主体的政府部门如何对网络舆论进行引导成为摆在我们面前的重大课题。在舆论引导信息传播的渠道上，作为政府也应积极利用新媒体，比如官方网站，官方微博等，利用其信息传播的优势不断更新信息，回应社会关切。利用传统媒体的权威性，纸质媒体的思辨性为在舆论引导过程中提供更权威和谨慎的影响流，并引导舆论流。

而对于传播渠道资源不多的个人与非政府组织来说，如何利用传统媒体发声，也是我们必须考虑的。

3. 舆论引导的对象

我们追溯突发公共事件爆发的原因，并分析危机管理中的利益博弈就不难发现，突发公共事件舆论引导目标对象应该有不同层次的划分，依据和突发公共事件的关联程度划分为：利益相关者、公众和围观者。

（1）利益相关者。利益相关者是指在企业中拥有一种或多种权益，能够影响企业行动、决策、政策、做法和目标的个人或群体。[②]我们之所以把利益相关者这一管理学的概念引到突发公共事件的舆论引导中，一是因为突发公共事件的爆发往往是由于社会转型期带来的利益冲突，利益诉求得不到满足。二是，对于传播学中的受众而言，在概念上模糊了舆论引导主体和客体的矛盾冲突本质。当我们以利益相关者重新定义我们传播的客体时，在信息流、影响流、噪音流及舆论流的传播中才可能有平等交流的理念支点。

（2）公众。这里的公众不仅仅是公共关系中传播沟通对象的概念，也不

---

① 李良荣、张嫄：《新老媒体结合　造就舆论新格局》，《国际新闻界》，2008 年第 7 期。

② [美]阿奇·B. 卡罗尔、安·K. 巴克霍尔茨：《企业与社会：伦理与利益相关者管理》，北京：机械工业出版社，2004 年，第 45 页。

是所有民众的总和。而是指那些关注公共利益、民主诉求欲望较强、趋于理性的群体集合。比如公共知识分子、传播中的意见领袖等。

（3）围观者。围观作为一种群体现象，有其发生的特殊社会背景和群体心理。这里的围观者是指本身和突发公共事件所导致的利益冲突无关，自身并不关心公共利益诉求，而只是信息的被动或无意接受者。即便如此，在需要其发声时依然会发出声音，比如大会时被无意点名的发言者，记者的随机采访对象。有时也表现为盲目跟风，比如网络上的灌水和跟帖，有时因为没有自己见解而又害怕孤立表现为沉默的螺旋。

4. 突发公共事件舆论引导的反馈

在信息传播过程中，反馈至关重要，对于突发公共事件的舆论引导来说更是如此。

对于舆情的收集，不仅能为突发公共事件的舆论引导提供依据，同时也是检验舆论引导成功与否的标尺。

目前对于舆情的监测，无论是政府部门、企事业单位，还是学术机构都越来越重视。以人民网舆情监测室为例，作为国内最早从事互联网舆情监测、研究的专业机构之一，自 2008 年正式组建以来，在政府部门、媒体和学者专家共同指导下，目前已初步形成了一套较完整的网络舆情监测理论体系、工作方法、作业流程和应用技术，可以对传统媒体网络版（含中央媒体、地方媒体、市场化媒体、部分海外媒体）、网站新闻跟帖、网络社区/论坛/BBS、微博客、网络“意见领袖”的个人博客、网站时评等网络舆情主要载体进行 24 小时监测，并进行专业的统计和分析，形成监测分析研究报告等成果。[①]

我们认为，在舆情监测方面，除在技术上进一步完善之外，对于舆情监测的主体、舆情监测结果的有效传递都有待进一步研究和提高。

三、应对突发公共事件舆论引导系统构想

当我们分析完突发公共事件舆论引导系统中各个要素之后，我们需进一步分析各要素的功能及联系，同时又需要我们跳出微观视野，运用现代统计方法对四种突发公共事件进行舆情及形态演变分析，提出不同的舆论引导策

① http://yq.people.com.cn/service/index.html 人民网舆情监测室。

略；在此基础上从系统论出发，把舆论引导列入突发公共事件舆情监测、预警、应对、问责和评价的系统中进行研究，从而建立舆论引导运行机制。运用程序理论和舆论学理论研究政府、媒体如何应对突发公共事件舆论引导，为其提供扎实的理论基础。（如图 1）

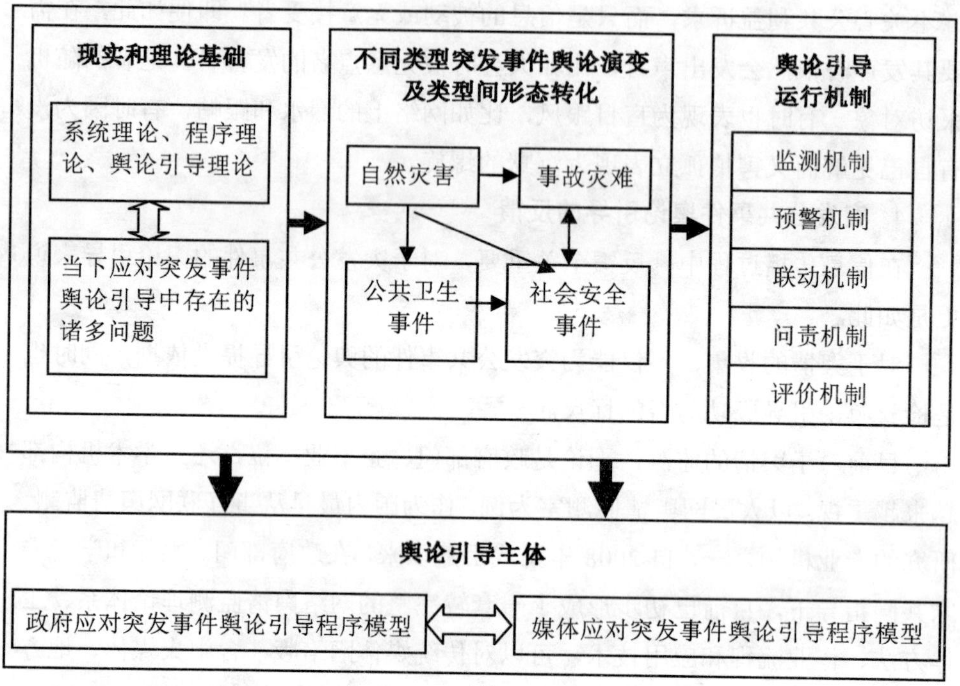

图 1　应对突发公共事件舆论引导系统构建图

1. 不同类型突发公共事件的舆论演变分析

自然灾害、事故灾难、公共卫生、社会安全四类突发公共事件由于其发生原因、利益相关者都有所不同，舆论的生成、演变都有所不同，对不同类型突发公共事件的舆论演变研究构成整个舆论引导系统的基础。经过个案的统计分析，描绘出不同类型的突发公共事件的舆论演变个性特点与共性规律，使舆论引导主体在制定突发公共事件舆论引导策略时有的放矢、有章可循。

2. 突发公共事件舆论引导运行机制构建

四种类型突发公共事件，都存在危机演化周期（潜伏期、爆发期、蔓延期、恢复期），在舆论引导时，应考虑其周期特征。同时，不同类型的突发公共事件还存在转化的可能（见图 1）。自然灾害事件极易引发公共卫生事件，同时在处理不当的情况下，可以变为事故灾难；事故灾难和社会安全事件之间可以相互转化；无论是自然灾害、公共卫生事件，还是事故灾难都可能转化为社会公共安全事件。四类事件的转化原因，舆论态势在其转化中有何变化，舆论引导主体该如何行动都是我们亟待研究的问题。

在突发公共事件发生前后，如何有效地进行监测、预警、应对、问责和评价，有效地调动和整合各部门的力量，使事件处置和舆论引导有效联动，增强舆论引导效果，是我们进一步研究和解决的问题：

（1）构建舆情监测机制，强化信息共享

当前，有些地方在突发公共事件成为舆论事件之前，下级与上级之间、部门与部门之间的信息往往没有共享，使得宣传部门无法获得舆论引导的主动权。如2010年6月底发生在湖北省委门口的“厅官夫人被打事件”，事件发生后，打人的政法委没有及时与宣传部沟通，结果被外省媒体率先报道，传播海内外，影响极大。因此，必须建立政府部门之间的信息共享的舆情监测机制。

（2）构建舆情预警机制，提高研判能力

一些突发公共事件、特别是社会安全事件的形成往往有一个过程；与之相伴随的舆论事件的形成也有一个过程。如近年来国内发生的瓮安事件、石首事件、邓玉娇事件等，皆是如此。起初本是地方的小事情，但是由于相关部门的预警机制的缺位，导致事件失控，最后演变成影响巨大的事件。因此，要在网监部门对网络舆情进行监控的基础上，提高研判能力，构建舆情预警机制。

（3）构建事件处置与舆论引导的联动机制，提高应对能力

突发公共事件发生后，往往演变为舆论事件。而舆论事件的形成与发展，既与“事件处置不当”有关，也与“舆论应对不当”有关，两者往往形成“叠加效应”。应积极构建事件处置与舆论引导的联动机制，让事件处理和舆论引导相辅相成，以利于事件的最快处理，并平息负面舆论。

（4）构建舆论引导问责机制，加强管理部门责任感

突发公共事件发生后，在建立有效预警机制的情况下，如果舆论引导失败，相关责任人要进行问责；如突发公共事件发生后，相关负责人没有及时上报，应该问责；媒体报道后，相关责任人没有积极应对，不积极配合，不有效地进行舆论引导，也要问责；媒体未能执行中央方针政策，按照新闻规律办事，也要问责。问责机制的建立，对于提高舆论引导能力关系密切。

（5）构建舆论引导能力评价机制，促进管理行为科学化

提高舆论引导能力是舆论引导研究的归属和落脚点，也是舆论引导工作创新的着力点。要提高在突发公共事件情景中，舆论引导主体的舆论引导能力，就要有评价和判断舆论引导能力高低的方法和方式。在前文中笔者把舆论引导的主体分为五类，其中政府和媒体是舆论引导的两个重要主体。目前研究者们应构建出政府和媒体的舆论引导能力评价体系，为舆论引导工作提供科学的决策依据和行动指南。

大致来说，政府应对突发公共事件的舆论引导能力框架主要包括实时发布能力、监测能力、预警能力、应急处置能力和公众反馈信息的采集能力。其中突发公共事件的应急处置能力是舆论引导能力评价的重要组织部分。媒体应对突发公共事件的舆论引导能力框架主要包括媒体生产能力、公众舆论的监测能力和媒体舆论议程设置能力。

3. 政府应对突发公共事件舆论引导程序研究

作为突发公共事件舆论引导的主体，结合程序论完成突发公共事件政府舆论引导程序体系的构建。通过对我国政府舆论引导方式变革的梳理，可以得到相关的历史资料，为进行程序化研究提供支持。运用程序化的相关理论，并结合国外相关的成功经验，以及我国近些年来一些成功的政府舆论引导的案例，可以得出突发公共事件中政府舆论引导的相关程序。

4. 媒体应对突发公共事件舆论引导程序研究

在现代社会中，媒体无论作为组织而言还是舆论引导主体而言，在突发公共事件中，媒体的舆论引导成败，都会影响到社会的稳定。新闻媒体作为社会重要的信息来源，增强媒体在新闻生产方面的程序化和科学性，势必将极大地提高媒体的舆论引导能力。尤其是在新媒体和传统媒体同时并存和新闻采集发布手段多样化的背景下，找到科学合理的新闻生产程序，提高效率和传播能力，极具现实意义和价值。这部分的研究将全面总结媒体在新闻报道时的采访程序、编辑程序、发布程序、策划程序、监督程序、道德程序、法律程序和反馈程序，以期找到科学合理的媒体新闻生产程序化路径，进而达到提升媒体舆论引导能力之目的。

四、结语

本构想从系统论、危机传播理论、程序论出发，试图建立突发公共事件舆论引导系统。构想还需进一步研究验证，同时构想庞大不免有所纰漏，只愿能为后来的研究者提供些许借鉴，同时为消解我国突发公共事件所带来的负面影响，促进社会平稳发展提供一些参考，若能做出指导不甚欣慰。

完善重大决策社会稳定风险评估机制的五大转变

王宏伟

摘　要：重大决策社会稳定风险评估机制的建立有利于政府决策的科学化、民主化，有助于社会矛盾、公共冲突的化解与群体性事件的预防。但是，我国目前的“稳评”体系存在着一系列的问题，必须加以完善。在社会管理创新的背景下，我们需要推动“稳评”实现五大转变：理念上，从政府主动创维到社会协同治稳；目标上，从防范群体性事件到增进社会和谐；保障上，从决策者道德自律到社会监督约束；体系上，从单一——封闭到多元—开放；流程上，从常态化评估到动态性管理。

关键词：重大决策；社会稳定；　风险评估；社会管理创新；机制

党的十八大报告在论及加强与创新社会管理时提出，“要建立健全重大决策社会稳定风险评估机制”①。自 2005 年以来，我国各级党委、政府在实践中积极探索如何构建重大决策社会稳定风险评估（文中简称“稳评”）机制，以强化重大公共政策制定者维护社会稳定的责任意识，减少影响社会稳定的不和谐因素，最大限度地降低群体性事件的发生概率。无疑，“稳评”对于增强决策的科学化与民主化、化解社会矛盾与纠纷、提升社会和谐与稳定程度

作者简介：王宏伟，中国人民大学公共管理学院副教授，博士。

文章来源：《云南社会科学》2013 年第 2 期。

① 胡锦涛：《坚定不移沿着中国特色社会主义道路前进　为全面建设小康社会而奋斗——在中国共产党第十八次全国代表大会上的报告》，北京：人民出版社，2012 年，第 34 页。

具有不容否定的推动作用。

近年来，我国各地在“稳评”实践上进行了一系列积极、有益的探索，形成了许多各具特色的宝贵经验，有效地维护了社会和谐与稳定的大局。但是，我国的“稳评”机制目前尚存在着诸多理念、操作层面的问题。在社会管理创新日益受到重视的今天，我们要进一步完善“稳评”机制，就必须推动其实现理念、目标、保障、体系、流程上的五大转变，使“稳评”机制成为推动社会管理创新的重要内容和手段。

一、“稳评”的理念：从政府主动创维到社会协同治稳

改革开放以来，我国经济建设取得了令世人瞩目的巨大成就。与此同时，在经济转型、社会转轨的大背景下，大量社会问题、矛盾不断积聚、叠加、交织，特别是群体性事件不断发生，严重影响了社会的和谐、稳定。

如果以改革开放为界，我们可以将政府的大政策周期大致分为前后两个阶段：改革开放之前，以政治为核心；改革开放之后，以经济为重点。而社会管理则成为一个相对被疏离、冷落的领域。从行政管理的角度看，政府关注的核心任务包括自身的统治和对社会的管理。近年来，我国政府的行政理念逐渐发生变化，日益强调履行社会管理与公共服务的职能。

观念的变革来源于社会现实的变迁。改革开放之后，中国总体经济实力不断增长，人民生活水平不断提升。在改革开放之初，人们安详地享受着改革开放所带来的实惠和利好。政府在社会管理方面的滞后问题并没有显现出来。但是，改革开放很快就过了普遍受益期。随着经济利益格局的调整、社会阶层的分化、价值观念的嬗变、公众权益意识的萌动，滞后的社会管理导致不满情绪滋生，社会矛盾与纠纷大量同时涌现、互动，群体性事件不断发生。不仅如此，高速发展使得西方国家在漫长历史阶段所展现出来的历时性矛盾在中国表现为共时性矛盾。社会稳定面临巨大的挑战，维稳成为各级党委和政府的当务之急和重中之重。

社会稳定大体可以被分为两种：强力控制型的稳定与和谐内生的稳定。相应地，维稳也分为两种：刚性维稳追求的是强力控制型的稳定，而柔性维稳追求的是和谐内生型的稳定。我国维稳的方式主要是与传统社会管理体制相适应的刚性维稳。千百年来，中国高度集权的行政体制以高压控制的形式

管理、统摄社会。政府的权力系统对社会出现扰动的承受能力较低，明显具有求稳怕乱的特点。受此影响，我国政府对社会扰动、特别是群体性事件抱以“零容忍”的姿态，经常不计成本地以高压手段维稳，反倒是“越维越不稳”。单纯以行政管制作为调节社会矛盾与纠纷的唯一方式必然会导致一个恶性循环：政府求稳怕乱—高压控制—官民对立—社会骚动—更加求稳怕乱。这是传统社会管理体制下刚性维稳逻辑的必然产物。

为了破解群体性事件应对的困局，四川省遂宁市于2005年在全国率先建立重大工程建设项目稳定风险预测评估制度。此后，中央维稳办推广了遂宁模式的经验。全国各地纷纷效仿遂宁的做法，尝试建立“稳评”机制。国家“十二五”规划纲要中将“建立重大工程项目建设和重大政策制定的社会稳定风险评估机制”列为一项重要的内容。“稳评”机制的设计初衷是变政府被动维稳为主动创稳，以期关口前移，化解社会稳定风险，降低群体性事件的发生概率。这与忽视源头治理、“头痛医头，脚痛医脚”的撞击—反射式的维稳模式相比，的确是一个巨大的进步。

但是，现有的“稳评”模式依旧没有摆脱传统社会管理思维惯性，因为政府依旧是维护社会稳定、开展“稳评”的唯一主体。公众与政府之间的关系是委托—代理关系。公众让渡出一部分权利给政府，为的是更好地保障公共利益的实现。公共政策是政府进行社会管理的重要工具。政府出台的公共政策是对公共利益的分配，应该以民意为基础，体现公平和正义的原则。倘若政府出台重大公共政策缺少公平、正义，就有可能导致强烈的社会不满和高度的政策震荡，影响社会的和谐与稳定。作为公众的代理人，政府在重大决策过程中也存在着自身的利益，可能出现与民争利的现象。此外，政府由于掌握信息有限、考虑不周，也可能忽视真正的民意倾向，做出错误的决策，诱发社会矛盾和纠纷。

随着改革开放进程的不断深入，我国“单位制”解体，社会成员大部分从“单位人”向“社会人”转变。这使得政府不能继续对社会成员进行层层节制。再者，以市场手段对社会进行管理也是不可取的，因为市场作为以利润为导向的自发力量，往往会导致公平和正义的缺失。还有，社会自治也会出现“失灵”。党的十八大报告提出：“加强社会建设，必须加快推进社会体制改革。要围绕构建有中国特色社会主义社会管理体系，加快形成党委领导、政府负责、社会协同、公众参与、法制保障的社会管理体制，加快形成政府主导、覆盖城乡、可持续的基本公共服务体系，加快形成政社分开、权责明确、依法自治的现代社会组织体制，加快形成源头治理、动态管理、应急处置相结合的社会管理机制。”[①]我国未来的社会管理模式将向政府、市场与社会三者合作治理方向发展。

我们需要进一步摆脱传统社会管理体制的束缚，在社会管理创新的大背景下去探索进一步完善“稳评”机制的方法，变政府主动创稳为社会协同治稳定。所谓社会协同治稳，就是借鉴西方合作治理的模式，使政府、市场、社会三种力量相互补充、形成合力、相互嵌入，共同形成维护社会稳定的合力。与此相应，维稳的制度设计包括“稳评”机制的完善也必须以全社会协同治理为理念。

社会协同治稳使得社会稳定成为全社会共同追求的目标，可以凝聚全社会方方面面的力量，使企业、NGO以及公民个人自觉参与到维护社会稳定的事业中。在此理念下，“稳评”机制将吸纳更多利益相关者的参与，使得重大决策更加具有民意基础，降低政府决策的主观性与随意性。社会协同治稳是对传统社会管理体制进行的重大超越，也是对政府主动创稳理念的扬弃，是真正意义上的柔性维稳模式，能够极大地促进社会和谐，并实现和谐内生型的稳定。

二、“稳评”的目标：从防范群体性事件到增进社会和谐

从全国各地的实践来看，由于对社会稳定可能构成威胁的风险包罗万象、纷繁复杂，各地、各部门在“社会稳定”前加上限定语以实现内涵的具体化，如“重大事项”“重大工程项目建设”“重大决策”等。实际上，这种限定的依据就是近年来频繁引发群体性事件的重要诱因。它们涉及公共利益与公共权力，关乎民生，可被统一概括为重大决策，即重大公共政策的制定，因为重大事项或重大工程项目就是重大决策的物化。

“稳评”实质上就是对重大公共政策潜在影响的一种预评估或曰前置评估。它体现了一种思想：“抓稳定，重在抓源头；抓源头，重大抓决策”[②]。

① 胡锦涛：《坚定不移沿着中国特色社会主义道路前进　为全面建设小康社会而奋斗——在中国共产党第十八次全国代表大会上的报告》，北京：人民出版社，2012年，第38页。

② 刘裕国、孔祥武：《遂宁市社会稳定风险评估机制透视》，《决策导刊》2011年第4期，第22页。

从根本上讲，“稳评”的根本目标就是要增强决策的民意基础，实现决策的合民意性，捍卫社会的公平与正义，促进社会的和谐，减少社会矛盾，把改革的力度、发展的速度和公众的承受能力结合起来。

追根溯源，“稳评”起源于政府应对群体性事件的实践与反思。例如，“2004年‘汉源事件’后，四川省遂宁市开始探索重大事项社会稳定风险评估制度”，而上海“稳评”的动力则是磁悬浮事件。因此，政府往往将防范涉稳风险具体化为预防群体性事件，并将群体性事件发生概率作为“稳评”成效的证明。“稳评”虽然始于群体性事件预防的实践，但必须以增进社会和谐为最终目标。

从深层次看，“稳评”的动因是防止重大决策引发社会矛盾的激化、影响社会和谐，而非仅仅是降低群体性事件发生的频率。在外部强力控制下，社会不和谐因素虽大量存在、群体性事件却没有发生的情况依旧有可能存在。从长远来看，这种万马齐喑、缺少“减压阀”的局面导致了社会公众不满情绪郁积，对社会稳定的威胁将是致命的。所以，以社会和谐度来审视“稳评”效果更为适当。

群体性事件是公众争取权益、而非权力的博弈方式，尚非剑指政权的合法性。在群体性事件中，公众表达自己的利益诉求，说明他们对党和政府还有最起码的信任，但苦于缺乏体制内的表达渠道。于建嵘认为，群体性事件多为维权行为，“没有明确的政治诉求，目的不是为了推翻政府并取而代之。尽管有些参与者想通过政治化的手段解决他们的具体问题，但他们并没有明确的政治目标，也没有组织化的政治力量”[①]。

我们要转变社会稳定观，从追求静态稳定向追求动态稳定转变。动态稳定是和谐内生的稳定，不是强力控制型的稳定。和谐内生的稳定兼顾活力与秩序，它可以使经济社会发展继续保持足够的动力，又能确保社会运行的和谐、有序 。

我们进行“稳评”，是为了防止社会矛盾的激化，使公众在群体性事件之外找到一种体制内的利益表达渠道，而不能仅仅是“不出事”。所以，取位于社会矛盾的化解、社会和谐的促进，“稳评”最终将能够降低群体性事件的发生率。但是，取位于降低群体性事件的发生率，“稳评”不一定能从根本上化解社会矛盾。

---

① 于建嵘等著：《变话——引导舆论新方式》，北京：中国出版集团公司、世界图书出版公司，2010年，第109页。

在我国，一方面，社会中不和谐因素逐渐增多；另一方面，政府在大力强化对社会的总体控制能力。这会导致社会结构超稳定性特征的强化。在民怨膨胀的情况下，社会表面上看波澜不惊，但发生高烈度内爆的危险在加大。如果“稳评”以群体性事件的预防为最终目标，一些政府可能会在重大决策时不顾民意，同时又拼命加大对群体性事件压制的力度。结果，这推迟了眼前的危机，却加剧了未来的风险，又回到了刚性维稳的老路。

作为重大公共政策的前置评估，“稳评”自身也存在着一定的困难：具有明显预测性特征，难以获得决策信息；社会风险很难以精确的量化方式进行评估；政策影响的显现途径比较复杂，等等。特别是，公共政策的影响涉及社会生活的多个层面，有直接与间接、近期与远期之分。重大决策者可能会在任期内追求短期行为，并未引发群体性事件。但是，其决策却为未来的社会动荡埋下隐患。群体性事件减少，却不意味着社会更加和谐。此外，“稳评”必须辅以科学的问责，即以合理的绩效评估为依据和基础，不能完全以结果为导向即是否发生了群体性事件。

社会和谐度如果得到提高，则群体性事件自然会减少。从物理学原理看，燃烧需要三个条件：可燃物、氧气和火源。社会存在的不和谐因素是“可燃物”，社会存在的仇官、仇警与仇富的心态是“氧气”。任何一个微小的事件都可能成为火源，都会引起群体性事件的“熊熊大火”。“火源”具有广泛的分散性，对其监控往往是百密一疏、防范难度系数极高。所以，预防群体性事件关键是可燃物和氧气。

以社会和谐为目标的“稳评”对政府重大决策的随意性进行严格制约，为决策者提供全面、客观的信息，确保评估过程的合理性，限制缺少民意基础的公共决策，可以减少社会的不和谐因素，即“可燃物”。不仅如此，它有助于政府塑造主动接受社会监督、执政为民的良好形象，增强官民之间的信任，减少群体性事件的“氧气”。

总之，以社会和谐为目标的“稳评”可以降低群体性事件发生概率，有利于社会实现长治久安；以预防全体性事件为目标的“稳评”不仅为追求短期行为的决策者预留了可乘之机，也存在着激发决策者继续维系刚性维稳模式的缺陷。

三、“稳评”的保障：从决策者道德自律到社会监督约束

在传统社会管理体制之下，政府对社会进行单向度的行政管制，公权力的滥用得不到有效的制约与遏制。在重大决策上，政府有时罔顾民意，一意孤行，缺少科学化与民主化，极大地破坏了社会的和谐与稳定。在政府权力得不到有效制约的情况下，公众基本权益就有可能得不到保护，因为现有的“稳评”保障在很大程度上依赖的是政府的“自觉”，即决策者的道德自律。而非来自社会力量的“他律”，即社会监督的约束。“稳评”应该有能力抑制公权力的滥用，确保实现维护社会稳定的关口前移。仅凭决策者道德自律，这是不可能完全实现的。

现行“稳评”制度规定了“谁决策，谁评估，谁负责”，给予决策者以责任的压力。但是，“稳评”问责很难实施，因为重大决策的风险不能通过一次评估而完全得到精确的预判是人所共知的道理。所以，决策者的道德自律在“稳评”就显得尤为重要。“稳评”是对重大公共决策可能给社会稳定带来风险的一种建构，具有一定的主观性。这为决策者任意决策打开方便之门。一些部门和地方政府不将重大公共政策认定为“重大”，不进行风险评估，不考虑群众的利益诉求与意见倾向。有时，在实施“稳评”之后，政府即便预测到重大决策损害公众利益而引发不满与抗争，但依然在自身利益的驱使下冒险闯关。

“稳评”的生命力在于实效性，不能搞形式主义，切莫“轰轰烈烈搞评估，认认真真走过场”。但仅靠道德自律是不能制约形式主义的，也不能保障“稳评”实效性。为此，我们必须加强对“稳评”的社会监督约束。

“稳评”的结论是政府决策的前提，“谋”要在“断”之先。在传统社会管理体制下，政府作为治理稳定的单一权力中心，缺少有效监督，决策不公开，信息不透明。有些部门和地方先“断”后“谋”，重大决策的结果完全取决于长官意志。“稳评”只服务于对公众“闹事”的防范、准备。更有甚者，对“何为重大”的评判缺少客观的依据。这为应评不评、绕过民意埋下了伏笔，使得“稳评”机制形同虚设，徒增行政成本。为了解决这些问题，政府的重大决策必须接受社会强有力的监督，方能实现公开、透明。

社会稳定不同于自然现象，错综复杂，其风险难以完全消除人的主观性。

我们要降低随意性、增强“稳评”的客观性，关键不在于采取了何其复杂的数学模型，而在于要广开言路，真正地倾听政策目标公众的呼声，了解其真实的意愿。如果“稳评”在收集社情民意方面缺少全面性、代表性、公正性、合理性、真实性，其得出的结论肯定是扭曲的，甚至是颠倒的。

在“稳评”中，社会监督约束可以设立一条通畅的信息管道，使得政府与公众充分地进行双向沟通，真正地知民情、晓民意。唯其如此，重大决策才可以了民所愿，克服主观随意性。此外，沟通的过程还可以有效释放社会公众心中郁积的怨愤。在社会公众利益诉求多元化的时代背景下，任何重大决策都很难实现利益诉求各方的一致赞同。但是，只要政府在决策前与公众进行了认真的沟通，决策风险就可以被最大限度地控制在一定的范围之内。

在缺少社会监督约束的条件下，人的自觉性是不可靠的。如果缺少必要的社会监督约束，评与不评、如何评、评估的结果是否作为决策的依据等问题就会因行政长官的意志而定。“稳评”以民意为基础，旨在维护社会稳定，就长期、全局而言有利于改革、发展。但是，“稳评”的结果可能会使政府终止错误的决策或重新决策，带来一些行政成本或政治成本。有些领导干部本能地抵触“稳评”，认为这是“多此一举、自寻烦恼”，更不愿意和公众沟通，唯恐“烧香引出鬼来”，害怕社会监督约束。总之，没有社会监督约束，政府不能改变随心所欲式的决策，更不能及时发现重大决策的潜在问题及其给社会稳定带来的风险。

四、“稳评”的体系：从单一封闭到多元—开放

目前，“稳评”已经成为我国各级党委、政府一种“规定动作”。经过多年摸索，各地已经形成一个较为固定“稳评”体系。它具有单一、封闭的缺陷。它缺少多元参与，政府一家唱“独角戏”，以内部正式评估为主，缺少必要的制衡，且形式僵化，缺少创新。这主要表现在以下几个方面：

第一，评估主体的单一性。现在，我们实施的“稳评”原则是“谁决策，谁评估，谁负责”。政策制定者既当运动员，又当裁判员，缺少监督和制约。虽然决策、评估者也是“稳评”的责任人，但这并不能充分保障评估的客观性。在 GDP 增长的巨大诱惑下，决策者有可能会心怀侥幸，铤而走险，做出有违民意的决策，进而引发社会的不稳定。在“稳评”实践中，大部分决策

被通过，少数决策修改后通过，不通过则占极少数。这从一个侧面反映出评估主体的单一使得决策行为缺少必要的约束。

第二，评估客体的随意性。在实践中，“稳评”的客体均为涉及国计民生、事关公众福祉的重大公共政策。这些公共政策的出台可能会引发现有利益格局的调整，激化社会矛盾，导致群体性事件的发生。但是，评估客体是否为“重大”，其判定具有较大的主观随意性。在评估责任压力下，政府明知决策有风险而选择“不评估”，因为在不评估的情况下“出事”可能没责任。如果经过评估，一旦预判错误或冒险闯关，“出事”后决策者就肯定应该负责任。

第三，评估形式的呆板性。公共政策评估可分为正式评估与非正式评估两种形式。目前，“稳评”主要采取的是正式评估，即依据事先制定的评估方案及严格的程序，对重大政策在社会稳定方面的预期结果进行评估。但是，媒体呼声等非正式的评估形式有时更能充分地反应社情民意，有助于我们客观、全面地预判重大决策的社会稳定风险。特别是，在“稳评”过程中，评估者要广泛采集网上舆论信息，以使得评估所需信息更加贴近“原生态”。当前，“稳评”形式呆板性的另一个表现是政策系统的内部评估，缺少外部评估。

第四，评估标准的笼统性。“稳评”应遵循一定的事实标准与价值标准，因为它既包含事实判断，也包含价值判断。目前的“稳评”实践中，事实判断弱于价值判断，定量研究少于定性评估。我们所采纳的标准主要是合理性、合法性、可行性、可控性、安全性等笼统、抽象的价值标准。

第五，评估方法的有限性。在“稳评”实践中，评估方法不够丰富。许多部门与地方都采用了两种办法：（1）专家评估法，即组织专家进行调查研究，预评政策效果；（2）目标群体评估法，深入了解目标群体的意见、观点。这反映出“稳评”机制尚不健全，还需要进一步探索。

因此，为了提高“稳评”的客观性、科学性，我们要实现“稳评”体系从单一封闭向多元一开放方向发展。“稳评”体系绝不能上下一个模板，防止其产生“食之无味，弃之有肉”的“鸡肋”效应。同时，“稳评”模式要充分考虑到社会问题的复杂性、凸显系统性，鼓励多元参与、有所创新、形式多样、强调针对性。

我们要以社会协同治稳的理念为出发点，实现多元评估主体的共同参与，突出强调评估主体的独立性、广泛性和代表性。评估主体不仅要包括政策的制定者与执行者，还要包括专业研究机构、学术团体以及政策的目标群体。

但是，多元主体参与必须注意以下问题：多个政府部门参与评估，可能会出现本位主义的问题，导致评估结果相互冲突；专业研究机构与学术团体可能会接受政府部门的暗示，偏离公正性；政策目标群体不具备意见表达的渠道；不同的政策目标对象也出于自身利益，人为夸大或缩小政策的风险。

我们可以建立社会稳定风险评估专家库，随机抽取专家，进行匿名评估。按照“谋”与“断”分开的形式，政府应鼓励、委托大学、科研机构或专业评估公司研究、参与评估，以提升“稳评”的客观性。其中，专家只负责社会稳定风险的分析、不负责决策。政府应建立专家信誉机制，使其加强自我约束。受委托机构若故意提供虚假评估结果、导致政府决策出现失误，就应该承担连带责任。

其次，我们应该更为清晰地界定“重大”的含义，做到“重大必评”。同时，我们也要将社会稳定风险评估嵌入所有其他的公共政策制定过程中，逐渐实现“稳评”的常态化。此外，我们还要站在系统的高度认识评估客体，注意政策出台可能引发的“蝴蝶效应”，而不能孤立地看待某一政策对社会稳定的影响。

再次，为了更加全面地掌握重大公共决策带来的社会稳定风险，我们应加强非正式评估及外部评估，进而做到全方位、立体化，兼顾专业性与客观性。

最后，为了提升“稳评”的客观性，我们要构建“稳评”的指标体系，强化事实判断和定量分析。“稳评”方法切不可笼而统之、敷衍了事，要具有一定的可操作性。

五、“稳评”的流程：从常态化评估到动态性管理

“稳评”属于源头治理的内容。但考虑到重大决策的社会稳定风险是不断演进的，“稳评”不是一个一蹴而就的过程。目前，我国各级党委和政府要求将“稳评”嵌入重大决策的流程，做到评估的常态化。我们认为，“稳评”是风险管理的一个重要环节，也贯穿于风险管理的全过程，可以覆盖源头治理、动态管理和应急处置。

我们应该在风险管理的框架下去认识风险评估。这是因为评估风险需要事先识别风险，需要事后处置风险，它们共同构成了风险管理的完整流程。

因此，推动“稳评”从常态化评估到动态化管理是非常有必要的。重大决策社会稳定风险管理包括以下四个步骤和活动：风险背景确立、识别风险、评估风险和处置风险（详见表1）。

表1 重大决策社会稳定风险动态管理活动

序号	步骤	功能	内容
第一步	风险背景确立	通过确立风险背景，相关主体形成一种共识，确定必须管理的风险及其基本参数，明确工作任务，建立风险管理的基本框架及风险评估的标准。	1. 明确工作任务； 2. 建立风险管理的基本框架包括：利益相关者有哪些？可以执行的法律及政策有哪些？可以借助的管理制度安排是什么？与哪些政治、社会及文化环境相关？ 3. 确定风险评估的标准。例如，确定政策的政治、经济和社会可接受性，即其风险容忍的边界。
第二步	识别风险	识别风险的主要功能在于认识和描述风险的性质，即：可能发生什么？何时将会发生？发生在哪里？为什么会发生？	描述内容包括：（1）强度；（2）可能性；（3）程度；（4）时间，即发生、持续时段；（5）措施。
第三步	评估风险	遵循客观性、系统性、规范性、动态性的原则，将风险进行排序	依据“交通灯模型”，划分为三个等级：第一个等级，可接受风险（Acceptable Risk）；第二个等级，可容忍风险（Tolerable Risk），社会受到一定程度的扰动，但政策可以谨慎地执行；第三个等级，不可容忍风险（Intolerable Risk），社会受到严重影响。
第四步	风险处置	根据风险评估的结果对风险进行处置	1. 执行政策，但仍然需要持续监测； 2. 制订群体性突发事件预案； 3. 暂缓执行政策。

在整个管理过程中，风险沟通环节特别重要，贯穿于风险评估的全过程。风险沟通是政府就计划出台的重大公共政策与公众之间进行的双向互动。政府必须广开言路，塑造公众畅所欲言的社会氛围，调动广大公众的参与，兼顾各个利益相关主体的均衡。在此基础上，政府通过问卷调查、入户访谈、电话调查、网络调查、座谈会、听证会等方式，广泛收集舆情信息，特别是通过媒体收集舆情信息，并对其进行跟踪、分析与研判。同时，政府需要与公众平等交流，对舆情进行有效的引导。

此外，重大决策的风险是不断演进的。决策也是一个动态的过程，不可能可以毕其功于一役。如果重大公共政策通过了“稳评”、进入执行的环节后被发现存在严重的社会稳定风险，我们要随时中止政策的执行，重新进行决策。

中国公共冲突管理体制的发展趋势

常健　田岚洁

摘　要：社会主义市场经济体制的建立和发展，使中国的社会结构从过去等级单向制约的行政化结构逐渐转向平权相互制约的社会化结构。它一方面导致公共冲突由行政化的冲突形态为主转向社会化的冲突形态为主，另一方面也使原先行政主导的冲突管理体制的管理效能趋于弱化甚至产生负面效应。为了提高公关冲突管理效能，以行政主导的公共冲突管理体制必须逐渐向社会主导的公共冲突管理体制扩展。

关键词：公共冲突；冲突管理体制；行政化的冲突形态；社会化的冲突形态

公共冲突是指那些事关公共利益的冲突。事关公共利益，是指引起冲突的事项即为公共事项，或引发冲突的事项不是公共事项，但冲突的发展影响到了公共秩序、公共安全、公共福利等公共利益。[①]

对公共冲突的管理是任何可以现实运行的社会体制都必须包括的功能。公共冲突管理体制是社会体制的重要组成部分。当社会结构的变化导致公共

作者简介：常健：南开大学周恩来政府管理学院教授、博士生导师、副院长；田岚洁：南开大学周恩来政府管理学院博士研究生。

基金项目：国家社科规划重点项目“公共领域冲突管理体制研究”，项目批准号：13AGL005。

文章来源：本文刊载于《上海行政学院学报》2014 年第 5 期。

① 参见常健等编著：《公共冲突管理》，北京：中国人民大学出版社，2012 年，第 3 页。

冲突的方式也发生重要变化时，社会的公共冲突管理体制也必须作出相应调整，否则就会因管理效能下降而导致公共冲突的失控和加剧，威胁社会的长治久安。

一、社会结构的变化与公共冲突的社会化

计划经济时代的社会结构是行政化的结构，它所产生的公共冲突是以行政化的冲突形态为主导的。建立市场经济体制以来，社会结构逐渐转变为社会化结构，它所产生的公共冲突是以社会化的冲突形态未主导的。

（一）传统行政化的社会结构与行政化的冲突形态主导的公共冲突

从新中国成立到市场经济体制建立之前，中国逐渐形成了等级单向制约的行政化的社会结构。所有社会成员间的关系都是通过纵向的行政权力联结起来的，国家行政机构几乎对全部的社会生活实行着严格而全面的控制。这种高度“行政化”的社会结构主要有以下特征。

首先，国家以“工作单位”为基本形式，建立起覆盖全社会的基层行政化组织。将每一个社会成员都纳入到这种工作单位中，并保持相对稳定。几乎一切微观的社会组织都被改造成“单位组织”[①]。在城镇地区，工作单位的基本形式包括“城市社会中的党和政府机构（行政单位）、国有管理及服务机构（事业单位）和国有企业单位”[②]。在农村地区，工作单位的基本形式是政社合一的“人民公社”“生产大队”和“生产小队”。国家实行“不劳动者不得食”的政策，要求每一位成年人必须参加工作，由国家统一分配分配工作单位，成为单位的成员。单位成员所扶养和赡养的子女、配偶和老人，则被称为单位的“家属”。

其次，工作单位不仅承担着经济和生产职能，而且承担着政治、社会和文化职能。每个工作单位成员及其家属的各种主要的个人和社会需求，都要通过工作单位来提供或批准。从工资收入到社会保障，从食品、衣物、日用品到住房的取得，都要由单位来分配；从子女入托入学到登记结婚，从住宿

① 路风：《单位：一种特殊的社会组织形式》，《中国社会科学》，1989 年第 1 期。

② 李路路、苗大雷、王修晓：《市场转型与“单位”变迁再论“单位”研究》，《社会》，2009 年第 4 期。

旅店到购买机票，都要出示单位工作证或介绍信。[①]单位成员对工作单位形成了全面的依附关系，一旦离开单位，个人便失去生存的能力。单位也对单位成员形成了严格的控制关系，未经工作单位同意，任何单位成员都不能流动到其他工作单位。

最后，在各工作单位之间以行政等级的方式建立起上下级的行政化的组织关系。下级服从上级。自上而下的国家行政权力通过层级命令控制着每一个工作单位，形成垂直单线式制约关系。[②]各级单位被“地方—中央”等级化的行政链条串联起来，上下级单位处于命令与服从的关系状态。[③]

在这样行政化的社会结构中，个人由“社会人”变成了“行政人”，社区由社会单位变成了行政单位，各种社会关系归聚为行政关系，从而也使社会成员之间的冲突归聚为行政组织成员之间的冲突，公共冲突的主导形态归聚为行政性冲突。

行政形态的公共冲突的特点是：针对事项是行政事项，涉及主体是行政单位的人员，冲突的起因是由于行政政策的制定或执行，冲突的过程是在行政机构内部展开。在高度行政化的社会结构中，由于重要的社会组织都转变为行政化的组织，所有的社会成员都归类为行政化的工作单位的成员或其家属，所有涉及社会成员的事项都被工作单位单位以行政化的方式来加以控制，这使得所有工作单位及其成员之间的冲突都被归类为行政形态的冲突。因此，行政形态的公共冲突不仅包括了严格意义上的行政组织内部的冲突，而且囊括了各种行政化的经济、社会和文化组织及其成员之间所产生的原本并不具有行政意义的冲突。

行政化的冲突形态的最主要特点，在于它是具有不同行政等级的组织及其成员之间的冲突，冲突各方依据其所具有的行政级别而彼此具有服从和被服从的关系。

（二）当代社会结构的社会化与社会化的冲突形态主导的公共冲突

社会主义市场经济体制的建立和发展，不仅使经济领域率先脱离国家的

① 路风：《单位：一种特殊的社会组织形式》，《中国社会科学》，1989年第1期。

② 孙立平：《总体性社会研究——对改革前中国社会结构的概要分析》，《中国社会科学季刊》，1993年第1期。

③ 许叶萍、石秀印：《市场化进程中的社会结构：横向化、层级化与失衡》，《江苏社会科学》，2007年第2期。

行政体系，而且也推动社会和文化领域逐渐独立于国家的行政体系，形成了所谓的“领域分离”和“去行政化”趋势。它突出表现为支撑行政化社会结构的单位体制逐渐衰落。

首先，私人和集体企业率先脱离国家的行政机构，各种社会和文化事业单位也正在逐渐脱去行政化的色彩，家庭、居民区和各种私人社会组织完全回归了私人领域。

其次，工作单位承担的社会职能大幅减少。工作单位成员的衣食住行和婚丧嫁娶都不再由工作单位负责，而变成了私人事项和社会事项。工作单位只是工作的场所和获得工作收入的地方，它不再控制其成员的社会生活和私人生活，单位成员也不再对工作单位有全面的依附关系。

再次，工作单位由单向的分配变成了双向的选择，个人获得了更大的自由空间来选择和放弃工作单位。单位内的等级关系只是一种工作关系，在工作时间之外就不再具有合法效力。

最后，除了各个组织系统内部的行政等级制约关系之外，各种经济、社会和文化组织之间不再具有行政等级隶属关系，它们与国家行政机构的关系也不同程度地摆脱或正在摆脱行政隶属关系。

上述这些变化导致了社会关系结构的整体变化：由原先大一统的行政权力纵向等级制约结构，转变为领域分离的平等权利之间横向相互制约结构。行政结构仍然存在，但它已不是社会结构的全部，而是退缩为社会整体结构的一个特殊部分和特殊形态。

在日益社会化的社会结构之下，公共冲突也由单一的行政化的冲突形态分化为各种不同形态的社会冲突，如劳资冲突、社区冲突、环境冲突、官民冲突、民族冲突、宗教冲突、各种社会组织之间的冲突等等。与行政化的冲突形态相比，社会化的冲突形态的最重要特点，在于它不再是具有不同行政级别的行政化组织及其成员之间的冲突，而是具有平等权利的社会组织及其成员之间的冲突。冲突各方在法律面前都具有平等的身份，都有平等的权利作出主张和要求。他们之间并不存在必然的服从与被服从的关系。

二、行政主导的公共冲突管理体制的特点与效能的弱化

改革开放之前，中国的公共冲突管理体制是行政主导的，它能够有效地

管理以行政化的冲突形态为主导的公共冲突。但在日益社会化的社会结构下，当面临以社会化的冲突形态为主导的公共冲突时，行政主导的公共冲突管理体制就不仅力不从心，而且会产生一些负面效应。

（一）行政主导的冲突管理体制的基本特点

在改革开放之前，中国形成了行政主导的公共冲突管理体制。这种体制有如下一些基本特点。

1. 冲突管理的工作单位负责制

在行政化的工作单位覆盖全社会的社会结构中，出现的各种冲突都会交由冲突各方所属的工作单位来负责解决。工作单位的负责人就是解决冲突的负责人。行政化的工作单位不仅承担着预防和解决公共冲突的责任，而且被赋予了惩罚和处理冲突各方的权力。①

2. 冲突事项按行政层级上交

行政单位、事业单位或企业单位都被赋予了不同的行政级别，单位的级别愈高，权力就愈大，② 对于公共冲突管理来说，下级工作单位解决不了的冲突事项，要交由上级领导单位来解决，以此不断上推，直到中央行政单位的最高负责人。因此，中央行政单位成为解决社会冲突的最高负责单位。

3. 专门的冲突管理组织从属于行政组织

在改革开放之前，也有一些专门承担冲突管理的社会性组织，如人民调解组织、街道的调解机构等。但这些社会性的冲突化解组织都被纳入到行政机构的体系中去，成为具有一定行政级别和行政隶属关系的行政化组织。

4. 司法机构被纳入行政机构系列

在改革开放之前，承担冲突裁决功能的司法机构也被纳入到行政等级的整体结构之中，成为一种特殊类型的行政组织。它不仅具有一定的行政级别，而且对非司法的上级行政机构还具有报告关系，履行请示、报告和执行的职责。

（二）行政主导的公共冲突管理体制对行政化形态冲突的管理效能

从历史的角度看，行政主导的公共冲突管理体制与当时的社会结构与冲

① 常健、张春颜：《社会冲突管理中的冲突控制与冲突化解》，《南开大学学报》，2012 年第 6 期。
② 李汉林：《中国单位现象与城市社区的整合机制》，《社会学研究》，1993 年第 5 期。

突形态是相契合的，它可以有效地管理行政化形态冲突主导的公共冲突。

首先，从公共冲突管理的覆盖范围来看，由于负责冲突管理的工作单位是覆盖全社会的，因此能够对各种公共冲突实现无遗漏、无死角的全方位管理。

其次，从公共冲突管理的负担分配来看，由于所有的基层工作单位都承担着公共冲突管理的职责，使得公共冲突管理的负担不会集中于某种特殊的冲突管理部门。

再次，从公共冲突管理的效能来看，由于工作单位对其成员具有全方位的控制关系，工作单位成员对于工作单位具有全面的依附关系，因此承担主要冲突管理的基层工作单位对作为冲突方的单位成员具有相当强的影响力，有充分的能力来控制其行为选择。这使得大多数公共冲突在最基层就已经得到预防、控制和化解，公共冲突难以扩散和升级。

又次，当平级行政化组织之间发生横向冲突时，它们共同的上级主管部门自然就承担起冲突管理的职责。由于上级主管部门有权决定下层行政化组织的资源、人事和运行规则，因此对下级之间的冲突有充分的控制能力。

最后，从冲突管理的公正性来看，如果冲突相关方对单位的处理方案不服时，可以向上级领导部门申诉，如果对上级领导部门的处理仍然不满，还可以向更高层次的上级领导部门申诉。这种逐级上访的申诉机制可以在很大程度上避免直接的单位领导处理的不公正性。

（三）行政主导的公共冲突管理体制对社会化形态冲突的管理效能

尽管行政主导的公共冲突管理体制对行政化的冲突形态主导的公共冲突具有卓越的冲突管理效能，但当它面对新的以社会化冲突主导的公共冲突时，就出现了难以契合的情况。它突出表现为所产生的以下四种效应。

1. **压制效应**

行政化的公共冲突管理体制是控制导向的，具有严格的等级制约和服从机制：当下级与上级出现矛盾时，下级要服从上级；如果下级不服从上级，上级可以采取各种压制措施。这一压制机制用于具有上下级行政级别关系的冲突各方是很正常的，但将其用于平权主体之间的社会形态冲突时，特别是用于民众与公共行政机构的冲突时，那些过去被视为正常的制约措施现在却会被视为“压制”，从而产生“压制效应”：被压制方会感到受到了不公平对待，因而产生激烈的情绪并选择升级的冲突行为来应对。

2. 偏袒效应

行政主导的公共冲突管理体制是通过诉诸上级来解决公共冲突管理的不公平问题的。这在大一统的行政化社会结构中是有效的，因为在这种社会结构中一切横向关系最终都要归于上下级的纵向关系。但在社会化的社会结构中，冲突各方可能是没有共同隶属机构的平权者，比如有可能是公众与政府之间的冲突，这时再以行政上级来解决冲突，就很难保证中立，因而形成“偏袒效应”：非政府的一方会认为由政府的上级机关来处理冲突肯定会“官官相护”，因此难以建立对干预第三方的信任关系，并倾向于采用体制外的手段来向对方施压。

3. 无终局效应

行政化的组织机构具有多层级结构，对冲突管理方式不服的一方总是希望通过逐级上访来寻求对己方有利的结局，直至中央。在行政化的社会结构中，由于冲突各方都是“单位”中人，对工作单位有全方位的依附关系，为了防止自身利益受到更大损失，总是会对进一步上访的意愿有更强的约束。但在社会化的社会结构中，冲突相关方不再对工作单位有全方位的依赖关系，因此只要还有上访的空间，就不会约束上访的冲动。这导致了“无终局效应”：不服的一方总是在上访，形成所谓的“诉访循环”，出现大规模的上访人潮。

4. 失信效应

在行政化的社会结构下，行政政府控制所有资源，也承担统管一切的职责，其中当然包括各种冲突管理的职责。但在社会化的社会结构下，随着各领域的相对分离，行政政府不再掌握所有资源，也不再承担原先承担的很多职责。在这种情况上，如果行政政府再继续承担全部的冲突管理职责，就会产生“失信效应”：冲突各方对政府“无选择依赖”，大量的社会性冲突仍然要通过行政方式来解决，行政机构不堪重负，同时又因为无力承担这种重负而丧失民众信任。这种对政府的“高依赖、低信任”困境，很容易使作为第三方的行政政府最后成为在冲突中被一方或双方攻击的目标，形成所谓的“二阶冲突”[①]。

行政主导的公共冲突管理体制在社会化的社会结构中所具有的这些负面

① 常健等：《中国公共冲突化解的机制、策略和方法》，北京：中国社会科学出版社，2013 年，第 208 页。

效应，一方面会降低冲突管理体制的效能，使公共冲突无法得到有效的预防和控制；另一方面还会使公共冲突积累和升级，威胁整个社会的稳定和安全。因此，需要根据社会结构的变化来转变公共冲突管理体制，使其适应新的社会结构和冲突形态。

三、社会主导的公共冲突管理体制及其实现路径

要使公共冲突管理体制适应新的社会结构和冲突形态的要求，就要对现行的公共冲突管理体制进行相应的调整。调整的基本方向，是根据社会结构的领域分离和去行政化这一基本特点，将公共冲突管理体制从原先的行政主导模式扩展为更具涵盖力的社会主导模式。自改革开放以来，中国的公共冲突管理体制已经出现了很大的变化。但从总体结构来看，仍然维持了原先的行政主导模式，这使其难以适应公共冲突管理的新要求，亟须推进转变的速度。

（一）社会主导的公共管理体制的基本要求

社会主导的公共冲突管理体制是一种以承认多元利益冲突为前提、以平权保障为基础、以中立干预为条件的开放性、程序化的制度规范。它应当包含以下主要机制：

1. **制度化的区分机制**

社会主导的公共冲突管理体制对冲突既不采取完全压制的方式，也不任其自由泛滥，而是将合法的冲突与不合法的冲突方式进行严格的区分。约瑟夫·海姆斯（Joseph S. Himes）认为，需要对冲突建立制度化的规范，即以一套约束性的社会规范和集体行动模式来合法化、规范并奖励合理的社会抗争，并以此来防止人们诉诸不合法的冲突。这种制度化的策略要达到三个目的：一是鼓励和支持社会成员和各种团体采用社会准许的手段来寻求合法的目的和珍惜的价值，二是通过制度化规定和规范冲突抗争的种类和方式使其成为可理解和可预测的行为，三是使冲突方可以期望通过被认可的、规范的方式采取的冲突行为可以至少部分得到他所要求的目标，同时使得社会系统得到保护，不受不合法的和可能有害的冲突方式的破坏。①

① Joseph S. Himes, *Conflict & Conflict Management*, Athens: The University of Georgia Press, 1980, pp. 212-213.

2. 平等化的谈判协商机制

社会化的冲突是平权主体之间的冲突。随着公民受教育水平的提高和现代社会民主法制体系的健全，以谈判、协商的平等化方式解决社会公共冲突显得尤为必要。谈判意味着冲突各方可以平等地就冲突事项进行协商，对利益进行平等交换，意味着冲突的解决方式是各方在彼此约定的条件下自愿达成的协议，各方都有遵守这种协议的义务。[①]从长期结果来看，最有效的冲突化解方式是主体之间的平等协商。因此，冲突管理体制要建立各种平等协商机制，鼓励冲突各方采取合作或妥协的方式达成解决方案。

3. 中立化的干预机制

在冲突双方无法直接达成解决方案的情况下，需要有中立第三方进行干预，通过调解、仲裁和司法判决等各种形式来解决纠纷。理查德·E. 沃尔顿（Richard E. Walton）认为，冲突管理中的第三方必须具备权威性、公正性、可接受性及能力、技巧、经历四个方面的条件。[②]在这里，保证第三方的中立性最为关键，因为如果第三方缺乏中立性，就会有偏袒之嫌，无法取得冲突各方的信任。

4. 有限步骤的终局机制

在利益多元化的社会格局下，冲突的最终裁决方案并非都能达到各方的满意，但冲突各方不能因此无尽纠缠，必须服从依照正当程序所做出的无偏袒的权威裁决。因此，必须建立和强制执行有限步骤的终局制度，以节约冲突管理的公共资源，同时维护社会稳定。

5. 社会化的化解机制

对于广泛的、持续的和难以解决的社会冲突，仅靠既有的行政和司法机制有时难以解决。这有可能是现存的制度本身存在一些结构性缺陷，这被加尔通（John Galtung）称为“结构性暴力”（structural violence）[③]。“结构性暴力”不同于一般意义上的直接暴力，它是一种隐藏在社会制度中的合法暴力。它隐身于政治、经济、社会和文化之中，通常表现为对某一些人或社会群体的重要权力的否定和侵犯。[④]在结构暴力的情境下，一些“好公民”可能参与了“这样的制度设置：个人可能做了大量伤害别人的事情，但并不是故意

① 常健等编著：《公共冲突管理》，北京：中国人民大学出版社，2012 年，第 194 页。
② [美]理查德·E. 沃尔顿：《冲突管理》，石家庄：河北科技出版社，1992 年，第 105～106 页。
③ J. Galtung, Violence, Peace and Peace Research, *Journal of Peace Research*, 1969, 6(3), p. 168.
④ 常健等编著：《公共冲突管理》，北京：中国人民大学出版社，2012 年，第 18 页。

做的，只是认为在履行他们的固定职责，就像从事该结构设置中确定的一项工作。”[①]针对这种可能，公共冲突管理体制应当建立冲突化解机制，给冲突各方和社会各界以适当的空间来讨论现存体制中存在的问题，并寻找改变这种体制缺陷的合理路径和方式，以消除导致社会冲突的深层结构性原因。

（二）冲突管理体制转变的路径选择

调整公共冲突管理体制，不能期望将原有体制完全推倒重建，因为这一方面会导致新旧体制转换过程中的制度失范，由此产生的真空期将使社会发生剧烈振荡；另一方面这也使原有体制的有效机制不能得到充分利用，使新体制本身的缺陷无法得到适当弥补。基于这一考虑，冲突管理体制的调整可以考虑下列的路径：

第一，从行政主导模式逐步扩展为社会主导模式。在公共冲突管理体制的调整中，行政主导模式并不是要被完全抛弃，而是要将其从公共冲突管理的总体模式降为局部模式。改革开放前，由于社会管理长期以行政部门主导，公民对行政机关的权威性有较高认同，政府作为第三方干预公共冲突时，往往能显示出以行政权为基础的强制性和权威性，这对快捷地取得冲突处理的效果有积极作用，这种强制性和权威性能及时控制冲突蔓延，尽快恢复社会秩序。因此，调整的策略应当是针对行政方式所不能处理、难以处理和处理成本极高的冲突，逐步建立社会性的管理制度。随着社会结构和冲突形态的变化，这种类型的冲突会越来越多，正如海默斯所指出的，先前破坏性冲突的创伤会成为促进冲突管理制度化的重要条件[②]。如果能够抓住这种时机，扩展社会化的冲突管理制度，就会减少阻力，获得最大成效。

第二，通过社会化方式在体制的基本规则和程序上达成规范共识。新的冲突管理体制能否有效发挥作用，在很大程度上取决于人们对体制的基本原则和程序能否达成共识。里查德·鲁宾斯坦（Richard E. Rubenstein）认为，从长期来看，使冲突管理权威获得合法性的关键，在于对该体制处理冲突的基本原则和程序形成“规范性共识”（normative consensus）。在有规范共识的冲突中，冲突各方会在各方所接受的规则、价值和社会现实愿景的限度内进

① [挪]加尔通：《和平研究 25 年：10 种挑战和回应》，载《和平研究杂志》，1985（22），转引自[美]大卫·巴拉什、查尔斯·韦伯：《积极和平——和平与冲突研究》，南京：南京出版社，2007 年，第 8 页。

② Joseph S. Himes, *Conflict & Conflict Management*, Athens: The University of Georgia Press, 1980, pp. 218-219.

行基于利益的谈判和问题解决。一旦误解被澄清，情绪冷静下来，各方就经常会迅速转向处理技术性的事情。而在没有规范共识的冲突中，解决问题的技术方案通常就不可能被讨论，直到各方处理了更根本的差异。为了达成这种规范共识，冲突管理体制的调整必须采取更加社会化的方式，给社会各界充分的讨论空间和时间，并最终形成大家都能接受的规范共识。[①]

第三，鼓励和培育宽容文化，对个人要求最大化加以理性的限制。尽管人们对冲突管理体制的基本原则和程序有可能达成基本共识，但对依据这些原则和程序所产生的解决方案却不可能都满意接受。因此，在利益多元化的社会格局中，必须鼓励和培育宽容和妥协的社会文化氛围，约束人们在损害他人利益的基础上将个人利益最大化的要求。其方式是通过各种公开的政策承认社会成员和群体会存在不同的、不相容的或冲突的利益；明确每个社会成员和群体都有追求其利益的权利，同时这种权利的实现会受到其他社会成员和群体利益的限制，也受到社会整体利益要求的限制。因此，每个社会成员和群体都应当在满足社会成员相互利益和社会整体利益的限度内来追求个人利益。只有在这样的社会文化氛围中，社会化模式的冲突管理体制才能有效地运行和充分发挥作用。

① Richard E. Rubenstein, Institutions (Chapter 11), in Sandra Cheldlin, Daniel Druckman and Larissa Fast (eds.), *Conflict*, 2ndedn, New York and London: Continuum, 2008, pp. 195-196.

劳资冲突群体性事件管理目标：劳资自治

——马克思“正常工作日”劳资冲突分析为例

徐小洪　郦卓均　郑俊斌

摘　要：以“维稳”作为处理劳资冲突群体事件的基本目标的结果必然是，劳资冲突转化为劳政冲突。劳资冲突群体性事件管理目标应该是促进劳资自治。其理由为劳资冲突的基础是劳资双方的市场性利益冲突，是私利、私权，私人领域，无需政府、公权介入。如果介入，也只是规范劳资自治的程序，并促进其自治。

关键词：维稳；劳资冲突群体事件；劳动力市场主体；正常工作日；劳资自治

现在党政工均以“维稳”作为处理劳资冲突群体事件的基本目标、原则和基本思路。如，《山东省人力资源和社会保障厅处置群体性事件应急预案》明确规定，“本办法所称人力资源和社会保障群体性事件，是指因涉及人力资源和社会保障方面的问题而引发的影响社会稳定和社会秩序的事件”。以“维稳”为基本原则和基本思路构建处理劳资冲突群体事件制度的特点是，强调“政治性”①、忽视“经济性”，强调“行政性”、忽视“市场性”“社会性”，

作者简介：徐小洪（1953—），男，汉族，浙江杭州市人，教授，主要研究方向为劳动关系；郦卓均（1962—），男，汉族，浙江诸暨人，浙江省总工会干部学校校长，浙江大学中文系学士，主要研究方向为劳动关系；郑俊斌（1971—），男，汉族，浙江临海人，浙江大学学士，主要研究方向劳动关系。

①“各级党委和政府要进一步提高认识、强化责任，把构建和谐劳动关系作为一项重要而紧迫的政治任务抓实抓好”。全国构建和谐劳动关系先进表彰暨经验交流会，习近平会见与会代表并讲话。

强调“政府介入处置”、忽视“劳资自主化解”。其结果，一是，“冲突事件解决了，矛盾依然存在，矛盾再度积累，冲突群体事件再次发生”，政府疲于奔命。二是，使得劳资冲突转化为劳政冲突：“政府替代资方，成为劳方的对立面”。如被判处有罪的广州中医药大学第一附属医院工人孟晗在《自辩书》中说：“真正有罪的是那些利用人民赋予的权力肆意侵袭工人合法权益的强权。他们可以随意践踏国家法律，站在这被告席上的应该是他们而不是我们这些无辜的工人。”

一、马克思经典案例：劳资自治确定正常工作日

马克思在《资本论》中分析了工作日应该是多少小时的问题。[①]

第一，马克思认为，工作日不是一个不变量，而是一个可变量。工作日有一个最高界限。它不能延长到超出某个一定的界限。这个最高界限取决于两点。第一是劳动力的身体界限。人在一个 24 小时的自然日内只能支出一定量的生命力。这种力每天必须有一部分时间休息、睡觉，人还必须有一部分时间满足身体的其他需要，如吃饭、盥洗、穿衣等等。除了这种纯粹身体的界限之外，工作日的延长还碰到道德界限。工人必须有时间满足精神的和社会的需要，这种需要的范围和数量由一般的文化状况决定。因此，工作日是在身体界限和社会界限之内变动的。但是这两个界限都有极大的伸缩性，有极大的变动余地。例如我们看到有 8 小时、10 小时、12 小时、14 小时、16 小时、18 小时的工作日，也就是有各种各样长度的工作日。

第二，马克思认为，按照市场规律，资本家有权要工人在一日之内为他做工。资本家按照劳动力的日价值购买了劳动力。劳动力在一个工作日内的使用价值归资本家所有。因此，资本家有权要工人在一日之内为他做工。但什么是一个工作日呢？当然比一个自然的生活日短。短多少呢？关于这个极限，即工作日的必要界限，资本家有他自己的看法。作为资本家，他只是人格化的资本。而资本只有一种生活本能，这就是增殖自身，获取剩余价值，用自己的不变部分即生产资料吮吸尽可能多的剩余劳动。工人劳动的时间就是资本家消费他所购买的劳动力的时间。如果工人利用他的可供支配的时间来为

① 以下引文均请参见马克思《资本论》第一卷，北京：人民出版社，1975 年，第 258～262 页。

自己做事，那他就是偷窃了资本家。可见，资本家是以商品交换规律作根据的。他和任何别的买者一样，想从他的商品的使用价值中取得尽量多的利益。

第三，马克思认为，按照市场规律，工人有权要求正常长度的工作日。“突然传来了在疾风怒涛般的生产过程中一直沉默的工人的声音”：你和我在市场上只知道一个规律，即商品交换的规律。商品不归卖出商品的卖者消费，而归买进商品的买者消费。因此，我一天的劳动力归你使用。但是我必须依靠每天出卖劳动力的价格来逐日再生产劳动力，以便能够重新出卖劳动力。如果撇开由于年老等等原因造成的自然损耗不说，我明天得象今天一样，在体力、健康和精神的正常状态下来劳动。你经常向我宣讲“节俭”和“节制”的福音。好！我愿意象个有理智的、节俭的主人一样，爱惜我唯一的财产——劳动力，不让它有任何荒唐的浪费。我每天只想在它的正常耐力和健康发展所容许的限度内使用它，使它运动，变为劳动。你无限制地延长工作日，就能在一天内使用掉我三天还恢复不过来的劳动力。你在劳动上这样赚得的，正是我在劳动实体上损失的。使用我的劳动力和劫掠我的劳动力完全是两回事。假定在劳动量适当的情况下一个中常工人平均能活 30 年，那你每天支付给我的劳动力的价值就应当是它的总价值的 1/(365×30)或 1/10950。但是如果你要在 10 年内就消费尽我的劳动力，可是每天支付给我的仍然是我的劳动力总价值的 1/10950，而不是 1/3650，那就只支付了我的劳动力日价值的 1/3，因而每天就偷走了我的商品价值的 2/3。你使用三天的劳动力，只付给我一天的代价。这是违反我们的契约和商品交换规律的。因此，我要求正常长度的工作日，我这样要求，并不是向你求情，因为在金钱问题上是没有情面可讲的。你可能是一个模范公民，也许还是禁止虐待动物协会的会员，甚至还负有德高望重的名声，但是在你我碰面时你所代表的那个东西的里面是没有心脏跳动的。如果那里面仿佛有什么东西在跳动的话，那不过是我自己的心。我要求正常的工作日，因为我和任何别的卖者一样，要求得到我的商品的价值。

第四，马克思认为，市场规律并没有给工作日规定任何界限。“我们看到，撇开伸缩性很大的界限不说，商品交换的性质本身没有给工作日规定任何界限，因而没有给剩余劳动规定任何界限。资本家要坚持他作为买者的权利，他尽量延长工作日，如果可能，就把一个工作日变成两个工作日。可是另一方面，这个已经卖出的商品的特殊性质给它的买者规定了一个消费的界限，并且工人也要坚持他作为卖者的权利，他要求把工作日限制在一定的正常量内。”

第五，马克思认为，在平等的权利之间，力量就起决定作用。劳动者团结起来，行使集体劳动权利。劳动者集体劳动权利是劳资自治的基础。“团结就是力量。”劳资双方各自展示自己的力量进行冲突、斗争，进而确定了正常工作日。“于是这里出现了二律背反，权利同权利相对抗，而这两种权利都同样是商品交换规律所承认的。在平等的权利之间，力量就起决定作用。而团结就是力量！所以，在资本主义生产的历史上，工作日的正常化过程表现为规定工作日界限的斗争，这是全体资本家即资本家阶级和全体工人即工人阶级之间的斗争。”显然，市场规律自由运行才需要工人团结，才需要工人组织，才需要劳动者集体劳动权利。

第六，马克思认为，不能跳过，也不能取消自然的发展阶段。“既不能跳过也不能用法令取消自然的发展阶段。但是它能缩短和减轻分娩的痛苦。”“工厂法的推行人为地加速了工业革命。”“现在的统治阶级，不管有没有较高尚的动机，也不得不为了自己的切身利益，把一切可以由法律控制的、妨害工人阶级发展的障碍除去。”政府、法律、公权的介入只是促进劳资双方的发展、成熟。

二、劳资冲突群体事件管理目的劳资自治理论基础：市场规律

马克思分析的基础是市场规律，出乎我们意料的是，马克思甚至认为，按照市场规律，资本家有权要工人在一日之内为他做工。显然，在劳资冲突及其管理中，不应该意识形态化、政治化，一切应该以市场规律为基础，除此之外，没有对错！

1. 劳动力市场主体各自所有物的不同决定了劳资关系的不平等性

劳动力市场中劳动力供给方与劳动力需求方，他们各自的所有物不同：劳动力供给方所有物是劳动力，他是劳动力所有者；劳动力需求方所有物是生产资料，他是生产资料所有者。这就决定了进入劳动关系后双方的地位、身份，决定了劳动关系主体间存在双重性关系：平等性、隶属性。[①]

其一，平等性，劳资双方是平等的。一方是生产资料所有者，另一方是

① 正如美国米尔斯先生所说，劳资双方力量的不平等是劳资关系内在的本质，劳资关系的运行也就是利用法律、工会影响、管理者自律等来限制这种不平等。*Daniek Quinn Mills 'Labor Management Relation'*影印本，北京：机械工业出版社，1998年，第4页。

劳动力所有者。他们都是生产要素的所有者，有着自己的产权、自己的权利、自己的利益、自己追求自己利益的权利；双方在地位、身份、权利、利益等各方面均是独立、自主、平等、自由的，他们是平等自由的市场主体。他们发生劳资关系的基础只能是独立自主地追求自己利益，自由表达自己的意志，所以他们形成劳资关系的形式只能是“意志自由”的契约，即劳动合同。而且，签订劳动合同，形成劳资关系，进入劳动过程、生产过程，就是进入他们各自平等、对等权利利益的实现过程。

其二，隶属性，劳动者隶属于生产资料所有者的用人单位。劳动者一旦签订劳动合同，进入劳动关系，劳动者就让渡了劳动力的使用权，就必须服从生产资料所有者用人单位的管理、支配。劳动者就成为被使用者、被支配者；用人单位就成为使用者、支配者。用人单位有使用、支配劳动者劳动力的权力、职能，进一步有享有通过使用、支配劳动力而产生的剩余的权利；劳动者有服从用人单位管理、支配、使用的义务。“雇主—雇员关系的典型特征是：工作岗位的许多具体细节是由雇主擅自决定的，也就是说，雇主拥有许多剩余控制权。”[①]在这一过程中，劳动者是弱者，存在着劳动力被滥支配、滥使用是可能性。

劳动力市场双方主体所有物的不同决定了劳动关系具有建立时平等，建立后转为隶属关系的特点，劳动法律关系中的主体就从抽象的人转化为“穿装”和“穿工作服”的具体的人，劳动法对主体的规定就“从抽象的法律人格向具体的人”“从法律人格的平等向不平等的人”“从自由的立法者向法律的保护者”转变。[②]

马克思对这种雇佣劳动关系作了更深刻的分析，首先，马克思认为，这种平等性仅仅存在于商品流通领域，进入工厂后，工人就隶属于雇主[③]。“工人在资本家的监督下劳动，他的劳动属于资本家”，工人的产品属于资本家[④]。其次，马克思通过分析资本的再生产，认为，流通领域中的这种平等

① [美]桑福德·格罗斯曼等：《所有权的成本和收益：纵向一体化和横向一体化的理论》，《企业制度与市场组织》，上海：上海三联书店、上海人民出版社，1996年，第303页。

② [日]参见星野英一：《私法中的人》，《为权利而斗争》，北京：中国法制出版社，2000年，第327～376页。

③“劳动力的买卖是在流通领域或商品交换领域的界限以内进行的，这个领域确实是天赋人权的真正乐园。那里占统治地位的只是自由、平等、所有权和边沁。……一离开这个简单流通领域或商品交换领域，……一个笑容满面，雄心勃勃；一个战战兢兢，畏缩不前，……只有一个前途——让人来鞣。”马克思《资本论》第一卷，第199～200页。

④ 马克思：《资本论》第一卷，第210页。

性商品交换也是假象。我们从再生产角度看，经过几次再生产后，雇主在市场上与工人进行交换的资本，实际上，是前几次由工人创造出来的被雇主无偿获取的剩余价值的转化。也就是说，实际上是雇主拿了工人创造的价值再去购买工人劳动力。由此，马克思得出对结论："商品生产所有权规律转变为资本主义占有规律。""这样一来，资本家和工人之间的交换关系，仅仅成为属于流通过程的一种表面现象，成为一种与内容本身无关的并只能使它神秘化的形式。"①

2. 劳动力与劳动者的不能分离性决定了劳资关系运行的核心是劳动权益的实现

劳动力区别于其他生产要素的最根本特点是劳动力与劳动者不能分离，劳动者在持有劳动力所有权的同时，让渡了自己劳动力的使用权，"工人出卖的是对自己劳动的支配权"②，具体的表现为，劳动者具有职业选择、就业地点和工作条件等方面的权利和主观偏好；雇主具有对其打算雇用的人的主观偏好；劳动的供给者会组成相互依赖的劳动联合组织，并为追求实现其目标采取集体行动；劳动力的需求方也进行联合；社会制度、意识形态、道德、心理因素显著影响雇主与雇员之间的关系，等等。

这一根本特点决定了在劳动力市场上，劳动力供求双方存在着一般商品市场中不存在的特殊性，劳动力市场的运行受到社会、组织、制度、文化等因素的影响。

劳动力市场中劳动力要素的特点决定了劳动力市场上，劳动力供求双方完成交易，进入劳资关系后，劳动关系运行的核心问题是劳动者劳动权益的实现，是劳动者对劳动力所有权的实现，是基于劳动力所有权基础上的劳动权益的实现，比如，选择职业的权利、取得劳动报酬的权利、休息休假的权利、获得劳动安全卫生保护的权利等权益的实现。决定了劳资关系运行具有社会性的特点，比如决定了劳动者所关心的是总的净收益，包括工作的"轻松""整洁""安全""受尊重程度"等等；决定了人力资本的形成与激励机制；决定了信任、忠诚、公正、职业道德，企业文化的重要性；决定了工会组织的形成与运作。③

①"劳动力的不断买卖是形式。其内容则是，资本家用他总是不付等价物而占有的别人的已经物化的劳动的一部分，来不断再换取更大量的别人的活劳动。"马克思《资本论》第一卷，第635～641页。

②《马克思恩格斯全集》，第46卷上，北京：人民出版社，1979年，第240页。

③ 请参见[英]德里克·斯沃思等：《劳动市场经济学》，北京：中国经济出版社，2003年，第2～4页。

3. 劳动力市场供求状况决定了劳动关系双方主体的力量对比状态

劳动力市场的供求状态决定了市场主体的不同位置，劳动力供大于求，劳动力需求方就占主导位置；劳动力供小于求，劳动力供给方就占主导位置。劳动力市场的供求状态决定了市场工资的确定，供大于求，工资降低，供小于求，工资提高。

作为个体劳动者，他们在寻找工作时，有一个预期工资，它表示劳动者可以接受的最低工资，劳动者搜寻工作会持续到企业提供的工资大于或等于他所持的"预期工资"。劳动者的"预期工资"完全取决于"市场机会"，在不同的市场类型中，"预期工资"有极大的变化。当劳动力市场供大于求时，市场工资低下；劳动者内部为了得到稀少的工作岗位而展开激烈的竞争；再由于，劳动者拥有的是劳动力，而劳动力的特点是具有"让渡的迫切性""不可储藏性""专用性"，这三方面因素导致劳动者的"预期工资"非常低下。当然，当劳动力市场供小于求时，劳动者"预期工资"就可能会提高。

如此，劳动力市场供求状态就直接影响劳动关系中主体的力量对比状态。在劳动力市场供大于求时，劳动者为了生存就只能放弃权利、利益，劳动关系的基本法律规范，劳动标准的法律规定得不到执行。

显然，劳资冲突基础是劳资双方各自市场性私利。劳资冲突的基础是劳资双方的市场性利益冲突，是私利、私权，私人领域，无需政府、公权介入。如果介入，其目的也只是促使劳资双方进行自我协商、沟通，进行劳资自治。正如马克思所说，工厂法的推行人为地加速了工业革命。"既不能跳过也不能用法令取消自然的发展阶段。但是它能缩短和减轻分娩的痛苦。"政府、法律、公权的介入只是促进劳资双方的发展、成熟。

三、劳资冲突群体事件管理目的劳资自治的力量（组织）基础：劳动者团结权

马克思分析正常工作日中革命性的语言是"于是这里出现了二律背反，权利同权利相对抗，而这两种权利都同样是商品交换规律所承认的。在平等的权利之间，力量就起决定作用。而团结就是力量！"

显然，劳资冲突中劳资自治的基础是劳动者拥有团结权！

1. 自由结社是市场经济正常运行的社会政治配套制度

市场经济是实现个人权利、追求个人利益的经济，以市场经济为基础的

社会，各个阶层的权利、利益都得到充分的分化和实现，为使各阶层和谐相处，社会稳定发展，就需要民主政治制度进行整合，使各阶层（不论其拥有什么资源）的利益都能在社会法律、政治层面上得到体现、实现，这就需要形成开放性政治体制，各阶层都能有自己的组织，直接代表自己，进入政治体制，成为自己的代言人，在规范的社会协调机制中，进行利益诉求，进行博弈，而这就需要集体、组织，需要集体的权利。

计划经济中，劳动力国家所有，劳动者将劳动力让渡给国家，从而也就不可能承担任何义务，所以国家给予劳动者行政性保护，由此，劳动者也就成为依附者，而不可能成为享有、行使权利，承担义务的经济和法律关系的主体。①进入市场经济后，市场经济的劳动者，市场经济的劳动者权益已经不是计划经济中的依附性的劳动者、劳动者权益，而是市场经济中的以劳动力所有权为基础的劳动者权益。法律要维护的也就是以劳动者是(或者仅仅是)劳动力所有者为前提，以劳动者的劳动力所有权为基础的劳动权利和利益及在其基础上的一切经济、政治、社会权利和利益。也可以说，就是维护劳动者的财产，“劳动力神圣不可侵犯”。对市场经济劳动者、劳动者权益的维护，从根本上说，就是劳动者自己对自己的维护，决不再依附于他人，“从来就没有什么救世主”，自己组织起来维护自己，这就必须拥有完整的并得以充分实现的劳动者自己的结社自由及其集体权利。正如，吴敬琏说，“在某些情况下，弱势群体可能由于不明真相而受到误导，如果他们被误导，抑制市场竞争，强化政府控制就会成为社会上的一种基本取向，再经过传媒的放大，有可能对市场经济的改革方向造成冲击。这对于包括弱势群体在内的多数人都是极其不利。我们必须清醒地认识权贵资本主义对于我们民族前途造成的威胁”。②

2. 劳动者团结及其集体权利平衡劳资关系

团结及其集体权利对弱势群体的劳动者来说，更显得重要，因为强势群体拥有种种资源（比如，组织资源、经济资源、文化资源），可以单个进行

---

①“如果一个人不能以自己的名义独立地享有权利和承担义务，没有意志自由和选择自由，不能明确地判断自己活动的价值和法律意义，而是盲目地、自发地依附于别人；或者只有义务，没有权利；或者只有接受权，而没有行动权，就不能算是完整的主体，充其量不过是‘半主体’或‘限制资格主体’。”张文显、于宁：《当代中国法哲学研究范式的转换》，《中国法学》2001 年第 1 期。在计划经济中，劳动者并不是真正的权利主体。所以也就根本不存在常凯先生提出的“完全就业权”的命题，更不存在将计划经济的“完全劳动权”与市场经济的“限定劳动权”进行比较的问题，因为只能在市场经济中劳动者才有权利，而在计划经济中劳动者没有权利，两者根本无法进行比较。（参见常凯《劳动论》，北京：中国劳动社会保障出版社，2004 年。）

② 吴敬琏：《呼唤法治的市场经济》序，北京：生活·读书·新知三联书店，2007 年。

种种活动，而弱势群体没有这些资源（也正因没有资源，才成为弱势群体），但是，弱势群体的最大资源是人多，而“人多”，只能组织起来，才能“势众”，“原子状”的劳动者是没有力量的，所以更需要集体权利。劳动者、社会弱势群体是通过集体的力量才能与雇主方、强势群体方形成力量的均衡，而劳资关系的长期稳定基础就依赖于双方力量的均衡。比如自由结社的工会就是劳动者的组织，它可以组织起来采取种种手段改变劳动力的供求状态，它可以采取组织内部措施纠正劳动者内部的恶性竞争，统一对外，采取集体行动，通过改变劳动力供求比例而改变劳资关系主体间的力量对比关系。

进一步说，弱势群体具有集体权利，对社会，对强势群体来说，也非常重要，因为，所谓集体权，实质就是法律规范了集体自由，有了法律保护实质也就是有了法律限定，这就将弱势群体这一“大众”行为纳入了法治的轨道。但是，如果没有法律规范的集体权，没有正常的法律、政治渠道进行沟通，“大众”的意志得不到体现，那么，“大众”就可能，或在某种情形下就必然成为“革命”“造反”的“大众”，以“革命”“造反”来实现他们的集体权、他们的组织、集体意志，这对强势群体来说，绝不是好事情，对社会来说，成本太高。①

获得团结及其集体劳动权利，这也是市场经济雇佣劳动者自身发展成熟的一个必经的阶段。如汤普森所说：“在30年代成熟起来的工人阶级意识形态（从此以后它虽经许多次转变却经久不衰）特别重视出版、言论、集会和个人自由等权利。”②雇佣劳动者在法治的框架内进行自由、民主的群众活动，行使团结及其集体权利，这正是雇佣劳动者阶层发展成熟的一个阶段和表现。③

因此，对劳动者团结及其集体权利加以适应市场经济需要、适应阶层利益分化需要的规范，或者说，放松以计划经济，以依附性劳动者为基础的，对劳动者团结及其集体权利的限制，并对其予以符合市场经济运行规则的新的规范是建立正常的市场经济劳资关系的基础性条件。

---

① 托克维尔认为：“结社权是基本人权，破坏结社权就会损害社会本身，结社权是反对专制政治的重要保障，结社可能会带来暂时的政治不稳定，但从长远看有利于社会稳定。”［美］托克维尔：《论美国民主》上卷，北京：商务印书馆，1991年，第216页。

② ［英］汤普森：《英国工人阶级形成》，南京：译林出版社，2001年，第862页。

③ 恩格斯曾经对英国1824年的结社法作过以下评论：“这个法律是在1824年通过的，它废除了以前禁止工人为保护自己的利益而联合起来的一切法令。工人得到了过去只有贵族和资产阶级才有的结社的权利。”恩格斯，《英国工人阶级状况》，《马克思恩格斯全集》第2卷，北京：人民出版社，1965年，第502页。还可参见法国弗雷德里克·巴斯夏对在法国应该给予法国工人结社权的议会发言。［法］弗雷德里克·巴斯夏，《关于压制产业工会的讲话》，载《财产、法律与政府》，贵阳：贵州人民出版社，2003年，第370～386页。

房屋征收中的定价困境与冲突

郭亮　王丽惠

摘　要　在当前的房屋征收中，在征收者与被征收者之间普遍存在着房屋定价的同质化与补偿诉求的差异化、房屋定价的群体性压力和补偿诉求的个体化这两类基本矛盾。由于这两组矛盾的无法解决，作为征收主导者的政府使用了强制性手段，以致最终导致拆迁冲突的爆发。为了化解冲突，相应的立法思路和制度设计不仅要着眼于限制政府权力、提高房屋补偿标准，更要建构出被征收者的利益表达和利益平衡机制，以从根本上解决房屋补偿中的定价矛盾。

关键词　拆迁；征收；房屋定价；冲突；利益表达；利益平衡

在当下的中国社会，因房屋拆迁引起的社会冲突已经成为屡见不鲜的社会矛盾。从冲突的发生频率和强度来看，拆迁冲突远超过其他社会问题。面对严峻的形势，2011年，国务院出台了新的《国有土地上房屋征收与补偿条例》（以下简称新《征收条例》）以取代自2001年开始实行的《城市房屋拆迁管理条例》。从内容上看，新的条例不仅是对原有条例的修补和完善，而且标志着拆迁行为的法律关系和司法程序在文本上的重大转折，具有明显的进步

作者简介：郭亮，华中科技大学法学院副教授，硕士生导师；王丽惠，清华大学法学院博士生。
基金项目：中央高校基本科研业务费暨华中科技大学自主创新基金“土地征收中的权利配置研究”（2014AC016）。
文章来源：本文刊载于《中国行政管理》2015年第1期。

性。然而，新的《征收条例》施行以来，中国的房屋拆迁冲突仍然频发，新条例的出台并没有从根本上遏制冲突的发生，拆迁冲突仍然是困扰我国社会稳定的重大问题。

一、房屋征收冲突：既有研究及其缺陷

房屋拆迁涉及地方政府、房屋征收实施单位（拆迁人）和房屋所有者（被拆迁人）等三方主体。表面上看，其中既包括政府与被拆迁人之间的行政法律关系，也包括拆迁人和被拆迁人之间的民事法律关系。但是，由于房屋拆迁是拆迁人在获得行政许可下实施的行为，拆迁人因代表了政府意志而并不构成独立的民事主体，也就不存在严格意义上的民事关系。因此，在新《征收条例》中，拆迁行为被明确界定为一种行政法律关系，是征收行为的一种具体形式。进一步而言，既然房屋拆迁被定性为国家对公民私有财产的征收行为，那么这种行为就要满足行政征收的一般要件，即征收前提的公益性、程序的正当性和补偿的合理性。

一直以来，学界对拆迁问题的研究也基本上围绕着这三个层面展开讨论，他们以征收行为的一般规则来反观现行拆迁制度中存在的缺陷。首先，既有研究关注征收的前提——“公共利益”如何在法律上被界定。在相关学者看来，正是由于对“公共利益”的任意解释使得政府合法地介入到了事实上基于商业目的的拆迁中，只有通过相关法律与制度设计将“公共利益”类型化、明确化、甚至精确化，并发挥立法机关在“公共利益”判断上的作用，政府的权力才能被合法地约束，从而避免冲突。[①②③④]

其次，既有研究还关注拆迁的程序要件。从程序正义的角度来看，在涉及公民合法财产的征收事务上，法治国家都有一套极其复杂且严格的征收步骤。但在中国当下的房屋征收程序中，政府的征收决策不科学，补偿标准不公开，征收行为不规范。因此，在学者看来，为了防止拆迁冲突的发生，在征收法律的程序建设上有必要建立相应的公共参与制度、司法审查制度、拆

① 张曙光：《征地、拆迁案的法律经济分析》，《中国土地》，2004（5）。
② 吴光荣：《征收制度在我国的异化与回归》，《法学研究》，2011（3）。
③ 王利民：《论征收制度中的公共利益》，《政法论坛》，2009（2）。
④ 张千帆：《公共利益的困境与出路——美国公用征收条款的宪法解释及其对中国的启示》，《中国法学》，2005（5）。

迁的听证制度等。[1][2][3][4][5]

再次，既有研究还关注了拆迁的补偿标准问题。征收意味着被征收人必须为公共利益承受特别的牺牲，只有通过公平的补偿才能弥补这种特别牺牲。然而，从全国的整体情况上看，国家所给予的补偿标准仍然偏低，在房屋拆迁之后，被征收者的利益不仅得不到实现，而且面临着生活、工作等方面的生存压力。因此，在这些学者看来，提升被征收者在城市化过程中获得土地增值收益的比例仍然是下一步改革的根本方向。[6][7][8]

然而，从现实来看，拆迁冲突的发生与拆迁目的的公益性并无太大关联，因为在真正基于“公益目的”拆迁中仍然会有冲突与对抗；征收程序的建设固然能够减少冲突的发生，但未触及冲突发生的根本症结所在。相比之前，在新《征收条例》的法律压力以及“稳定压倒一切”的政治压力下，地方政府已经在一定程度上约束了自己的行为，并规范各种征收程序，但房屋征收冲突仍然频发；从拆迁补偿标准上看，在很多城中村和城郊农村，因为征收补偿而导致的“一夜致富”现象已经较为普遍，城中村农民的富裕和阔绰已经成为当下中国不争的事实。然而，在这些被征收者利益得到实现的地方，也往往是冲突最为激烈的地方。这意味着，既有研究还不足以解释拆迁冲突的发生。

基于此，本文认为以上研究存在以下问题：第一，在研究方法上，仍聚焦于制度文本的建设，并以制度结构的视角来解释场域中拆迁冲突的发生，以致在解释力上存在不足。尽管制度和法律缺陷是不容置疑的事实，但对冲突的认识和化解思路的形成需要进入到房屋征收的过程之中，去分析冲突在场域中的发生机制。第二，在研究假设上，仍秉持“权力——权利”的压制性模式，缺少对拆迁各方行为和利益诉求复杂性的展示。拆迁双方的力量悬殊是不争的事实，但在“后全能主义”的政治体制下，政府和被拆迁者的行为模式都发生了一定程度的改变。尤其是对于被拆迁者而言，其并非政府所制定规则的被动接受者，而具有表达利益诉求的行动可能性。在某种程度上，

① 谭启平：《论房屋征收补偿争议中的司法救济》，《当代法学》，2013（5）。
② 冯玉军：《权力、权利与利益的博弈——我国当前房屋拆迁问题的法律与经济分析》，《中国法学》，2007（4）。
③ 王士如、郭倩：《城市拆迁中公众参与机制的功能与立法建议——对新条例制定困境的思考》，《行政法研究》，2010（2）。
④ 王克稳：《论房屋拆迁行政争议的司法审查》，《中国法学》，2004（4）。
⑤ 王静：《房屋拆迁纠纷解决机制存在的问题及完善》，《行政法研究》，2010（1）。
⑥ 周其仁：《农地产权与征地制度——中国城市化面临的重大选择》，《经济学（季刊）》，2004（4）。
⑦ 北京大学国家发展研究院综合课题组：《还权赋能：成都土地改革探索的调查研究》，《国际经济评论》，2010（2）。
⑧ 张千帆：《公正补偿与征收权的宪法限制》，《法学研究》，2005（2）。

房屋征收冲突正是在这种互动关系之中发生，以上研究对此缺少关注。

本文将结合相关案例，进入到房屋征收的过程中，具体分析利益主体的行为模式和利益诉求，以从新的角度来探究房屋征收冲突发生原因，并提出破解冲突的可能思路与方向。

二、同质VS差异：拆迁中的利益博弈

在整个房屋征收过程中，导致征收双方发生冲突的最根本原因是被征收房屋补偿标准的确定问题。或者说，政府所提供的补偿价格往往不能让被征收者满意。2011年至2014年，笔者曾对湖北省N县城郊地区的房屋征收实践进行过长期跟踪调研，以下将结合该地区的案例加以说明。

（一）被征收者对补偿不满的三种理由

从现实来看，被征收者对房屋补偿价格的不满主要有以下理由：

第一种理由是情感上难以割舍。相比于政府和拆迁方提供的货币价值，一些人更看重自己与老房屋的情感。在城郊地区，由于之前保持了传统的农村居住格局，一旦征收之后，被征收者将搬进政府统一规划的小区。新小区的基础设施建设明显优于传统村庄，但是由此导致的生活环境、生活方式的改变让一些被征收者并不能很快适应。但是，这部分人以老年人为主，人数所占比例不高，不能代表被征收者的普遍心态。

第二种理由是被征收者认为补偿标准整体偏低。在房屋征收中，大量的被征收者认为现行房屋补偿标准过低，政府的征收行为严重影响了自己的生活。不可否认，在一些地方，地方政府人为压低补偿价格是导致被征收者不满的重要原因。但是，仅仅以补偿标准偏低以及被征收者的绝对利益受损作为房屋征收冲突爆发的原因并不充分，有两点需要注意的事实：

首先，被征收者的维权话语与心理状态并不完全一致。和一些媒体呈现的被征收者的受侵害形象相反，在房屋征收之前，被征收者中普遍存在着“等拆迁”“盼拆迁”的心态。[①②]在房屋征收之后，一些被征收地区还会出现消

① 杨华：《城郊农民的预期征地拆迁：概况、表现与影响——以荆门市城郊农村为例》，《华中科技大学学报》（社会科学版），2013（2）。

② 郭亮：《土地征收中的利益主体及权利配置》，《华中科技大学学报》（社会科学版），2012（5）。

费水平提高、大宗消费品购买比例上升，甚至出现挥霍消费的现象。[①②]在N县，由于地处中部农村，当地的房屋补偿标准并不高，但由于农民原有的宅基地面积较大，且相比于农民的收入和建房成本，补偿总价仍具有相当的诱惑力。以下是当地部分被征收者所得到的补偿情况：

表1　N县若干房屋的成本与补偿标准比较

建房时间	成本	房屋面积（m^2）	补偿单价（元/m^2）	赔偿金额
1980年代	5万	500	860	43.00万
1990年代	10万	760	680	51.68万
1990年代	10万	378	820	30.99万
2000年	15万	620	890	55.18万

但是，由于房屋的价值弹性较大，且这个价格是政府和拆迁方单方面制定，被征收者仍然会表示不满。也就说，他们的抗争并非是针对政府的征收行为本身，而是为了争取更多利益。相比于自己的房屋以现有的补偿价格被政府征收这一事实，如果政府放弃征收，这往往是被征收者更不愿意看到的结果。

其次，现有的法律法规和社会条件并不支持农村地区被征收者提升补偿标准的诉求。新的《征收条例》只是针对国有土地上的城市房屋做出了按照市场价格给予补偿的规定，集体土地上房屋的补偿标准仍然是我国法律的空白。如果严格按照法律来执行，对农村房屋的补偿只能依据《土地管理法》并以地上附着物的处理方式进行成本补偿。退一步讲，即使将农村房屋纳入市场补偿的范围，其同样面临着现实条件的制约。由于处在城市化的初始阶段，很多地方在房屋征收之前仍是传统的农村地区，并未形成稳定的房地产价格，按照市场价格给予补偿的要求并无现实的可操作性。因此，农村地区的补偿标准偏低更多的是由于法律和现实因素的制约所造成，被征收者提升整体补偿标准的利益诉求还缺乏足够的理由和依据。

而且，由于法律的缺陷和城乡发展的不平衡是农村地区面临的普遍性问题，对于个体的被征收者而言，他们并不会从中感受到强烈的不公正。因此，补偿标准偏低并不足以解释拆迁冲突的发生，拆迁冲突的发生一定是由于被

① 周娟：《斗富挥霍预支“幸福”能长久?——征地“暴富”后的隐忧》，《人民日报》，2014-2-19。
②《被征地农民调查：拆迁一夜暴富、赌博吸毒返贫》，《现代快报》，2013-7-7。

征收者感受到了强烈的不公正和不合理对待。

第三种理由是被征收者认为政府和评估机构的估价不合理，估价并没有反映出自己房屋的真实价值。也就是说，被征收者的不满不在于政府给予的补偿偏低——这一普遍性问题上，而是认为在现行的补偿标准下自己的房屋没有得到公正的补偿。相比于第二种理由，这种理由才是被征收者感受到强烈不公正的主要原因，正因为此，他们才敢于理直气壮地表达诉求和争取利益。以下将重点分析被征收者的这种理由。

（二）差异化的补偿诉求

在房屋征收中，持续时间最长、谈判次数最多、争议最大的就是对被征收房屋的估价工作。其中，各种矛盾不仅琐碎、复杂，而且极易滋生被征收者不满。在N县的拆迁中，房屋估价表面上是评估公司做出，实际上是由政府来主导。对被征收房屋的价格核定，县政府采取的是基础价格补偿和装修价格补偿两部分的补偿方式。其补偿标准分别如下：

表2　2011年N县房屋基础价补偿标准：元/每平方米

结构	等级	拆迁指导价
钢混	甲	484
	乙	440
砖混	甲	387
	乙	339
砖木		286

表3　2011年N县房屋装修补偿标准（部分）

类别	项目名称	单位	补偿价	说明
室内墙面装饰补偿标准	仿瓷墙面	m^2	2～3元	根据材料质量、工艺确定
	贴墙纸	m^2	10元	
	木板类墙面	m^2	18元	
	漆类墙面	m^2	5元	
	瓷砖类墙面	m^2	15元	根据规格和材质确定
室内地面装饰补偿标准	油漆地面	m^2	4～6元	
	地面砖	m^2	15～30元	根据规格和材质确定
	木地板	m^2	40～70元	根据规格、材质和工艺确定
	石材类地板	m^2	80元	按成品计算

续表

类别	项目名称	单位	补偿价	说明
室内门窗类装饰补偿标准	木包门窗	m^2	60 元	
	铝合金、塑钢门窗	m^2	100 元	
	大便器	个	30～250 元	按蹲式、坐式分别确定
	室内壁柜	m^2	50～80 元	按装饰程度确定
	灶	座	50～200 元	根据工艺确定

然而，政府所主导的房屋评估却难以让被征收者满意。这不仅是因为政府既是“裁判员”又是“运动员”的角色混乱所导致，更在于房屋本身的特殊属性。在补偿定价的核算中，房屋的基础价格补偿标准容易核定，因为房屋的基本结构只有以上三种，且能够通过肉眼进行观察。但对于房屋内部装修标准的核定则要困难和复杂得多。从生活常识就可以知道，在房屋装修中，即使同样一项装修项目，其成本差别都是极大的。由于装修情况和标准不一，每家的补偿标准便不一样，在这种情况下，政府无法像基础补偿那样给出确定性的补偿标准，而只能如表 3 中的项目那样给出一个补偿范围，再在现场根据每家情况进行“自由裁量”。但是，在这个补偿范围内，究竟最终选择哪一个补偿点却是一个非常棘手的技术性难题。

一般情况下，在给予的补偿范围内，工作人员采取所谓“一看、二问、三比较”的方法来判断装修物的品质和价格，由此使得装修补偿标准的确定具有一定的主观性。作为房屋的主人，被征收者对于自己房屋的装修情况是极其熟悉的。比如，经常有被征收者在补偿中认为，自己房屋的质量是多么的高，当年使用了什么贵重的材质、在装修中花费了多少的精力等等。在多年的使用中，这些房屋内部的信息已经不具有外显性，从而无法成为政府和拆迁者所能观察到的客观补偿依据，正因为此，知晓这些信息的房屋主人才急于将自己房屋的价值表达出来。

作为一种特殊的商品，房屋包含了被征收者多年来大量的、极具个体偏好的成本和精力投入，被征收者对房屋自然产生一种任何其他财产难以拥有的特殊情感。在这种特殊财产征收中，政府的拆迁工作理应耐心且细致地应对被征收者种种的补偿诉求。问题是，每一位被征收者都具有特殊补偿的理由，一旦以差异化的方式对待某个被征收者，其他被征收者便会接踵而来。由于中国社会大面积的城市升级和改造，每次拆迁涉及的被征收者都要达到几十户甚至几百户。在有限时间内，政府和拆迁者甚至专业的评估机构根本不可能一一满足被征收者千差万别的补偿理由，而只能将各种差异性诉求在短期内尽可能地简单化、标准化、同质化地处理。于是，由于无法照顾到每家的具体情况，那些认为自己应该得到公正补偿的被征收者便强烈不满。

关于被征收房屋的估价，现行法律和条例将问题的解决寄托在房屋评估的第三方机构身上。长期以来，在政府权力独大且仍然掌控大量经济社会资源的社会条件下，第三方机构事实上与政府部门存在着千丝万缕的联系，这导致能够赢得被征收者信任、具有良好信誉和业务能力的评估机构很少存在。而且，第三方评估机构只是实现公平补偿的程序要件，能否满足被征收者的补偿期待则是房屋补偿的实质要件。在当前大规模的城市化过程中，包括政府和第三方在内的有限核价能力根本不能满足被征收者差异化的补偿诉求，二者的不匹配使得拆迁补偿的协议难以达成，双方的矛盾开始凸显。

三、群体VS个体：拆迁中的“钉子户”问题

在房屋的征收补偿中，政府和拆迁者还面临着另外一类比较棘手的问题，那就是个别被征收者所提出的特殊补偿要求。如果说要求差异化补偿是普遍存在的一种相对合理的补偿诉求的话，那么特殊补偿则是被征收者要求得到更多额外利益的表现。在拆迁中，当大部分被征收者同意拆迁时，往往有个别人坚持抗争到底，他们虽然人数不多，但经常引起社会和媒体的关注，并被冠以“钉子户”的称号。事实上，大部分征收冲突的爆发都是源于政府和“钉子户”之间的补偿矛盾。为什么个别人会提出与大多数人不同的补偿诉求，这种诉求又为什么不能得到轻易满足？

（一）征收的不可退出与房屋的不可移动

由于新《征收条例》明确了房屋拆迁为国家征收行为，因此，只要房屋拆迁符合征收的前提、程序和补偿要件，被征收人就必须接受自己房屋被拆迁的现实。行政征收行为而非民事行为的法律定性不仅使得被征收者无法退出，也使得政府不会轻易放弃征收行为。而且，即使法律上容许征收行为的可退出性，现实中的政府也不会因为征收受阻而另谋方案——这将耗费政府本身的财力和精力。

一方面得知政府必然要实行拆迁，另一方面也深知政府不会轻易退出，这种微妙的情景使得被征收者与政府的价格博弈成为可能。但是，这种价格博弈却并非正常的市场行为，而极容易被扭曲。在资源充分供给并能够进行自由交易的环境中，任何一方的漫天要价或者过于压低价格，对方完全可以通过退出交易的方法来解决分歧。与之相比，在房屋的征收中，作为“买方”的地方政府却不愿意退出，这客观上提升了作为“卖方”的被征收方在交易中的优势地位。在不能轻易动用强制力的政治压力约束下，政府所表现的征收诉求越强烈，这反而不断强化被征收者对于自己房屋位置重要性的认识，使得一部分被征收者敢于提出高于大多数人补偿标准的补偿诉求。

从现实来看，少数被征收者敢于提出特殊补偿要求也与其房屋的位置有关，其具有与政府博弈的天然优势。一般情况下，这些人的房屋大都处在拟拆迁地区的核心部位。通过在拆迁之前的政府公告，他们能够了解新项目的四至边界，了解自己房屋在整体规划中的位置与重要性。作为一种特殊的商品，土地和房屋不可移动性的物理属性决定了其不可替换性。一旦需求方看中了某块土地，在不能轻易动用强制手段的条件下，他必须与被征收方进行反复的协商与谈判。当得知自己具有资源垄断的优势时，被征收者更加增强了与政府博弈的信心。

从被征收者的角度出发，由于征收的不可退出性与房屋的不可移动性，他们与政府的博弈完全有可能实现自身利益的最大化，那些具有行动的勇气、社会关系多、个人能力强、性格倔强的人往往成为了最后的坚持者。在这个意义上，“钉子户”的产生并非仅仅是被征收者的道德因素使然，而是现行体制下房屋拆迁补偿“非市场化”运作机制的产物。

（二）房屋征收中的“三边关系”

“钉子户”的抗争一直是拆迁中最惹人注意的问题之一。由于“钉子户”常常遭遇被断电、被断水的尴尬处境，主流舆论对于“钉子户”充满了同情。在广东猎德的拆迁中，法院以公共利益的原因判决钉子户败诉，引起了很多法学学者的批评。有人认为，集体利益并不等于公共利益，个人的私有财产不能以集体表决的方式被处理。[①]由此反观“钉子户”的称谓本身就是一种

① 周安平：《集体利益的名义何以正当？——评广州猎德钉子户案》，《法学论坛》，2009（1）。

语言暴力，其代表的是一种对待民众财产的不正当态度。在这个意义上，学界对“钉子户”问题的关注焦点主要是集中在他们和政府之间的矛盾上。

但是，以“侵权—维权”模式解释拆迁中的“钉子户”问题却遮蔽了房屋拆迁中的另一组关系，即个别“钉子户”和大多数被征收者之间的矛盾。由于上面所讨论，当房屋拆迁能够给被征收者带来巨大现金收入时，大部分的被征收者是不反对拆迁的，所争取的无非是提高补偿的标准。如今，个别被征收者的抗争使得政府的拆迁计划受阻以致大部分被征收者也无法得到房屋补偿，这常常导致他们之间尖锐的矛盾。正因为此，在一些调研和媒体报道中，我们发现经常会出现大多数被征收者联名起诉个别“钉子户”的民事诉讼。吊诡的是，原本是被征收者与政府的矛盾在拆迁过程中却演变成了被征收者内部的矛盾。面对房屋拆迁后巨大的利益，被征收者并非铁板一块，他们的利益发生了分化。

其实，对于政府来说，除去少数的天价补偿诉求，由于涉及的人数不多，满足“钉子户”的特殊要求并非不能做到。如果满足他们的诉求，各种极端性后果也将有可能避免，这对于地方政府来说可能是更理性的选择。但是，由于面对的是两类群体，政府在处理少数人问题时必须要考虑更多数人的感受。否则，一旦处理不好，将会导致更多的矛盾涌向自己。因为，在一个特定的时空范围内，相比于补偿的价格，补偿的公平性更为被征收者所看重。即使被征收者得到了大量补偿，当他看到邻居得到了更高的补偿时，一种强烈的不公正感便会产生。这意味着，政府满足少数被征收者的补偿要求虽然能够暂时将矛盾化解，但这种补偿方式势必引发前期被征收者的不满，导致他们到政府“找补”。当解决矛盾是以引发更多的矛盾为代价时，有拆迁经验的政府和拆迁者必须考虑到大多数人的心态，由此，“钉子户”的补偿诉求便不可能轻易得到满足。

由于中国城市化的特点，政府面对的是一个被征收者的群体。表面上看，拆迁工作的推进受制于政府与被征收者的双边关系，深入实践却发现，其嵌入的是一个由政府、少数被征收者和多数被征收者所组成三边关系之中。这种三边关系博弈和互动的复杂性要远超过双边关系。考虑到公平因素和群体性压力，政府无法满足个别人的特殊补偿诉求，后者便对政府单方面制定的标准化价格不满。由此，政府和个别被征收者的对抗成为了许多拆迁无法顺利进行下去的“死结”。

四、冲突的升级：博弈的最终后果

由于以上的矛盾在现有的制度框架内无法有效解决，为了尽快推动拆迁，地方政府动用了各种手段，房屋定价补偿的矛盾和冲突便开始向更高级的冲突转化。

（一）策略性补偿

在房屋补偿中，政府经常采取一种“策略”，即“明补”与“暗补”同时进行的补偿方式。从动机上看，政府力图通过这种方式既满足被征收者的差异化和个体化补偿诉求，又稳住其他的被征收者，防止后者的反弹。所谓“明补”，是指政府和拆迁者严格在法律和政策范围内给予被征收者补偿。在政府的宣传中，他们是对所有被征收者一视同仁；所谓“暗补”则是政府给予被征收者的实际补偿。与口头的宣传相反，政府往往对那些不愿意达成协议的被征收者给予特殊对待。但为了保障“暗补”能够实现，政府要求被征收者对若干事项保密。第一，谈判的地点要保密；第二，合同内容要保密。为了防止其他人知道真实的补偿价格，一些政府甚至不将补偿合同给被征收者。或者，通过做两份真假合同来遮人耳目。

通过“明补”与“暗补”的同时存在，政府一方面做到表面上的公平；另一方面则通过实际的差别对待满足了少数人的特殊要求。因此，政府解决了一部分被征收者的抗争问题，暂时推动了征收工作。但在一个社区中，这种秘密是不能长时期守住的。为了避免“吃亏”，越来越多的人不愿意做那些率先拆迁的人，转而与政府进行各种各样的博弈与拖延。于是，政府征收工作面临的难度越来越大，由此引发的冲突日益普遍。

（二）强制性征收

从法理上看，只要符合行政征收的要件，国家完全可以通过强制手段来对私人财产进行征收。为了规范政府的行政征收行为，避免强制性拆迁引发的冲突事件，新的《征收条例》规定强制性房屋征收必须由人民法院来执行。但是，由于要处理和地方党委和政府的关系，地方法院一般不会受理拆迁案件，强制性征收一般仍是由政府所做出。

首先，政府的强制手段表现为对被征收者施加政治压力。在满足不了被征收者补偿诉求的前提下，政府通过反复登门、反复做思想工作的方法来推动拆迁。不仅如此，政府往往要摸清被征收者的社会关系，发现被征收者的亲戚朋友中是否有国家公职人员。通过对后者实施直接的行政压力，来间接对被征收者进行施压。甚至，从我们的调查来看，由于一些地方拆迁工作的不规范，部分地方政府和拆迁公司为了让被征收者尽快拆迁，他们默许、纵容一些社会闲杂人员参与拆迁和征收工作。在湖北N县，很多被征收者抱怨自己曾经遭遇过一些“混混”的骚扰或者恐吓。

其次，政府的强制手段表现为直接诉诸强制力。在这个时候，政府一般要集合城管、土地管理、公安等各部门参与，进行所谓的“集中执法”。面对这种情形，一些被征收者有可能就此放弃，被迫与政府达成拆迁补偿协议。而一些不甘心的被征收者则容易被现场的紧张感重新激怒，在拆迁现场表现出强势的反抗行动，有时不惜以身体和生命为代价进行抗争。不断见诸媒体的各种极端性冲突事件正是在这种场景下发生。

五、结论

（一）被征收者的利益表达

在房屋征收中，房屋定价的同质化与诉求的差异化、定价的群体性和诉求的个体性构成了两类基本矛盾。正是由于这两类矛盾的无法解决，地方政府才使用强制性手段，以致最终导致了更剧烈拆迁冲突的爆发。换言之，饱受社会诟病的强制性手段只是整个拆迁逻辑的最后表现形式，征收冲突之前的博弈过程才是酝酿、产生冲突的根源。这意味着，房屋征收冲突的化解不仅要从约束政府的权力入手，更要从源头上通过制度化的方式化解房屋定价中的矛盾和分歧，防止冲突的升级和转化。

从矛盾的初级形态上看，征收双方围绕着房屋补偿的分歧本就是一种正常的价格博弈。不同于普通的商品，房屋的价值并非是由它的建筑成本所决定，以致难以形成标准化的价格。面对土地和房屋这极具价格弹性的商品，尤其是在中国城市化的迅速发展中，被征收者充满了对其价格的想象。而且，房屋建造中的个体性投入、被征收者对房屋的情感，以及被征收者对未来生活的担心等等因素，都会影响到被征收者对补偿的期待。如果不能给予被征收者表达利益的制度内空间和渠道，他们便只能通过制度外的手段来抗争。因此，当前房屋征收中要建构出一套有效的政治参与和利益表达制度，吸纳被征收者的利益诉求，防止正常的利益博弈行为向政治对抗方向转化。

（二）利益平衡机制的建构

但是，仅仅通过制度设计将被征收者的意见吸纳进来仍不能产生一个公正的补偿价格，因为被征收者完全有可能基于自身利益的最大化而扭曲补偿价格。如果被征收者索价过高，且人数众多，这同样导致政府无暇应对，使得价格博弈无法正常进行。因此，从长远来看，在建构被征收者的政治参与和利益表达制度的同时，国家的房屋征收实践还需要相应的基础性制度配合，比如建立更加全面和完善的房屋信息登记制度、以房屋价值为基础的房产税征收制度以及培育真正意义上的第三方评估机构等，以为国家征收行为发生时确立补偿标准提供依据。

面对城市化过程中的土地征收补偿争议，我国台湾地区曾在 20 世纪 80 年代之前长期实行“事前地主自报价”制度。在平时，土地所有者要对自己土地的价值进行事前估价，以此作为日后政府征收补偿之依据。由于征地不一定发生，且一旦估价，这将作为土地所有者缴纳各种税金的基本依据，土地所有者就不能一味盲目报告价格。这种价格补偿机制的实施无疑是和当时行政机关人手数量少、专业能力不足等有很大关系，将被征收者的意见吸收到补偿价格的核定上来，在某种程度上能够减少因政府无能力核价而导致的被征收方的不满。①尽管这种制度存在估价不准确、被征收者仍然存在抱怨等缺陷，以致最终被新的土地估价方式所替代，但其既能吸纳被征收者参与定价又能防止其过度伸张利益、减少政府定价压力的制度设计思路对于当下中国的房屋与土地征收实践不无借鉴意义。

在这个意义上，相比于约束政府的征收行为和提高补偿标准等措施，本文认为建构合理、有效的利益表达和利益平衡机制是当下中国房屋征收实践中所面临的更为紧迫任务。

---

① 张永建：《土地征收补偿——理论、实证、实务》，台北：元照出版公司，2013 年，第 40～43 页。

公共冲突化解的理论与方法

西方冲突化解研究的三种范式及其发展趋势

常健　原珂

摘　要：西方冲突化解研究存在三种基本范式，即主观范式、客观范式和结构范式。各范式所基于的理论背景各有不同，专注的冲突化解方法也各有侧重。主观范式主要受到心理学和解释学研究的影响，集中研究有控制沟通和问题解决方法；客观范式主要受到博弈论和劳资关系研究的影响，特别关注谈判、调解和仲裁方法；结构范式主要受到结构主义、后现代主义和话语分析的影响，特别强调冲突转化和话语转化方法。三种范式在各自的发展中相互竞争又相互促进，构成了西方冲突化解研究的生动格局。

关键词：冲突化解；研究范式；冲突转化

被誉为“和平学之父”的加尔通（Johan Galtung）在分析冲突时，提出了冲突包含着三个维度，即矛盾（不相容的情境）、态度和行为。对一个现实的冲突来说，三者缺一不可，它被称为“冲突三角”[①]。米埃尔（Hugh Miall）等人在分析西方冲突化解理论的发展历史时认为，西方冲突化解的研究范式可以分为三种：即主观范式、客观范式和结构范式，它们分别对应着冲突三

作者简介：常健，南开大学周恩来政府管理学院教授、副院长、博士生导师；原珂，南开大学周恩来政府管理学院博士生。

基金项目：国家社科规划重点项目“公共领域冲突管理体制研究”（13AGL005）；南开大学2014年博士研究生科研创新计划项目（68140001）。

文章来源：本文刊载于《中国行政管理》2014年第11期。

① J. Galtung, Violence, Peace and Peace Research, *Journal of Peace Research*, 1969, 6(3), pp. 167-191.

角中态度、行为和矛盾三个点。[①]这三种分析范式沿着不同的逻辑思路发展，提出了不同的冲突化解方法。它们相互批评，又相互补充，构成了西方冲突化解理论发展图景的整体框架。本文从这一分析框架出发，试图对西方冲突化解理论的发展作一个整体的回顾和分析，并阐释其对中国冲突化解的研究与实践的借鉴意义。

一、主观范式

主观范式专注于将冲突各方的态度从对抗转为合作，其主要代表人物是伯顿（John Burton）、科尔曼（Herbert Kelman）、米歇尔（Chris Mitchell）和布尔丁（Elise Boulding）等人。由这一范式发展出的冲突化解方法主要是“有控制沟通”和各种“问题解决方法”。

主观范式受到心理学特别是社会心理学的强烈影响。勒温（Kurt Lewin）对群体冲突的社会心理学研究表明，群体间的冲突可以通过协商和谈判的方法来恢复群体间的积极关系。道奇（Morton Deutsch）最早明确将这种研究用于冲突化解，费舍尔（Ronald Fisher）和拉森（Knut Larsen）对冲突进行了更广泛的调查。这些研究既探讨了冲突发展过程的消极因素，也探讨了其积极因素。后者更专注于转变态度，发展相互理解和信任，形成共同的或“上位的”的目标，以及促进积极的群体间关系的各种条件。米歇尔将这些研究成果用于对国际冲突的分析。罗伯特·杰维斯（Robert Jervis）研究了国际政治中决策者的感知和错觉。

伯顿基于马斯洛（Abraham Maslow）所提出的基本需求学说，区分了利益（interests）与需求（needs）。他认为，如果能够将双方基于利益的冲突经过适当的解释和理解转变为基于需求的冲突，就可以使冲突得到化解。1965年，伯顿在荷兰的格罗宁根建立了“国际和平研究学会”，该学会提出在国际冲突中应当采用“有控制交流”或“问题解决的方法”。伯顿认为，问题解决方法并不只是一种冲突化解的技术，而应当成为冲突化解的一个核心概念。之后，伯顿和他的团队将其理论付诸实践，其主要方式就是建立“问题解决工作小组”来解决现实中那些难以解决的冲突，并于1966年在伦敦大学学院

① Hugh Miall, Oliver Ramsbotham and Tom Woodhouse, *Contemporary Conflict Resolution: The Prevention, Management and Transformation of Deadly Conflicts*, Cambridge: Polity Press, 1999, pp. 51-52, 63.

成立了“冲突分析中心”。其方法最初被称为“有控制交流”，后来改称为“问题解决”。其主要目标是将冲突双方的关注点从对抗转向解决问题。最初的两个工作小组建立于1965和1966年，它们被用来化解马来西亚、新加坡和印度尼西亚之间的冲突，以及塞浦路斯的希腊人和土耳其人之间的冲突。其成员除了伯顿、米歇尔和科尔曼之外，还包括班克斯（Michael Banks）、德鲁克（Antony de Reuck）、尼克尔森（Michael Nicholson）、阿尔格（Chad Alger）等人。其中，科尔曼成为运用和发展冲突解决方法方面最重要的学者。

科尔曼曾在哈佛大学建立了国际冲突分析与化解项目，在密歇根大学的冲突化解研究的初创时期也发生过重要影响。作为实践型学者，他专长于巴以冲突间的化解，并先后举办了“前谈判”互动的问题解决工作小组、“准谈判”工作小组和“后谈判”工作小组。随着经验的丰富，问题解决工作小组被用于促进各种目标，如研究、教育或培训。每个工作小组的设计都是根据特定冲突的特定特点。在问题解决方法的发展中，并没有出现普适的问题解决过程理想模式，却出现了名称各异的各种特殊方法，如“互动冲突化解”“第三方咨询”“过程促进工作小组”“促进式对话”。虽然名称各异，但它们都带有问题解决方法的许多基本特点。米歇尔在其《冲突化解手册》一书中对这些方法作出了详尽的解释和说明，并在《冲突化解的问题解决做法与理论》一文中讨论了相关的方法论和评价问题，分析了支持这些方法的理论假设以及检验方法。问题解决方法的核心在于对话。在“变革先锋协会”2006年所作的“对话类别”调查中，包括了对各种各样的对话技术的描述[①]，它们在冲突化解中被用于控制冲突并产生非暴力的社会变革。

布尔丁早年受到社会学训练，曾参加密歇根的冲突化解研究工作。为了鼓励广泛参与和平和冲突化解进程，她将“想象未来”作为一种有力方式，鼓励人们参与建设和平和宽容的全球文化。她提出“公民社会”的观念，要为一种全球性的公民文化打开新的可能性，并认为冲突化解的当务之急是建立尊重人民声音的文化。这种变革能否取得成功，最终将决定我们究竟是和平的创造者还是战争的制造者。对她来说，实现和平需要特定的技能和技巧，和平的现实要求所有处理冲突的行动以整合的方式来进行。

随着有关宗教战争、全球圣战和全球反恐战争的争论，引发了有关文明

① 参见其网站www.pioneersofchang.net.

间冲突的争论，并激发了揭示、克服或消除文化间冲突的努力。在回应管理跨文化和跨宗教派别间冲突的特殊挑战方面，冲突化解领域中的许多人受到了伽达默尔（Hans-Georg Gadamer）的解释学及其对跨文化对话的应用的影响。伽达默尔的方法是将对话视为跨文化和历史差异的“视界融合”，它被称为“解释学对话”，因为他将对话比作对文本的解释。在他看来，在冲突化解中谈话或对话应被视为对文本的相互解释。这意味着脱离将对话视为相互同情的观念（用罗吉尔斯（C. Rogers）的话说就是“穿彼此的鞋”①），转向“共情关系”的观念，这是一个更动态的、更有创造性的过程：在个人间的频繁交换中（它既是情感性的又是认识性的），参与者共同产生了共享的新意义。这也反映了伽达默尔在《真理与方法》中所坚持的观点：在意义解释领域，解释学总是要求在达到理解的过程中要超越简单的重建。②

布鲁姆（Benjamin Broome）将视界融合所产生的新意义称为“第三种文化”，即只能通过互动发展，在这种互动中，参与者愿意向新的意义开放自己，投身于真正的对话之中，不断地回应从情境中释放出来的新的要求。他认为这种文化的出现是移情关系的本质，是成功的冲突化解的根本所在，并认为这种对话态度是冲突化解事业的内在组成部分。斯特瓦特（J. Stewart）和托马斯（M. Thomas）认为，解释学对话对参与者提出了更高的要求，期望他们能够认识到，他们决不可能逃脱他们自身成见的普遍覆盖，要努力达到的视界融合或关系性同情总是对某种前所未有的东西的创造（第三种文化），这是一种正在进行的项目，绝不是一个已经完成的项目。他们被要求将自己的身份去中心化，不是去寻找确定性、封闭性和控制，而是欢迎势不两立的视界之间的张力，采取一种游戏和开放的方式去迎接新的经验和最终不可吸收的“他者”。

针对持续难以控制和化解的那些“难以化解的冲突”，许多研究者进行了专题研究，如克里斯伯格（L. Kriesberg）等人 1989 年的研究，克罗克（C. Crocker）等人 2005 年的研究。面对传统冲突化解努力的失败，伯格斯夫妇（Guy and Heidi Burgess）提出了“建设性面对方法论”。他们建立了“超越难以化解”网站，帮助人们理解难以化解的冲突的原因。梅耶尔（Bernard Mayer）提出，在面对顽固和持续的冲突时，需要的是“与冲突共在”。他主张持续的

① C. Rogers, *A Way of Being*, Boston: Houghton Mifflin, 1980, p. 142.
② H. Gadamer, *Truth and Method*, New York: Seabury Press, [1960] 1975, p. 272.

“冲突参与”，并认为这是与通常所说的“冲突化解”和“冲突转化”不同的面对冲突的方式。莱姆斯波萨姆（Oliver Ramsbotham）认为，语言的不可化解性的根源是“极端异议”。在这种情况下，与其像通常的冲突化解那样从开始就努力转化极端异议，不如根据这种冲突本身的性质从一开始就探索如何进行“对抗性对话”，它是一种敌人间的对话。

诺伯特·罗波尔斯（Norbert Ropers）提出了“系统的冲突转化”（systemic conflict transformation）的概念。不同于传统战略思维中以线性方式来解决问题，他的目标是理解一种复杂的生态并学习如何成功地在其中运作。例如，在沟通领域，他在化解斯里兰卡的僧伽罗人与泰米尔人之间的冲突中，将佛教的“四引理”（tetralemma）用来改变冲突各方的语言和思维方式。莱德拉奇（John Paul Lederach）也严厉批评简单化的“或者……或者”的参照框架。他认为，复杂的互动网络构成了我们生活的真实世界，应当在这种复杂的互动网络中学习如何确定方向导航和转化这些网络，并在此过程中培养“道德想象”。他说：“复杂性要求我们发展在情境中识别那些关键能量并将它们作为相互依赖的目标聚合在一起的能力……在明显的矛盾和悖论中生活的能力是冲突转化的核心。”①

二、客观范式

客观范式聚焦于将冲突各方的非理性行为转变得更加理性，其主要代表人物是扎特曼（William Zartman）、伯科维奇（Jacob Bercovitch）、德鲁克曼（Daniel Druckman）、普鲁伊特（Dean Pruitt）和鲁宾（Jeffrey Rubin）等人。其研究的冲突化解方法集中于理性谈判、调解和仲裁。

客观范式主要受到博弈论和劳资关系研究的影响。博弈论被用来分析冲突各方的各种选择和取向。谢林（Thomas Schelling）研究了竞争策略中的非理性行为的原因；拉波波特（Anotal Rapoport）则对输赢路径的自我击败（self-defeat）的逻辑进行了研究，他指出：“增加他方的损失就等于赢的错觉，是使争斗持续如此长时间和冲突各方最后拼得你死我活的原因。”② 在产业关系或劳资关系的研究方面，弗莱特（Mary Follett）倡导“相互收益”（mutual

① J. Lederach, *The Little Book of Conflict Transformation*, Intercourse, PA: Good Books, 2003, pp.51-53.
② A. Rapoport, *The Origins of Violence*, New York: Paragon House, 1989.

gains）的谈判方法，区分了整合式谈判（integrated negotiation）和分配式谈判（distributive negotiation）。她的学说被布雷克（P. Blake）等人和沃尔通（R. Walton）等人在劳资关系研究中继续发展，并被进一步用于家庭调解、社区调解和快速扩展的"非诉讼纠纷解决"（ADR）领域。这些研究大都基于社会心理学和社会身份理论的研究，通过田野调查和小群体实验方法研究组织间合作和冲突的动态过程。

到了20世纪80年代，对国际冲突中谈判的研究也采用了冲突化解的双赢、问题解决和相互受益等词汇。参加哈佛谈判项目的费舍尔（Roger Fisher）和尤里（William Ury）对谈判的研究，通过他们的畅销书《谈判力》，后来又通过季刊《谈判杂志》广为传播。他们倡导"原则性谈判"，其核心概念是立场（position）和利益（interest）的区分。原则性谈判要求各方将注意力从立场转向利益，共同寻找能够满足双方利益的共赢方案。德鲁克曼、扎特曼和鲁宾、莱法（H. Raiffa）、豪尔（L. Hall）等人对成功和不成功的谈判方法和风格进行了系统的分析和比较研究。

在对调解的研究方面。20世纪40年代后期出现了对国家层面的外交和国际调解的重要研究。《联合国宪章》对建立共同接受的和平处置纠纷机制的呼吁，激发了像杨（Orán Young）这样的学者对联合国及其机构在调解冲突方面的角色的研究。到20世纪80年代，普鲁伊特和鲁宾提出，对调解的研究缺乏系统性的分析。此后，出现了一系列系统分析调解的著作，包括米歇尔和威伯（K. Webb）的《国际调解的新视角》，图瓦尔（S. Touval）和扎特曼的《国际调解：理论与实践》，伯克维奇和鲁宾的《国际关系中的调解：冲突管理的多重视角》，克拉瑟（K. Kressel）和普鲁伊特的《调解研究》，以及伯克维奇的《解决国际冲突：调解的理论与实践》。还有许多对特定冲突的特定调解的专门研究。这些研究对各种不同类型的调解（使用和没有使用强力的）、不同类型的调解者（官方与非官方的、从来自联合国到来自某个政府的、有偏向的内部人与中立的外部人）以及不同类型的冲突环境进行了相当细致的比较，并且对非强迫的和基于问题解决的新范式的调解方法与"权力-强迫-奖励"模式的调解方法的效能进行了比较。这些研究显示，冲突干预的类型要依据冲突的性质和阶段，不同类型的第三方干预适合于冲突过程的不同阶段，它们可以被看作是相互补充的。例如，费舍尔的"第三方干预的补充和偶然性模型"，认为冲突的每个阶段对应着一种最佳的冲突化解干预方式。软形式的干预更适合高误解和高不信任的情境（主观因素强），而硬形式的干预更适合于实质性利益被置于突出地位的情境。因卡纳欣（T. Encarnacion）等人精化了第三方干预模型，以便强调外部各方随着其卷入层次的提升可能进入核心方，并强调来自冲突内部的“被嵌入方”的重要性，他们经常在促进化解的行动中扮演关键角色。尤里（William Ury）提出了影响模型，它将冲突化解中的“第三边角色”与冲突的升级和降级阶段联系起来。

扎特曼进一步研究了最适于冲突干预和化解的“成熟时机”（ripe moments）。他认为，成熟最主要的条件是“停止伤害”，这一观念被决策界广泛接受。德鲁克曼则进一步提出需要一个“成熟过程”来促使成熟时机的到来。米歇尔进一步区分了四种不同的成熟模型，其中包括扎特曼提出的停止伤害模型，还有扎特曼提出的“即将来临的共同灾难”模型、拉波特根据“美元拍卖”这样的“坑害博弈”所提出的“对抗模型”以及“诱人的机会”或“有利条件的汇合”模型。

进入21世纪以来，客观范式在许多方面进一步发展。一方面，更多地借助新的信息技术，如在国际冲突化解中计算机辅助方法的发展。另一方面，出现了更多采用定量方法的分析、评价和研究，如米埃尔确定了测量紧急冲突与和平变化的方法，完善了评价衡量它们的结果和方式的标准。

三、结构范式

结构范式聚焦于转变产生冲突的深层政治、社会和文化结构，其主要代表人物包括加尔通、施密德（Herman Schmid）等人。它发展出的冲突化解方法主要是结构转化和话语分析方法。

结构范式受到了政治学、社会学、文化学研究中的结构分析、系统论和话语分析的影响，特别受到结构主义、解释学和后结构主义的影响。

在政治学领域，布林顿（Crane Brinton）在分析政治革命时指出，当社会权力分配和政治权力分配之间的差距到达一个关键节点时，革命就会发生。[1]这种分析影响到加尔通在冲突化解中更加强调结构的维度。他区分了直接暴力、结构暴力和文化暴力，以及消极和平与积极和平。“消极和平”只是没有直接暴力，“积极和平”还克服了结构暴力和文化暴力。这使加尔通的和平研

① C. Brinton, *The Anatomy of Revolution*, New York: W. W. Norton, 1938.

究的范围远远超出了预防战争的事业，进一步包括了对各种和平关系条件的研究。其核心问题是研究以人类同情、团结和共同体为形式的积极和平，通过揭露和转化帝国主义和压迫的结构优先解决结构暴力，并研究其他非西方价值的重要性，如佛教的宇宙论。

针对北美冲突化解研究的实用主义倾向，施密德从欧洲结构主义视角出发猛烈抨击该领域的许多研究缺乏对社会正义问题的深入研究。他认为，没有战争本身（消极和平）可以掩盖深层的不正义，造成和平的假象。如果不加处理，就会埋下未来暴力冲突的种子。米埃尔指出，冲突化解作为既分析的又规范的领域，应当将暴力的和破坏性的冲突作为其课题，旨在对其性质和病因获得精确的理解，以便学会如何更好地克服它。这意味着不仅要治疗症状，而且还要消除冲突的原因。①

一般系统论中的“一阶学习”和“二阶学习”的概念，促使伯顿的冲突化解研究出现了范式转换。系统论关注社会学习和文化在社会系统变化中的作用。该理论认为，虽然社会系统通过其成员来“学习”（他们根据经验以个体的方式调整其世界观），但社会文化系统也具有一些根本的假定，它们使该系统作为整体比其个体成员更拒绝改变。这些根本的假定被拉波波特定义为“默认的价值”，因为它们太经常被使用，从而变得一成不变，该系统的成员倾向于忘记了他们为了达到目标是可以进行选择的。当出现问题时，人们参照默认价值来解决这些问题，这被称为“一阶学习”。然而，对社会系统有序的和创造性的转变，依赖于“二阶学习”能力，它需要有挑战这些假定的意愿和能力。对于像拉波波特这样的系统论者来说，“和平的关键问题和将冲突转变为合作的需求，要求在社会系统中融入二阶学习，产生社会学习的最有效方式通过一个参与的设计过程。”② 这种二阶学习或二阶改变的观点，被伯顿在《冲突系列》第三卷中进一步发展，它被认为对于人类生存具有根本的意义。这种新的问题解决方法通过皮尔斯的“外展的逻辑”（logic of abduction）而获得了哲学的深度，它是克服二阶学习障碍的手段，因此被伯顿视为新政治哲学的核心因素，它超越了偶然的冲突化解，达到了所谓的“建设性预防”（provention）的新层次：“冲突的建设性预防意味着从对冲突现象（包括人的维度）的适当解释，不仅推导出造成冲突的条件和消除冲突所需要

① Hugh Miall, Oliver Ramsbotham and Tom Woodhouse, *Contemporary Conflict Resolution: The Prevention, Management and Transformation of Deadly Conflicts*, Cambridge: Polity Press, 1999, p. 44.

② A. Rapoport, *The Origins of Violence*, New York: Paragon House, 1989, p. 442.

的结构改变，而且促进创造合作关系的那些条件。”[①]换言之，这意味着社会内的建设性预防能力通过在所有相关的制度、话语和实践中传播问题解决方法和哲学来预测和避免破坏性冲突。

结构范式关注到冲突化解过程中权力的不平衡。它或是量的不平衡，如强国与弱国之间的冲突；或是质的不平衡，如国家与非国家行动者之间的冲突；或二者兼有。在这些情况下，库塔博（J. Kuttab）、罗哈纳（N. Rouhana）和琼斯（D. Jones）等人认为，传统的谈判、调解、对话和问题解决的方法是不够的，并可能是反效果的，因为它们假定了冲突各方的势均力敌，其结果是强化了霸权者。

为了使冲突转化能够处理这种权力不平衡的冲突，冲突化解领域的一些人受到林克莱特（Andrew Linklater）这样的理论家的影响，转向哈贝马斯（J. Habermas）的“话语伦理学”（discourse ethics）。哈贝马斯认为，“理想的言谈环境”应当是没有压制的交流，否则就只是策略性的操纵或诉诸暴力。霍夫曼进一步提出了“话语冲突转化”（discursive conflict transformation），它基于这样的前提，即行动和制度安排只有产生于所有受其影响的各方都自由参与的无限制的话语环境中，才能被说成是合法的。

20 世纪末以来重大的武装冲突日益展现出新的类型和特点，这启发了一种更细致的冲突出现和转化模型。这一模型认为冲突的形成产生于社会变化，这种变化导致了暴力或非暴力的冲突转化过程，并导致了进一步的社会变化，使迄今被压抑或边缘化的个人或群体开始表达他们的利益并对现存规范上权力结构提出挑战。兰姆斯波塔姆（Oliver Ramsbotham）等人提出的冲突过程和冲突化解模型展示了冲突的议题生命周期以及冲突化解不同阶段可行的干预形式。莱德拉奇提出了有广泛影响的冲突化解和冲突转化层次的模型，它强调由下至上的过程，并提出中间层领导者的问题解决工作小组可以用来联系高层领导者的高层谈判协商和草根领导者的当地和平推动工作。弗朗西斯（D. Francis）发展了克尔（Adam Curle）最先提出的不平衡冲突模型，将经典的冲突化解战略嵌入更广泛的这种类型的转化冲突的战略之中。

从 20 世纪末以来，冲突转化研究蓬勃发展。从 1998 年起，德国的博格霍夫建设性冲突管理研究中心（Berghof Research Center for Constructive

① J. Burton and F. Dukes (eds.), *Conflict: Practice in Management, Settlement and Resolution*, (vol. 4 of Conflict Series), London: Macmillan, 1990, p. 2.

conflict Management）在网站上开始发表有关冲突转化的研究成果，并于 2004 年和 2011 年分别出版了《博格霍夫冲突转化手册》，初步形成了较为系统的冲突转化理论。奥斯丁（Alex Austin）等人将冲突转化解释为应对并旨在克服冲突深层原因而采取的短期和中期的行动，这些深层原因包括冲突的结构、行为和态度方面。这一过程更多的聚焦于冲突各方的关系而不是特定结果的内容。马蒂娜·费舍尔（Martina Fischer）和罗伯斯（Norbert Ropers）对“冲突转化”作了更广义的解释，认为它涵盖了所有旨在促进可持续和平和社会公正的影响群体间冲突的活动，包括预防危机的结构和过程导向的各种努力，给各群体赋能和构建社会共同体的各种战略，冲突管理和冲突化解行动，以及在战后情境中的复原、重建与和解的努力。米埃尔认为冲突转化理论已经是一种与冲突管理理论和冲突化解理论相区别的独特的冲突干预理论，但这种新理论还是沿用了冲突管理和冲突化解的许多熟悉概念，并依赖于有关冲突的理论传统。因此，最好不要将其视为一种全新的路径，而是将其视为对该领域的概念重构，以便使其更好地适应当代的冲突。根据他的主张，当代冲突不只需要重新解释立场和发现共赢解决方案。冲突各方及其关系的结构可能被置于一种冲突关系的模式中，它超出了冲突的特定现场。因此，冲突转化是一个转变关系、利益和情境并且在必要时转变那种使暴力冲突得以持续的社会体制的过程。莱德拉奇（J. P. Lederach）认为：“冲突转化必须积极地展望、内包、尊重和促进给定场景中的人员和文化资源。这包括一套新的视角，通过这一视角，我们主要不是将冲突中的场景和人员视为‘问题’，将外来者视为‘答案’。相反，我们将转化的长期目标理解为在该场景内的人员和资源的基础上来实施和建立。”[①]克里斯伯格（Louis Kriesberg）认为，尽管冲突转化理论融合了冲突化解理论的一些核心理念，但它专注的是大规模、持续性和破坏性的冲突，聚焦在如何改变这些冲突使其可以在很大程度上以建设性的方式进行。冲突转化既指转变到相对非破坏性行为的过程，又指冲突双方转变为非竞争性关系。在结构上，冲突转化过程不是单边强加的，而是各方共同确定的；在行为上，它要从以暴力和其他强迫行为主导转变为以标志着相互依赖的合作或交换行为主导。因此，冲突转化的概念应当被置于比冲突管理和冲突化解理论更广阔的语境下加以理解。

① J. P. Lederach, *Preparing for Peace: Conflict Transformation Across Cultures*, New York: Syracuse University Press, 1995.

四、三种范式的优劣及其对中国冲突化解研究和实践的启示

西方冲突化解研究的三种范式各自有着不同的理论预设、关注焦点、采用方法和适用领域，如表 1 所概括。

表 1　西方冲突化解研究的三种范式的特点

类别 / 特点	主观范式	客观范式	结构范式
代表人物	伯顿、科尔曼、米歇尔、布尔丁等	扎特曼、伯科维奇、德鲁克曼、普鲁伊特、鲁宾等	加尔通、施密德等
理论基础	心理学、解释学	博弈论、劳资关系理论	结构主义、后现代主义、话语分析
聚焦点	态度	行为	矛盾（不相容的情境）
主要特征	将冲突各方的态度从对抗转为合作	将冲突各方的非理性行为转变得更加理性	转变产生冲突的深层政治、社会和文化结构
冲突化解方法	有控制沟通、问题解决方法	理性谈判、调解、仲裁方法	结构转化、话语分析方法
典型适用领域	社区冲突、宗教冲突、民族冲突	劳资冲突、征地拆迁冲突	环境冲突、种族冲突、殖民地冲突、发展中国家与发达国家的冲突

尽管三种范式有着明显的区别并且相互竞争，但许多学者认为，在冲突化解中应当将三种范式所提供的知识和方法适当结合，发挥综合优势。巴比特（Eileen Babbitt）和汉普森（Fen Osler Hampson）认为冲突转化与冲突处置是互补的；斯多尔（R. Stoll）呼吁在冲突管理和冲突化解中整合“多元知识路径”；德鲁克曼（Daniel Druckman）提出要“透过多元方法的视镜来进行冲突化解”；伍德豪斯（Tom Woodhouse）则提出“全方位冲突化解”的概念。

批判的冲突化解理论（Critical Conflict Resolution Theory）试图超越这三种范式的局限。该理论将批判的社会理论与冲突化解研究之间相结合，其主要代表人物包括加布里（Vivienne Jabri）、费瑟斯通（Betts Fetherston）、霍夫曼（Mark Hoffman）、诺德斯特罗姆（Caroline Nordstrom）等人。加布里认为，消除暴力冲突、实现社会正义的方式既不能靠客观主义的方法（理性的行动者和谈判），也不能靠主观主义的方法（沟通和问题解决），因为它们都

是个人主义的，只不过方式不同。欧洲结构主义的方式也不适合达成此目标，因为它不能解释社会矛盾如何转变为暴力冲突。她认为吉登斯（Anthony Giddens）和巴斯卡（Roy Bhaskar）的结构主义理论所主张的行动者与结构之间的相互依赖，可以在结构主义和个人主义方法之间的鸿沟上架起桥梁。费瑟斯通明确区分了问题解决理论和批判理论，强调指出："问题解决理论专注于现存的制度框架、社会关系和社会意义，这些经常都被作为给定的，其目标是维持这种秩序以使其有效工作。批判理论开始于将这些给定的框架或社会秩序问题化，其目的是考察其根源以及它可能的变化，澄清可能的选择，对提出转化它的方式。"①在费瑟斯通看来，如果问题解决理论不能融入批判理论的方法，那么冲突化解的努力将会只是再次强化未被挑战的秩序，而正是这种秩序最先产生了冲突。

费瑟斯通和加布里对权力和统治的分析，受到了后现代主义者福科、葛兰西和哈贝马斯的深刻影响。费瑟斯通提出了反对霸权（anti-hegemonic）、对抗霸权（counter-hegemonic）和后霸权（post-hegemonic）的创建和平计划。加布里依据哈贝马斯的理论提出了对"暴力的话语环境"的批评，并要为"和平的话语环境"建立理论基础。汉森（Toran Hansen）基于对冲突各方权力的分析提出了批判性冲突化解的四种实践方式，即批判性冲突化解的调解、批判性冲突化解的谈判、批判性冲突化解的改进与培训、批判性冲突化解的教育，并对其进行了系统的分析和论述。

厘清西方冲突化解研究的三种范式及其发展过程，对中国冲突化解理论和实践的发展也具有重要的启发意义。这三种范式涵盖了冲突化解的不同层面和不同角度，综合反映了冲突化解的各方面要求。从中国冲突化解目前的研究和实践来看，在很多方面都自觉或不自觉地体现了这三种范式的要求：例如，采用各种对话、协商方法和对共识、认同的强调体现的是主观范式的要求；采用博弈分析和对合作共赢的强调体现的是客观范式的要求；进行制度分析和强调变革体现的是结构范式的要求。

然而，从理论上对这三种范式的明确区分和发展分析可以对我们的冲突研究和实践提供五个方面的启示：第一，冲突化解涉及主观、客观和情境的不同层面，因此，冲突化解的研究和实践不能只局限于某一个层面或角度，

① B. Fetherston, Transformative Peacebuilding: Peace Studies in Croatia, Paper Presented at the International Studies Association Annual Convention, Minneapolis, March 1998, p. 2.

而应当作出更全面的分析和考量。第二，应当看到，这三种范式有着不同的理论基础和前提假设，因此在运用每一种范式的方法时，一定要了解其理论预设；第三，应当看到这三种范式从最初提出到现实发展呈现出一种逐步丰富和精化的过程，因此要充分了解每一种范式的发展过程及方法的精化形式，掌握最新的方法；第四，这三种范式针对的是冲突的不同方面，因而各自都有一定的局限性和适用范围，因此需要认真分析每一种范式及其方法的适用范围和局限性，不能将任何一种范式视为包医百病，可以用于任何一种冲突情境；第五，这三种范式之间既相互区别，又相互促进和补充，因此在实践上要注意各种范式之间的相互补充和适当结合，充分发挥综合优势。

公共领域冲突控制与冲突化解耦合模式研究

张春颜　许尧

摘　要：在公共冲突管理中，控制和化解是两种最基本的手段，要实现二者的优势互补，必须结合社会情境采取适当的耦合模式。新中国建立后到以改革开放前，我国主要采取的是控制式耦合模式，改革开放后，交互式耦合模式逐渐占据主导地位，这种变化主要基于中国由政治化、等级化的社会逐渐转变为了多元化、平权化的社会。从近年来的案例来看，当前的冲突控制与冲突化解的耦合还存在着时机错位、化解不足、控制不当等问题，应当在二者之间的转换等方面进一步加以完善。

关键词：控制耦合模式；交互耦合模式；公共冲突管理

对公共冲突管理而言，冲突控制和冲突化解是两种最基本的方式或手段，二者有本质的区别，同时，在实践中又相辅相成。一个社会的冲突治理水平不仅取决于每一种手段运用的合理程度，而且也取决于是否能够有效地综合利用两种手段，实现二者之间的有效耦合。从这个意义上讲，冲突控制与冲

作者简介：张春颜（1986—），女，河北唐山人，天津工业大学管理学院讲师，博士；许尧（1979—），男，河北井陉人，博士，南开大学周恩来政府管理学院讲师。

基金项目：天津市教委重大社科项目“社会管理创新与诚信社会建设”（项目编号：2011ZD004）、天津市哲学社会科学规划课题“群体性事件中的冲突升级规律及政府治理对策研究”（项目编号：TJGL12-003）、南开大学文科科研创新项目“中国公共冲突管理面对的挑战和应对路径”（NKC1130）的阶段性研究成果。

文章来源：本文刊载于《上海行政学院学报》2013 年第 4 期。

突化解能否良好耦合是提升冲突治理成效的关键。

一、冲突控制与冲突化解耦合的必要性

（一）冲突控制的目标定位与手段选择

冲突控制以结束和平息冲突为导向，以国家政权及其背后的暴力、经济、政治等资源为依托，致力于强行、迅速控制冲突局面，防止冲突升级。冲突控制的目标从整体上看，包括在冲突处于潜在阶段时，阻止冲突的爆发；在冲突已经爆发后，阻止冲突的扩散和升级；在冲突扩散和升级后，阻止发生暴力行为；在出现暴力行动后，对暴力行为予以压制。[①]具体来看，主要包括两个目标：一是直接目标，即迅速平息冲突，恢复秩序，确保国家、社会、个人的财产安全，尽可能降低损失；二是间接目标，即为化解的实行创造可能性条件。冲突控制提高了冲突各方以公开对抗行为来解决利益对立所要付出的成本，降低了可能获得的收益，使冲突各方在进行理性计算时不再因直接对抗的低成本而将其列为首选方式，而更愿意首先尝试与对方进行沟通和协商[②]。

冲突控制机制的常用手段包括：疏导隔离，如警察通过组成人墙、拉设警戒线等方式将冲突双方隔离；强制驱散，当局面失控发生暴力行为时实行强制驱散，通过朝天鸣枪、喷射高压水枪、催泪弹等非致命性武器驱散人群；行政和司法惩罚，通常有行政处罚、传唤、抓捕、拘留、起诉闹事者和犯罪嫌疑人、司法审判等具体手段；交通管制，通过下达戒严令，封锁相关交通干道，设置关卡和路障，及时防止冲突蔓延；武力镇压，针对反叛性或暴力程度极强的冲突使用，通过武警镇压局面。

（二）冲突化解的目标定位与手段选择

冲突化解以消除不相容的冲突根源为导向，以行政组织、司法组织、社会组织等为依托，通过沟通、协商、调解等平等主体间的对话式手段，在平等自愿的基础上促进合作、实现共赢。冲突化解的目标定位于化解导致冲突

---

① 常健、张春颜：《社会冲突管理中的冲突控制与冲突化解》，《南开学报》2012年第6期。
② 常健、张春颜：《社会冲突管理中的冲突控制与冲突化解》，《南开学报》2012年第6期。

行为的利益对立，疏导和消解冲突能量，直接目标是通过平等对话促使冲突双方达成协议，深层目标是疏导冲突能量，实现社会和谐稳定。

冲突化解的手段包括：疏导劝说，比如：领导出面与冲突方直接对话，听取诉求，加以劝说，召开座谈会，宣传普及法律知识，疏导群众不满情绪；调解，政府相关部门或社会组织引导双方通过协商达成合意；辟谣，通过媒体发表电视讲话、召开新闻发布会等，及时表明政府态度，说明事实真相；兜底儿，如垫付工资等；引入第三方，邀请相关专家或其他主体作为中立第三方介入协调；谈判，促进冲突双方进行理性对话等。

（三）冲突控制与冲突化解耦合的必要性

冲突控制与冲突化解作为两种最基本的冲突管理手段，各有利弊：（1）冲突控制的优点是耗时短，及时效益高，一般能够迅速控制冲突的升级和扩散。其缺陷为：由于控制过于强调迅速平息冲突，无意听取冲突各方的利益诉求，因此，只能将冲突能量进行强制性的压制，而无法从根本上疏散冲突的能量，相反，这种强制性的做法反而可能会导致冲突能量在更大范围内、更深的心理层面进行积累，为日后的冲突爆发或升级埋下伏笔。（2）冲突化解的优点是着眼于从根本上疏解冲突的能量，其过程中也考虑到了主体间的平等性和参与性，能够使相关决议更加具有代表性和可操作性。其缺陷为：在适用性上，冲突双方不一定同意以化解的方式来进行对话，尤其是如果冲突主体有其他可替代的成本更低、效果更好的方式，则他们可能会抵制采用化解的方式，在一些冲突剧烈的环境中，采用化解的方式可能不具备现实性；在过程中，化解由于强调主体间的平等性和参与性，而会非常的耗时耗力；在结果上，化解未必就能导致双方的合意，很有可能无法达成合意，而导致冲突再升级。

耦合“主要是指两个（或两个以上）体系或运动形式通过各种相互作用而彼此影响的现象”。[①]在公共管理领域，我们把两种手段通过某种条件，使二者有机结合共同发挥作用以克服彼此的弊病，称之为耦合。在公共冲突管理过程中，一方面，控制手段的过多运用必然会导致化解手段相对减少，而过多倚重化解手段则会导致控制手段相对减少。另一方面，某些时候化解手

① 黄金川、方创琳：《城市化与生态环境交互耦合机制与规律性分析》，《地理研究》2003年第2期。

段的运用依赖于控制手段的实施，冲突控制是冲突化解实行时的前提条件与失效的后续保障；而冲突控制结果的有效维持也有赖于化解，化解所形成的交往共识提高了冲突各方对冲突控制程序的认同，而且通过消解深层次的冲突能量，有助于构建起长远的合作关系，保障控制结果。二者的这种关系决定了必须建立相互耦合的有效机制才能实现公共冲突管理的有效实施。

冲突控制与冲突化解的耦合应当：（1）建立与社会情境相适应的综合的冲突管理体系；（2）这种体系综合了控制与化解两种手段，并对这两种手段的结合运用提出了或形成了某种系统的思路或方法；（3）这种耦合具有制度性的、机构性的、文化性的足够支持，能够使耦合机制全面有效的运行，从而实现对公共冲突的有效管理。

二、冲突控制与冲突化解耦合的三种模式

对冲突控制与化解机制而言，主要耦合的方面包括手段、主体和目标三个维度。具体如图 1 所示。依据冲突控制与冲突化解在综合冲突管理体系中的地位和作用，可以将耦合模式分为控制主导型耦合、化解主导型耦合和交互转换型耦合。

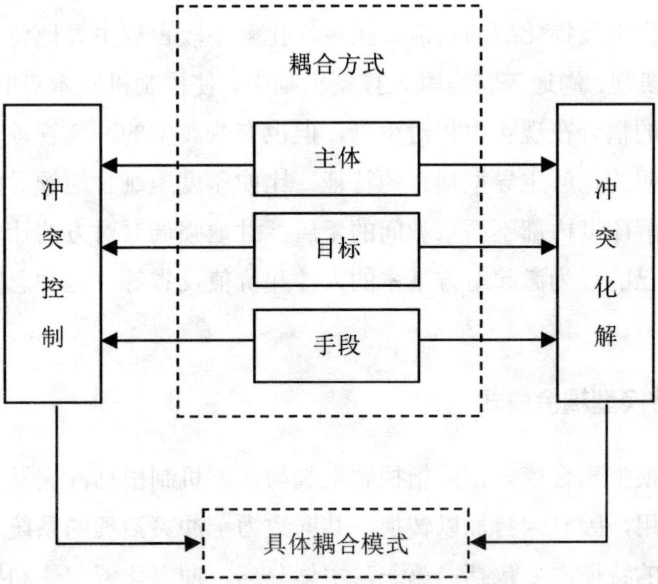

图 1　冲突控制与冲突化解耦合方式图

（一）控制主导型耦合模式

控制主导型耦合模式，是指“冲突控制”通过目标、主体和手段等因素，明显地控制了“冲突化解”的功能和运用过程。控制主导型耦合模式具有以下三个方面特征：第一，控制性主体统摄化解性主体。在冲突管理实践中，冲突控制主体具有强势地位，并直接或间接地对冲突化解主体产生影响，或者冲突控制主体同时承担了冲突化解职能，冲突双方可能迫于控制主体的压力而接受某种带有化解色彩的方案。第二，迅速平息冲突的目标占据绝对优势地位，使冲突化解的功能履行也带上了冲突控制的色彩，强调迅速性，平等协商色彩弱化或表面化。第三，控制手段占据主导地位，冲突管理过程中带有了普遍的强制性特点，使化解手段原有的柔性介入和自愿接受特点弱化，在化解过程中可能不顾冲突双方的意愿自行介入并强迫达成调解协议。

（二）化解主导型耦合模式

化解主导型耦合模式，是指“冲突化解”通过目标、主体和手段等因素明显地主导了冲突管理过程，冲突控制弱化或缺失。其特征表现为：第一，化解冲突的目标占据绝对优势地位，为了达成长远的冲突化解，不惜牺牲暂时的利益。第二，化解主体在冲突管理中占据主导地位，甚至控制性主体也迫于各种考虑来发挥化解的功能。第三，化解手段占据主导地位，化解机制中的协商、谈判、沟通等特点融入控制机制中，使控制机制本身的刚性弱化。化解主导型的耦合在现实中相对少见，但也有些典型的冲突管理理念或行动具有比较鲜明的化解主导型耦合的特征，比如印度圣雄甘地领导的非暴力运动，为了化解印度内部不同宗教间的矛盾，甘地强调对对方的让步和感化，强调通过自己的行为激起对方基本的人性和价值反省等，这种思路就具有化解导向的色彩。

（三）交互转换型耦合模式

交互转换型耦合模式，是指控制机制与化解机制根据冲突发生、发展的情况交互作用，因时因势加以转换，共同致力于冲突治理的系统过程。交互转换型耦合的特征主要包括：第一，主体分离，冲突化解主体和控制主体相互分离，除了政府成立的各种专门性化解机构外，各种社会团体、行会组织、专业技术性组织也都担负起一定化解职责。第二，目标互补，冲突控制的目标是迅速平息冲突，注重短期效益，冲突化解则定位于消解深层冲突能量，注重长期效益。短期效益与长期效益互相补充，短期稳定为长期稳定的实现提供阶段性条件，长期稳定是短期稳定的最终努力方向。第三，手段独立，冲突控制机制凭借政治、法律等强制性手段及时控制局势，对破坏公共秩序、影响公共安全的违法行为予以及时制止，待冲突情况稳定，秩序恢复后，化解机制再通过协商、谈判等方式在冲突各方自愿接受的情况下介入，协调各方利益，达成一致性方案，最终解决冲突。

三、从控制到交互：社会结构演变过程中的耦合模式变迁

从新中国建立后到目前，我国的社会结构经历了从政治化、等级化到多元化、平权化的转变，与这种社会结构变迁相对应，公共冲突管理的耦合模式也经历了改革开放前的控制主导型耦合到改革开放后的交互转换耦合的变迁。

（一）改革开放前的政治化、等级化社会结构与控制型耦合

改革开放前，我国实行的是计划经济，政府对几乎全部的社会生活实行严格而全面的控制，此时的社会结构呈现出以下比较突出的特点：从社会各类主体的关系看，不同主体间关系紧张甚至对立，政府对社会各方面具有全面而严密的控制，社会组织及公民的作用微弱；从社会各领域的关系看，经济、社会、文化等领域被整合在政治周围；从社会主体间的交流来看，政府主要依靠严格的等级制实现社会管理的秩序，纵向等级链条清晰、实际作用突出。

与这种社会结构相匹配，公共冲突管理的基本思路是以控制为主导，并辅之以冲突化解的各种手段，控制与化解之间的耦合呈现出明显的控制式耦合的特点，具体表现为：

第一，冲突控制目标占绝对主导地位。改革开放前，国际国内社会情况复杂，在短期内建立一种有效的社会秩序是管理者必须面对的首要挑战，公共冲突管理的最终目标是实现社会控制，化解为控制服务。本来是化解的目标，有时也不得不打上控制的色彩。

第二，冲突控制主体统摄着冲突化解主体。国家依托各级单位和公社组织实现对整个社会的政治控制。在城市，行政单位、事业单位和国有企业单

位等同时承担着公共冲突管理功能，单位成员之间、成员与单位之间的冲突等都由所在单位进行管理。在农村，具有政社合一特点的人民公社在对社员间、社员与公社、公社间的冲突进行控制的同时也承担化解的职能。

第三，控制手段或运动实际发挥着主导性作用。政府习惯以各种运动实施社会控制，如土地制度改革、镇压反革命、“三反”、“五反”、知识分子思想改造、整风与反“右”运动等。虽然也强调要正确区分敌我矛盾和人民内部矛盾，但在实际运动中，却常常出现通过控制方式解决人民内部矛盾的现象，例如，在知识分子思想改造过程中，本应该采用说服、教育等冲突化解方式，但在实际过程中却融入了关禁闭、批斗、强制说服等群众斗争方式。

（二）改革开放后的多元化、平权化的社会结构与交互式耦合

改革开放后，中国社会结构最根本的变化是由总体性社会向多元化社会的转变，社会结构剧烈、持续、深刻的分化过程主要有两种基本形式，一是社会异质性增加，即结构要素（如群体、阶层、组织）的类别增多，二是社会各类主体的地位变得更加平等。

这种变化导致控制主导型模式不得不面对严峻的社会挑战：（1）从社会冲突的性质上看，政治性冲突逐渐向经济性冲突转变，阶级冲突不再是社会的主要冲突，冲突性质的转变使控制主导型耦合模式对社会现实的适用性降低。（2）从社会主体的力量对比看，社会力量逐渐壮大，民权意识不断提高，社会阶层趋于多样化，社会自治的领域、程度在不断提高，各种非政府、非营利的志愿团体、法律援助机构、宗教团体、公共社区组织、行业协会等社会组织在取得合法地位后，逐渐介入到冲突解决的过程中，作用越来越明显。（3）从社会制度基础来看，原有的单位制、公社制、户籍制等能够有效控制冲突的制度结构作用衰减，这种结构性因素对政府的冲突控制能力造成深刻而广泛的影响，使得控制冲突的能力出现质的根本性降低。针对改革开放后的多元冲突，在冲突管理的过程中，控制与化解的交互耦合模式运用得更为普遍。

交互转换耦合模式在改革开放后的公共冲突管理中主要表现为以下三个方面：

第一，从目标耦合上看，改革开放后更加强调的是冲突的化解，冲突控制为冲突化解提供条件和可能，群体间的根本性对立不存在了，但群体间的低对抗性的利益冲突迅速增加，公共冲突管理更多定位于确保社会基本秩序，

从而为经济社会发展提供基础和保障。只有当冲突发展到严重影响社会秩序时，才使用冲突控制，以便及时恢复秩序，为冲突化解提供可能。

第二，从主体关系上看，冲突控制与化解的主体逐渐分离。随着社会转型的深入，社会力量日益增长，冲突控制与冲突化解逐渐由不同的组织或机构来承担。承担冲突控制工作的主要是国家暴力机关，如军队、警察、法庭和监狱等机构，承担冲突化解工作的则主要是具有政府背景的专门性机构或中立的社会团体、行会组织等，如行政调解组织、司法调解组织、信访部门，人民调解组织、慈善公益组织、行业协会、工会、消费者协会、各种调解工作室等，其中，社会力量成长迅速，并在公共冲突管理中发挥着越来越大的作用。

第三，从手段选择上看，控制更多作为一种手段，服务于化解。在管理公共冲突时，首先用控制手段强行将冲突控制在一定范围内，当局面得到控制后，管理者通过化解的方式完成后续处理工作，在听取冲突各方利益诉求的基础上，以平权主体间的协商、谈判等对话方式消解双方的深层不满，达成一致性协议。值得注意的是，化解的手段更为多元，政府在化解与控制的排序上，也更鼓励适用化解的手段来处理各种矛盾。

四、当前冲突控制与冲突化解耦合存在的主要问题

为深入了解当前公共冲突管理中，冲突控制和化解手段各自使用的比例及其耦合情况，笔者收集了 245 起公共冲突案例作为样本进行分析①，结果显示，在所分析案例中，单独使用控制手段的案例 39 起，占总体样本的 15.92%，采取了抓捕、拘留的方式强制带走闹事者、诉诸法院审判、行政裁决、武力镇压的方式。单独使用化解的有 33 起，占总体样本的 13.47%，其中通过协商谈判明确达成协议的有 10 起，占单独使用化解数量的 30.3%，在化解手段中，“政府兜底”现象还比较普遍。综合使用了冲突控制与冲突化解有 173 起案例，占总体样本的 70.61%，其中有 73 起案例中存在着较为明显

① 案例的选择主要基于以下几个标准：一是发生领域，选取发生在公共领域的冲突，私人纠纷不在考虑之列，但是由于私人利益导致冲突爆发，进而影响到公共秩序的也算是公共冲突；二是时间段，截取 1990 年至今共计 23 年间发生的冲突；三是案例来源，根据公开的权威媒体、报纸、期刊等报道整理得出；四是涉及内容，冲突管理过程中有明显的控制与化解方式的运用。这样筛选的原因在于公共领域的冲突造成的社会影响比较大，对于此类的报道详细、事实经过清晰，便于捕获信息，而且研究公共冲突的管理方式对于管理者的冲突管理实践更有助益，社会效益更明显。

的冲突控制与冲突化解的耦合失当，占子样本（173起）的42.20%。

对这些案例的冲突发生、发展和处置的过程进行深入分析，可以总结出冲突控制和冲突化解耦合中还存在着以下五个方面的主要问题。

（一）“冲突控制”与“冲突化解”的时机错位

在一些案例中，管理者综合使用了冲突控制和冲突化解的手段，但选择不同手段的时机存在问题，主要表现为：（1）在冲突发展早期，冲突双方的对立尚不严重，也没有发生严重对抗的行为，管理者但却使用了冲突控制的手段，激起了民众的敌对情绪；（2）冲突在前期互动失败的基础上迅速升级，较为严重的对抗行为产生，此时，公共管理者却迫于各种压力，不敢或不愿适用具有强制力的手段，而是试图采取化解的手段，但此时化解的条件和基础不足，反而导致冲突进一步失控。这种对不同手段的选择，违背了冲突控制与冲突化解基本的耦合机理，导致冲突能量的进一步积累与破坏性发泄。

（二）“实控制”与“虚化解”导致冲突升级

在多个案例中，管理者尽管也交替使用了冲突控制和冲突化解手段，但总体而言，化解手段有些“虚”，尤其表现为：（1）态度上被动，没有主动去听从对方的意见和诉求，而是不闻不理；（2）时间上推诿，口头承诺采取化解的措施，但迟迟不见行动，或者口头承诺只是缓兵之计，并没有足够的诚意；（3）表里不一，表象上温和，愿意做出妥协和让步，但实际上却采取多种手段分解对方的对抗力量。“实控制”“虚化解”的策略一旦被对方识破，极易导致对方的价值判断发生逆转，从而促成冲突的迅速升级。

（三）前期“控制不当”增加后期“化解压力”

在不少案例中，前期的“控制不当”导致后期化解压力巨大，主要表现为以下几种情况：（1）前期控制时，仓促地采取了简单、僵化的手段，导致民众对政府的基本信任减弱或丧失，激起了民众的对抗情绪；（2）前期控制时，采取瓦解对方阵营的手段，抓捕抗议领导人，从而使民众的情绪更加恶化，缺少领导者的民众更容易产生粗暴的对抗行为；（3）在不少医患冲突升级的案例中，控制力量对患者及家属的摆灵堂等行为采取了让步的态度，这使患者在化解程序中，有足够的砝码，便漫天要价，增加了化解的压力，由于初期控制不力，导致后期化解压力增加的案例较为普遍，冲突方会由于看到控制力量的软弱而增加冲突的意愿，提高在冲突中获益的期望值。

（四）前期“化解缺失”导致冲突升级后“控制无效”

在一些冲突事件的前期，各方的冲突已经显现，但对抗尚不尖锐，有些未经证实的消息在民间流传，各种冲突的能量在围绕着一些焦点事项逐渐集中，如果冲突管理者及时介入，澄清谣言，表明态度，听取大家对该事项的看法，修正或完善相关方案，那么冲突能量就可能会在早期得到疏解，不至于引发规模性的冲突。但从所选取的案例来看，不少地方政府对于公共冲突管理还缺乏足够的敏锐，存在着一定被动、消极等待的心理，只要不发生严重事件，相关部门便过一天是一天，存在着“体制性迟钝”，只到“小事拖大、大事拖炸”才不得不采取应急性的举措来强力控制局面。而到此时，民众对政府的信任已经处于低点，聚集起来的民众在法不责众的心理下，很难得到有效的控制。从这个意义上讲，尽管我们在讨论交互耦合模式时，主要的逻辑是用冲突控制保证基本秩序后采取冲突化解手段来疏散各种冲突能量，但实际生活中，必须应当在冲突前期要充分地利用冲突化解的手段来对冲突能量进行引导和疏散，这样即使无法有效地化解冲突，至少可以减小后期冲突控制的压力。

（五）对“冲突控制”手段仍过于偏好和依赖

尽管交互转换耦合模式已经在社会实践中占据了绝对性的优势地位，但习惯于冲突控制的思维仍然在不少管理者的管理实践中有明显的表现，这种现象突出表现为:（1）在245起案例中，有39起案例几乎没有用到冲突化解的手段，直接就是控制，过程中也一直主要是在控制，尽管从所占比例上看，并不是很大，但如果考虑到当前的社会冲突主要是利益性冲突，不是根本敌对性的矛盾的话，冲突控制的手段使用过于单一和频繁。（2）在同时采取控制与化解方式的173起案例中，最终通过控制方式解决的案例为56起，占子样本（173起）的32.37%。这说明，冲突控制实施后，仍然有相当的案例不是通过冲突化解手段使冲突得到最终解决，一方面表明达成矛盾的复杂性和化解手段的不足，另一方面也表明，冲突控制仍然会不自觉地引用到不是控制局势的目标中，部分取代了冲突化解的功能。

五、冲突控制与冲突化解耦合的完善对策

为了更有效地管理公共冲突，促进社会的稳定和发展，就必须进一步完善冲突控制与冲突化解的耦合机制，从目前的状况来看，需要着重在以下几个方面加以推进。

（一）进一步突出和优化冲突化解的策略和方法

如前所述，在当代中国转型过程中，冲突控制所能够有效作用的范围逐渐减少，这是随着社会结构的变迁必然会发生的现象，在社会冲突能量和控制能力既定的情况下，冲突化解能力就成为决定冲突是否会爆发、升级的最主要因素。[①]因此，当下及未来很长一段时间，政府对公共冲突有效管理的程度主要取决于是否有效提高政府与社会有效化解冲突的能力。从所选择案例来看，冲突化解的不足是导致冲突控制压力增加、冲突升级的重要的因素。

要进一步突出和优化冲突化解，就需要在以下几个方面加强工作：首先，要突出和强化以化解来面对和管理冲突的意识，从原来的控制思维中走出来，去除原有的控制或压制冲突的本能，将冲突化解作为解决和管理冲突的首选策略和主要途径；其次，要加强培育、有效发挥社会组织对冲突化解的作用，改变政府在各类冲突管理中经常扮演“独角戏”的现状，加强民间力量在冲突化解中的作用，强调“原汤化原食”；再次，健全能够有效协商、对话的平台和渠道，比如完善工会对于工人利益的代言机制、畅通民众在网络上的表达机制、提供更多的政策辩论平台、建立化解冲突的社会组织等，一些尝试已经取得很好的效果，比如医疗调解委员会对医患纠纷的调解、杭网议事厅对民间诉求的吸纳等，政府要鼓励和引导更广范围的创新和实践；最后，创新有效化解的方式方法，目前政府在化解策略中太倚重经济利益补偿，应当在日后的工作中加强规则的作用，提高调解、协商、裁决等冲突化解方法的专业程度。

（二）进一步完善从冲突控制到冲突化解的引导机制

从理论上讲，当基本秩序得到有效控制后，就要采取化解的方式来促进

① 参见常健等：《中国公共冲突化解的机制、策略和方法》，北京：中国社会科学出版社，2013 年。

冲突双方达成合意。然而，在现实生活中，冲突得到控制后，冲突双方也不一定愿意采取冲突化解的方式，或者无法按照合理的冲突化解来进行，这就需要公共管理者要细化交互转换耦合模式，尤其是要建立和完善从冲突控制到冲突化解的引导机制。以医患冲突为例，不少患者在冲突发生后，采取了设灵堂、摆花圈、烧纸钱等严重干扰医疗秩序的方式，此时，公安出面控制秩序，阻止其行为后，患者可能会和医院进行谈判，也可能通过中立第三方进行谈判。作为患者而言，他们愿意和医院进行谈判，因为他们有威慑医院的手段，多数情况下，医院也愿意出更多的价钱来获得医疗秩序的尽快恢复。但这种冲突双方直接对话的策略不仅使医院疲于应对，而且更可能会刺激其他人采取类似的方式来表达诉求。因此，公共管理者要设计出从冲突控制到冲突化解的有效引导机制，比如天津市政府规定，患者索赔额在10000元以上的必须要经过医调委调解，医院只能处理10000元以下的医患冲突。类似的相关规定就可以起到冲突引导的功能。

（三）熟练掌握冲突控制与冲突化解的有效转换机理

在交互耦合模式中，控制与化解手段的强度选择与介入时机主要取决于冲突的实际情况，如图2所示，控制与化解根据冲突发生、发展的情况有很多交互作用的组合与过程，可能是如强（弱）控制—强（弱）化解型的单一转换，也可能陷入强（弱）控制—强（弱）化解—强（弱）控制等循环往复的复合转换过程。

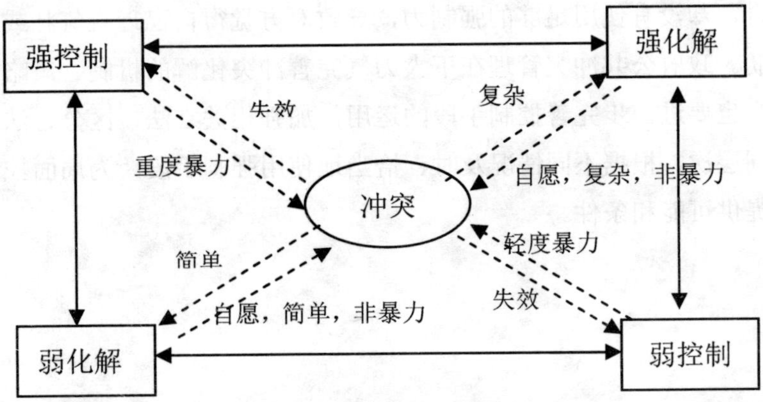

图2　控制化解交互转换图

具体来看，强控制手段的实施条件是初期发生严重暴力，转换到它的条件是化解不被接受或存在严重暴力；弱控制手段的实施条件是初期发生轻度暴力冲突，转换到它的条件是化解不被接受或化解失效时存在轻度暴力；强化解手段的实施条件是未发生暴力冲突，冲突双方自愿接受且冲突主体和利益纠纷十分复杂，转换到它的条件是控制手段奏效，恢复了秩序却尚未协调主体间的复杂利益诉求；弱化解手段的实施条件是未发生暴力冲突，冲突双方自愿接受且冲突主体和利益诉求简单，转换到它的条件是控制使秩序恢复，但尚未解决主体间的简单诉求。（如表1所示）

表1　控制与化解实施、转换条件对比表

条件 手段	实施条件	转换（到它的）条件
强控制手段	严重暴力冲突	化解不被接受或失效时存在严重暴力
弱控制手段	轻度暴力冲突	化解不被接受或失效时存在轻度暴力
强化解手段	非暴力、自愿接受、冲突主体和利益纠纷复杂	秩序得以恢复却未协调主体间复杂利益诉求
弱化解手段	非暴力、自愿接受、冲突主体和利益纠纷简单	秩序恢复却未协调主体间简单利益诉求

（四）恰当及时地运用冲突控制手段

从既有案例来看，对冲突控制的运用不当主要集中在三个方面，一是控制得太早，本来应当使用化解手段的却运用了控制手段，二是控制手段运用得太僵硬、简单、粗暴，导致激起民众情绪，三是本来该依法进行强制性控制的场合，却没有使用足够的强制力，导致对方觉得自己理直气壮或抓住了政府软肋。政府公共冲突管理在下大力气完善冲突化解的机制、策略、方法的同时，也要进一步完善控制手段的运用，加强相关立法，区分合法暴力适用的不同层次，根据不同情况及时、恰当地使用强制手段，为局面控制和冲突化解提供可能和条件。

冲突转化理论及其对公共领域冲突的适用性

常健　张晓燕

摘　要：冲突转化理论自20世纪90年代以来逐渐取代冲突化解理论的地位，成为冲突干预领域主流理论。它强调以建设性的方式来转化冲突的争议事项、情境、规则、结构和主体，为冲突化解扫清障碍。它特别适用于大规模、持续性和破坏性的冲突，也部分地适用于中等规模、有一定持续时间和产生一定破坏性结果的公共领域冲突。对于由于快速发展而处于冲突多发期的社会来说，系统的冲突转化将有助于各种冲突的有效化解，为社会的深层稳定奠定坚实的基础。

关键词：公共领域冲突；冲突化解；冲突转化

自20世纪90年代开始，冲突转化理论（Theory of Conflict Transformation）逐渐崭露头角，逐渐取代了冲突化解理论的主导地位，成为冲突干预领域更为主流的理论。从1998年起，德国的博格霍夫建设性冲突管理研究中心（Berghof Research Center for Constructive conflict Management）在网站上开始发表有关冲突转化的研究成果，并于2004年和2011年分别出版了《博格霍夫冲突转化手册》（*Berghof Handbook for Conflict Transformation*），初步形成了较为系统的冲突转化理论。[①]2000 年，联合国灾害管理培训项目（United Nations Disaster Management Training Programme）专门发布了约翰·加尔通（Johan Galtung）教授编写的《以和平手段进行冲突转化》的培训手册，使冲突转化成为联合国在消除战争冲突、维护世界和平工作中重要模式。[②]在英国注册的名为“转化冲突”（TransConflict）的组织发起建立了“冲突转化全球联盟”（Global Coalition for Conflict Transformation），使全球致力于冲突转化的社会组织有了共同交流的平台。[③]这一系列努力使冲突转化的理论和方法受到了学术界、政府和社会组织的共同高度关注。

一、公共领域的冲突化解与冲突转化

冲突转化（conflict transformation）的最简单解释是：将冲突转化为和平结局的过程。[④]1982 年成立的专门从事冲突转化工作的组织“寻找共同基础”（Search for Common Ground）将自己所做的冲突转化工作描述为“致力于转变世界应对冲突的方式——摆脱敌对的方式，走向合作解决问题的方式。我们采用多层次的路径，利用媒体倡导，与当地政府和公民社会中的合作伙伴一起工作，寻找适合当地文化的手段来增强社会以建设性方式应对冲突的能力：理解差异，共同行动”[⑤]。

“冲突转化”概念的提出，主要是针对“冲突化解”（conflict resolution）的理论与方法。所谓“冲突转化”，根据阿列克斯·奥斯丁（Alex Austin）、玛蒂娜·费舍尔（Martina Fischer）和诺伯特·罗伯斯（Norbert Ropers）的解释，是指为应对并旨在克服冲突深层原因而采取的短期和中期的行动，这些深层原因包括冲突的结构、行为和态度方面。这一过程更多的聚焦于冲突

作者简介：常健（1957—），男，汉族，天津市人，南开大学周恩来政府管理学院副院长、教授、博士生导师，博士，主要研究方向为公共冲突管理、人权理论；张晓燕（1983—），女，汉族，中北大学人文社会科学学院讲师，博士，主要研究方向为公共冲突管理、公共危机管理。

基金项目：本文系国家社会科学基金重大项目“中国特色人权发展道路研究”（项目批准号：11&ZD072）、教育部国家人权教育与培训基地项目“市场经济初建时期各国人权保障进程的比较研究”（项目批准号：12JJD820002）、天津市教委重大社科项目“社会管理创新与诚信社会建设”（项目编号：2011ZD004）阶段性成果。

文章来源：本文刊载于《上海行政学院学报》2013 年第 4 期。

① 《博格霍夫冲突转化手册》网站：http://www.berghof-handbook.net.

② Johan Galtung, Conflict Transformation by Peaceful Means: Participants’ Manual / Trainers’ Manual.United Nations disaster Management Training Programme,2000.

③ 参见“冲突转化全球联盟”组织网站：http://www.transconflict.com/gcct/.

④ 参见维基百科网：http://en.wikipedia.org/wiki/Conflict_transformation.

⑤ 参见“寻找共同基础”组织网站：http://www.sfcg.org/sfcg/sfcg_home.html.

各方的关系而不是特定结果的内容。“冲突化解”概念的提出，在某种程度上是为了克服“冲突处置”（conflict settlement）的局限。冲突处置是指冲突各方达成一致，从而使他们能够结束武装冲突，但并不必然从根本上改变深层的冲突原因。它通常是内容导向的，并限于领导层的行为。①

在界定冲突转化与冲突化解及其他冲突干预方式的关系方面，出现了对冲突转化的广义和狭义两种解释。

费舍尔（Martina Fischer）和罗伯斯对冲突转化进行了广义的解释。根据他们2004年主编出版的《转化种族政治冲突：伯格霍夫手册》，相对于“冲突管理”“冲突化解”“冲突预防”“和平建设”这些词来说，“冲突转化”（conflict transformation）被作为一个外延最广的词汇，涵盖了所有旨在促进可持续和平和社会公正的影响群体间冲突的活动，它包括预防危机的结构和过程导向的各种努力，给各群体赋能和构建社会共同体的各种战略，冲突管理和冲突化解行动，以及在战后情境中的复原、重建和和解的努力。②

费舍尔和罗伯斯认为，冲突转化使20世纪90年代广受重视的“冲突预防”（conflict prevention）概念得到了新的提升。冲突预防主要出现在三个阶段：（1）早期预防：它是为了预防出现暴力冲突的情况；（2）最后预防：它是要阻止现存暴力冲突的横向和纵向的升级；（3）冲突后行动：它是预防在停火和达成和平协议后再次爆发暴力冲突。冲突转化虽然与冲突预防的关注点不同，却将冲突预防作为前提条件包括在自身之中：这意味着应当使冲突各方能够以建设性的方式处理冲突的原因，并形成消除或克服这些原因的战略。冲突转化是一个一般性的全面的概念，它指的是针对特定冲突的长期根源旨在将负面的破坏性冲突转化为正面的建设性冲突而改变冲突的各种特性和表现形式而采取的行动。它强调冲突的结构、行为和态度方面。它既指走向“公正和平”的过程，又指走向“公正和平”的结构。③因此，它融合了过程的各种行动，如冲突预防、冲突化解、冲突处置和冲突管理。④冲突转化通过转化关系结构、转化事项、转化主体参与者结构、转化情境等途径，

① Alex Austin, Martina Fischer and Norbert Ropers (eds.), Transforming Ethnopolitical Conflict.*The Berghof Handbook*. Wiesbaden: VS Verlag, 2004, p464.

② Martina Fischer & Norbert Ropers, Introduction. *The Berghof Handbook of Conflict Transformation*. 2011, p.13.

③ Martina Fischer & Norbert Ropers, Introduction. *The Berghof Handbook of Conflict Transformation*. 2011, p.13.

④ Alex Austin, Martina Fischer and Norbert Topers (eds.), Transforming Ethnopolitical Conflict.*The Berghof Handbook*. Wiesbaden: VS Verlag, 2004, p.465.

提高民众参与，为冲突化解提供条件。

与费舍尔和罗伯斯对冲突转化的广义定义不同，休·米埃尔（Hugh Miall）对冲突转化作出了狭义的定义。他认为，冲突转化理论的提出是基于冲突性质的某些重大变化：首先，大多数当代的暴力冲突都是力量不均衡的，它表现为权力和地位的不平等；其次，许多当代的冲突都是持续不绝的（protracted），不断重复地使用暴力，因此不符合有关冲突阶段的周期模型或钟状模型；最后，持续性冲突扭曲了其所在的社会和地区的社会关系和经济发展，当地的争斗、军火贸易以及外来国家对政权或反叛者的支持，都会造成复杂的危机局面。正是这些情境的复杂性，彰显出冲突化解理论的简单性，特别是冲突化解理论关于在双方斗争中达成共赢结果的核心主张难以适用。在这个意义上，他认为冲突转化理论已经是一种与冲突管理理论和冲突化解理论相区别的独特的冲突干预理论，但这种新理论还是沿用了冲突管理和冲突化解的许多熟悉概念，并依赖于有关冲突的理论传统。因此，最好不要将其视为一种全新的路径，而是将其视为对该领域的概念重构，以便使其更好地适应当代的冲突。基于这种观点，他对冲突管理理论、冲突化解理论和冲突转化理论的不同主张进行了具体的分析。①

根据米埃尔的分析，冲突管理理论将暴力冲突视为社会共同体内部和之间的价值和利益差异不可避免的结果。暴力倾向产生于现存的制度和历史关系以及现存的权力分配关系。这些冲突被认为是无法解决的，最多只能加以管理和控制，在某些情况下可以达成一种历史性妥协，使暴力被搁置，政党的政治秩序得以恢复。冲突管理是一种适度干预以达成政治解决的艺术，它主要是由那些拥有权力和资源的有影响力的角色对冲突各方施加压力以诱导他们平息冲突。它也是一种设计适当体制的艺术，通过制度设计将不可避免的冲突引导入适当的渠道。如布龙菲尔德（D. Bloomfield）和莱利（Ben Reilly）所指出的："冲突管理是以积极、建设性的方式掌控差异和分歧。它主张的不是消除冲突的方法，而是提出管理冲突这一更现实的问题：如何以建设性的方式来应对冲突，如何将对立各方共同带入合作过程之中，如何设计一种实际可达成的合作体制来建设性地管理差异。"②

① Hugh Miall, Conflict Transformation: A Multi-Dimensional Task, http://www.berghof-handbook.net/documents/publications/miall_handbook.pdf.

② D. Bloomfield & Ben Reilly, The Changing Nature of Conflict and Conflict Management, in Peter Harris and Ben Reilly (eds.), *Democracy and Deep-rooted* Conflict. Stockholm: Institute for Democracy and Electoral Assistance, 1998, p.18.

与此相对，冲突化解理论拒斥这种对于冲突的权力政治观，主张在社区和认同冲突中人民的基本需求是无法妥协的。然而，它认为，如果冲突各方能够得到帮助去探索、分析、质询和重新解释他们的立场和利益，就有可能超越冲突。因此，冲突化解强调由有技巧但无权力的第三方进行干预，这种第三方以非官方的身份与冲突各方一起工作来促使新思维和新关系的产生。他们要努力探索冲突的实际根源，并找出各方在坚持自己所确立的立场时可能忽视掉的创造性解决方案。冲突化解使各方得以从零和的、破坏性的冲突方式转入正数和的建设性的结局。其目的是发展冲突化解的过程，其结局是争执各方都可以接受的，并对于化解冲突是有效的。[①]

与上两种理论不同，冲突转化理论主张，当代冲突不只需要重新解释立场和发现共赢解决方案。冲突各方及其关系的结构可能被置于一种冲突关系的模式中，它超出了冲突的特定现场。因此，冲突转化是一个转变关系、利益和情境并且在必要时转变那种使暴力冲突得以持续的社会体制的过程。建设性的冲突被视为改变的重要契机和催化剂。冲突各方的人员、受到影响的社会或地区的人员以及与人力物力相关的外在人员都可以在建设和平的长期过程中发挥补充性的作用。这是一种更全面和涉及范围更广泛的路径，它强调对冲突中的社会内部各群体的支持，而不是外来者的中介。它认识到冲突是通过一系列较小或较大的改变以及各个具体的步骤逐渐转化的，通过这种方式，各种行动者都可以承担重要的角色。如莱德拉奇（J. P. Lederach）所指出的："冲突转化必须积极地展望、内包、尊重和促进给定场景中的人员和文化资源。这包括一套新的视角，通过这一视角，我们主要不是将冲突中的场景和人员视为'问题'，将外来者视为'答案'。相反，我们将转化的长期目标理解为在该场景内的人员和资源的基础上来实施和建立。"[②]

亚里山德拉·斯金纳（Alexandria Skinner）也认为，冲突化解与冲突转化在态度和目标上存在着重要的差别。冲突化解将冲突视为要解决的问题，就像一只讨厌的苍蝇。其目标是要消除这种令人不快之物，不要再听到苍蝇嗡嗡叫。它只是寻求解决冲突，用任何方式来结束冲突所带来的不愉快。而冲突转化的目标却是提供一种机制，使冲突各方能够一起来应对他们共同的

① E. Azar & John W. Burton, *International Conflict Resolution: Theory and Practice*. Boulder: Lynne Rienner and Wheatsheaf, 1986, p.1.

② J. P. Lederach, Preparing for Peace: *Conflict Transformation Across Cultures*. New York: Syracuse University Press, 1995.

问题。它要将冲突转化为一种机会，去修复、成长、治愈和评估生命力。它并不将结束分歧作为最优先的事项，而是寻求由内至外地转变我们对冲突的体验。冲突转化的调解者将冲突视为机会，他试图帮助冲突各方运用由冲突带来的不愉快来提出各种设计好的问题，探讨不愉快的根源，并鼓励各方用更高程度的理解力来回应冲突。将冲突视为考察自身所处情境的机会，倾听他人的需求，更切近地理解自己的需求，然后探寻是否有合适的路径来合作寻找更好的回应方式。根据冲突转化理论，冲突是生命的自然组成部分。当人们之间出现冲突时，那意味着生命中存在着改变、成长和合作，这是一个满足和回应需求的过程。①

路易斯·克里斯伯格（Louis Kriesberg）认为，尽管冲突转化理论融合了冲突化解理论的一些核心理念，但它专注的是大规模、持续性和破坏性的冲突，聚焦在如何改变这些冲突使其可以在很大程度上以建设性的方式进行。冲突转化既指转变到相对非破坏性行为的过程，又指冲突双方转变为非竞争性关系。在结构上，冲突转化过程不是单边强加的，而是各方共同确定的；在行为上，它要从以暴力和其他强迫行为主导转变为以标志着相互依赖的合作或交换行为主导。因此，冲突转化的概念应当被置于比冲突管理和冲突化解理论更广阔的语境下加以理解。冲突转化聚焦于各种思想和行动的价值，要改变冲突各方的情感和信念，促使他们相互接受甚至相互尊重，以便启动和持续推进转化过程。它强调在冲突转化的努力过程中要具有长期的视角，要对特定冲突中的对抗双方进行分析，在各种相互联系的冲突中首先关注病灶冲突（focal conflict）。②

科杜拉·雷曼（Cordula Reimann）从行动者和策略导向的角度对冲突干预的三种路径进行了区分，这三种条路径大体对应着冲突处置、冲突化解和冲突转化三种模式。（见表 1）③

① Alexandria Skinner, Conflict Resolution vs. Conflict Transformation, http://02e1cd2.netsolhost.com/wordpressDE/2010/12/03/conflict-resolution-or-conflict-transformation/, on December 3rd, 2010.

② Louis Kriesberg, The State-of-the-Art in Conflict Transformation, 2011, http://www.berghof-handbook.net/documents/publications/kriesberg_handbook.pdf. Louis Kriesberg, Conflict Transformation, Lester Kurtz, ed., *Encyclopedia of Violence, Peace and Conflict*. Oxford: Elsevier, 2008, vol.1, p.402.

③ Cordula Reimann, Assessing the State-of-the-Art in Conflict Transformation, 2004, http://www.berghof-handbook.net/documents/publications/reimann_handbook.pdf.

表 1 冲突干预的三种不同路径的行动者和策略导向

	路径 1	路径 2	路径 3
行动者	政治和军事领导者作为调解者和/或冲突各方的代表	从私人、学术机构和专业机构的“民间调解”“公众外交”到国际和当地非政府组织参与冲突化解过程	从当地草根组织到当地和国际发展机构、人权组织和人道主义援助
策略导向	结果导向：从官方的强制的措施如制裁、仲裁、权力调解，到非强制措施如促进、谈判、调解、实情调查和调停	过程导向：非强制措施，主要是提供便利和咨询，采用的形式是解决问题的专题讨论会和圆桌会议	过程和结构导向：能力建设、创伤治疗、草根培训、发展和人权工作

资料来源：Cordula Reimann, Assessing the State-of-the-Art in Conflict Transformation, 2004, http://www.berghof-handbook.net/documents/publications/reimann_handbook.pdf.

“转化冲突”组织所建立的“冲突转化全球联盟”确立了各成员组织所奉行的冲突转化 16 条基本原则，它表达了该组织对冲突转化的理解，其具体内容如下：①

（1）冲突不应当被视为可以被化解或管理的孤立事件，而应被视为社会正在进行的进化和发展过程的有机部分；

（2）冲突不应当只是被理解为一种本质上是负面的和破坏性的现象，而应被理解为一种如果予以建设性治理便会成为变革的正面的和建设性的力量；

（3）冲突转化不是要仅仅寻求控制和管理冲突，而是要寻求转化特定冲突的根源本身，或对这种根源的感知。

（4）冲突转化是一个长期的、逐渐的和复杂的过程，需要持续的共同努力和互动；

（5）冲突转化不只是一个路径和一套技术，而是一种关于冲突本身和理解冲突的思想方式；

（6）冲突转化特别适用于难以应对的冲突，这种冲突的深层根源事项导致了持续的暴力；

（7）冲突转化要随着不断变化的冲突性质而加以调整，特别是在前暴力阶段和后暴力阶段，以及在升级周期的任何阶段；

① TransConflict, Principles of Conflict Transformation, http://www.transconflict.com/gcct/principles-of-conflict-transformation.

（8）冲突转化永远是非暴力的过程，它与冲突的暴力表达形式是根本对立的；

（9）冲突转化要针对一系列维度，包括微观、中观和宏观的层次，地方的和全球的范围；

（10）冲突转化关注行动者、情境、事项、规则和结构这五种类型的转化，聚焦于冲突的结构、行为和态度方面；

（11）为了使冲突转化得以发生，必须克服冲突各方之间的紧张状态：首先，要确保所有的行动者都认识到他们各自的利益都不能靠诉诸暴力来实现；其次，要寻求在转化的方面和转化的方式上达成共识；

（12）冲突转化强调人的维度，提醒冲突各方其需求的相容性，而不是强调其对抗的利益，拒绝单边的决定和行动，特别是那些体现冲突一方胜利的决定和行动；

（13）冲突转化并不诉诸一套预先确定的路径和行动，而是尊重和适应给定场景的特殊性；

（14）冲突转化的视野要超越可见的事项，提出创造性的解决方案，整合各种不同视角，形成各种行动者的广泛联盟，其中也包括那些从这种考虑中被边缘化的人；

（15）冲突转化不可避免地要涉及一个中立的第三方，以便帮助行动者改变他们对于他人的认知和情感，并借此来帮助破除“我们”和“他们”的划分；

（16）冲突转化代表着一种雄心勃勃和高标准的任务，它比那些现在流行的技术和路径更适于应对当代那些不均衡的、复杂的和持续性的冲突。

二、冲突转化的维度、过程、主体和策略

冲突转化的研究者们从不同角度对冲突转化的内容进行了研究，它们主要涉及冲突转化的维度层次、过程阶段、行动者主体和策略方法四个方面。

1. 冲突转化的维度

什么是冲突转化的对象？R. 瓦伊里宁（R. Vayrynen）1991 年提出了行

动者、事项、规则和结构四个维度的转化①，米埃尔在此基础上提出了情境、结构、行动者、争议事项和决策精英五个转化维度，②“转化冲突”组织则提出了行动者、情境、事项、规则和结构五个维度。③

（1）行动者转化（actor transformations）

行动者转化是指冲突各方部分的改变或新行动者的出现。改变行动者的目标和他们追求这些目标的路径。其方式包括强化他们对各自行动的原因和后果的理解，使他们决定改变他们的目标或改变他们参与冲突的一般路径。这包括决定寻求和平或启动和平进程，也包括各方支持者情况的改变。这种改变为具体的冲突转化开辟了若干道路。一方领导层内部行动者对组织立场的改变、对和平进程的作用通常会比外部行动者的影响更加重要。

（2）争议事项转化（issue transformations）

争议事项的转化是指找到共同的基础，这要求在冲突各方内部的深刻政治改变。重新定义冲突所涉及的核心事项，重新确定、表述和解释在这些争议事项上关键行动者所采取的立场，以便达成妥协或解决方案。

（3）规则转化（rule transformations）

规则转化改变的是各方互动的规范。改变所有层次的决策规范和规则，以便确保能够通过制度化的渠道建设性地处理冲突。

（4）结构转化（structure transformations）

结构转化是改变冲突的最重要方式。一种新的权力分配，相互依赖或孤立程度的提升都会给冲突各方之间的关系结构方面带来变化。相互依赖或孤立，与各方的利益相结合，会创造出不同的冲突发展模式。例如，高度的相互依赖却又相互对立的利益，是不稳定的特征。利益的转化可以被作为一种改善冲突结构的方式:在培养各方相互依赖的情境中提升利益共同性的潜能。改变冲突赖以孕育和产生的关系结构、权力分配结构、社会经济条件，以此来影响先前互不相容的行动者、争议事项和目标之间互动关系结构。例如，不改变不平衡的竞争性关系，就无法转化由此产生的不均衡冲突。这种转变只有当逐渐发生时，才会得到内部和外部行动者始终的支持。

---

① R. Vayrynen (ed.),To Settle or to Transform? Perspectives on the Resolution of National and International Conflicts. *New Directions in Conflict Theory: Conflict Resolution and Conflict Transformation*. London: Sage, 1991, pp.1-25.

② Hugh Miall, Conflict Transformation: A Multi-Dimensional Task, http://www.berghof-handbook.net/documents/publications/miall_handbook.pdf:10.

③ TransConflict, Principles of Conflict Transformation, http://www.transconflict.com/gcct/principles-of-conflict-transformation.

（5）情境转化（context transformations）

通过改变冲突的情境，彻底改变冲突各方对冲突本身的感知和对冲突意义的理解，改变他们各自对彼此的关键行动者的态度和理解，从而改变他们的动机。例如，全球冷战的结束就对各种地区冲突产生了这种深刻的影响。

（6）精英个人转化（personal/elite transformations）

这主要涉及领导者个人或在关键问题上具有决策权力的小团体中的个人在诚意和认知上的改变。一些外部干预者会试图接近这些领导者并直接促使其个人态度和认知的变化。领导者的和解姿态所表达的个人变化会对和平进程起到重要的作用。

米埃尔将冲突转化的五个维度及其内容概括为一个简表，如表2所示。

表2　冲突转化的类型和内容

转化类型	转化内容举例
情境转化	国际或区域环境的变化
结构转化	从不平衡关系转变为平衡关系、权力结构的转变、暴力市场的转变
行动者转化	领导的转变、目标的转变、各方之间关系的转变、各方支持者的转变、转变行动者
争议事项转化	超越竞争事项、建设性妥协、转变争议事项、截断或重新建立争议事项之间的联系
精英个人转化	视角的转变、心情的转变、意愿的转变、和解的姿态

资料来源：Hugh Miall, Conflict Transformation: A Multi-Dimensional Task, http://www.berghof-handbook.net/documents/publications/miall_handbook.pdf:10.

2. 冲突转化的过程

克里斯伯格认为，冲突转化过程一般会经历四个阶段：①

（1）探索阶段

在这一阶段，冲突各方自身内部开始出现某种转变，这种转变为他们之间相互探索的举措开启了机会。随着冲突的持续，某些事件会使人们对持续冲突是否明智产生疑问。冲突的成本在不断上升，而成本的负担在冲突各方内部各个团体之间的分担比例是不一样的，特别是在超大规模且具有高度差异性的冲突方，成本分担不平衡的情况最有可能发生。这样，在一些大群体和大组织中，一些分支派别经常会表达它们对坚持斗争的异议，会讨论不同

① Louis Kriesberg, Conflict Transformation, Lester Kurtz, ed., *Encyclopedia of Violence, Peace and Conflict*. Oxford: Elsevier, 2008, vol. 1, pp.401-412. Louis Kriesberg, The State-of-the-Art in Conflict Transformation, 2011, http://www.berghof-handbook.net/documents/publications/kriesberg_handbook.pdf.

行动方案的可能性，包括各种使冲突降级的路径，在此过程中，一些分支派别可能会倡导一种新的行动路线。随着最主要的奋斗目标仍然无法实现，支持者中也会有一些成员从支持冲突升级或继续进行斗争转向支持使冲突降级的策略。在冲突转化的早期阶段，冲突一方的成员有可能开始探索是否可能接受某种更具包容性的立场。例如，一些和平倡导者会尝试性地提出某种建议，试探对方是否会接受这种建议作为冲突解决方案的组成部分。这种初始的倡议经常是间接提出的，言辞模棱两可，一旦被拒绝很容易改口对其作出另一种解释。这种谨慎是可以理解的，作出这种尝试的领导者担心如果被对方拒绝，其支持者就会将其视为幼稚和愚蠢的，对方领导者也会将其视为示弱的信号并因此增加要价。因此，这种使冲突降级的试探经常是由冲突各方中低级别或非官方的代表作出的，如果得到的回应是不可接受的，他们所代表的各方就会断然否认这与他们有关。应一方要求或主动承担中介调解的人员所进行的干预，为这种试探提供了另一种渠道。如果他们不能发现足够的共同基础来开展进一步的探索和谈判，他们的试探很容易被拒绝。

（2）初期信号和行动阶段

在这一阶段，冲突各方会作出某种姿态和其他举动，显示双方开始相互包容。尝试性的试探有可能被视为阴谋而加以拒绝，或被认为没有代表另一方的权威代表的立场而被置之不理。为了使这种探索发生效果，就需要采取更明确的言辞和行动。在这个阶段通常会出现两种策略：一种是由查尔斯·奥斯古德（Charles E. Osgood）提出的“缓和紧张局势的渐次往复策略”（Graduated Reciprocation in Tension Reduction），它是由一方先宣布作出让步，邀请回复，但即使对方没有立即回复，它也会继续采取进一步的合作举措，以此消除双方的紧张关系和恐惧，使冲突得以降级。[①]另一种是罗伯特·埃克塞尔罗德（Robert Axelrod）提出的“针锋相对”策略（tit-for-tat strategy），即如果一方首先提出和解的举措，另一方就提出相应的和解举措；如果一方采取强迫的行动，另一方也会采取相应的强迫行动。[②]除了公开的姿态和行动之外，各方的高级别代表有时会举行秘密会议。这经常是采取更大步骤的相互包容的重大公开转变的前奏，以确保这种转变的出现以及后续步骤的跟随。

① C. E. Osgood, *An Alternative to War or Surrender*. Urbana, IL: University of Illinois Press, 1962.
② R. Axelrod, *The Evolution of Cooperation*. New York: Basic Books, 1984.

（3）达成协议或理解阶段

在这一阶段，冲突各方建立起更多的联系，提升相互理解和信任。经过一个逐渐转变和转化的过程，冲突各方之间的包容性不断增长，其标志经常是就某个具体争议事项达成协议。明确的协议有助于解决某些争议事项，促进相互理解、承诺和信任，减少各方支持的恐惧和对抗。在这一过程中，采取某些建立信心的举措（confidence-building measures）是非常重要的，它是通过协议的方式向冲突各方保证任何一方都不会采取针对对方的突然军事行动，或不会推行准备采取这种行动的政策。

（4）实施和制度化阶段

在这一阶段，要建立新的共同体制，强化相互依赖关系和利益整合关系。同时还要使达成的协议得到贯彻而不被违背。通过建立各方同意的监督和证实程度，可以使协议得到遵守，并形成协议得到遵守的认知。还可以建立双方共同组织的使团或其他机构来审议有关如何解释所达成的协议的争议。建立一些具有自行持续性质的条约和其他种类的协议，保证在维持所达成的协议的过程中促进所给予的利益的实现，起码要保证各方支持者中某些群体的利益。这在使先前敌对的战士在战斗结束后实现和解的过程具有特别重要的意义。中介调解者在维持协议方面具有关键性的作用。他们可以帮助监督和协助协议的实施。

3. 冲突转化的行动主体

米埃尔认为，冲突转化有以下几种类型的行动主体：国家和国际组织、发展与人道主义机构、非政府组织、地方行动者。[①]

（1）国家和国际组织

国家和国际组织是最有影响力的行动者，因为它们的行动会对冲突各方产生最直接、最强有力的影响，它们干预的积极和消极结果全部都受到公众的监督。

（2）发展与人道主义机构

他们一般把自己的角色定位为支持和鼓励其他人的工作，而不是主要负责转化冲突。大多数冲突转化工作需要由非政府组织进行。

（3）非政府组织

① Hugh Miall. Conflict Transformation: A Multi-Dimensional Task, http://www.berghof-handbook.net/documents/publications/miall_handbook.pdf.

他们寻求深入理解冲突根源，与冲突方内外的人们工作。他们寻求开放的对话空间，确定发展机会，并长期从事和平建构、关系建立和体制建立，致力于从根本上以建设性的方式将冲突化解。

（4）地方行动者

他们有最大的责任和机会进行冲突转化，冲突更多的是发生在地方层面，所以地方行动者负责转化他们自己的冲突。

4. **冲突转化的策略方式**

克里斯伯格认为，冲突转化采取的策略方式会因冲突转化的不同阶段而有所不同，所指向的层次有所有同，影响的方面有所不同，而且还要区分短期的策略和长期的策略。他的分析可以被总结为一个简表，如表 3 所示。①

表 3　冲突转化采取的各种方式

发起层次	作用周期	影响内部改变	影响相互关系	影响外部情境
高层领导者	长期	领导者动员对冲突降级的广泛支持；精英提出不同的政策方案来启动和促进冲突降级和转化；鼓励对方底层群众向其领导者施压促进冲突降级。	提升相对较弱一方的福利和权力，注意不要使强势一方的支持者感到威胁；强化共同的身份认同，注意采用共同接受的身份词汇，以免引起弱势一方的反感；改善团体及其成员的个人权利和集体权利，以提供行为标准，促进达成普遍可接受的冲突结果，并给外部行动者提供帮助修复双方关系的机会。通过标准明确的制裁来纠正反对者的行为，并以适当的奖励相结合。	重新解释冲突，将其置于变化的环境之中；建立政策来改变环境以实现自己的目标或转化无法获胜的冲突；建立更具包容性的制度结构。
	短期	对外开放，公开讨论，倡导放弃对抗以实现新的目标，接受共同行为准则。	相互承认和作出保证。在领导者个人层面进行有中介的或直接的谈话。在公开场合相互承认或作出和解姿态。	外部制裁；武器禁运；为促进双方签订协议而提供某些收益；为双方沟通提供某种便利，包括非正式、非官方渠道；改变利益相关者的组合。

① Louis Kriesberg, Conflict Transformation, Lester Kurtz, ed., *Encyclopedia of Violence, Peace and Conflict*. Oxford: Elsevier, 2008, vol. 1, pp.401-412.

续表

发起层次	作用周期	影响内部改变	影响相互关系	影响外部情境
中层领导者	长期	开展教育；提供有关对方的信息；在学校教育、大众传媒和其他渠道停止将对手妖魔化，改善对对方形象的刻画。	对抗双方开展互动，以促进相互理解和相互依赖。开展对话、专题研讨会和其他非官方形式的交换；为高层领导者提出和倡导共同接受的目标；在冲突转化的早期阶段为高层和中层领导者提供另外的沟通渠道。	
	短期	支持上层的新选择，利用机会来促进新的变革。	双方共同解决地方层面的紧急任务。	
底层领导者	长期	改变孩子在家庭所经历的过程，从那种会导致愤怒转移和对抗的过于严厉的家庭教育，转向关爱式教育。		媒体报道暴力事件引起广泛关注。
	短期	激发和动员反对和阻止冲突升级，抗议破坏性的对抗方式；促进实施和维护所达成的协议。		

资料来源：Louis Kriesberg, Conflict Transformation, Lester Kurtz, ed., *Encyclopedia of Violence, Peace and Conflict*, vol. 1, Oxford: Elsevier, 2008, pp. 408-411.

三、冲突转化模式的适用性分析

从以上分析可以看到，冲突转化与冲突处置和冲突化解具有不同的着力点并采取不同的策略。那么这种理论所提出的干预范式是普遍适用于各种不同冲突，还是特别适合于某种特定类型的冲突？

首先，冲突转化模式特别适用于公共领域出现的大规模、旷日持久和具有严重破坏性的冲突。大规模冲突说明它涉及相当大群体的利益，这意味着冲突处置的方法无法直接奏效；冲突的持续不绝说明引发冲突的深层根源是难以化解的，这意味着冲突化解方法的运用在这种情况下受到了严重的限制；冲突导致严重的破坏性后果说明冲突各方之间存在着严重的对抗关系，使得冲突的正面效应受到抑制，而冲突的负面效应却充分展现出来，这意味着冲突管理方法的运用受到了阻碍。在这种情况下，就需要对冲突的情境、结构、规则、事项、行动者和精英个人进行相应的转化工作，消除冲突化解和冲突管理的障碍，使冲突处置能够有效进行。

专注于冲突转化理论研究的德国博格霍夫建设性冲突管理研究中心多年来的研究主要是针对长期持续的种族政治冲突。这种冲突有四个关键性特征：（1）它们是认同群体（identity groups）之间的冲突，其中至少有一个群体感到他们对于平等、安全和政治参与的基本需求没有得到尊重；（2）这种冲突从根本上涉及国家权力，经常是政府与叛乱方之间的不均衡冲突；（3）对这些冲突的理解必须考虑到影响事件进程的各种联系，如亲属国、侨民、国际干涉等；（4）这些冲突经常是基于根深蒂固的群体对抗历史。因此，该中心的冲突化解研究中，特别注意承认在多民族政治系统中民族需求的合法性，要考虑必要的权力分享和国家改革，要恰当地评估国际参与者和国际社会的角色和作用，并整合过去暴力的和痛苦的经历。要考虑到长期持续的冲突经历，不仅夺去了生命，毁坏了生活资料，破坏了社会、政治和经济基础设施，而且也冲蚀了整个社会的社会资本。因此，所进行的冲突转化涉及广泛的事项，包括纾解、复原、重新安置、重建，以及恢复人性并达成和解。①

冲突转化理论经常将三个严重的国内冲突的转化作为经典案例。第一个是在 19 世纪末 20 世纪初发生在美国的劳资冲突，当时出现了严重的暴力，雇主拒绝承认工会，但随着 20 世纪 30 年代集体谈判的制度化，这些冲突被转化了。第二个是在 20 世纪 60 年代爆发的非洲裔美国人为争取平等的公平权利的斗争，后来通过建立民权立法使冲突得以转化。第三个是在南非发生的反对种族隔离和剥夺黑人选举权的斗争，它最终随着 20 世纪 90 年代初种族隔离制度的取消而得以转化。随着 20 世纪 90 年代冷战的结束，不仅各国国内战争和国家间战争的数量呈现显著下降趋势，而且许多先前旷日持久的暴力冲突都通过谈判得到了解决。据彼得·瓦伦斯汀（Peter Wallensteen）的分析，在 1990～1999 年间，在非洲、中美洲和其他地方有 16 个武装冲突通过协议得到了解决。②

大规模、旷日持久和具有严重破坏性的冲突并不仅仅限于民族政治冲突。

① 参见博格霍夫冲突转化网站：http://www.berghof-handbook.net/articles/preface-introduction.

② Louis Kriesberg, Conflict Transformation, Lester Kurtz, ed., *Encyclopedia of Violence, Peace and Conflict*. Oxford: Elsevier, 2008, vol. 1, p.401.

在快速转变的发展中国家，环境污染、生态保护、征地拆迁、大规模工程项目移民等都有可能产生大规模、持续性和破坏性的冲突。在由这些原因引发的冲突中，仅仅靠冲突处置方式难以有效地平息冲突，往往是一波未平，一波又起。仅仅靠冲突化解手段难以化解冲突的深层根源，经常是冲突各方坐不到谈判桌前，或坐到桌前也长期达不成协议；第三方调解难以说服各方，调解者还经常被卷入冲突成为冲突一方，升级为所谓的“二阶冲突”；仲裁和司法判决得不到有效服从，形成所谓的“诉访循环”。这表明，这类冲突的解决不能仅仅靠冲突处置和冲突化解的方式，必须进一步采取全方位的冲突转化策略，转化产生这些冲突的制度情境、权力结构、互动规则和事项关联，转化冲突各方对冲突事项、冲突性质和冲突对立方的认识，使双方形成相互依赖的关系，达成彼此间的理解与信任，转化冲突的动机，从而使冲突化解得以可能。

其次，冲突转化模式也部分地适用于公共领域中出现的一些中等规模、持续一段时间且导致一定破坏性结果的冲突。这样的冲突主要包括由医患矛盾、社区管理、企业改制和局部拆迁引发的冲突。在这些冲突中，当由于冲突的事项、结构、规则、情境或主体等原因导致冲突化解工作无法顺利进行时，就需要采取冲突转化的策略和方法来为冲突化解扫清障碍。特别是通过建立纠纷处理的适当机制实现冲突结构的转换，通过确立明确的纠纷解决程序来实现冲突规则的转变，通过建立适当的对话渠道来促进各方的相互理解。

最后，冲突转化所倡导的以建设性方式应对社会冲突的理念，对于改变冲突多发、易升级和破坏性强的总体局势具有重要的战略意义。中国现在处于冲突高发期，触点多、燃点低。造成这种情况的原因一方面是特殊历史发展时期的客观特征所致，另一方面也是由于社会整体结构没有及时调整到足以应对冲突发展的实际状况。因此，对那些容易引发大规模、持续性和破坏性冲突的社会结构、交往规则、组织方式、管理方式进行总体性的调整，对于社会冲突整体状况的改观将会产生深远的影响。特别是通过结构转化来使社会成员建立长期稳定的社会预期，通过规则转化形成共同接受的行为标准和处置程序，通过关系转化促成各种不同利益群体之间的相互依赖关系，通过主体转化达成各社会群体成员之间的相互理解。中共十八报告中提出的经济、政治、文化、社会和生态文明建设五位一体的发展格局，为这种整体性的社会转化提供了适当的条件和契机。因此，将这五个建设与社会整体的冲突转化相结合，将会为中国未来的社会稳定和长治久安打下深层的基础。

人民调解实践：动向、问题和对策

李婷婷　李亚

摘　要：人民调解在我国社会矛盾纠纷处理工作体系中具有基础性的作用。本研究采取冲突解决的研究视角，就人民调解的近期发展进行回顾，检视人民调解实践中存在的问题，并从冲突解决理念、调解策略等方面对人民调解的未来发展提出建议。

关键词：冲突解决；人民调解；公共冲突

一、引言

人民调解是我国当前化解纠纷的重要手段，在我国社会矛盾纠纷处理工作体系中具有基础性作用。①所谓“人民调解”，是指在人民调解委员会的主持下，对民间纠纷的当事人依法进行疏导、说服、教育，促进当事人达成协议，进而解决纠纷的活动。”②人民调解的主体是人民调解委员会，包括农村

作者简介：李婷婷（1982—），女，汉族，江苏徐州人，中国民航大学公共事业管理系讲师，北京理工大学公共冲突解决研究中心兼职研究员，博士，研究方向为公共冲突管理；李亚（1973—），男，汉族，河北辛集人，北京理工大学管理与经济学院公共管理系教授，北京理工大学公共冲突解决研究中心主任，博士生导师，博士，主要研究方向为公共政策分析、冲突解决。

基金项目：福特基金项目“中国的公共冲突解决：研究、学科发展与实践”（项目号：1125-1637），国家自然科学基金项目“政策制定中多元利益共赢的理论和方法研究”（项目号：70973008）。

文章来源：本文刊载于《上海行政学院学报》2013 年第 4 期。

① 罗干：《全国人民调解工作会议上的讲话》，《人民法院报》2007 年 7 月 7 日，第 1 版。

② 尹力：《中国调解机制研究》，北京：知识产权出版社，2009 年，第 63 页。

村民委员会、城市社区居委会、街道（乡镇）司法所、企事业单位、区域性、行业性组织中设立的人民调解委员会以及联合调解委员会等。

关于人民调解，国内外已有不少研究。从理论层面看，现有研究大体是从功能主义、文化解释以及权力技术分析这三种分析框架来理解和解释调解制度。[①]实践层面的研究则主要集中在下述几个方面：解读调解相关的规范性文件，介绍和交流各地人民调解经验，以及剖析调解工作中出现的具体问题。[②]

尽管学界对人民调解的研究在逐渐深化，但仍存在不少局限性，主要表现有三。第一，对人民调解实践领域的关注并不平衡，这种不平衡体现在，对于人民调解的传统实践领域——社区调解的关注较多，但对于新兴冲突领域的人民调解关注不足。第二，既有的对于调解实践的总结与反思主要聚焦于少数议题，主要针对调解的程序性、调解协议的效力、人员素质等提出对策建议，研究的广度有待拓展。第三，关于人民调解的研究相对封闭，并未和近年来国际上蓬勃发展的冲突解决理论和实践充分结合，相关研究自说自话，一定程度制约了研究的视野。

冲突解决是国外近几十年来迅猛发展的交叉学科。它和公共管理、社会学、国际关系、心理学、经济学、政治科学等学科密切关联，关注冲突的本质、类型、发展规律，以及冲突解决的机制、方法和策略。与国内常用的“纠纷化解”相比，“冲突解决”具有更为科学严谨的理论基础，更强调解决冲突过程中的创造性、协作和共赢，更注重发展可操作的方法和技术。

本研究首先就新世纪以来人民调解实践发展的新动向进行回顾，然后检视人民调解实践中存在的问题，接着采取冲突解决的研究视角，在冲突解决理念、调解策略等方面对人民调解的未来发展提出对策建议。

二、新世纪以来人民调解实践的动向

21世纪以来，随着社会稳定问题被置于越来越突出的地位，我国对于人民调解工作的重视程度也日趋提高。全国人民调解工作座谈会、全国人民调解工作会议等一系列高规格会议陆续召开，一系列旨在加强人民调解工作的

① 强世功：《调解、法制与现代性：中国调解制度研究》，北京：中国法制出版社，2001年。
② 李婷婷：《社会治理视域下的人民调解——功能与再定位》，南开大学博士学位论文，2013年6月。

规范性文件先后出台。特别是 2011 年《中华人民共和国人民调解法》的颁布和实施，标志着人民调解的制度化和法制化进入一个新的阶段。此外，人民调解工作在地方层面上的实践也非常活跃，各地不断创新和突破人民调解工作的原有机制，期望通过发挥人民调解的作用来适应社会矛盾纠纷多发、频发的新形势。新世纪以来人民调解发展的动向体现在以下几个方面。

（一）人民调解逐渐被纳入维稳“大调解”体系中

随着社会矛盾的逐渐突出和对社会稳定问题的日益重视，人民调解逐渐被纳入社会治安综合治理工作体系中，服务于维稳的社会管理目标，成为“大调解”的一环。[①]

所谓“大调解”，是指强化社会联动调处，将人民调解、行政调解和司法调解有机结合起来，力图将各类矛盾纠纷消灭在萌芽状态，化解在基层、本地。近年来，“大调解”作为一项纠纷解决方式在全国范围内推行，大调解工作机制建设也引起了各级地方党委和政府的重视。地方政府纷纷启动矛盾纠纷“大调解”体系建设，一些地市建立了由党政领导牵头、各相关部门参与的市、乡（镇）、村（社区）大调解三级平台。[②]

在这一过程中，人民调解的地位、功能发生了明显变化，人民调解制度成为维护社会稳定的“第一道防线”，其政治作用和社会效果被前所未有的重视，一定意义上甚至改变了人民调解的性质。

（二）调解领域不断扩展

传统上，人民调解是在最为基层的村庄和社区层次开展，主要针对的纠纷有：涉及婚姻、抚养、赡养、继承等问题的家庭纠纷；涉及山林和土地的使用权与经营权、宅基地、债务、承包合同等问题的经济纠纷；与通行、通风、采光、用水等相关的邻里关系纠纷；涉及轻微人身伤害、名誉等问题的损害赔偿纠纷。

随着社会的变迁和利益的分化，近年来，我国的社会纠纷和冲突呈现出

① 刘振宇，陈金全：《基层“大调解”的创新与完善——以深圳市西乡大调解为考察中心》，《理论探索》，2012 年第 2 期。

② 张建：《基层“大调解”运作模式及现状——以一次“大调解”现场实录为例》，载李亚主编：《“公共领域中的冲突解决：理论与实践”会议文集》，北京理工大学，2012 年，第 135～143 页。

一些新特点[①]：（1）冲突发生的频率高、根源复杂、形式多样、时间持续长；（2）从纠纷和冲突事项的性质来看，一些私人纠纷事项往往向公共领域“跨界转化”，发展为公共冲突；（3）从纠纷和冲突事项所属领域来看，经济领域的利益冲突“跨域扩散”，常常延展表达为对社会的不满；（4）从冲突发生的领域来看，出现了一些新的公共冲突热点领域，如政策制定或公众参与中的冲突、拆迁纠纷、环境冲突与邻避冲突等；[②]（5）迅速发展的互联网成为冲突爆发和升级的重要推动因素，往往形成虚拟空间与现实世界的冲突共振；（6）处置冲突的过程中，政府常常被动卷入，成为冲突的一方。

适应社会冲突的新特点，人民调解的应用领域也随之扩展。企业内部的劳动争议调解委员会和新型专业性劳资纠纷人民调解委员会的成立和推广，标志着人民调解越来越多地介入劳资纠纷领域。针对医疗纠纷、物业管理纠纷、移民安置纠纷、城市征地拆迁纠纷、环境保护纠纷的专门性人民调解委员会也在各地设立。消费纠纷、旅游行业纠纷等行业性人民调解委员会的设立，则表明人民调解逐渐向行业专业领域延伸。

（三）人民调解组织呈现发展和分化态势

应用领域扩展的同时，人民调解组织也在发展和分化，逐渐形成了多元、层级式的调解组织体系。[③]

按照初始制度设计，人民调解委员会主要设立在基层村（居）委会。基层政权（乡、镇）不设调解组织，只设司法助理员指导调解工作，人民调解委员会并未纵向设置。但是随着社会的发展，街道和区级的专业性调解委员会开始出现，有些地区甚至设置了县市级层次的调解委员会，与原先的基层群众自治性调解组织一道，开始形成了一种层级格局。

人民调解组织也在横向扩展。1990年代，人民调解组织由基层村（居）委会扩展到其他基层“单位”（厂矿企事业）。21世纪初，跨地域、跨行业的联合调解委员会和集贸市场调解委员会逐渐发展，并进一步扩展到行业协会和消费者协会，呈现横向层面组织形式的多元化[④]。

① 常健、李婷婷：《我国现阶段的公共冲突及其治理》，《理论探索》，2012年第6期。
② 李亚：《中国的公共冲突及其解决：现状、问题与方向》，《中国行政管理》，2012年第2期。
③ 李婷婷：《交互视域：人民调解委员会组织生产与流变的逻辑》，《社会主义研究》，2011年第3期。
④ 范愉：《纠纷解决的理论与实践》，北京：清华大学出版社，2007年，第480页。

（四）人民调解渐趋规范化、专业化

形式上看，人民调解的规范化程度有所提升。例如，不少人民调解组织设置有正规的调解室，在调解中摆放当事方与调解员的座牌，调解也逐渐从主要依据情理、风俗、习惯转变为更多地以法律、法规等规范文本为准绳，“依法调解”和“规范调解”得到越来越多的重视。

人民调解员也呈现相对稳定和专业化的态势。早先对人民调解委员多无特殊的专业要求，调解多依靠调解员的个人经验、能力、知识和人格魅力。而现今，一些街道调解委员会开始建立相对稳定的调解员队伍，并要求调解员通过相应的资格考试，某些地方甚至设有“首席调解员”。

人民调解的绩效考核也趋于“正规”，调解成效被“量化管理”已不鲜见，部分地方的调解员开始根据考核结果享受奖励或补贴。

三、人民调解实践中的问题

人民调解蓬勃发展的同时，实践中仍存在诸多问题。

（一）调解理念错位

调解理念是人民调解制度的灵魂，但目前有不少错位之处。调解实践中仍然过于强调实质主义，偏重追求结果，对调解的程序公正性重视不足。此外，调解的功能定位过分功利，往往把冲突的暂时化解作为调解的唯一追求，对调解的教育和治理功能重视不足。一个体现就是主要把量化的调解成功率作为人民调解的绩效考核标准。国外研究结论表明，调解成功率由于冲突领域不同，均值约为 60%（变化区间为 20%～80%）[①]，相对而言，目前国内不少地方动辄要求调解成功率在 95%以上[②]，目标设定并不科学。

究其原因，很大程度上是由于人们对冲突的理解过于简单化。按照冲突解决理论，冲突是社会中的常态，是普遍存在的，冲突出现并不意外，有时

① K. Kressel, D. Pruitt, Conclusion: A Research Perspective on the Mediation of Social Conflict, in K. Kressel, D. G. Pruitt (eds.), *Mediation Research*, San Francisco: Jossey-Bass, 1989, pp. 394-436.

② 胡锦武：《赣将对司法所进行分等级考评，达标必须“零”投诉》，2008 年 12 月 2 日，新华网：http://www.jx.xinhuanet.com/news/2008-12/02/content_15068531.htm，访问时间：2012 年 6 月 7 日。此外，广西、福建、湖南、广东、重庆、浙江、天津等其他省市、地区也有相似规定。

甚至有积极的作用。我们无须追求彻底地解决冲突，只需有效地管理冲突。冲突解决过程是当事方相互适应、彼此沟通、相互学习的过程，冲突解决的结果不是冲突的暂时平息，也不是一方或多方的妥协、让步，而应是协商、共赢。对于这些理念，很多调解员并不熟悉，更谈不上贯彻到其日常的调解工作中。

（二）调解指导策略单一

现行人民调解制度文本没有对调解策略做出规定和说明。实践中，“说服教育”作为主要的调解策略一直被沿袭。沃尔（James Wall）和布鲁姆（Michael Blum）的研究曾揭示出，中国社区调解者具有强烈的“说服当事方”的倾向，常有出具方案为当事方“做主”（mediator-knows-best）的意味[①]，今天这种策略仍被普遍运用[②]。

冲突解决理论对这一问题有清晰的解释。作为调解员，干预的强度和方式是多元的。在调解策略谱系的一端，是调解员对冲突的“内容”和“过程”都积极干预，既积极贡献冲突解决方案，如同我国多数调解员所做的，又注重对冲突解决过程的设计和引导。而在调解策略谱系的另一端，是调解员仅干预“过程”，即只帮助冲突当事方建立一个公平、真诚的对话平台，为当事方的表达、沟通、协商、创造性解决冲突提供良好的环境，为问题解决过程提供支撑，进行必要的引导，至于如何解决冲突、最终的解决方案，完全是当事方自己的事，调解员并不干涉。冲突的情景千变万化，当事方的需求也各不相同，调解员需要根据情况灵活选择适当的调解策略。[③] 在我国实践中，调解员显然更熟悉、更喜欢运用“内容”和“过程”并重的调解方式，调解策略因而显得单一。

（三）调解程序仍缺乏规范

人民调解尽管在形式上渐趋正规，但程序的科学性和规范性仍有不足。《人民调解法》强调灵活多样的调解，没有对调解程序作出细节上的约束。此

① James A. Wall, Community Mediation in the People's Republic of China, *The Journal of Conflict Resolution*, vol. 35, no. 1 (2000), pp. 3-20.

② 中国新闻周刊：《人民调解员制度：“熟人社会”解体后面临尴尬》，2007 年 4 月 24 日，中国经济网：http://www.ce.cn/xwzx/gnsz/gdxw/200704/20/t20070420_11105570.shtml，访问时间：2013 年 3 月 25 日。

③ 赵蔚：《调解的“理想类型”及其意义》，《理论探索》，2008 年第 6 期。

外，几十年的人民调解实践经验也缺乏深层次的总结和制度化，使得调解仍过于个人化。调解员不能以科学、规范、高起点的调解程序为模板，多是依靠自己的悟性，调解过于依赖经验、能力、威信等个人特质，难以学习和复制。调解既是一门艺术也是一门科学，长期以来，我们过于强调它个性化、艺术性的一面，对其科学性和规范性的一面挖掘不够，这是出现上述问题的主要原因。

对比国际经验，我国的问题更为明显。发达国家皆有专业性的调解员组织或调解员协会。这些组织或协会的一项重要工作，就是总结实践经验，不断地把调解过程科学化、规范化，形成调解手册或调解规范，为调解员提供有力的工具包，供其在实践中运用。此外，发达国家多有各式各样的标准化的调解员培训项目，以帮助调解员尽快掌握行业规范和工具，提高调解员的专业化水平。

（四）调解组织的自治性遭到侵蚀

人民调解组织应为群众自治性组织，但近年来，人民调解组织的自治性不断遭受侵蚀。具体而言有三个表现。首先，人民调解被置于“大调解”体系中，使其自治性被维稳的政治压力削弱。部分地区“大调解”实践中，纠纷的调解完全由党政机关主持，只是借用了人民调解的名义。[①] 调解过程和结果更多的是出于政治考虑，调解自身的规律和专业考量被置于次要地位。其次，从调解员构成上看，街道（乡镇）及以上层次上设立的人民调解委员会中的调解员主要是行政机关或派出机构中各职能部门的工作人员，这样的人员安排虽然有利于借助行政与司法力量，调动资源，利于冲突的快速“解决”，但也带来依赖行政权和公共资源的后果，削弱了调解的自治性。再次，从人民调解绩效考核角度看，其主管部门、即司法行政机关对人民调解工作进行业务考核，考核主要依据调解量、成功率等数据指标，有了考核这个指挥棒，人民调解的自治性受到上级主管部门的进一步制约。

（五）新兴冲突领域介入不足

前已述及，我国当前的社会冲突越来越多样，征地拆迁冲突、环境污染

① 黑龙江省司法厅：《人民调解参与构建大调解工作体系的现状、定位与选择》，《中国司法》，2007年第10期。

冲突和劳资冲突等公共冲突层出不穷。例如，近年的群体性事件中，征地拆迁引发的占50%左右，环境污染和劳动争议引发的占30%左右。[①] 尽管人民调解的应用领域有所扩展，但各级人民调解组织实际受理的纠纷还大体集中在婚姻、家庭、邻里、财产、损害赔偿等传统的民间纠纷领域。总体而言，对于征地拆迁、物业管理等社会热点、难点的新型纠纷，人民调解组织在介入程度和作用效果上仍不显著，对于环境保护、邻避冲突等公共冲突领域，人民调解更是无用武之地。

调解作为冲突解决的一种主要工具，在国外的应用范围非常广泛。例如在美国，地方的重大决策、不同利益群体见解分歧，决策者常会邀请外部调解方介入，促使不同群体达成共识。再比如，美国一些城市规划和城市改造项目中，各方对规划或改造方案有不同的期待，规划当局请调解方干预、化解分歧，也已非常普遍。我国则相反，在影响大、范围广、急需创造性解决方案的公共冲突中，包括人民调解在内的各种现代冲突解决手段基本缺位。

四、人民调解的未来发展对策

（一）传播冲突解决理念，转变调解观念

无论是普通的民众，还是人民调解组织及调解员，都需要逐步改变对冲突过于负面的认识。[②] 冲突解决的理念亟须在国内广泛传播。[③] 作为一种重要的冲突解决机制，调解体现了对冲突当事方选择权利的尊重[④]。因此，需要弱化人民调解作为政权规制和社会管理工具的意涵，调整以压制和平息为终极目的的“维稳”型调解思路，而应当重视它在培养个体自治和重塑社会治理方面的积极功能。调解者的角色定位也亟须改变，他们需要更为尊重当事方在调解过程中自主解决冲突的意愿，并重视培养各方自主协商的能力，通过调解促进个体参与并培养公民意识，帮助个体实现自我教化。相应地，调解效果的考核应当涵盖当事方对协议的满意度、自我评价、对调解者的评

① 阚枫：《社科院报告称中国城乡收入差距有反弹风险》，2012 年 12 月 18 日，中国新闻网：http://www.chinanews.com/gn/2012/12-18/4416239.shtml，访问时间：2013 年 2 月 27 日。

② 韦长伟：《冲突管理取向：应急性与常规性的结合》，《理论探索》，2011 年第 3 期。

③ 李亚：《中国的公共冲突及其解决：现状、问题与方向》，《中国行政管理》，2012 年第 2 期。

④ Peter Adler, Karen Lovaas, Neal Milner, The Ideologies of Mediation: The Movement's Own Story, *Law and Policy*, no. 10 (1988), p. 317.

价、调解者的满意度等更广泛的指标，这种多元的、平衡的评价指标体系有助于促进调解观念的转变。

（二）发展促参式调解，创新调解策略

当下的人民调解开始重视对纠纷当事方隐私和个体权利的尊重和保护，以此为契机，可以将发展促参式调解作为创新调解策略的入手点。相较于直接向当事方“推销”问题解决方案的直接干预式调解，促参式调解（facilitative mediation）将调解重点放到冲突解决“过程”而非“内容”上，其核心是促进当事方在调解中的交流、对话和协作，帮助各方在相互交流中达成共识。

在解决冲突的过程中，促参式调解员更多地担当“促参师”（facilitator）的角色，他们是“辅助者”而非“推销者”。他们的主要作用包括：为当事方创造良好的对话环境和氛围；引导当事方挖掘和交流事实；帮助当事方缓解敌对情绪，相互谅解，进而恢复彼此间关系；帮助界定争议事项与核心冲突议题；引导当事方探求自身深层次的利益诉求；促进当事方的创造性思考；当谈判陷入僵局时，运用各种调解技巧让当事方回到调解桌旁，重新开始交流。

促参式调解的优势是调解员的地位更加超脱，其中立性更容易得到认可，当事方解决冲突的自主权被充分尊重，有利于发挥当事方的创造性，促进其在冲突和冲突解决中“学习”，最终达成自己合意的解决方案，继而以各方的合意来强化对调解结果的承诺。

（三）制定调解规范，加强调解培训

我国需要制定权威的调解规范或调解实用手册。现有的调解员手册多是读物性质的，重在法规解读、知识问答、工作技巧、常用文档等。但只有这些是不够的，调解规范应包括一整套的调解理念、策略、程序、技巧、职业道德准则，具有可操作性，同时应体现现代冲突解决观念。西方国家基本都有较完整、较成熟的调解规范（多称为 code 或 code of practice），这是几十年甚至上百年调解经验积累的结晶。我们完全可以在借鉴、引进的基础上，根据国内特殊的调解领域和调解情景进行改造、完善。

新的调解思维、策略和技巧的普及，以及调解规范的传播和落实，都离不开制度化、正规化的调解培训。北京理工大学公共冲突解决研究中心近期

开展过两期冲突解决培训，效果显著。两次培训时长分别为三天、四天，面向工作领域与冲突解决相关的在职人员，培训以角色模拟为主，培训后对受训者匿名调查表明，80%的参加者认为所学理论、方法和技巧收获很大或较大，93%认为培训对其工作很有用或较有用。西方国家的调解培训早已有专业化、系统化的态势，培训主体多元，免费和收费兼顾，这是非常值得我们学习的。

（四）厘清组织间关系，保障人民调解组织的自治性

首先，从组织的外部环境上看，保障人民调解组织的自治性必须厘清人民调解组织与行政机关、司法机关的关系，合理定位人民调解在大调解体系中的角色，防止公权力过度侵蚀人民调解组织。

其次，还应清晰界定不同层级人民调解组织的定位和之间的关系。村（居）人民调解委员会应还原其基层群众性自治组织性质。乡镇（街道）一级的人民调解委员会可以与基层政府主持或提供资助的准行政性或司法性的调解中心等机构整合，构建为具有基层司法和法律服务职能的公益性、专业化的调解机构。而各种不同的行业性、地域性调解组织之间，则需要在冲突调解范围和调解规则上进一步厘清。

再次，从日常管理和组织运作上看，保障人民调解组织的自治性也需要调整相应的行政管理机制予以配合。相对于目前“自上而下”的刚性考核，司法行政机关应本着服务为主、提供业务指导为主的原则支持人民调解组织的正常运作，尊重人民调解组织的自治性与自主性。

（五）调整制度设计，拓展人民调解的应用范围和形式

“人民调解主要用于解决‘民间纠纷’”，这一制度表述值得商榷。实践中，各方对能否运用人民调解来解决公共冲突认识还不统一。我们建议，应当用更明确的范畴来界定人民调解的应用范围，替换并突破“民间纠纷”这一含糊、又有些过时的概念。人民调解有着丰厚的文化传统，既为民众所熟悉，又得到官方的大力支持，可谓宝贵的制度“资产”。它显然可以在更多的冲突领域发挥作用，体现其价值。在拆迁纠纷、环保冲突、邻避冲突、政策制定冲突、城市规划分歧等一些新型公共冲突的处置上，人民调解应该大有可为。

此外，人民调解的制度设计也应当囊括调解工作室等其他社会性调解组

织。在美国，社会性的调解组织，如“社区调解中心”，发挥了极为重要的作用。[①] 我国近年来此类组织也有快速发展的趋势。这些调解组织与人民调解组织之间如何相互衔接、配合与相互补充，人民调解制度需要作出规定和说明。

从冲突解决视角来看，冲突的情形不同，冲突干预方式也不同。干预方式是多元的，调解、和解、协商、斡旋、仲裁、审判、第三方提供教育与培训等都是解决冲突的备选手段。尽管本文聚焦人民调解，但我们必须意识到，作为冲突解决机制的一种，人民调解并非无所不能，其作用不应无限度地夸大。除了通过不断创新来激发人民调解的潜力和功用之外，更为重要的是，社会需要建立多元的冲突解决和纠纷化解机制，对此，我们也应当给予足够的关注。

① 刘茜：《冲突调解的新途径：来自美国社区调解中心的经验》，载李亚主编：《“公共领域中的冲突解决：理论与实践”会议文集》，北京理工大学，2012 年，第 153～160 页。

对话方法在冲突化解中的有效运用

常健　原珂

摘　要：对话在冲突化解过程中具有重要作用。高效的对话需要具备六个方面的基础，即目的与原则、良好的战略性问题、参与和参与者、基底结构、协助者和物理空间。西方近年来提出并在冲突化解中采用的对话方法主要包括理解性探寻、变革实验室、围圈对话、深度民主、探索未来、和平学校、开放空间、情景规划、持续对话和世界咖啡屋。这些方法针对不同的冲突情境而有其特定的适用性和局限性。

关键词：冲突化解；对话方法；冲突情境

在当代中国各种冲突化解的过程中，对话是经常被采用的一种方法。尽管对话的运用频率比较高，但取得的成效却常常不尽如人意。要提高冲突化解中对话的成效，就需要对对话的本质、条件和方法进行系统和深入的研究。

西方冲突化解领域近年来对于对话的本质、条件和方法开展了比较深入的研究，提出了许多有启发性的观点和方法。本文试图总结和介绍西方对对话方法研究的最新成果，并就其对中国当前冲突化解的适用性和局限性作出

作者简介：常健（1957—），男，天津人，南开大学周恩来政府管理学院副院长、教授、博士生导师；原珂（1986—），男，山西河津人，南开大学周恩来政府管理学院行政管理专业博士生。

基金项目：国家社科规划重点项目“公共领域冲突管理体制研究”（13AGL005）；南开大学 2014 年博士研究生科研创新计划项目（68140001）。

文章来源：本文刊载于《学习论坛》2014 年第 10 期。

分析。

一、对话的特点及其对冲突化解的意义

从一般意义上来说，“对话”是指两方或两方以上之间的谈话。从词源上分析，现代英语中“对话”（dialogue）一词源于希腊词根“dia”和“logos”。“dia”的意思是“通过”，“logos”的意思是“词语”或“意义”。据此，戴维·博姆（David Bohm）将“对话”定义为“经我们而流动的意义”（meaning flowing through us），并包含下列要素：（1）问题；（2）探寻；（3）合作共创；（4）倾听；（5）揭示自己和他人的各种假定；（6）搁置评判；（7）共同探索真相。①

根据这一定义和分析，博姆将对话与倡导、会议、咨询、辩论、讨论、谈判或沙龙进行了区分。“倡导”是一种辩护行动，或通过强烈的争辩来支持某一事业、观点或政策；“会议”是一种正式的咨询或讨论活动；“咨询”是指有行动权力的一方为了获得相关建议或作出某一决策而去征求他人或某一群体的意见或建议，而决策者通常有决定是否采取建议的权力；“辩论”通常是对立双方展开的讨论，并且以一方获胜为目标；“讨论”（discussion）一词源于“cuss”，意思是“分开”。它通常是在一个群体中对某一话题的理性和分析的考虑，它将一个主题分解为各个组成部分，以便更好地理解该主题；“谈判”是一种旨在达成协议的讨论；“沙龙”是一种定期举行的社交性的、松散的、非正式的会谈或聚会，它是一种没有具体目标的开放性的会谈。与上述这些交谈形式不同，博姆认为“对话”是人们直接面对面接触的过程，通过这一过程，人们能够形成一种共同的意义，一种共同的思想或集体的智慧。它塑造思想和思想过程，而思想又塑造着我们的现实。②

对话对于冲突化解具有重要的作用。对话的目的是要达到真正的倾听，倾听可以促进更好的沟通与交流，而良好的交流是达成共识的重要条件。具体来说，首先，对话可以体现出冲突各方的平等地位，促使冲突各方相互尊重、相互信任，从而使各方能够将冲突视为双方共同的问题，而不是相互对抗的战场，为冲突化解创造必需的条件；其次，对话不仅能促进冲突各方之

① Pioneers of Change Associates, *Mapping Dialogue: A Research Project Profiling Dialogue Tools and Processes for Social Change*, South Africa: Johannesburg, April 2006, p. 10.

② 参见 David Bohm, *On Dialogue*, Routledge, 2004.

间的相互了解，而且能使各方清楚地认识到对方的深层动机和真正需求，这会消除冲突化解过程中的重要主观障碍；最后，对话还可以充分激发冲突各方的探讨问题解决方案的积极性和创造性，在相互启发中产生各种解决问题的灵感，探索单方面不曾想到的可能方案，产生“兼听则明”的激发效应。

对话会面临一些必须解决的困难，有些对话还会具有相当高的难度。面对高难度的对话，不能一味采取回避策略，因为它会使误解进一步加深。相反，应当确定对话的难点所在，并针对这些难点采取相应的措施和策略。

二、成功和高效对话的基础

波耶尔（Marianne Bojer）、克努斯（Marianne Knuth）和马格纳（Colleen Magner）认为，成功而高效的对话需要具备以下六个方面的基础。①

1. 目的与原则

在决定采用什么手段之前，需要先澄清我们为什么要让人们汇聚一起，我们究竟要做出怎样的改变。在明确目的之前，需要先澄清需求。是什么需求推动我们汇聚在一起？在我们的回应过程中我们希望得到什么？从一种真实的需求出发，可以推导出明确的目的。目的必须有吸引力，但未必像目标那样采取非常具体、规整或量化的形式。原则表达的是人们希望以何种方式在一起去实现目的的愿望。一个伴有一系列原则的明确目的，就如同一根指南针，发挥引航作用，指出决策方向。绝大多数对话方法都有一套相应的对话原则，人们根据这些原则来设计和指导对话过程和参与者的参与方式，它们能使对话方法有效发挥作用。

2. 合适的战略问题

提出问题比解决问题更重要。合适的问题是催化剂，打开求知空间，激发思想过程、好奇心和加入群体的欲望。它是定义和区别各种对话的核心要素。在对话中，问题在许多方面比回答更有影响力，因为问题驱使人们面向未来，而答案虽然有用，但却是关于过去的。一个对参与者有意义的问题可以激发整个学习和变革过程，它要求参与者将所拥有的知识真正用来合作提出答案和解决方案，用以改变整个互动领域。确认对群体、社区或国家具有

① Pioneers of Change Associates, *Mapping Dialogue: A Research Project Profiling Dialogue Tools and Processes for Social Change*, South Africa: Johannesburg, April 2006, pp.11-15.

真正影响力和意义的问题是一种艺术，它应当来自我们内心，是我们用心要解决的真正问题。

3. 参与者的参与

不能将参与者当摆饰，而要坚信可以从参与者那里获得真知灼见。根据对话的不同目的，需要不同的参与形式、参与层级和参与者。通过汇集和容纳不同的声音和来自不同方面的人员，可以获得令人惊异的新发现。如果时间和资源允许，可以在对话之前先对所有或部分参与者谈话，这不仅有助于对话过程的顺利进行，而且可以使参与者确信在对话的过程中他们的意见会得到重视，从而使他们可以提前开始思考对话涉及的问题。

4. 基本结构

对话过程可以被看作是一个故事，有起始、中间进程和结尾。我们需要设计人们将如何到来，如何澄清他们的个人意愿和共同意愿，如何就他们共处方式和行程达成一致，什么是这一过程的核心，他们将如何结束，带着个人的和共同的承诺和结论，并准备回到他们来的地方。需要确定最适合这一过程的基本结构（underlying structure），用以掌握对话的节奏。为此，人们提出了许多不同的模型，不同的模型侧重于基本结构的不同方面。其中一个最简单的模型是“发散和收敛”（divergence and convergence）模型：发散阶段是打开可能性，收敛阶段是达成结论或共识。

5. 协助者

人们往往更重视对话的手段、设计和过程，而忽视对话协助者（facilitator）的角色。对话协助者是对话的召集人和主持人，他以有形或无形的方式影响着对话的空间和参加者。尽管很多工作是提前计划好的，但是一个真正的协助者将会出现在其应出现的时刻。在对话中，协助者不应当被预先确定的结构和时间表所束缚，随着真实进程的展开，首要原则是充分准备，但不过分程式化，并以创造性的方式进行回应。虽然这听起来像自由放任，但实际上却需要更清晰地掌握目的和原则，以及倾听参加者和关注过程变化的能力。一个优秀的协助者不但需要保持谦逊，而且要有勇气顺其自然，等待水到渠成。

6. 物理空间

那些典型的会议室设置实际上大多并不利于对话的进行，但人们出于习惯还是继续使用它们。人们更多地关注会议议程，而更少关注对话室或对话厅的设置。其实，物理空间会对对话过程施加一种无形却令人难以置信的强烈影响。为了有助于更多的互动和参与，应当让人们坐成一圈，还是像坐在剧场中那样，还是坐在一个大屋子里，还是围坐在小咖啡桌旁？为了进行一次放松的谈话，会谈应该在自然环境中，还是在有荧光灯的会议室中，还是在有背景音乐的咖啡屋里，还是在某人家里，还是在酒吧里？是否应当有茶点？是否应当做一些似乎与完成对话任务无关的事情？当人们步入一个吸引他们感官的屋子时，他们会感到自己受到了热情的欢迎。它使得在谈话开始之前，在介绍谈话的意图之前，参与者的思想已经有了某种转变。物理空间的设计还可以有助于集中参与者的集体智慧，例如，为了使参与者们共享他们习得的和突破性的想法，可能需要有更多墙面的空间。还可以考虑哪种环境会使人们感觉更舒适、放松但又活泼和令人清醒。

在上述六个基础中，目的与原则以及问题是对话的核心要素，参与者、基本过程结构、协助者和物理空间则是达到对话目的和解决相关问题的重要条件。

三、对话形式的最新发展

对话有各种不同的形式。变革先锋协会（Pioneers of Change Associates）在其主编的《对话类别》一书中概括了西方对话研究者和实践者近年来提出的下述 10 种主要的对话形式。[①]

1. 理解性探寻

“理解性探寻”(Appreciative Inquiry)是由科波里德尔(David Cooperrider)提出的一种对话形式。[②]所谓“理解”，是要确认人们周围世界中最好的东西，肯定过去和现在的优势、成功和潜能，感知它们对现存系统的重要意义，并提升其价值；所谓“探索”，是要通过提出问题来探寻和发现，开放视野来看到新的潜能与可能性。

2. 变革实验室

变革实验室（Change Lab）是多元利益相关者通过对话实现双向转变的

① Pioneers of Change Associates, *Mapping Dialogue: A Research Project Profiling Dialogue Tools and Processes for Social Change*, South Africa: Johannesburg, April 2006.

② David Cooperrider, Diana Whitney and Jacqueline Stavros, *Appreciative Inquiry Handbook: The First in a Series of AI Workbooks for Leaders of Change*, Lakeshore Communications, Inc., 2003.

过程。它被设计用来生成共享的承诺和集体见解，以便对复杂的社会问题形成突破性的解决方案。变革实验室所围绕的问题通常是那种持续缺乏有效解决方案的特殊问题。其召集者一个或多个组织，它们致力于实施有广泛影响的变革，并且意识到它们无法单独解决这种问题。他们召集25～35个与这一议题相关的关键利益相关者，他们在某种程度上代表了相关各方的利益，具有影响力，存在意见分歧，承诺要变革体制，并且也愿意改变自身。

3. **围圈对话**

从很早以来，人们就习惯于围坐一圈进行深度交谈。"围圈对话"（Circle）从本质上来说,就是使一群人放慢节奏，深度倾听，一起真诚思考。鲍德温（Christina Baldwin）在其《呼唤围圈对话》一书中对其进行了专门研究。[①]在本质上，围圈对话是一个述说与倾听的空间，大家一起反思，构建共同的意义。要提高参与者的专注质量，需要在对话过程中注意三个方面：一是有目的地说，讲与当下对话相关的事情；二是专注地听，尊重所有对话参与者的学习过程；三是以参与者的福祉为导向：意识到我们的贡献对所有对话参与者利益的影响。[②]

4. **深度民主**

人们在团体中可以不说他们实际所想的事情，这可能是因为存在禁忌，政治上不当说，或过于敏感，或认为他们所说的不会被他人认真倾听或不能影响团体中大多数人的观点。深度民主（Deep Democracy）是一种促进手段，它假定在少数人的主张和分歧的观点中存在着对整个群体有价值的智慧。这种方法有助于将那些未被言说的观点表达出来。这种方法是由南非的默娜・路易斯（Myrna Lewis）和她已故丈夫格雷戈・路易斯（Greg Lewis）基于在私营部门和公共部门多年的高强度工作经历而提出来的。[③]它基于敏德尔（Arnold Mindell）的过程导向心理学，但提供了一套更具结构性和操作性的对话方式。

5. **探索未来**

"探索未来"（Future Search）是由韦斯波德（Marvin Weisbord）和杰诺夫（Sandra Janoff）设计的一种对话形式，在这种对话过程中，社区或组织

---

① Christina Baldwin, *Calling the Circle: The First and Future Culture*, New York, Bantam Books, 1998.
② Christina Baldwin and Ann Linnea, *The Circle Way, A Leader in Every Chair,* San Francisco: Berrett-Koehler, 2010.
③ 参见其网站 http://www.deep-democracy.net/。

中那些利益相关者们组成的各种持不同主张的群体能够在一起规划他们的未来。他们《探索未来》一书中详细解释了这一方法。[①] 探索未来通过一种聚焦于任务的议程，把整个系统带入到一种可以纵览参与者过去、现在和未来体验的空间里。其目的是让所有的参与者都拥有这种过去、现在和未来，从而找到集体未来行动的共同基础。

6. 和平学校

和平学校的目的，是使参与者在真诚而直接的对话中通过与其他群体的接触来考察他们自己的认同。它要创新意识与理解，使参加者能够理解发生在他们周围的动乱和暴力过程，并理解他们自己在这种冲突中的角色。它为参加者创造了一个安全的空间，使他们能够考察自己在群体中的感受和思想。他们批判性地考察那些被习以为常的东西，挑战现存状态，确定新的可能性。

7. 开放空间

“开放空间”（Open Space Technology）是由哈里森·欧文（Harrison Owen）于 20 世纪 80 年代提出来的一种对话形式。[②]它使得各种群体可以在非常短的时间内通过自我组织来有效处理复杂的问题。参加者围绕一个具有重要战略意义的中心主题，在同时举行的工作会议中创建并管理他们自己的议程，让人们能够在他们真正关心和投入的领域进行全程参与并作出贡献。它呈现出一种更好举办会谈的新方式，并可以进一步发展为一种适用于整个组织或较小社区的新的组织方式。

8. 情景规划

“情景规划”（Scenario Planning）一词最初是由兰德公司（RAND Corporation）在二战期间发明的，作为公司战略的组成部分。情景是关于未来的可能和可行图景。它是通过一系列对话来创立的，人们通过对话来发明和考虑有关世界可能如何转变的各种情节。这些情节如果被认真和细致地加以探讨，便能够揭示出新的理解和一些惊喜。情景是一种挑战有关世界的各种假定的强有力的工具，情景规划可以拔除阻碍人们创造性和对理解未来的障碍。

9. 持续对话

“持续对话”（Sustained Dialogue）是由美国资深外交官桑德斯（Harold H.

① Marvin Weisbord and Sandra Janoff, *Future Search: An Action Guide to Finding Common Ground in Organizations and Communities* (2nd Edition), San Francisco: Berrett-Koehler, 2000.

② Harrison Owen, *Open Space Technology: A users guide (3rd* Edition*)*, San Francisco: Berrett-Koehler, Inc., 2008.

Saunders）受其长期从事国际事务与和平进程职业生涯的启发而提出的一种对话形式。[①]持续对话最突出的特点就在于它是持续的。在一个不断延展的时间段，同一群人参加连续举行的会谈。它的基本假设是，为了解决冲突事项，不能仅仅关注要解决的具体问题，还需要关注阻碍冲突事项解决的深层关系。关系的改变非一日之功，也非一次简短的会议所能完成，它是一个动态的、非线性的过程，费时费力，而且需要有关各方的承诺。

10. 世界咖啡屋

尽管人们在咖啡屋中聊天已有几个世纪了，但“世界咖啡屋”（The World Café）作为一种对话形式是由布朗（Juanita Brown）和伊萨克斯（David Isaacs）于 1995 年提出的。[②]它要围绕相关问题创造一种活生生的对话网络，使人们一起创造新的、意义共享的集体见识。其容纳人数可以从 12 人到 1200 人。

四、对新对话形式的几点评价

第一，这些新的对话方法的产生和发展，不仅与新的理论观点相联系，而且与冲突化解的实践要求相联系。正是在化解各种难以化解的冲突中，产生和形成了这些方法。同时，这些新的对话方法并不是一成不变的，而是随着在冲突化解实践中的运用，不断总结经验，发现不足，并在此基础上加上改善、变化和修正。由于建立在冲突化解实践的基础之上，使得这些方法具有很强的实用性。

第二，这些新的对话方法不仅在形式上展现出新的姿态，而且在目的和功能上超越了以往的对话形式。对话不仅被用来消除误解和达成协议，而且被用来改善关系、建立信任、相互激发、开放新的思想空间、超越各自的局限、形成共同的意义世界。

第三，这些新的对话方法的运用特别强调平等参与和差异性的作用。它们不是将差异视为完全消极的障碍，而是积极利用人们在身份、处境、观点、价值和认同等方面的差异，来扩大冲突各方彼此的视野，形成深度的相互理解，创造过去未曾想到的冲突化解方案。为实现这一目的，这些新的对话方

① Harold H. Saunders, *A Public Peace Process: Sustained Dialogue to Transform Racial and Ethnic Conflicts*, New York: St. Martin's Press, 1999.

② Juanita Brown and David Isaacs,*The World Cafe Book: Shaping Our Futures Through Conversations that Matter*, San Francisco: Berrett-Koehler Publishers, Inc., 2005.

法要求参加各方平等参与、平等相待、相互尊重、互不歧视。

第四，这些对话方法更加强调冲突各方在对话中的自主性。它们用对话“协助者”的角色替代了过去对话中“主持者”的角色。在对话中，不是协助者主导，而是参加者主导，协助者只是做一些必要的协助和促进性工作。在设定基本对话规则之后，具体对话过程尽量由参加者自己组织。

第五，研究者们注意到了各类对话本身具有的不同特点及其相应的优势和局限性，强调每一种方法具有不同的作用条件和适用目的。因此，各种对话方法使用的有效性，不仅取决于恰当的程序安排和需要遵守的各项原则，而且在于与针对的情境相匹配。

中国在运用对话方法化解各种冲突的长期实践中积累了丰富的经验，但从理论上对对话方法的本质、类别、形式、程序和应当遵循的原则还缺乏系统的概括和深入的研究。西方对话方法的实践经验和理论探讨，有许多可以借鉴内容和观点。了解西方对话方法研究的最新动态，有助于我们更好地总结我们自己在冲突化解中的对话实践经验，并在理论上予以更系统的分析和阐释，用以指导冲突化解实践中更有效地运用对话方法。

公共冲突管理主体研究

"政府兜底"：我国农村社会冲突管理中的现象与逻辑

杨华

摘　要：当前我国农村社会冲突进入频发期，对其管理构成了基层政府公共治理和社会管理的主要内容。研究发现，政府作为第三方对社会冲突各方进行调解时，为尽快化解冲突而对冲突方作出补偿。这种"政府兜底"现象，在农村社会冲突管理中颇为常见。本文对"政府兜底"的现象、内涵、表现、形式、路径、逻辑及其影响进行了全方位分析，认为冲突各方为了达到各自的目的，通过不断"闹大"将社会冲突转变为政府要立马解决的政治事件是政府兜底的前提，而"兜底"则是在现有制度和社会环境的总体约束下，作为理性人的政府及其主要官员作出的理性选择。尽管"政府兜底"在短时期内使社会冲突得以化解、社会秩序重新恢复，保障了农民的某些权益，但也造成了一系列负面后果。政府应在社会冲突管理中通过制度建设来规范社会冲突，提高社会冲突管理的制度化水平，避免丧失原则和底线的随意兜底。

关键词：农民闹大；政府兜底；社会冲突管理；上访；群体性事件；闹访

前　言

社会学家达仁道夫认为，社会冲突是一种政府之外的、有明显抵触的社会力量之间的争夺、竞争、争执和紧张状态。[①]当前我国正处于社会转型时期，社会进一步分化，社会利益主体和利益来源更加多元化，利益关系愈发复杂化，利益矛盾渐趋明显化，形成了极其复杂的利益新格局和社会矛盾新体系，由不同个体、群体和阶层间的利益博弈、权利维护引发的抗争与冲突尤为凸显，社会冲突集中爆发。[②]对社会冲突的控制与管理已经成为我国公共治理和社会管理领域的重要课题。由于历史和社会的原因，政府是我国社会冲突管理的最主要的主体。在社会冲突管理过程中，政府是非当事方，它在冲突双方之间扮演着第三方干预角色，承担着为冲突双方搭建交流平台、促成和解以及达成妥协，最终化解冲突和恢复社会秩序的责任。

但是，现实中政府角色和责任远非如此简单，政府非但不是社会冲突管理中公正公平、权威至上的中间人和裁决者，往往是冲突一方或双方“讹诈”的对象，是被各方专门挑来捏的软柿子。研究者发现当政府作为第三方对冲突各方进行调解时，为化解直接冲突双方的矛盾作出补偿，以平息事态、结束争端。[③]所谓“谋利型上访”亦如此，农民为民事纠纷而上访，政府为了平息上访而给上访者好处，上访者得了好处以后便不断上访或威胁上访，以此要挟政府谋取利益。[④]亦有研究发现，在各类“闹大”现象中冲突方通过把事情闹大来给政府施压，使自己的事情得到解决，解决的方式多是从政府那里得到好处。[⑤]在各地“校车事件”中，政府兜底的数额一波比一波高，既没先例，也没规范，令人唏嘘不已乃至叹惋，为的是使地方政府尽快走出

作者简介：杨华（1981—），男，社会学博士，公共管理博士后，现华中科技大学马克思主义学院副教授，主要从事农村阶层分化与社会冲突管理研究。

基金项目：教育部人文社会科学基金青年项目“当前我国农村社会各阶层分析——探寻执政党和国家政权在农村社会的阶层基础”（11YJC710064）、中国博士后科学基金项目“当前我国农村社会各阶层分析——探寻执政党和国家政权在农村社会的阶层基础”（20110491142）和国家社科基金青年项目“增强和扩大党在农村的阶层基础和群众基础研究”（12CKS016）

文章来源：本文刊载于《公共管理学报》2014年第2期。

① 达仁道夫：《现代社会的冲突》，北京：中国社会科学出版社，2000年。

② 杨华：《“中农”阶层：当前农村社会的中间阶层》，《开放时代》2012年第3期。

③ 李婷婷：《“兜底”的调解者——转型期中国冲突管理的迷局与逻辑》，《社会主义研究》2012年第2期。

④ 田先红：《当前农村谋利型上访凸显的原因及对策分析》，《华中科技大学学报（社会科学版）》2010年第6期。

⑤ 韩志明：《闹大现象的生产逻辑、社会效应和制度情境》，《理论与改革》2010年第1期。

风口浪尖。[①]在年初发生的河南“义昌大桥坍塌”事件中，地方政府为了转移舆论焦点，尽早摆平受害者、平息事件，甚至放出“越早签协议就有越多奖励”的话，更是使政府兜底变得赤裸裸。[②]有学者把这类政府为了换取人们对于社会秩序的接受而公开或含蓄地提供某些好处的现象概括为“兜底”，而政府则沦为“‘兜底’的调解者”。[③]

根据笔者调查，在农村社会冲突管理中，基层政府的兜底现象更为稀松平常，甚至成为了农村社会冲突管理的一般现象。另外，笔者发现，政府在兜底之前必然有个农民“闹大”的过程。也就是说，基层政府不会自觉自动地、心甘情愿地为农村冲突中的任何一方兜底，必须要让政府感知有必要兜底时，政府才会兜底。“大闹大解决，小闹小解决，不闹不解决”，把事情闹大是让政府感知要兜底解决问题的最好方式。农民动不动就把事情闹大，基层政府不得不做出兜底。所以，农民闹大与政府兜底是一对孪生兄弟，是农村社会冲突管理中农民与政府关系的双重建构。农民闹大是前提，政府兜底是结果，它们各自依循不同的逻辑，共同形塑了农村社会冲突管理的独特现象。

那么，在政府管理农村社会冲突、从中斡旋调解时，冲突的一方或双方为什么要把事情闹大？政府作为冲突的非当事人、无直接关系的第三方，为什么要为冲突兜底？这些都是本文试图初步解答的问题。本文首先对政府兜底进行界定，然后对政府兜底的前提农民闹大的逻辑展开分析，紧接着探索政府兜底的内在逻辑、机制和根源，最后对农民闹大和政府兜底的政治社会后果展开剖析，并进行初步的讨论和提升。

一、“政府兜底”的案例

在详细阐述政府兜底管理之前，在此先列举在江西安义县农村调查的几个政府兜底案例。[④]通过这些案例的呈现，可以管窥农村社会冲突管理中“政府兜底”的一般现象和逻辑。

① 萧武：《又见校车事故，维稳亦要讲原则》，观察者网。

②《河南塌桥遇难者家属：官方称早签协议奖励多》，《中国青年报》2013 年 2 月 4 日。

③ 李婷婷：《“兜底”的调解者——转型期中国冲突管理的迷局与逻辑》，《社会主义研究》2012 年第 2 期。

④ 以下案例出自笔者和所在团队成员余彪、刘锐、王君磊、陈柏峰于 2011 年 7 月和 11 月对江西省安义县农村的调查，并由余彪和陈柏峰整理完成，调查材料和思考为团队成员共享。

案例1 2010年，石镇古村村民刘某被机动三轮车撞死，县交警大队去现场处理事故，刘某的亲属根本不理会县交警大队。刘某亲属采取闹访策略，将刘某的尸体抬到出事路段，后来又抬到县委大院并在大院里摆灵堂。最后在县政法委的协调下，刘某的亲属获赔30万元：肇事者赔偿28万元，肇事者所在的津镇政府赔偿1万元，刘某所在的石镇赔偿1万元。

案例2 2011年5月，新镇两个人被石鼻镇的王某开摩托车撞成一死一伤。死伤者家属要求赔偿20万元，但是王某根本拿不出这么多钱。死伤者家属便到石镇政府挟尸闹访，致使镇政府办公秩序瘫痪。县领导出面调解亦无济于事。最后惊动了市政府，一位副市长下来调解。最终这位副市长拍板决定，石镇赔偿5万元，新镇赔偿5万元，肇事的万某借钱赔偿10万元。

案例3 2010年，杨希恒的妻子在安义县人民医院做子宫切除手术时被划破尿管，杨希恒要求医院赔偿，承担后续治疗费用并支付精神损失费，医患双方在赔偿金上产生分歧。杨希恒及其亲属多次到县市政府上访未果。后来，杨希恒召集30多人在县政府门口静坐闹访，县信访局局长出面安抚。县里最后的调处意见是：县人民医院承担杨希恒之妻的后续治疗费用，并赔偿3万元，镇政府发放抚慰金4万元。

案例4 2012年，石镇某村一个20多岁的男子在钓鱼时不慎掉进水库溺亡。水库地处石镇，但属于县水利局管。死者家属找不到责任方，便抬尸到石镇门口闹访，吃喝拉撒睡全都在镇政府。镇政府说水库不归它管，水库管理方说有明文规定不准钓鱼，死者是违规钓鱼，死者的死与其无关，皆不答应死者家属的赔偿要求。各方僵持一段时间，死者家属威胁要挟尸到县里去闹。后达成协议：水库管理方县水利局赔偿3万元，镇政府支付抚慰金3万元，死者所在村出4万块钱。过后半年，死者父母又数次上访到县里，要求解决其生活困难问题。镇政府不断接访，被闹得不行，给死者父母分别办了城镇低保。

案例5 2010年10月，石镇二中学生刘柯兵与同学刘行杏、刘信等人打架斗殴，刘柯兵被刘行杏用水果刀刺穿肺部，抢救无效死亡。刘柯兵的父母和亲戚多次到学校、县信访局闹访，抬着死者的遗像在教学楼前和教室烧纸、燃鞭。县政法委书记、纪委书记、副县长、县教科体局局长、县公安局副局长、镇党委书记等多人在六天五夜的不断调解下，才达成妥协：死者家属获赔45万元，刘行杏的监护人赔偿18万元，刘信的监护人赔偿12万元，石镇二中赔偿13万元，石镇政府支付抚慰金2万元。

案例6 2011年，平乡某村杨某的父亲病危，抬去村卫生室就诊，村医认为病情严重，建议其家属尽快转到杨梅镇医院治疗。到镇医院，医生还没来得及问诊，杨某的父亲就去世了。杨某的家属为了从医院得到赔偿，坚称是医院救治不及时导致病人去世，并从村里纠集数十同姓同宗年轻人到医院闹事。医院则认为其没有任何责任，不愿意承担赔偿，并且该医院院长亦针锋相对地从老家纠集数十青壮劳力与杨某一干人等对峙。为了避免发生群体性冲突，杨梅镇政府和平乡政府出面调解，三天未果，双方皆不肯妥协。最后两乡镇政府分别给予杨某6000元共一万二的抚恤费，平乡还给杨某年迈的母亲办了低保，使冲突得以平息。

案例7 2011年，何村何某六十多岁，一日放牛吃了何二家的蔬菜，被何二家的老婆骂了一顿，不服气，回家喝药自杀。这个人本身就是疾病缠身，数次跟其他人吵架也扬言要喝药自杀身亡，但都被家人劝住。这次喝药自杀成功之后，村里很快上报镇上，镇党委政府迅速反映，并由分管政法的副书记和几位领导下乡处理此事，一连七个昼夜才把事情解决。何某家要求何二家赔偿安葬费和其他费用共十万元。何二家认为何某的牛吃蔬菜，有错在先，自己只不过是说了几句，何某喝药与自己无太大关，更何况何某前面几次都要喝药，喝药是他早已准备好的，因此只愿意出安葬费，其他费用一律不出。两家僵持，镇里和村里一开始做工作虽然没做下来，但控制了局面，何某家子孙没有抬尸闹访。最后在镇政府的协调下，何二家赔偿何某家4万元，镇政府再以抚恤的形式给予何某家3万元，双方签字画押，表示同意处理意见，承诺不会上访上告。

笔者在江西安义等地农村调查发现，无论什么原因，只要在医院治病死了人，或是出了交通事故，都会找政府，非得政府出面给予赔偿，不然就堵政府大门，甚至到更上一级政府群体上访。交通事故现在不能由交警来处理，而须由政法委来处理。现在农村群众闹访已成当地最大问题，只要死人，即使自己打架死了人，他们也要找政府闹。逢死必闹。现在黑社会介入到死人事件，黑社会帮你策划，产业化经营，黑社会包办索要政府赔偿，赔偿分成，二十万，他要五万元。他们上街游行，一天五十元、一包烟。现在是民“欺”官，对法律缺乏敬畏。任何事情都动员老头老太太堵政府大门，看起来可亲可敬的老太太为了每天 50 元而堵政府大门。[①]

二、“政府兜底”的界定

（一）“政府兜底”的内涵

政府兜底是指，在社会主体之间的冲突中，政府作为第三方干预力量介入其中对社会冲突进行管理，在冲突方未能达成妥协且将不满意归结为政府的调解和将冲突矛头转向政府的情况下，政府为了尽快控制不断闹大的事态而对冲突一方或各方作为利益等形式的补偿，为冲突进行兜底以使冲突方接受政府供给的政治社会秩序。在社会冲突管理中，政府兜底的性质说到底是“花钱买平安”，通过给予冲突方好处而不是按照法律、政策、原则和先例等做出裁决或者通过说服教育工作化解冲突。按照上述定义和性质判断，政府兜底具有以下鲜明特征：一是政府在社会冲突中是冲突各方的调解者、第三方干预者，非冲突当事人；二是政府兜底是发生在冲突方（可能）把冲突的矛头转向政府且不断把事情闹大之后，也就是说政府兜底的标志是社会冲突（可能）转变为基层的政治事件，政府兜底实质上是为（可能）引火烧身的政治事件埋单；三是政府在权衡冲突管理的机会成本之后，判断只有利益兜底才可能“尽快地”结束争端、恢复社会秩序，其他任何途径都会拖延事态而致使政府付出更高昂的代价；四是政府兜底的方式多是直接输出利益，给好处，而不是遵照原则和规范。

通过对政府兜底进行分类，可以更好地对它进行理解。按照不同的分类标准，政府兜底有以下几种主要类型：

1. 按照政府对兜底的主观能动性和态度差异，可以分为主动兜底与被动兜底。前者是在农民没有将事情闹大或威胁闹大之前，政府判断冲突双方难以达成妥协，而事情不快速解决又会引发更大的麻烦，于是便做出兜底的决策。后者是指在冲突一方或双方在无法达成妥协的情况下，将事情闹大，使得政府处在上级政府或者社会舆论的压力之下不得不做出兜底决定，以使事情尽快解决。在这种情况下如果不做出兜底，事情就难以迅速解决，政府则

① 贺雪峰：《乡村的去政治化及其后果》，《哈尔滨工业大学学报（社会科学版）》2012 年第 1 期。

会更加深陷政治漩涡。

2. 按照在一次社会冲突中政府兜底的次数差异，可以分为一次兜底与多次兜底。一次兜底意味着政府在冲突管理中通过一次性地对冲突一方或双方做出兜底，便使冲突得以化解，此后没有再次出现社会冲突或闹大事件；而多次兜底则是在政府首次兜底之后，冲突一方或双方对得到的好处和处理结果不满意，于是再次掀起闹大事件，或者冲突方在尝到了政府兜底的甜头后，效仿前次闹大的行为，以此给政府施压而再次或连续性得到好处。政府的多次兜底，会成为农民通过闹大谋利的源泉。

3. 按照在一次冲突管理中参与兜底的政府的级别数，可以将兜底分为一级兜底与分级兜底。一级兜底是指某一级政府来承担兜底的责任，其上级和下级政府不参与其中，这样的兜底往往发生在规模较小、影响范围较窄的社会冲突管理中。一级兜底在乡镇政府的冲突管理中发生较多。分级兜底是指由多级政府组织来承担兜底责任，不同级别政府、部门的兜底的形式或项目可能一样，也可能不一样，这样的兜底一般发生在规模较大、影响范围较广的社会冲突管理中。分级兜底在县域范围内发生较多，典型的如县域群体性事件，一般由县级政府及相关部门和乡镇、村级组织分别兜底。

（二）"政府兜底"的表现

"政府兜底"的表现是指政府在哪些方面的农村社会冲突中进行兜底管理。在农村社会冲突中，并不是所有冲突都需要政府兜底管理，有些冲突农村内部能够自主解决，有些冲突政府出面调解亦可以很好地化解，但有些冲突则极易发展到需要政府兜底的程度，政府的"兜底"也就多表现在对这些冲突的管理中。

1. 农民与企事业、自治单位的冲突。在农村，事业单位主要包括乡村中小学、幼儿园、卫生院、诊所、农技农资部门、邮电局、供电站等，企业主要是指乡村两级所办的集体企业，自治单位包括村委会、社区组织等。这些单位组织并不是政府部门，或者说已经脱离了政府部门，集体企业是自负盈亏的单位，事业单位是以政府职能、公益服务为主要宗旨的一些公益性单位、非公益性职能部门等，它们参与社会事务管理，履行管理和服务职能，宗旨是为社会服务，主要从事教育、科技、文化、卫生等活动，而自治单位则是农民的自治组织，由具有选举权利的农民选举产生。这些单位组织虽然不是政府部门，但有个共同点，即具有公共性。由于其公共性质，在农民的眼里就是政府部门，当农民与它们发生冲突时，更容易将冲突闹到政府去，要求政府解决，而政府则对该冲突介入的责任更大。这些冲突中，需要政府兜底管理的主要有以下几种：（1）中小学、幼儿园出现伤亡事故，该类事故的发生原因既可能是学生之间的打架、斗殴，也可能是因为学生在校期间发生的偶然性事故（如游泳溺水身亡），还可能是上课意外死亡（如体育课休克死亡）等，近年引起关注较多的是农村校车事故。（2）农民在乡村医院、诊所就医发生的医疗事故，该类事故容易引发常见的“医闹”现象。（3）农民与村委会（社区）、村干部的冲突，这类事情发生一般是由于村委会、村干部对农民权益的侵犯，或没有利益没有满足，或公平观念、常识性正义平衡感被打破引起后者的不满，并被村庄政治斗争所利用和组织而引发剧烈的冲突，较为典型的是“乌坎事件”。其他的冲突还有如出现普遍的“假种子”、“假农药”事件而引发群体冲突，农民触电身亡与供电部门的冲突，农民对集体企业污染、待遇、工伤赔付等不满而引发个体或群体冲突，等等。

2. 出现伤亡的民事治安纠纷。如果说上述农民与企事业、自治单位等主体的冲突还具有一定公共性，在农民的观念中还与政府有千丝万缕的关系，那么完全民事主体的冲突也需要政府兜底则有些匪夷所思，但事实上政府对这类冲突的兜底管理是相当惊人的。这类冲突一般有以下几种情况：（1）民事纠纷造成伤亡事故或是群体性对抗，如打架斗殴致伤或意外死亡，或由于个体民事冲突引发不同村落、宗族的群体性对抗。（2）农民之间发生口角，一方以自杀为手段或气急自杀而造成身亡，双方家庭亲属、家族之间产生剧烈冲突，政府介入冲突管理。这类冲突在农村时有发生。（3）农民意外落水身亡，由此导致落水身亡者亲属与水面所有者或管理者的冲突，在农村常常发生钓鱼、游泳、戏水或不慎掉入水中时溺水身亡的事故。本来这类事故是自身缘故，既与水面所有者、管理者无关，更与政府无关，但由于身亡者亲属找水面管理者或所有者要说法、要赔偿，从而引起双方的争执和冲突，政府介入冲突管理。（4）征地拆迁中农户与开发商、拆迁公司的冲突。最近屡屡报道农户因阻止征地开发而被开发商、拆迁公司的推土机、胶轮压路机碾死的事件。据笔者调查，这些事故中受害方一般都会把冲突引向政府，最终成为与政府的冲突①，地方政府在冲突管理中进行兜底。

3. 出现伤亡的交通等意外事故。按照规定和惯例，交通事故的处理单位一般是交通部门，地方党委政府只是协助处理。但是在调研时，我们听说案例 1 中的刘某在交通事故中死亡，而交警部门居然没有出场，就非常诧异。后来专门去交警大队调研，事故科的陈科长接受了我们的访谈，他说："去了也没用，交通事故双方都不会认可交警大队的事故认定。现在事故科已经无事可做了，出了交通事故，人们直接找党委政府。"由于对交警部门的不信任，以及依法依规得不到所希望的赔偿，农村的交通事故的处理都成了乡镇党委政府、县政法委的事情，交警大队只是配合做些鉴定等技术活。在该类冲突中，由于冲突双方都不妥协，且伤亡方闹得厉害，地方政府常常通过进行兜底管理而使冲突平息。

4. 上访与群体性事件。根据宪法第 41 条所规定，上访是我国公民的一项基本权利，也是农民寻求诸多纠纷解决、诉求表达方式的一种。当地方政府和法院难以满足农民的申诉要求，同时又没有其他关系可以摆平时，那些最执拗人就采取多种上访的方式，如缠访、闹访、越级访和进京访等。缠访是指访民不断纠缠地方党政、部门领导，要求其解决问题、满足诉求，干扰领导做其他事情，使得领导烦不胜烦，极可能给点好处了事，在本身就是为了谋利而上访的个案中更是如此。②闹访是指诉求人通过在党政机关进行个体或群体性闹事的方式要求解决问题。越级访和进京访是指农民在下级政府无法满足其要求、解决其问题时，越级到更高层政府或中央政府反映问题。在信访"一票否决制"和维稳压力型体制下，为了消除地方的不稳定因素和上访事件（尤其是越级访和进京访），地方政府容易采取"用人民币解决人民内部矛盾"方式息访。在政府兜底管理的上访类型中，涉法涉诉上访比较典型。据调查，大部分涉法涉诉访民是因为对法院的终审判决不服但又不符合再审条件，从而逐级上访至进京上访。不少案件在法律上已经终结。地方法院没有法律上的过错，而与民事案件原本没有关系的地方政府更没有过错。只是因为上访，地方政府才不得不卷入民事纠纷的协调，不得不与访民协商

---

① 杨华：《农村征地拆迁中的阶层冲突——以荆门市城郊农村土地纠纷为例》，《中州学刊》2013 年第 2 期；郭亮：《土地征收中的利益主体及其权利配置》，《华中科技大学学报（社会科学版）》2012 年第 5 期；朱静辉：《征地之意外后果的影响及应对机制》，《中共宁波市委党校学报》2012 年第 4 期。

② 田先红：《当前农村谋利型上访凸显的原因及对策分析》，《华中科技大学学报（社会科学版）》2010 年第 6 期。

谈判[①]，并可能为了终结上访而进行兜底管理。另有特定职业群体[②]如退伍军人、民办教师、老村干部、老赤脚医生、政府分流人员、下岗人员等的上访、静坐和游行，其抗争和诉求的缘由亦本与地方政府的过错无关，但其抗争行为却成为地方政府维稳的重要内容，一般需要对他们创设特殊的政策、待遇及对领头人进行“收买”等措施给予兜底管理。

在农村较为激烈的群体性事件的社会冲突中，地方政府的兜底管理体现得更明显、更淋漓尽致。据笔者调查，农村许多群体性事件在发生之初并不是针对地方政府，而可能原本是民事冲突（如两个宗族之间的冲突，买方跟商家的矛盾），只是由于政府在介入冲突管理时方式方法不对（如出警不慎、言语不当等），或冲突双方对政府的调解决定不服而引发与政府的冲突，并且与原始冲突无关的人等也加入进来“泄愤”[③]。在这类涉及面广、影响巨大的群体性事件中，政府可能倾向于通过兜底管理尽快平息事态、安抚民众、消解舆论压力。

（三）政府兜底”的形式

“政府兜底”的形式是指政府以什么样的方式、动用什么样的资源对农村社会冲突进行兜底管理。据笔者调查，政府兜底的形式一般有三种，一是利益兜底，二是政策兜底，三是政治兜底。根据不同冲突的性质、规模和诉求的差异，政府采取不同的兜底形式，有的是用一种形式兜底解决问题，有的则需要综合三种兜底形式才能彻底平息冲突。例如在“瓮安事件”中，政府就采用了综合兜底的形式：教育部门的捐助、死者所在乡政府为其家庭提供经济补助和粮食补助，给予家中老人低保待遇，以及答应为其兄提供大学期间的贫困生资助等。[④]

1. 利益兜底。根据不同冲突性质或冲突方的要求，直接支付冲突方一定的金钱或物质补助。在上面罗列的 7 个案例中，政府在兜底管理中都不同程度地给予了冲突方一定的金钱补助，一般是以“抚恤”“救助”“抚慰”“补助”的名义进行的。这些名义和话语，既符合民众对政府的“道义”要求，也符

① 侯猛：《最高法院访民的心态与表达》，《中外法学》2011 年第 3 期。
② 陈柏峰：《特定职业群体上访的发生机制》，《社会科学》2012 年第 8 期。
③ 于建嵘：《社会泄愤事件中群体心理研究——对“瓮安事件”发生机制的一种解释》，《北京行政学院学报》2009 年第 1 期。
④ 李婷婷：《“兜底”的调解者——转型期中国冲突管理的迷局与逻辑》，《社会主义研究》2012 年第 2 期。

合社会主义国家和政府“为人民服务”、满足困难群众需求的意识形态理念。[①]在劝访、息访中，乡镇或县民政局会以“大病救助”“特困补助”的名义给予访民利益，以使对方息访。当然也有直接给予好处而没有任何名义、名分的，譬如地方政府在接访的过程中给访民住最好的宾馆、高档吃喝免费、旅游景点游玩、坐飞机返回等，并私下许诺其他利益。在解决影响较大的群体性冲突中，政府还会通过给予大部分村民好处的方式化解村民对政府的怨恨情绪，如在“乌坎事件”平息后，2012 年 4 月 18 日广东省委副书记朱明国视察乌坎工作，就承诺为村民们解决诸多影响生产生活的困难和问题。此举意旨在进一步消除村民的反抗情绪，认可政府的行为。

2. 政策兜底。包括三个方面，（1）降低门槛或适用条件使其能够享有一定待遇或政策。[②]在上述所列案例 7 中给予低保较为典型，原本事主母亲并不符合低保要求，但为平息冲突，通过降低要求将其纳入农村低保行列。其他如城镇低保、经济补助、困难补助、粮油补助、种子补助、贫困生补助等皆需调整相关规定才能给予冲突方。[③]另外，突破分数线安排在县中学就读、突破规定安排就业或调动工作，以及税收优惠、自主创业扶助等现象亦不少见。[④]诸如此类的待遇和政策作为乡村治理农民上访、社会冲突的手段已普遍存在。（2）创设一些特殊的政策文本、以“规范”的形式使某些情境的纠纷当事人能够获得特定程度和范围的特殊补助。如不少地方政府出台类似《司法救助专项资金管理使用办法》的规定，旨在救助涉法涉诉上访案件中生活困难的当事人，其中规定只要符合条件的困难当事人就可以得到最高为 5 万元的救助款。[⑤]在笔者调查的江西安义县，最近因交通事故的闹访事件较为频繁，亦出台相关资金给付的规定。在对待特定职业群体（如组织化程度较高的退伍军人）的冲突管理中，政策的创设和推陈出新就更为频繁。（3）给予冲突当事人或冲突村庄特殊的政策扶助和支持。这主要是对待那些影响比

① 田先红：《从维权到谋利——农民上访行为逻辑变迁的一个解释框架》，《开放时代》2010 年第 6 期。

② 李婷婷：《“兜底”的调解者——转型期中国冲突管理的迷局与逻辑》，《社会主义研究》2012 年第 2 期。

③ 安义农村调查案例：杜某 30 多岁，结婚后老婆外出打工跟人跑了，到政府闹，要求政府把他老婆找回来，否则就吃住在政府。县政府没办法只能给他办低保了事。

④ 安义农村调查案例：肖某，40 多岁，有 5 个子女，前面几年到县政府上访，理由是当年政府没有抓好计划生育，使他们家生了这么多小孩，导致现在家庭负担重，生活困难，要求政府负责。否则就到省城、北京上访。县政府最终为他们的两个子女免费安排在县一中读书，并给了他们夫妇农村低保名额。两三年又到县政府闹，要求政府给他们夫妇城镇低保，并给他们正在上大学的女儿贫困生救助。县政府无奈，逐一满足其要求。

⑤ 李婷婷：《“兜底”的调解者——转型期中国冲突管理的迷局与逻辑》，《社会主义研究》2012 年第 2 期。

较大、社会关注度比较高的群体性事件的事后冲突管理，既是安抚村民的措施，也是树冲突解决典范、新典型的需要。如“瓮安事件”“乌坎事件”。“乌坎事件”之后，2012 年 4 月 20 日广东省委工作组[①]列出 2012 年乌坎村基建设施配套援建项目汇总表，需要修建整改的项目共计十几项，涉及自来水供应设施改建、村道建设、村居绿化、排污管道修缮、乌坎教师住宿楼等，项目耗资近亿。广东省委决定把乌坎打造成农村环境连片整治示范新亮点，并成立了乌坎村新农村建设及项目推进领导小组，聘请了广东省知名的城乡建设规划专家进行了高起点、全方位的规划。乌坎事件经历群体上访、官民对峙、高层介入之后，将以新农村建设的示范村进入公众视野。[②]

3. 政治兜底。在政治上作出妥协，满足冲突方对村庄政治的需求。笔者调查发现，农民借社会冲突转变为与政府的冲突后，通过不妥协或把事情闹大要挟政府解决其他问题，如解决党员身份、参选村委会、任命为村组干部、罢免现在任村干部、恢复政治名誉、重新选举等。这类兜底，在村庄派性政治的社会冲突中表现得较为凸显。在群体性冲突中，“政治兜底”还包括司法机关不追究制造冲突主要人等的法律责任、追究地方政府相关主要负责人的政治责任。“乌坎事件”就是典型的起源于村庄派系政治斗争，最后因警察和政府的介入不当而引发大规模群众与政府的冲突。在该事件中，反对派提出三项诉求：查清土地买卖情况；查清村委换届选举情况；公开村务、财务状况。为了尽快平息事件，于 2012 年 1 月 15 日，在广东省工作组的提议下，乌坎村成立新的党总支，反对派林祖銮任村党总支书记。随后在 2 月 1 日，乌坎村进行了村民委员会选举，产生出来的 11 委会委员皆为反对派成员。3 月 3 日，乌坎村第五届村委会重新选举，林祖銮首轮以 6205 票高票当选村委会主任，同为反对派的杨色茂以 3609 票当选副主任。3 月 4 日，乌坎村进行村委会补选，经过补选，反对派洪锐潮当选村委会副主任，其他反对派主要成员庄烈宏、张建成、孙文良和陈素庄当选村委会委员。4 月 20 日，汕尾市陆丰纪委宣布对乌坎村原党委、村委共 8 名成员进行“双规”，并表示将严肃查处他们的违法乱纪行为。至此，村庄派性政治斗争中反对派完全执掌村庄权力，原村两委干部下台并受到惩罚，反对派及其背后的村民的反对浪潮退潮。

---

① 该工作组由中纪委委员、广东省委副书记朱明国任组长，林木声任副组长，还包括省直各部门的 9 名厅级干部和一批业务骨干。

② 龚春霞：《行政应急管理与乡村社会秩序的生成——反思乌坎事件》，未刊稿 2013 年。

三、“政府兜底”的路径

“政府兜底”的路径是指农村社会冲突如何一步步地发展到需要政府兜底管理的阶段，期间经过了哪些重要的步骤和阶段。通过对兜底路径的条分缕析，可以很清楚地看到兜底管理的发展脉络及其逻辑。一般来说，政府兜底管理都要经过以下几个步骤：社会冲突——二阶冲突——农民闹大——兜底管理。

（一）社会冲突阶段

社会民事主体之间的纠纷和冲突最终要成为政府兜底管理的冲突，必须首先满足一个条件，即能够成为政府的政策问题。要达到这个目的，就必须将个体性的冲突问题化为政府要立马介入、着手解决的公共问题。在社会生产、生活和交往中，有着各式各样的摩擦、矛盾和冲突，但并不是所有的冲突都会引起政府的注意，被纳入政府的政策议程。政府的制度理性是有限的，它不可能感知、了解和解决所有的社会问题，只有少数社会问题进入它的视野，其中又只有更少的问题它会着手解决。同时，政府的资源也是稀缺的，它只有用在最紧要、最重大的事情上，而不会浪费在细小琐碎的问题上。因此，大部分社会冲突会被政府设置的机制所过滤，进入不了政府的法眼，少之又少的社会冲突会成为“幸运儿”。要使政府介入并着手解决社会冲突，社会冲突就得满足以下条件：让政府感知到不得不去面对和处理，否则冲突就会扩大和蔓延，孳生更大的稳定隐患；若不尽快着手解决，给个说法，就可能陷入舆论漩涡，处于极度被动状态，甚至会引起上级政府的注意。

满足上述条件的社会冲突有以下几种，一是社会冲突中出现了死亡和重大财产损失，尤其是交通事故出现死亡、民事纷争中出现自杀，乡镇政府都会高度警觉，一般都会主动出击以稳定局势和控制事态，再着手处理，表现出较高的应急水平。在笔者调研中，石鼻镇政法委刘书记说：“现在只要听说本镇出了交通事故，或者出现了死人的事情，我就会做好心理准备，吃顿好饭，好好睡一觉，因为我知道，第二天肯定没时间吃饭休息，要与闹访的人耗一整天。发生事故后的第一天，死伤方肯定会动员全家族到县里镇里闹访，而且情绪激烈、要求高，很难轻易接受调解方案。”[①]二是冲突一方或双方主动找到党委政府，尤其是数十上百人的群体挤占政府大院，面对成规模性的群众和群情激愤的情绪，政府必然会出面安抚并提升自己的议事日程。三是在有死亡的民事冲突中，冲突一方挟尸游街或找政府“伸冤”，面对“生死为大”“人命关天”的局面，政府一般会紧急处理，否则会造成不良影响或使事态扩大。

（二）二阶冲突阶段

“二阶冲突”是指冲突各方与干预冲突的第三方之间围绕干预的方式、结果而产生的新一级的冲突，它是由原冲突各方之间的冲突转向于第三方的冲突，是冲突升级和扩散的一种形式。[②]农村社会冲突在成为政府的政策议程、进入政府干预阶段之后，可能会由于冲突各方对政府干预的方式不满，如出警、出言不慎，或该作为时不作为，或作为不当，也可能对政府干预的结果不满，即处理意见不满意、没有满足自身的诉求，或认为不公正、有偏袒而对政府产生不信任感、生发逆向情绪，等等，从而使得冲突一方或各方的抗争矛头转向政府。二阶冲突改变了原有冲突的性质：它将民事纠纷、社会冲突变成了官民纠纷、干群矛盾和党群冲突，将治安事件、法律案件转化为政治事件，使得事件的责任由冲突方负责转变为由党委政府来承担。政府成为责任方后，就不再是可以置身事外的干预方、调解者，也就是说冲突不再仅仅是政府“要管的事”，而政府必须为事件的最终解决担负责任，否则就要承担政治责任。社会冲突变换为二阶冲突是政府进行兜底管理的前提，没有这个前提，政府的兜底管理也就不存在。在接受笔者访谈时，安义县石鼻镇分管政法的书记对此颇有感慨地说：“为什么法律上的事情，却要我来处理？这是什么样的法治社会？”他最近三年处理了十几起重大的群体性涉法涉诉闹访事件，这些都经由了一个社会冲突向二阶冲突转变的过程，成为他具体“领衔”负责的政治事件，最后都不同程度地进行了兜底管理。

---

① 访谈笔记由余彪和陈柏峰整理完成，调查材料和思考为团队成员共享。另参见陈柏峰：《群体性涉法闹访的生产机制与社会后果》，未刊稿 2013 年。

② 常健、韦长伟：《当代中国社会二阶冲突的特点、原因及应对策略》，《河北学刊》2011 年第 3 期。

（三）农民闹大阶段

当民事、法律事件成为政治事件、社会冲突成为二阶冲突之后，社会冲突就转变为冲突方（一方或各方，下同）与政府的博弈，冲突方要求政府负起责任来公正、公平地处理事件以满足自己的诉求。冲突方要达到自己的目的，就得动员一切可以动员的资源、媒介和力量向政府施压，使得政府感受到压力后在事件的处理中倾向于自己，从而满足自己的要求。而作为博弈另一方的政府也在动员各种资源，如整合体制资源（不同部门人员组成专门工作组、积聚各部门的资源）将该冲突作为"中心工作""火线工作"来做，并通过与冲突方有关系的体制内人员做冲突方的工作，以迫使冲突方接受政府提出的解决冲突的方案，最终平息事态。相对于政府而言，农民可资利用的资源和媒介则少之又少，如他们没有体制内资源，没有强有力的社会关系网络，也没有相应的诉求表达的知识。他们要达到自己的目的就得在诉求表达的方式、手段上下功夫，即将二阶冲突不断闹大。

据调查，在这些冲突中，农民闹大的方式分为群体性闹大和个体性闹大。群体性闹大一般包括（要挟）群体访、群体围攻政府机关、游行示威、挟尸围攻县委大院、破坏公共设施、群体性缠访闹访等，个体性闹大主要有越级访、京城访、缠访闹访、自焚、自虐、跳楼秀、跳桥秀以及诉诸媒体网络等。两种闹大方式并非截然分开，在有的冲突中会交织使用。农民闹大（或威胁闹大）要达到以下目标：一是引起上级政府（含中央政府）的注意和重视，通过上级政府施压，使地方政府感受压力而力求解决问题、满足冲突方的要求；二是引起媒体和群众的注意，制造舆论氛围，使地方政府陷入舆论漩涡，地方政府为了平息舆论、安抚民众情绪、转移舆论注意力而下力解决问题；三是使地方政府自觉感受到再不尽早、尽快解决问题，就会引起上级政府和舆论的关注，届时自己的政治压力就更大。农民通过闹大而使二阶冲突的政治性更强，也就是说，农民不断闹大，地方政府所感受到的政治压力就更大，在压力型维稳和信访一票否决制下，地方政府就不能再对冲突事件进行拖延、敷衍甚或依法办事，而是要尽快解决。

（四）兜底管理阶段

在二阶冲突中，与政府博弈的不是一方，而是双方或多方。冲突方都不满意政府的处理结果而无法达成妥协，各方都希望通过闹大尤其是冲突伤亡方为了达到自己的目的而不断通过闹大来给政府施压。在这个时候，如果政府倾向于某一方而向另一方施压要求其接受对方提出的要求，则该方不仅不会同意，反而可能会通过闹大转而给政府带来新的政治压力。因此，只要冲突各方不同意政府提出的协调方案，在当前体制下，政府就要面临来自各方制造的政治压力。于是，在无其他资源可资利用的情况下，政府就可能做出兜底管理的决定，通过兜底来使双方都接受某政府的决定，换取他们对现有秩序的接受，恢复社会秩序，进而解除政治压力。上述7个案例，冲突伤亡方要求对方赔偿某个数额，但对方不同意赔偿或没有能力赔偿该数额，从而使双方冲突化解陷入僵局。冲突伤亡方便通过闹大的形式给政府施压，要求其解决赔偿问题，政府无奈之下只能通过兜底部分赔偿数额，冲突对方愿意（或有能力）赔偿一部分，加起来达到冲突伤亡方的赔偿要求，才使双方达成协议，双方的冲突和二阶冲突始得以化解，悬在政府头上的“达摩克利斯之剑”方才消失。

四、“政府兜底”的逻辑

“政府兜底”的逻辑要阐发的是政府为什么在社会冲突管理中要兜底，或者说为什么会采用兜底的方式而不是其他方式解决冲突。根据公共选择理论，政府及其官员也具有自身的利益目标，在交易过程中同样追求自身利益的最大化。[①]因此，在现有制度和社会环境的总体约束条件下，“兜底”在某种意义上是政府及其官员的理性选择，是其不得不做出的“最优”行为举措。

（一）消解维稳维权政治压力的需要：尽快平息事态是最大的政治

“稳定压倒一切”，尤其是当前我国正处于历史发展的重要战略机遇期，进入改革的深水区，同时又处于社会矛盾凸显期，保持政治社会基本稳定是抓住战略机遇和解决社会矛盾的重要前提和基础，因此稳定问题摆在了越来越重要的位置，甚至出现了某些学者所说的“不稳定幻象”[②]。从中央到地方到基层各级党委政府都把稳定问题作为自己的中心工作，“息访维稳”甚至

① 丁煌：《公共选择理论的政策失败论及其对我国政府管理的启示》，《南京社会科学》2000年第3期。
② 孙立平：《消除“不稳定幻象”》，《经济观察报》2008年1月7日。

成了乡镇一级唯一的、首要的工作，乡镇通过“信访治理”来达成乡村社会的治理目标。[①]在这种情势下，从中央到地方一级级地形成了“信访一票否决制”和维稳压力型体制，每一级政府都有来自上一级政府的信访“一票考核”和维稳压力，中央政府承受全国的信访维稳压力，但所有政府的压力都可以通过“批转信访案件”和“信访维稳目标责任制”转嫁到基层政府，因此基层政府的信访维稳压力最大。

因此，在信访维稳上，每一级政府都不希望出现差池，都不希望自己的管辖领地内出现信访维稳问题，不希望有把柄、污点被上一级政府抓住，从而都希望保持稳定、控制信访和社会冲突，而一旦出现信访维稳问题，都希望在第一时间内解决，尽量不造成广泛的社会影响，更不希望上一级政府知晓和问责，且越是更高层级政府问责，下一级政府要承担的政治责任就越大。然而，如果在一个乡镇出现了信访维稳问题，其影响扩大到县一级，那么若再扩大则县一级也要成为上一级政府问责的对象，此时县一级就会与县镇“共谋”，共同尽快、尽早地平息事件；若不慎还扩大到了市一级，那么市一级的心态与县一级相通，亦不希望继续扩大，遂会与县乡“共谋”控制事态；到省一级逻辑相通，都希望在本级政府之内解决问题。在这样一个都希望事态不扩大、尤其是不往上一级政府扩散的维稳体制下，每一级政府都希望下级政府尽快、尽早地解决问题，只要解决问题就万事大吉，因此每级政府都可能走“只要结果，不问手段”的策略主义、机会主义政治路线。尤其是在处理对地方政治社会稳定冲击较大的群体性冲突时，为了尽快、尽早地恢复社会秩序，重塑稳定的社会环境氛围，这种策略主义、机会主义的路线更容易运用，这便是“政府兜底”的制度情境和制度逻辑。笔者在对安义县乡分管政法的领导访谈时，他们提到政府兜底时常常挂在嘴边的是“上级领导更大方”，意思是只要事情闹到需要市县主要领导（如市长、副市长、县委书记等）出面调解时，市县主要领导更倾向于兜底解决，而且开的口子更大，因为“反正钱又不是他们出”，即市县领导出面只是表态，兜底的还是下一级政府。而且，事情越快解决越好，以免自己陷入冲突的泥淖难以脱身。只要事情快速、圆满地解决，市县主要领导的工作就完成了，就可以向他们的组织和领导邀功悬赏（交差）了。

① 申端锋：《乡村治权与分类治理：农民上访研究的范式转换》，《开放时代》2010年第6年。

上面讲的是政府维稳政治，还有一个层面的是新闻媒体（含网络，下同）的维权政治。当前我国的新闻媒体正呈现出一个“官媒去政治化，商媒政治化”的一体趋势，即传统官方主流媒体开始倾向于更多指摘地方政府的过失，而不是对地方政府护短，立场越来越多地站在民众一边，这是一个去政治化的过程；而正在兴起的商业媒体则吸收了西方法律、权利和宪政的理念，也站在民众的立场更多地批评地方政府，这是一个政治化的过程。[①]这两个过程使得不同性质新闻媒体的立场和意识形态出现合流之势，地方政府越来越难以控制新闻媒体，更难以动员新闻媒体的资源为其所用。因此，只要新闻媒体对社会冲突事件一报道，就会一边倒地使地方政府陷入舆论漩涡，处于被动地步。地方政府就要紧急公关、灭火。新闻媒体站在民众立场所使用的是法律、权利和抗争的话语，而政府则被塑造成践踏法律、侵犯权利和压榨民众的恶魔。事情拖得越久，对自己越不利。因此，政府要公关灭火首要的是要迅速地扭转自己的形象，即满足农民的要求。对于农民来讲，只要满足了他们的要求，他们就不再闹了，该事件也就没有新闻价值了。对新闻媒体来讲，只要是满足农民的要求（无论怎么满足，满足什么样的要求），都意味着政府在政治、权利、自由、产权等上对农民妥协，是对法律和农民权利的尊重，是进步的表现。所以，一旦事情平息，媒体对该事件的关注就会戛然而止，即便关注也是积极正面的报道（如“乌坎事件”之后，乌坎村民选举被宣传为基层民主的典范）。因此，政府为了尽早走出舆论漩涡，不使影响进一步扩散，就得迅速平息事件，而最有效、最快捷的手段是“兜底”。

综上所述，政府通过“兜底”管理社会冲突，而非循序渐进、依法办事，是为了迅速解决问题，其压力则来自上级政府的维稳政治和新闻媒体的维权政治。尽快平息事态是最大的政治。上级政府要求地方政府迅速解决，新闻舆论也要求地方政府尽快给出友好姿态。上级政府和新闻媒体关注的都只是“解决问题”本身，而不是按照“什么方式”解决问题。如果地方政府按照常规方式解决，如依法办事或尽量做思想政治工作，则会耗时过长，上级政府和新闻媒体都等不及，只能是“特事特办”即“花钱消灾”“给封口费”“给钱打发走人”、让农民“拿钱走人”或满足农民其他诉求，才可以在尽可能短的时间内解决问题。假若政府兜底管理中还有“政治兜底”（如民主选举、问

① 萧武：《媒体的政治化与去政治化》，观察者网 2010 年 8 月。

责干部、废除“恶”法、颁布“良”法等），则更可能得到新闻媒体的欢呼。

（二）节省行政资源的考虑：政府理性人的算计

政府官员是具有理性的“经济人”，不会因为在政治领域中就从自私自利的利己者转变为大公无私的利他者，他们也具有追求自身利益的动机和愿望，在进行行为选择之前也要对成本与收益进行核算。并且，政府的各类资源都是有限的，并且越是底层政府，它能调动的资源越少。因此，理性的政府会将“好钢用在刀刃上”，集中资源办“大事”、办“重要的大事”，不会将资源浪费在“小事情”上，或消耗在“不重要的大事情”上。对于政府而言，处理农村社会冲突，尤其是剧烈的群体性冲突是“大事”，但不是“重要的大事”——重要的大事必须凸显本级政府及其主要官员的政绩。因此，在管理农村社会冲突时应秉着尽量节省资源的原则，而不是任由有限的资源无限消耗。要节省资源，就得“快刀斩乱麻”，从速从快地解决冲突问题，而“兜底”是个不错的选择。政府兜底虽然要“无辜”地消耗政府一定的资源，但至少在以下几个方面节省了行政资源：

（1）物质资源。政府在管理社会冲突中，要花费金钱和消耗其他的物质资源。譬如接访、截访需要花费政府大量的经费，若有一例到京城上访的案例，乡镇政府就得派个两三个人到京城接访，期间的吃住路费就得花费好几千，在京城停留得越久，花费越高；如果在京城请“黑保安”帮忙还得另外预算。据乡镇“综治信访维稳中心”负责人介绍，一般一次京城接访最少要花费上万元，多则数万。到其他层级政府接访亦需要一定的花费。而如果给予上访人一个或几个农村低保为安抚，则一年只需花费几百上千元，两相比较，基层政府何故不兜底呢。而在剧烈的群体性冲突中，拖延的时间越长，群体性的破坏力就越大，政府和社会的公共设施和财产就可能破坏更大。据笔者调查，到政府群体闹访的人多半还得赖在政府吃喝，时间耗得越久，这笔开销就越大。因此，政府兜底能够减少破坏、节省资源。

（2）人力资源。根据县乡的经验，政府在遇到群体性冲突时一般会调动体制内的力量成立处理专班或领导小组，它一般由不同部门抽调的主职领导或分管副职领导组成，如在乡村医闹中，小组成员会涵盖乡镇党委书记、分管政法书记、乡镇卫生院长、综治办主任和县卫生局副局长、公安局副局长等，若事情闹得更大，则县政法委书记或县委副书记也列入其中；若是教育线上的冲突，则教育局长、分管教育的副县长列入其中。这些不同部门的成员都有各自职务内的专门事务，被抽调过来实质上是对人力资源的巨大消耗。处理时间拖得越长，人力资源的消耗就越大，他们的专门事务荒废得就越多。如若通过兜底在短时间解决问题，则会节省大量人力资源，解放一大批人，释放一大堆事务。

（3）主要领导的时间、精力、注意力等资源。无论是政府主要领导，还是部门的主要负责人，他们的时间、精力和注意力都是稀缺资源，更应该用在政府或部门最紧要、最重要的事情上。尤其是在我国还很大程度上具有人治色彩的政府（部门）中，主要领导不仅拥有绝对的权力，还能决定政府的发展方向和前景，因此他们的时间、精力和注意力就更加宝贵，更不应该浪费。在以经济建设为中心的时代，各级政府主要领导的时间、精力和注意力都被认为应该放在地方经济发展上，用在招商引资上，用在征地拆迁上，用在向上跑资源、跑项目、跑政策上，等等。而农村社会冲突却可能拖主要领导的后腿：不仅较为激烈的群体性冲突需要主要领导出面安抚、协商和处理，由此消耗了他们的时间和精力，转移了他们的注意力，而且像一些个体性的缠访、闹访和谋利访也都是直接找政府（部门）的主要领导，因为他们认为只有主要领导的讲话、签字和表态才算数。这样，本来隐身被管理者背后的主要领导就成了与被管理者直接面对面的“街头官僚”[①]，使其深陷繁琐的具体事务中而难以抽身。事件拖得越长、领导被缠得越久，主要领导的时间、精力和注意力就消耗得越大，就越无法去做更大、更重要的事情，与其如此“耗着”损失，还不如兜底解决问题。问题解决了，主要领导才能抽身去干更重要的事情。在接受访谈时，一位经常缠访的农民介绍经验说，“要想领导给你解决问题，你就得把他搞烦”，“搞烦”就是通过胡搅蛮缠、死缠烂打，把政府（部门）主要领导搞得无心正常工作，这样他们就会“批条子”“打招呼”“给好处”打发上访者走人。[②]

（三）地方官员的政绩需求及其任期约束：最重要的事情是什么

我国政府官员的选拔制度不是公民选举，而是由上级政府任命，并对其

① 韩志明：《街头官僚的空间阐释——基于工作界面的比较分析》，《武汉大学学报（哲学社会科学版）》2010年第4期。

② 田先红：《当前农村谋利型上访凸显的原因及对策分析》，《华中科技大学学报（社会科学版）》2010年第6期。

进行政绩考核及决定其升迁。相对于上级政府，下级政府的行为和绩效具有私人信息的性质，要想在上级政府考核中取得高分就必须发送业绩信号。在非对称信息情况下，上级政府不能准确掌握下级政府的行为，只能根据下级政府的行为结果进行评价。在我国政府考核体系中，主要考核的项目有两条，即发展与稳定。显现"发展"的政绩主要包括经济发展指标（GDP）和城镇化化推进速度、高大的标志性建筑、宽广的广场以及轰轰烈烈的城镇建设场景。"稳定"包括信访维稳、生产安全等，虽然是"一票否决制"，但它更多的是一种否定性的考核指标，即出现了稳定问题才会一票否决，而在具体的考核中所占比重并不大，且难以在政府间竞争中凸显自己的优势与特色，因而难以显现政府及其主要官员的政绩。因此，在维稳问题上尽量做到"不出事"就可以。为了向上级政府发送看得见的业绩信号，并展示自己的高人一筹，就必须在发展上做文章。所以，对于每届政府及其主要官员来讲，虽然"稳定压倒一切"，但最终"发展才是硬道理"。

由于地方政府的主要官员都有任期限制，只有在任期内把经济搞上去才能凸显政绩和引起上级领导的注意。因此在其短暂的任期期间，就得把政府主要的资源及个人的时间、精力和注意力放在经济发展而不是其他事情上。这样，无论是选择经济发展模式，还是处理其他问题（如社会冲突）都会相对短视，只注意战术，不注重战略，只追求GDP的高速增长，而忽略或掩盖经济发展及其他政策措施所带来的更深层次的矛盾和问题。这些矛盾和问题只要被"捂住"在其任期内不爆发，就尽量不去触动和解决，从而可能在下任任职期间爆发出来。当前许多的社会冲突都是单纯追求经济发展所造成和积累下来的。为了在其任期内"不出事"，或不让上级政府知晓"出事了"，地方政府在处理社会冲突、矛盾和问题时，就更多地采取策略主义[①]和机会主义的做法。只要能将冲突和问题及时、迅捷地抹平，使政府主要官员不被政治问责，不影响任期内辖地的经济发展，不影响任期内辖地的招商引资环境，不影响投资人的信心，等等，则无论什么手段、什么方式都可以用。这就导致政府在处理社会冲突时容易"捂盖子"和随意"兜底"。只要能够妥协解决，让民众不再上访、不再闹事，什么办法都可以用，只注重平息具体事件，而掩盖了更深层的问题。于是诸多丧失原则、没有底线的"兜底"措施

① 欧阳静：《维控型政权：多重结构中的乡镇政权特性》，《社会》20011年第3期。

迭出。

（四）常规性资源动员失败与软预算约束的支撑

在维稳与维权政治的压力下，政府要尽快将冲突处理掉，手头就必须有尽快处理冲突的资源，或者说它能够整合和动员体制内外的资源来解决问题。这些资源包括法制资源、政治资源、机构资源、暴力资源、媒体资源及社会资源等。这是一些常规性的资源，在我国政治、行政和治理中常常被整合和动员起来集中做某件事情，比如运动式治理、专项整治、中心工作、火线工作等。但是事实上，在政府处理社会冲突的过程中，这些资源要么稀缺，要么被限制，要么无法动员，要么动员起来也起不了作用，使得政府在这些常规资源动员上归于失败。最后只能“兜底”解决问题。

（1）法制资源。社会冲突多半涉及法律问题，通过法律途径解决是最合理的。但是通过法律途径解决有几个无法克服的困境：一是手续繁琐，繁文缛节、条条框框比较多，往往会使文化相对较低和相关知识甚少的农民陷入“规则黑洞”，[①]使得其权利救济被繁多而庞杂的规则所稀释，从而对法律望而却步。二是法律途径耗时过长，农民一般难有过多的时间和精力耗在漫长的程序和等待中。三是通过法律途径解决问题需要当事人出得起钱、请得起律师，在金钱方面的花费较多，农民一般消费不起。四是法律途径不一定依法办事，期间会有不公正不公平的现象，即便依法办事，也不一定达到当事人所期望的目的，如金额的赔偿。五是通过法律途径进行救济有终结机制，一般是三审终结，之后即便再不服判决，也只能认可。所以，政府是最希望通过法律途径解决冲突问题，而农民则最不愿意走法律途径，所以他们只有通过把事情闹大，将法律事件转变成政治事件而由政府来救济。如此一来，政府对法律资源的动员就失效。

（2）机构资源。政府原本是作为社会冲突的第三方干预者而存在的。能够作为第三方干预主体的还可以有其他的机构，如人大、政协、妇联、工会及其他社会团体。但这些主体在我国当前的政治生态和社会环境中，一无实质性权力，二无社会声望，难以承担起农民对公正、公平及权益诉求的救济责任。因此即便政府动员他们来主持解决社会冲突问题，冲突方对它们也不

① “规则黑洞”是易江波在齐海滨教授主持的一次讨论会上提出的概念，意思是由于规则过于密集，使得个体的权利往往被密集的规则所稀释、吞噬而无法行使。

信任。

（3）政治资源。对于地方政府而言，政治资源的动员失败表现在以下几个方面：第一，来自上级政府、社会舆论的压力使得政治资源的空间愈发狭小；第二，传统社会主义国家意识形态和话语体系业已衰弱，在做工作时越来越空洞乏力，从而使得“思想政治教育”的方式难以奏效；第三，新的权利、宪政话语体系被农民掌握之后，它与农民的传统道义话语结合在一起，使得政府更难以驾驭和把握。

（4）暴力资源。暴力资源是地方政府控制事态进一步蔓延和扩大的重要手段。在民众的法律意识、权利意识渐趋强大，信息畅通（稍不慎就被捅到媒体上去）以及法制愈发健全的情况下，地方政府的暴力资源被束缚：不能随意出警，且出警要慎重；不能随意打人、逮人和关人；过去常用的进“法制学习班”、送“精神病医院”、关“黑监狱”等手段，也不能再用了，等等。当暴力资源不能随便动用的时候，就无法控制农民“踩线不越线”，将事情进一步闹大，如群体性游行示威、进京上访、缠访、闹访等。

（5）社会资源。社会资源包括农民群众普遍的公平正义观念以及政府能够动员起来的社会力量。在社会冲突管理中，由于当前治安工作中的群众路线流于形式[①]，农民普遍的公平正义观念已经难以参与、介入管理之中，因此难以影响或制约冲突方的行为和决定。政府就只能动员能够影响冲突行为和决定的社会力量参与做工作，这些人既可能是体制内的人，也可以是体制外的人，政府对体制内的人可以进行“强制性动员”[②]。这些人与冲突方越是强关系，工作就越容易做通。但是一般农民与体制内人员极少有强关系——若有强关系，他也就无需通过把事情闹大来进行博弈和权益救济。因此，政府在社会冲突中对社会资源的动员也难有实质性效果。

（6）媒体资源。上文已叙述体制媒体去政治化和商业媒体政治化，都难以为地方政府所利用，且更多的是站在政府的对立面，甚至对事件作出选择性的、偏离事实的报道[③]。在一些影响比较大的群体性社会冲突中，政府动员不了媒体的力量，更不可能转变媒体对事态的评价态度。

① 陈柏峰：《群众路线三十年（1978—2008）——以乡村治安工作为中心》，《北大法学评论》2010 年第 4 期。

② 海云志：《“关系型”强制动员——城市拆迁中死人关系网络的反向利用机制》，《青年研究》2011 年第 5 期。

③ 陈柏峰：《传媒监督权行使如何法治》，《法学家》2012 年第 1 期。

当上述常规性资源无法充分动员的时候，地方政府要在短时间内解决冲突，就只剩下“兜底”这一手段可利用了，并且最常用的是“利益兜底和政策兜底”。在出现伤亡事故的冲突中，如群体性事件、校车事件、桥梁爆炸事件等，巨额的利益兜底最为常见。政府之所以对利益兜底情有独钟、最为擅长，根本原因在于我国政府实行的是“软预算约束”[①]机制。政府财政收入与支出不规范、不透明，政府（部门）主要领导的批条子、签字就能动用公共财政。这样就使得政府动用公共财政资金相对容易，而且可能是无底洞。这是造成地方政府可以轻易给予“利益兜底”的财政制度基础。

五、“政府兜底”的影响

作为政府平息事态、维护地方安定团结之政治目标的政策工具和手段，政府兜底在某种意义上实现了政府的目标，在短时间内化解了冲突，重新恢复了地方社会秩序。地方（党委）政府主要官员通过“兜底”管理短时间内平息事态，向上级党委政府及主要官员展示了其化解冲突、应急管理的能力，发送了执政一方的能力信号，也向社会尤其是新闻媒体传达了友好的讯息，展示了良好的执政风格和和清新的亲民形象，等等；同时，作为弱势群体的冲突方（农民）的权益得到了维护、诉求得到了满足，似乎是一个皆大欢喜的结局。然而，政府兜底毕竟是在政府规制之外的一项选择，它具有临时性、随意性和非常规性的特点，有其内在的局限，并带来了一系列的政治社会后果。

（一）“政府兜底”彰显了官治化和人治化的效应

我国是一个官治化和人治化传统比较深厚的国家，权力崇拜和人治色彩在政府内部和社会上依然较为严重。“政府兜底”依赖于行政命令、政府主要官员批示等手段推动冲突解决，“兜底”的标准、方式和手段缺少制度化和规范化，具有灵活性、权变性、临时性、应急性和自由裁量的特点，并随政府主要官员的偏好、价值、喜好、风格和注意力，及政府财政能力变化而变化。政府兜底的这些特性使得农民在社会冲突中更依赖于政府解决，更期待上级政府“青天大老爷”的出现，从而也使得政府的责任无限放大。诚如前文所

① 周雪光：《“逆向软预算约束”：一个政府行为的组织分析》，《中国社会科学》2005 年第 2 期。

述，政府兜底的前提是民事纠纷、法律问题转变为政治问题，因此它实质上是通过权力解决问题，进一步彰显官治化和人治化的社会效应，挤占法律的空间，使得通过法律的治理越发不可能。

（二）“政府兜底”遮蔽和掩盖了深层次的社会问题

政府兜底要解决的政策预期目标是要在短时间内平息事态，不可避免地具有单一性和短期性的特点。这种解决问题的方式必然是“头痛医头、脚痛医脚”的，只是就事论事，注重平息具体的事态、安抚具体的冲突方，而不可能整体性地、综合性地一揽子解决问题，更无心去追究冲突发生的深层次的社会和制度根源。同时，政府兜底只注重当下具体冲突的化解，不注重长时段的、长远预期的化解冲突的制度化能力建设，使得每次冲突的化解依赖于博弈解决问题，由此产生路径依赖：社会问题的解决不是依据明确的规章制度，而是每一次具体博弈的特定结果，且每次“闹大”都形成负反馈，进一步促进“闹大”。从而衍生更多的社会问题，加大公共治理风险和社会管理困境。

（三）“政府兜底”生产对闹大的示范和效仿机制

政府兜底的前提是农民闹大，如果农民不闹大，或者闹得不够大，政府就不会兜底，或者兜底不够充分。这样就会使得“闹大”具有示范效应，“大闹大解决，小闹小解决，不闹不解决”成为社会的普遍共识，使人们要想解决问题就千方百计地将事情闹大，闹大也就不断地复制、不断地循环再生。政府也不得不陷入平息、处理和再处理闹大的“兜底”漩涡，耗费大量行政资源。

（四）“政府兜底”会产生不公正、不公平的现象

“政府兜底”一旦成了农户所赖以表达诉求、解决问题的唯一“可行”路径，那么不但“闹大”会被效仿，也可能使农村没有能力“闹大”的普通农户群体被排除在表达之外，除非他们能组织起来进行群体性“闹大”，否则政府就不会理会他们的诉求。另外，兜底没有具体的标准，而是依赖具体的博弈，因此在政府兜底中就必然会有不公平不公正的现象：闹得越狠，得到的好处越多；越是高层政府出面，兜底就越大手大脚（如乌坎事件）；媒体关注

度越高，政府给钱越痛快（如农村校车事件）；有能力第一时间将事件捅到公共媒体、发布于门户网站上，就能够在第一时间得到政府的兜底，等等。

（五）“政府兜底”滋生了专门以闹大谋利的现象

在社会冲突管理中，一部分农民尝到了政府兜底的甜头，就容易孳生投机心理和专门谋利的闹大行为，典型的如通过上访或威胁上访从地方政府手中捞取好处①。群体性闹访容易获得政府的兜底，但由于群体性闹访的不断发展，吸引政府注意力的门槛不断抬高，闹访呈现恶性竞争的趋势，从而导致了一个新兴的“代闹”职业的诞生，不仅“职业医闹”为人所熟知，就连到政府闹访也开始由混混操纵一条龙“产业化”经营。同时，由于闹访治理难度大，政府部门也借用混混进行治理，或默许医院、学校等单位利用混混应对闹访。②

（六）“政府兜底”使得政府的自主性进一步降低

政府的自主性包括独立性、自我管理和自我决定等方面的内涵，它是排除其他团体、利益集团的干扰，独立行使权力、自觉回应社会问题的能力。政府自主性越高，自觉回应社会问题的能力就越强，反之则低。在压力型维稳体制下，地方政府受束缚于上级政府的“一票否决”，在社会管理中奉行“不出事”的逻辑③，难以真正回应社会的需求。同时，政府害怕事情闹大，冲突方就越把闹大当做手段，当做要挟政府、讨价还价的筹码④，使政府被闹大捆绑而处于极端被动状态，自主性越来越弱，越难以主动去发掘、回应和处理社会问题。

结语

综上所述，“政府兜底”是政府官员在总体制度和社会环境约束下作出的

---

① 田先红：《当前农村谋利型上访凸显的原因及对策分析》，《华中科技大学学报（社会科学版）》2010年第6期。

② 陈柏峰：《群体性涉法闹访的生产机制与社会后果》，未刊稿2013年。

③ 贺雪峰、刘岳：《基层治理中的“不出事逻辑”》，《学术研究》2010年第2期；钟伟军：《地方政府在社会管理中的“不出事”逻辑：一个分析框架》，《浙江社会科学》2011年第9期。

④ 饶静、叶敬忠等：《“要挟型上访”——底层政治逻辑下的农民上访分析框架》，《中国农村观察》2011年第3期。

"最优"选择，也是政府制度理性与农民"闹大"行动策略耦合的产物，它集中政府的人力、财力、物力和行政权力，通过运动式治理的方式[①]，以平息事态为唯一目标，在短时间内实践一项政府决定和行动。政府兜底并不是一无是处，它具有一定的现实和社会乃至伦理的合理性，产生了一定的正面积极效应。但是，政府兜底更带来了诸多负面的政治社会影响。因此，要解决规范政府冲突管理、扭转政府兜底现象，应该在以下几个方面着力：（1）加强农民的利益表达和协调机制建设。有研究表明，近年社会矛盾冲突事件呈上升趋势，根源在于缺乏有效的利益均衡机制。[②]农民是弱势群体，现有体制下其有效表达利益、满足诉求的正常渠道较少，这是农民之所以"闹大"的根源。通过建立农民有效的利益表达和协调机制，使农村不同利益之间进行有效的博弈、妥协和协商，以实现利益的整合，实现农村各方的利益均衡，从源头上减少和化解农村社会冲突。（2）加强社会冲突管理的制度化能力建设。制度化能力就是要将冲突纳入政府的规范管理范畴，使冲突管理和化解有章可循、有法可依，亦使社会冲突在制度范围内有序展开（而非彻底消灭冲突）。这就需要政府根据社会冲突发生、发展和演进的内在逻辑，以及管理社会冲突的基本经验，制定和出台权威性的制度文本和政策文件，为规范化处理社会冲突提供范例、程序和标准[③]，使社会冲突管理走向有序化、常规化和制度化。（3）强化地方政府的应急管理能力建设。社会冲突的应急管理能力是地方政府及其主要官员的一项基础能力，很重要的措施是建立农村社会冲突的反馈机制。在社会冲突发生后，地方政府及其主要官员就能在第一时间做出反应，控制社会冲突的扩大、蔓延和扩散，并抑制社会冲突发展成二阶冲突，以避免政府陷入不必要的兜底境地，使冲突在法律法规范围内解决。通过上述制度化措施的建立和完善，就能够保障农民正当诉求的表达，提高政府冲突管理的制度化水平，减少和消除丧失原则和底线的随意兜底。

① 吕德文：《群众路线与基层治理——赣南版上镇的计划生育工作（1991—2001）》，《开放时代》2012年第6期。

② 清华课题组：《以利益表达制度化实现长治久安》，研究报告2010年5月；张振华：《"弱者的武器"：群体性事件的政治解读》，《中共宁波市委党校学报》2012年第4期。

③ 李婷婷：《"兜底"的调解者——转型期中国冲突管理的迷局与逻辑》，《社会主义研究》2012年第2期。

社会组织在预防和处置群体性冲突事件中的作用分析

范铁中

摘 要：现阶段的中国正处于社会转型时期，原有的利益格局被打破，新的利益均衡机制尚不健全，在经济、政治、文化和社会生活等各个领域发生深刻变化的同时，各种错综复杂的社会矛盾也日益增加和激化，从而引发大量群体性冲突事件，成为影响社会发展稳定的突出问题，因此，有效预防和处置群体性冲突事件，已成为各级政府的一项重要任务。社会组织作为一种实现民众意愿，由民众自发组成的非营利性团体，可以有效弥补新型治理模式下"政府失灵"的困境，在预防和处置群体性冲突事件中有着各级政府不可替代的积极作用。社会组织是公民有序参与、合理表达利益诉求的重要载体；发挥社会组织减压阀和稳定器的积极作用；新型治理模式需要社会组织的广泛参与。

关键词：社会组织；群体性冲突事件；政府失灵

目前，我国正处于经济社会快速转型的特殊历史时期，经济结构调整引发了社会系统全面结构性调整，加速的利益分化和频繁的社会流动，使得社

作者简介：范铁中（1970—），男，吉林白山人，上海大学社会科学学院副教授，法学博士，研究方向：政治社会学、中国政府与政治。

基金项目：2014 年国家社科基金一般项目"社会组织协同参与社会治理机制研究"（批准号：14BKS049）。文章来源：本文刊载于《中共福建省委党校学报》2011 年第 12 期

会矛盾和冲突不断增加和激化。特别是由于国企改革、环境污染、房屋拆迁、土地征用、利益分配、劳资矛盾等问题引发的社会矛盾和群体性冲突事件数量迅速增加。2008年，信访量明显增加，仅全国民政部门，第一季度接受信访14万人次，第二季度31.4万人次，第三季度44.6万人次，总计90万人次，而2007年全年为81万人次。全国群体性事件在2005年一度下降，但从2006年起又开始上升，2006年全国发生各类群体性事件6万余起，2007年上升到8万余起。2008年的形势仍不容乐观，6月28日发生的贵州瓮安事件，7月3日发生的陕西府谷事件，7月16日发生的广东惠州事件，7月19日发生的云南孟连事件，是在不到1个月的时间内发生的数起重大群体性事件。[①]群体性冲突事件频繁发生，规模不断扩大，表现形式日趋多样性，手段方式趋于激烈，危害人民群众的生命财产安全，造成的后果和影响日益严重，成为影响经济发展和社会稳定的突出问题。积极预防和处置群体性冲突事件，缓解社会矛盾，维护社会和谐稳定，已成为当前各级政府必须着力解决的重点问题。

社会组织作为一种实现民众意愿，由民众自发组成的非营利性团体，反映的是在社会主义初级阶段的基本国情下，对传统的非政府组织、非营利组织、第三部门和民间组织等称谓的丰富和改造。一方面，它是市场经济体制下除市场和政府之外的社会运行和社会管理的第三方，以民间性、公益性、自主性为基本特点，在发扬民主、构建现代新型社会治理模式中具有不可替代的作用和独特优势。另一方面，和西方通用的非政府组织不同，在当代中国，社会组织与政府有着密切的联系，在推动社会和谐发展，化解社会矛盾，预防和处置群体性事件方面需要开展紧密的合作。社会组织存在的必要性，就在于它能在一定程度上弥补政府失灵和市场失灵。中国社会组织伴随着新中国建设而成长，在改革开放之中获得机遇，各项数据都表明，改革开放的30多年里，是社会组织的飞速增长时期，由最初的社会团体，发展到社会团体、民办非企业单位、基金会、行业协会等多种形式，由改革之初的不足千余，发展到今天的43.1万个[②]，这些都在说明，持续增长、功能拓展是中国社会组织的总体发展趋势。党的十七大报告提出，“要发挥社会组织在扩大群众参与、反映群众诉求方面的积极作用，增强社会自治功能”，标志着我们党

① 汝信等主编：《2009年：中国社会形势分析与预测》，社会科学文献出版社2008年版，第10页。
② 中华人民共和国民政部：《2009年民政事业发展统计报告》。

充分认识到社会组织在保证人民当家做主、扩大公民有序政治参与方面的重要地位。把它作为发展社会主义民主政治、预防和处置群体性冲突事件的重要依靠力量，是行政管理改革过程中，构建新型治理模式的重要载体。

一、社会组织是公民有序参与、合理表达利益诉求的重要载体

社会组织作为一种实现民众意愿，由民众自发组成的非营利性团体，担负着许多管理和服务职能，在政府、企业和公民之间发挥了重要的作用。公民的有序参与一般表现为公民的集体参与，个体参与因为意见的分散和非理性往往会带来有序参与的困难。“国家与公民社会的各个机构分别占有独立的资源，使得任何一方都不可能完全支配另一方。因此，‘在国家塑造社会的同时，社会力量也塑造着国家’。由于这种关系错综复杂，任何旨在探索新的治理方式的国家策略，都必须努力赢得公民社会中不同组成部分的支持。”[①]赢得不同组成部分支持的最佳途径就是培育和引导社会组织以集体的方式参与，从形式上保证公民参与的制度化、规范化。社会组织通过建设性提议、各种形式的利益表达及有序参与，可以充分体现和发挥出赋权公民、平衡各种社会力量的作用。

党的十七大报告明确提出要从各个层次、各个领域扩大公民有序政治参与，并专门强调要发挥社会组织在扩大群众参与、反映群众诉求方面的积极作用，增强社会自治功能。这说明我们党充分认识到公民有序参与是改善政治质量的一种有效手段，扩大参与有助于解决国家或私人领域不能以有效方式解决的那些共同问题，在政府和社会的信任构建方面发挥了正面的积极作用。从现代民主国家理论来看，“政治参与本身被认为是好事情；它使所有人都能发挥作用，不仅增强了自身在政治方面的能力，而且形成了构建公民社会的各种纽带”[②]。没有公民的积极参与，政府提供公共产品和公共服务的能力将会大打折扣。社会组织参与公共服务提供，既可以帮助政府更高效地提供公共服务，也可以弥补政府公共服务供给的不足，提供更加专业化和个性化的公共服务。“根据共同生产的理论，公民的这种参与有助于改善公共产

① [美]基思·福克斯：《政治社会学》，陈崎等译，北京：华夏出版社，2008年，第154页。
② [美]基思·福克斯：《政治社会学》，陈崎等译，北京：华夏出版社，2008年，第123页。

品的质量。由此不仅提高了公民对国家的满意度，而且弱化了他们对国家行为的批评，确切地说是推动了他们对政府的正面看法。”①因此，政府与社会组织合作不仅可以提高公共服务的水平，而且还可以提高社会治理的能力。

社会转型时期，在利益集团开始形成、利益主体和社会结构多元化已成为基本现实的情况下，不同的社会组织能够比较客观地反映不同的具体利益要求。因此，在一元社会向多元社会的转变中，发展各类社会组织，形成有组织、有秩序的利益表达和利益诉求，是市场经济条件下社会发展的大趋势。另外，发展社会组织，就在国家与分散的社会成员之间形成了一个中介力量，一方面，社会组织能够代表所属群体的利益下情上达；另一方面，也能以桥梁和纽带的身份把党和政府的方针政策上情下达，还能进行不同群体的利益协调和对话。因此，社会组织起到政府和社会成员矛盾缓冲带的作用，为人们的利益表达提供了多种渠道与合法的表达方式。这样，可以减少社会成员的失范行为和对抗性的社会冲突，维护社会秩序和社会稳定。温家宝总理在2009年的《政府工作报告》中强调，要加强社会管理，维护社会和谐安定。要特别重视维护群众合法权益，及时合理解决群众反映的问题，坚决纠正各种损害群众利益的行为；健全社会矛盾纠纷调处化解机制，引导群众以理性合法的方式表达利益诉求；健全社会稳定预警机制，积极预防和妥善处置各类群体性事件。②社会主义初级阶段，社会主义市场经济在促进生产发展的同时，也会出现贫富差距、城乡差距、地区发展不平衡，会产生一批下岗职工、贫困家庭、孤寡老人、残疾人群等相对弱势的群体。对这类特殊困难群体的社会救助，在当代发达国家，主要是由政府以社会救济和社会保险的形式承担，但是民间慈善组织也扮演着重要角色。处于转型期的中国面临特殊困难，政府财力有限，尚无力为全社会提供完整社会救济和社会保障。因此，一个慈善福利型、社会服务型、社会互助型社会组织通过吸纳、利用社会慈善资金和社会闲散资金，从事非营利性的社会服务活动，以提供资金、技术和信息等方式，实施社会援助，有效地帮助社会弱势群体，解决因政府财力不足的问题。国际经验表明，社会组织在满足弱势群体的社会需求，解决一些长期性的社会问题上具有独特的优势。

---

① [德]海贝勒、舒耕德：《从群众到公民——中国的政治参与》，张文红译，北京：中央编译出版社2009年版，第8页。

②《温家宝在十一届全国人大二次会议上的政府工作报告》，《人民日报》2009年3月6日。

政府作为掌握公共权力，配置公共资源的组织，是公共事务的主要管理者和公共服务的主要提供者，但是随着一些国家“全能政府”诸多问题的产生，“政府失灵”越来越引起各界的高度重视。这些问题说明，随着社会事务的复杂化和社会利益的多元化，以往由政府独揽所有公共事务处理和利益协调的局面已经难以适应社会的发展，必须有所改变。因此，政府通过建立积极参与、积极协商的治理结构，引导社会组织进行合法的利益表达和有序参与，推动社会组织成长壮大并将其作为政治改革的重要动力和支持力量。社会组织成为公民有序参与的重要途径和方式，有利于合理表达利益诉求，可以有效预防和处置群体性冲突事件，以此来解决政府由于全能化所产生的弊病，提高社会管理和服务的效率和职能。

从近些年来频发的大规模群体性冲突事件来看，由于政府面对的是完全松散、无组织无纪律的大量个体，缺乏可以有效沟通对话的组织，我国的群体性冲突事件正逐步呈现高频率发作、影响面广、烈度大等诸多特点。正是能代表相关群体利益的社会组织的缺乏，导致了群体性冲突事件中对话的困难，在不能有效约束和制止一些个体非理性行为的情况下，使非理性行为恶性放大，极大地增加了政府化解危机的难度[①]。例如，2009 年吉林通钢事件，有关专家认为，在通钢改制过程中，可以看出，职工没有自己的利益代言人，缺少一个畅通的利益诉求渠道，成为改制中被边缘化的群体，因而不自觉地把政府部门、企业管理层放在自己利益对立面。对改制企业而言，应更强化工会组织的作用，让工会组织真正成为“职工之家”，职工可以依托工会组织反映自身合理诉求，畅通利益沟通渠道，此外，建立了健全的工会组织，企业也可以通过工会对职工做细致、有效的思想政治工作，让工会真正成为联结职工、企业与政府之间的桥梁与纽带。[②]因此，需要构建多渠道的社会沟通机制，需要加强社会团体建设，充分发挥社会组织的作用，使各种社会团体依法运作，成为他们所代表的那部分群众意志和利益的表达渠道。这个问题的本质是社会制度的包容性问题，是以制度化的方式化解社会冲突的能力问题。

社会组织对于引导群众理性合法表达利益诉求具有非常重要的作用，因为社会组织不但可以成为政府和民众之间沟通的一个渠道，及时有序地释放

① 《群体性事件，授之以鱼不如授之以渔》，《南方周末》，2009 年 8 月 6 日。
② 寒皓：《反思通钢事件》，《上海国资》，2009 年第 8 期。

“健康信号”，而且是形成民间声音温和化、理性化的一个机制。社会组织更为贴近民众生活，了解百姓生活中的实际需要，及时发现广大民众生活工作中遇到的实际问题，通过意见表达，社会组织能够将这些情况传输到政府，引起政府重视，帮助政府掌握民众的实际诉求，及时解决民众的困难。政府面对大规模群体性冲突事件等非常态社会问题，必须得到社会组织的参与和协助。许多群体性冲突事件的发生，大多是因为缺乏制度性的对话机制，使民众的合理诉求得不到有效的表达，而只能采取一种极端的非制度性表达。与其“授之以鱼”，不如“授之以渔”，培育各种能代表群众利益的范围广泛的社会组织，使群众能通过这些社会组织与政府之间建立长效的互动对话机制，成为化解矛盾、沟通协商处理问题的有利平台，这是对政府工作的一种补充，弥补了政府决策的不足，是有效预防和处置群体性冲突事件的重要举措。

二、发挥社会组织减压阀和稳定器的积极作用

当前中国正处于现代化转型发展的重要时期，这个时期既是发展的“黄金期”，也是矛盾的“凸显期”。正如亨廷顿所言：“现代化与暴力之间的关系是复杂的。一般来说，现代化程度高的社会较之现代化程度低的社会来得稳定，国内暴力事件也少。……事实上，现代性孕育着稳定，而现代化过程却滋生着动乱。”[①]同大多数经历现代化过程的国家一样，目前我国也面临着如何更好地发展好经济，同时又保持社会稳定这个现代化发展难题。随着公共需求的深刻变化，社会结构进一步分化，社会矛盾更加复杂，不同社会利益主体之间的利益冲突不可避免。由于我们缺乏各种利益群体有组织、有理性地表达自己具体利益的机制，导致了许多群体性事件的发生。如果处理不好，将会引发一系列的社会问题，社会风险势必加大。在维护社会稳定方面，社会组织起到“减压阀”和“稳定器”的作用。社会组织的发展，有利于吸纳就业，保护人们的合法收入，扶助困难人群，从而促进社会稳定。同时，由于社会组织根植于人民群众之中，具有服务、协调、监督的功能和客观公正的特性，对社会矛盾能够早察觉、早解决，可以引导不同利益群体以理性合

① [美]塞缪尔·P. 亨廷顿：《变化社会中的政治秩序》，上海：上海人民出版社，2008年，第31页。

法的形式表达利益诉求，把矛盾消灭在萌芽状态，避免把局部性矛盾演化成全局性冲突，避免把本可以解决的问题演化成不可调和的矛盾。在社会冲突发生以后，社会组织还可以发挥润滑剂、稀释剂的作用，有效调解各方，平息冲突。

在计划经济的传统社会中，政府与社会对话的平台是“单位”。国家通过垄断资源、利益、信息和发展机会控制每一个单位，而单位又控制每一个人。改革开放以后，这个体制逐渐瓦解，社会开始产生大量多元利益主体。如行业协会、商会、消费者协会等社会组织，从而取代“单位”成为某种利益表达和诉求的主体，成为在政府与社会之间进行对话、调解、协商、参与的双向沟通与平衡机制。社会组织为各种社会成分提供了较宽松的活动空间，社会成员可以通过各种方式满足其多样性和多层次的愿望和实现其利益，能够起到排解社会怨气、释放社会压力的作用，也使各种不同的社会群体能够依法共存相容，增进社会容忍度。在面对政府与社会利益纠纷时，政府可以直接在社会组织这个平台上通过对话达成和解，化解激烈冲突。社会组织具有国家政府无可比拟的社会沟通优势，它既可以深入到社会基层的民众中间，又能同政府保持较密切的关系，是公民与政府之间的中介和桥梁；它既能够合法、有序地表达不同群体的意愿，也有利于形成和扩大社会共识，使更多的社会成员认同、接受新的社会规则，帮助政府扩大有效的制度供给，从而减少公民与政府之间的矛盾和冲突。

逐步深化的行政管理体制改革以及建设服务型政府的发展目标，为社会组织的发展带来了空前的历史机遇，中央政府已充分认识到社会组织尤其是基层社会组织在化解社会矛盾中的突出作用。2008 年，国务院在《加强市县政府依法行政的决定》中明确提出，要建立政府行政管理与基层群众自治有效衔接和良性互动的机制，要求“市县政府及其部门要加强对社会组织的培育、规范和管理，把社会可以自我调节和管理的职能交给社会组织。实施社会管理、提供公共服务，要积极与社会组织进行合作，鼓励、引导社会组织有序参与”[①]。市县两级政府是国家法律法规和政策的一线执行者，涉及公民具体利益的行政行为大多数由市县政府作出，各种社会矛盾和纠纷大多发生在基层并需要市县政府处理和化解。矛盾和纠纷，源于利益主体的多元化；

①《国务院关于加强市县政府依法行政的决定》，2008 年 5 月 12 日。

处理和化解，需要各种利益主体平等协商、博弈。加快培育基层社会组织，对市县政府依法行政，有效处理和化解各种社会问题和矛盾，减少群体性冲突事件的发生，将会发挥极其重要的作用。目前各地纷纷推进基层社会组织建设改革，大力培育和发展基层社会组织，因此，我国城乡社区大量新型社会组织迅速涌现，如社区文化体育团体、公益互助组织及老年人协会、残疾人协会、农村专业经济协会等。这些社会组织的活动活跃了城乡居民业余文化生活，充分调动了城乡基层群众参与社区建设的积极性和主动性，对城乡社区发展和人民群众生活正在产生越来越重要的影响。但是，在城市社区和农村基层社会组织发展过程中，也面临着一系列管理体制与机制问题，涉及群众公共生活的问题比较突出，矛盾也比较大，如果没有合理的应对机制，一些矛盾很容易被放大和激化，从而影响社会的稳定。充分发挥社会组织的积极作用，加快构建一种顺畅有效的沟通与交流协商机制，有助于排除隐患、化解矛盾。社会组织可发挥社会“黏合剂”作用，可以作为社会整合机制和社会团结方式，把社会不同群体有效连接起来。为此应加快培育和形成各种能够良性调节社会关系的社会力量和社会组织，在社会领域不断建立和完善各种能够合理配置社会资源的社会结构和社会机制。也就是说，要根据社会矛盾、社会问题和社会风险的新表现、新特点和新趋势，创造能正确处理社会矛盾、社会问题和能够有效化解社会风险的新主体和新机制，以此来更好地弥合分歧、化解矛盾、增进团结、改善民生。①

社会组织通过对成员的约束和管理，激发了社会与个体的潜能，有利地提升了现代公民的各项素质。社会组织可以看作是公民自身教育的学校，是公民素质培育的媒介体。公民在组成社会组织的过程中，在管理和运作社会组织中会逐渐实现开发自我的功能，形成公民自我成长社会化的现象。也就是说，社会组织的成员在参与社会组织的过程中，经由社会化的渐进过程，逐步把组织的价值观和规范内化于自我实现，学会如何履行相应责任的组织内义务。这样的社会化过程，能够有效地培养公民的综合素质和公民性人格，从而实现对公民个体和社会潜能的开发与激励，使社会的发展充满活力。目前，很多社会组织致力于推行公民教育，积极参与“危机干预”，利用自身掌握的先进理论和丰富经验介入危机处理，有效化解基层社会矛盾。例如，环

①《用协调机制解决陌生人社会裂痕黏合难题》，《人民论坛》，2009 年第 18 期。

保社会组织开展环境维权、推动环境公益诉讼的行为，不但对我国环保政策的执行和落实发挥了重要作用，也有效化解了不少群体性冲突事件。

最近几年来，我国由环境污染引发的纠纷不断增多，有些还导致了群体性冲突事件，严重影响了社会的稳定。例如，2007年厦门PX项目事件，这是一起环境污染引发的群体性冲突事件，厦门PX项目是个化工项目，投资逾百亿，但距离人口密集区很近，有环境污染的危险。从2007年5月下旬开始，厦门市民互相转发一条关于PX危害性的短信，6月1日，近万名厦门市民走上街头散步，以无声的方式表达了他们反对PX项目的态度，这种独特的抗议形式被新闻媒体誉为“这是一次公众以和平、理性的态度表达自己意愿的创举”。12月16日，福建省政府针对厦门PX项目问题召开专项会议，会议决定迁建PX项目。最后，PX项目暂停，后迁址漳州。对此，《南方周末》评论到，在厦门PX项目事件中，厦门市民表现了强烈的公共精神和英雄主义气概，人们见识了一个新阶层，一个公民社会正在崛起。面对这样的公民社会，传统的社会治理模式已经失效了，我们常常说中国社会是一个转型社会，这样的转型只是社会治理模式的转变，即从传统的统治型，转向现代化的公共治理。传统的统治是统治与被统治、计划与被计划、命令与服从的关系。而厦门公民在事件全程中的表现，说明民间内生的力量不可低估。如何把民间内生的力量引入公共治理，用以重建秩序，正是当下中国的一个重大命题。[①]

三、新型治理模式需要社会组织的广泛参与

20世纪后期掀起的公共管理改革的总方向是从统治到治理，就是通过国家和公民社会的合作，共同管理社会公共事务。十八届三中全会指出：“激发社会组织活力。正确处理政府和社会关系，加快实施政社分开，推进社会组织明确权责、依法自治、发挥作用。适合由社会组织提供的公共服务和解决的事项，交由社会组织承担。”[②]和传统的依靠行政权力进行管理的方式不同，社会治理的权威是公民的认同和共识，它是建立在自主、自愿的基础上的，治理的主要方法也不是强制命令，而是主要通过合作、协商、确立认同和共

①《祝愿厦门PX事件成为里程碑》，《南方周末》，2007年12月20日。
②《中共中央关于全面深化改革若干重大问题的决定》，北京：人民出版社，2013年，第50页。

同的目标等方式对社会公共事务实施管理。在全球化的深刻影响下，与世界上从统治到治理转变的趋势一道，中国的治理结构也在发生着深刻的变革。私人经济部门和各种社会组织的力量日益发展壮大，并在经济和社会生活中发挥着越来越大的作用。政治国家与公民社会、公共部门和私人经济部门及第三部门之间正在形成一种相对独立的、分工合作的新型治理结构。各类市场经济的主体和公民社会的主体，在提供各类商品和服务以及公益事业和公益服务方面发挥的作用越来越重要，并且承担了一部分原来由政府承担的职能。他们与政府在职能上初步形成了一种互补与合作的关系。[①]社会组织的产生本身就是政治民主化的体现，政府和社会组织的合作是开展社会治理的基础。在统治向治理转型的过程中，政府的管理水平和管理能力并不由于“旧”统治变作“新”治理而自动增强，这是因为治理的能力主要取决于治理的方式。“首先有赖于政府在公民中——而不仅仅是在政策制定以及市场中的有势力的利益相关人那里——享有的合法性和受信任的程度。”治理一方面需要保证公民的参与并对社会需求作出反应，另一方面又要有效地解决问题，治理的一个重要特征就是负责任的原则，要求政策制度和管理过程的责任性与透明性。[②]社会组织的发育还是推动政府改革，建设精干、廉洁、高效的“小政府”的关键举措。建设“小政府、大社会”是市场经济条件下各国的共同选择，只有社会组织逐步进入公共治理领域，逐渐承担从政府逐步剥离出来的一些行政管理性和公共服务性事务，政府才能真正瘦身，由“大政府”逐渐变成小政府。这样做还可以打破政府对公共权利和公共事务的垄断，便于对政府的公共政策进行有效的监督。

传统公共行政向着新公共管理的方向发展，在发达国家呈现出不同的时间性、节奏性和集中性，我国在深化行政体制改革的过程中，要注意在借鉴和吸取经验教训的同时，探索出一条适合我们自身发展的中国特色行政管理体制和机制。党的十七届二中全会提出我国深化行政管理体制改革的总体目标是，到2020年建立起比较完善的中国特色社会主义行政管理体制。当前的行政管理体制改革要以政府职能转变为核心。“加快推进政企分开、政资分开、政事分开、政府与市场中介组织分开，把不该由政府管理的事项转移出去，

① 何增科：《公民社会与民主治理》，北京：中央编译出版社，2007年，第168～170页。

② [法]阿里·卡赞西吉尔：《治理和科学：治理社会与生产知识的市场式模式》，载俞可平主编《治理与善治》，北京：社会科学文献出版社，2000年，第127～143页。

把该由政府管理的事项切实管好，从制度上更好地发挥市场在资源配置中的基础性作用，更好地发挥公民和社会组织在社会公共事务管理中的作用，更加有效地提供公共产品。”[①]政府管理体制是政府进行社会管理、提供公共服务的基础，当前，政府职能定位的突出问题是“三位现象”较为严重，即政府“越位”“错位”和“缺位”。从治理的角度理解政企分开、政资分开、政事分开、政府与中介组织分开，其实这些分开就是重新调整国家与社会的关系。“把不该由政府管理的事项转移出去”，目的是解决政府履行职能过程中的越位；“把该由政府管理的事项切实管好”，目的是解决政府履行职能中的缺位；“更好地发挥市场在资源配置中的基础性作用，更好地发挥公民和社会组织在社会公共事务管理中的作用”，目的是解决政府履行职能过程中的错位。政府把不该管或管不好的事情转移出去，解决越位、缺位、错位现象，需要在政府与社会之间建立一种分工明确的合作伙伴关系，需要更好地发挥市场和社会组织的有效作用。也只有在这个基础上，政府才能更好地履行“经济调节、市场监管、社会管理和公共服务”的职能，可见，从治理的角度来看，社会组织将对政府管理和公共服务起到积极的作用。

传统治理模式下，政府是提供公共服务的唯一主体，政府通过税收渠道筹集大量的社会资源，再把这些资源转化为各种公共产品，提供给全体公民。随着现代社会中公民对公共服务需求的不断提升，这种政府大包大揽公共服务的做法，不仅效率不高、提供的服务内容和质量有限，而且因其内容日益庞杂，各级政府已不堪重负。在这样的大背景下，社会组织的介入，可以创新公共服务的提供方式，通过合作外包、协议等方式与政府联合或独立提供公共服务，与政府直接提供的公共服务互相补充，形成更为健全与科学的公共服务体系，促进社会公益的最大化。正是基于这样的认识，有学者建议以社区为组织架构来重新构建中国社会，认为解决社会问题和社会矛盾的希望在城市社区及其群众自治组织——社区居民委员会。从长远来看，同样的思路也适合于农村。通过公共服务来建构服务社区，使社区居民日常生活的方方面面都有保障，增强社区的认同感与凝聚力；以政社分离来建构自治社区，给基层社区适当的自治空间；以草根组织来建构民主社区，以此作为发展民主的基础；以扶弱济贫来构建温馨社区，使全体社区居民产生一种安全感与

① 《关于深化行政管理体制改革的意见》，国务院公报，2008 年 3 月 3 日。

归属感。总而言之，在传统命令式管理已经不灵的情况下，社会管理应该强调“政社分离”，政府要在发挥主导作用的前提下，让出一个可以由社会组织实行自治的社会空间。[①]随着中国社会从生存型到发展型阶段的变化，单一低质的简单服务需求发生了深刻变化，出现了更加多元化和异质化的服务需求，这种变化要求政府和社会提供多种类和高质量的公共服务。社会组织直接面对社区居民和各类社会弱势群体及边缘群体，来自于民间、成长于基层，对服务需求有更真实的了解，具有与基层联系密切、了解实际情况的优势，具有主动整合社会资源、发掘服务对象潜能的内在动力。另外，社会组织因其非营利性和公益使命，本身就是为提供公共服务而存在的，政府培育支持社会组织，显然有利于改进公共服务的提供。因此，采用多种措施鼓励引导和支持社会组织提供公共服务，成为世界各国在公共服务供给方面的通行做法。

近些年来，中国政府朝向服务型政府改革方向已经逐渐清晰，这对政府的公共服务能力提出了更高的要求。长期以来，人们都习惯认为社会共同需求的消费品要靠政府系统供给；私人消费品要靠市场系统供给。但实践证明，两者都会因自身局限性而发生失灵。一方面，在市场经济体制中，大部分企业对员工的服务能力非常有限；另一方面，政府面对大量的公共服务需求也难以独立承担，在很多服务上都容易出现问题，甚至激化了一些社会矛盾。社会组织可以弥补它们的缺陷和增补两者留下的空白。社会组织独立于政府和市场之外的社会管理和公共服务作用，已经得到证明。在社会矛盾比较集中的某些领域和地区，如自然灾害、下岗就业、环境保护、扶贫开发、社会福利、居民社区服务、慈善救助等公益活动方面，社会组织是一个可以依靠的选择。比如在2008年5月，四川汶川特大地震发生后，在党和政府所领导的全民抗震救灾壮举中，社会组织迅速行动起来，在向全社会发出行动倡议的同时，积极以捐款捐物、组织志愿力量等多种方式投身于抗震救灾。投入的志愿力量、募集的款物、发挥的作用都创造了历史新纪录，以至于有人称2008年为中国社会组织发展新的历史元年。在城市社区和农村基层培育这类组织，能够适应公众多样性需求，使许多社会矛盾和社会问题在城市社区和农村基层获得解决，有效地预防大量群体性冲突事件的发生并进行相关处置。

① 唐钧：《市场经济条件下的社会建设和管理》，载中国（海南）改革发展研究院编《民间组织发展与建设和谐社会》，北京：中国经济出版社，2006年，第169～172页。

社会组织是与政府相互合作、取长补短的合作伙伴，围绕社会治理政策的制定与执行，政府与社会组织各有侧重，互为补充。两者的合作是新型治理模式的客观需要，同时也有利于化解社会矛盾、预防群体性冲突事件，促进社会和谐稳定。

环境和社区冲突管理研究

新兴工业园区环境冲突与博弈

——基于个案的研究

任丙强　王俊景

摘　要：随着工业园向农村的迁移，园区企业和农民之间的环境冲突也不断增加。政府、企业和农民在环境冲突困境中存在复杂的博弈，各自的策略是相互博弈的一种均衡结果。农民通过上访、集会、聚众阻碍工厂生产、求助媒体和协商等方式，争取自身环境权益。从成本-收益、制度化和冲突等角度来看，协商合作是较好的环境冲突解决方式。农村精英、经济因素和社会关系网络等都影响到农民的策略选择。为了减少工业园区内的环境冲突，政府应科学规划工业园区，强化环保评估和监管，形成政府、企业和农民三方间的协商治理模式。

关键词：环境治理；利益冲突；博弈；利益表达；群体性事件

一、问题的提出与文献综述

近年来工业园区深入农村和工业企业带来“污染下乡”，农村环境污染呈现出恶化的状态。工业园区附近出现严重的水污染、空气污染和土壤污染，

作者简介：任丙强（1973—），男，北京航空航天大学公共管理学院，副教授，主要研究方向为环境冲突治理和公众参与。王俊景（1989—），男，北京航空航天大学公共管理学院硕士研究生。

基金项目：国家社科基金一般项目“生态文明建设中的环境冲突及其解决机制研究”（14BZZ048）。
文章来源：本文刊载于《北京行政学院学报》2014 年第 6 期。

对附近村民的身体健康造成极大威胁，如中国东部滨海经济活跃地带部分村庄成为“癌症村”。[1]同时，农民环境意识和维权意识不断提高，这种矛盾引发了大量的反对环境污染的群体性事件，甚至出现大规模的暴力冲突，例如2005年的浙江东阳画水事件、新昌药厂事件分别发生于当地“竹溪工业园”和“青山工业区”，破坏了社会稳定和秩序。然而目前较少有学者专门研究工业园区内企业与农民之间的环境冲突问题。

新兴工业园区污染的特殊性在于：第一，工业园区是产业聚集之地，也是污染高度聚集的地方。高度聚集的工业园区污染和农村自身污染相叠加，使当地环境急剧恶化。第二，工业园区环境监管薄弱，形成环境监管“真空”地带。工业园地处乡村，城市的环境监管机构无法监管，而农村也基本上没有环境监管机构，监管断层降低了企业的违法成本。本文基于对B工业园区的三个环境冲突个案的实地调查，研究村民、企业和政府之间的利益冲突与合作，尤其是从村民角度分析其利益表达方式及其影响因素，提出降低工业园区环境冲突的政策建议。

随着经济发展、政府政策变迁以及利益分化，农村的社会冲突不断变化，农民利益表达方式也随之变化。改革开放之后到90年代中期，民众环境抗争的主要对象是污染企业，很少有直接针对政府的冲突。在2005年之后，农村环境冲突凸显，出现了较大规模的环境群体性事件，并带有暴力对抗特点。[2]围绕污染而形成的环境冲突实质上是基层农村环保博弈的过程和结果。农村环境作为一种公共产品，容易陷入“公地悲剧”。当前政府环境监管不足，企业因违法成本低而肆意排污，结果是农村环境恶化的趋势无法改善。[3]

在环境冲突博弈中，农民的行动策略受到各种因素限制，严重压缩了农民的制度化行动空间。首先，从法律规定来看，公众具有参与环境决策的权利，尤其是环境影响评价中的公众参与是重要的制度化途径。然而，在工业园区规划时，地方政府很少真正地进行环境影响评价，更缺乏村民的实质性参与。其次，信访难以发挥预期效果。污染企业与当地政府之间存在“利益结构”的一致性，[4]农民难以在当地政府层级解决问题，不得不求助上级政府。然而上级政府将农民申诉转给当地政府处理，仍旧无法获得预期的公正

---

① 喻尘：《沿海多个省份出现癌症村》，《南方都市报》，2007-11-05。
② 童志峰：《历程与特点：社会转型期下的环境抗争研究》，《甘肃理论学刊》，2008（6）：89。
③ 赵雪阳、吕军：《农村工业化过程中生态环境保护的博弈分析》，《生态经济》，2009（1）。
④ 任丙强：《农村环境抗争事件与地方政府治理危机》，《国家行政学院学报》，2011（5）：100～101。

结果。[①]最后，司法诉讼制度成本高、胜诉难。[②]环境司法诉讼立案难，而且需要支付较高的成本，包括诉讼费用、律师费用、司法鉴定费用等等。按照法律规定，被污染者负有举证责任，要提供健康、经济等损害结果与污染行为之间的因果关系。

制度化途径的无效使得农民不得不采取集体抗议、破坏企业生产、堵塞道路、寻求媒体帮助等各种非制度化的策略，有时甚至采用违法的暴力冲突方式，这反映出农民在环境污染多方博弈中面临的利益表达困境。失衡的环境利益博弈导致农村环境群体冲突的急剧增加。但是也有学者认为，随着农村地区人口的空心化等社会变迁以及地方政府的“不出事”逻辑，农村群体性事件可能越来越少。[③]然而我们需要寻找农村环境治理博弈困境的逻辑及低成本的制度化解决途径。

二、B 工业新区农民环境典型案例与比较

（一）渤海湾黄骅海域赤潮事件[④]

2007 年 B 工业新区设立，区域政策及产业集聚优势明显，中铁、中钢、中国化工等一大批高污染、重化工的大型企业陆续落户黄骅港。污染企业向渤海湾大量排放生产废水，海水富营养化严重，黄骅海域每年都会发生赤潮现象。2009 年 10 月末，黄骅港附近海域出现大规模赤潮。赤潮事件发生后，黄骅港附近海域的渔业养殖及捕捞随即遭受重创，造成不计其数的鱼虾死亡；出海捕鱼作业也受到严重影响，渔民的渔网很多都被厚厚的藻类黏在了一起，不能正常生产捕捞，经济利益损失严重。11 月 13 日起，部分渔民开始在贴吧或论坛上发布帖子和照片，怒斥污染企业长期排污导致赤潮频发的恶行，呼吁政府将污染企业赶出黄骅港。11 月 20 日，渔民开始到渤海新区管委会集体抗议，要求政府给予他们一定的经济补偿，管委会主任出面调停，以渔业补贴的形式给了受损渔民一定的补偿，但补偿额度与经济损失相差甚远。

---

① 罗亚娟：《乡村工业污染中的环境抗争——东井村个案研究》，《学海》，2010（2）：94～95。

② 阳敏：《如何缓解环境群体性事件高峰》，《南风窗》，2008（3）。

③ 张金俊：《农村环境群体性事件的社会制约因素研究》，《长春工业大学学报》，2013（2）。

④ 以下谈及案例主要根据实地访谈调查及报纸网络相关的内容整理而成。参考资料包括：肖波、王文志：《河北一循环经济示范区成污染重灾区》，《经济参考报》，2007-09-21；《沧州：中捷建新集团天一化工有毒气体泄漏 伤亡不明》，2014-5-16，燕赵环保网. http://www.yzhbw.net/news/shownews-2_14586.dot.

（二）中捷建新化工厂有害气体泄漏事件

2011 年 7 月 20 日晚，位于中捷产业园区内的河北建新化工股份有限公司间氨基苯磺酸车间发生了物料泄漏事故。工人被迫离开现场，随后发生燃烧。19 时左右，村民发现村东南化工园区内冒出滚滚黑烟，因为当天没有风，气压很低，村民一开始也没把这当成一回事。但想不到的是，大约过了半个小时，村民们开始闻到一股浓烈的异味儿。一位受访者说："这股异味儿比辣椒面儿还呛、还难闻，一口进去直钻嗓子眼儿，嗓子里就像有蚂蚁爬一样。"接下来，村民们普遍出现了恶心、胸闷、头晕、呕吐等症状，近 300 名附近村民入院接受检查、治疗。毒气泄漏事件发生两天后，河北《燕赵都市报》记者到当地村庄进行了采访报道。辛庄村村民在该次事故中受害者最多，在村干部的带领下愤然围攻了建新化工厂，导致化工厂全面停产整顿。中捷产业园区管委会内聚集了大量受害村民，正常办公秩序受到影响。当事企业迫于压力，迅速赔偿了村民的医药费，并给村民每人赔偿 3000 元钱，管委会发表声明督促企业改善管理，降低污染。

（三）吕桥镇村民抵制空气污染事件

石化、煤化是黄骅市吕桥镇的主导产业，园内大型化工企业众多。除了大型化工厂之外，遍布村间公路边的小化工厂也为数不少，它们几乎未配备任何污气处理系统。附近环境污染，尤其是空气污染非常严重。附近的吕西村和王大本村是污染最为严重的两个村庄。吕桥工业园区的污染问题长期存在，但过去几乎没有人提出过异议。近年来，随着村民知识水平及环保意识的提高，村民们针对空气污染问题不断上访，同时意识到县级与地区级政府关系交织复杂，上访不太可能起作用，所以更多采用越级上访。几位村民代表在村干部的支持下，几次到省信访局和国家信访局提交上访材料，但问题并未得到解决。上访不起作用，村民们直接把矛头对准污染企业。2012 年元旦前夕，王大本村民 150 多人聚集到华雨化工厂，用铁锹掘开了工厂通往外界的道路，挂起了"抵制污染，还我空气"的横幅，围住工厂办公楼与生产车间，导致工厂生产停滞。工厂随即报警，警察到达现场后，采取比较强硬的处理方式，村民陆续解散回家。

表 1　三个典型案例的基本要素概括

案例	抗争内容	事件性质	参与人数	组织化程度	主要方式	基层政府角色	参与结果
1	企业排污引发赤潮	突发性	100	中	集体抗议、舆论媒体	支持者	较好
2	化工厂有害气体泄漏	突发性	300	高	集体抗议、网络媒体、围攻污染企业	支持者	较好
3	空气污染	长期性	150	高	越级上访、围攻污染企业	沉默者	较差

三、理论讨论：利益冲突、利益表达及其影响因素

通过对上述个案的简单分析，我们发现围绕着工业园区企业的环境污染，政府、企业和农民三者之间存在着复杂的利益冲突。在外部制度既定的条件下，三者均存在着不同的策略选择。下文将深入分析工业园区内不同利益主体的博弈选择，尤其是从村民角度研究其所使用的各种手段和博弈策略，并对其作出简单评价。

（一）工业园区利益冲突与博弈

围绕环境利益冲突与一般农村的社会冲突不同。一般的农村冲突均是农民之间或者农民和政府之间直接的利益冲突，只有两个利益主体卷入；而环境利益冲突则出现政府、企业、个人三者之间的冲突。工业园区更加特殊，它的直接管理机构一般是工业园区管理委员会，并不受农民基层政府管理。两者之间仍然存在着差异和矛盾。但为了模型简化需要，文章对两者合并，用“地方政府”来指代。因此，当地政府、园区企业和村民三者形成复杂的利益关系，而且上级政府也扮演重要的制度约束的角色（见图 1）。

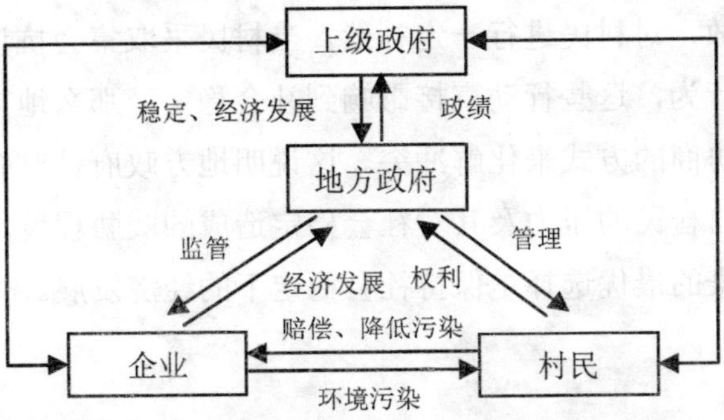

图 1　政府、企业和农民三者利益关系示意图

1. 地方政府的利益及其策略选择

面对企业污染，地方政府的策略选择是基于上级政府设定目标条件下对村民行动的预期评估而形成的。在地方环境污染治理中，地方政府占据主导的位置，其政策选择直接关系到环境冲突的程度及其解决。改革开放30多年来，地方政府逐步形成了一种“压力型体制”或者叫做“锦标赛体制”[①]，中央政府通过对地方政府的各种经济指标考核而实施控制，这是地方政府促进经济发展的动力，也是地方政府重视GDP、忽视环境保护的根源。

地方政府的政策选择需要考虑自身的目标、利益和后果等约束条件。地方政府首先考虑上级政府所设定的目标，即社会稳定、经济发展、就业、民生、环境保护等。然而这些目标往往是冲突的，尤其是经济发展会产生污染，而严格的环境监管则有可能影响到经济发展、就业等方面。因此，地方政府根据上级政府以及自身利益对不同目标进行优先性排序。社会稳定是最重要的，经济发展其次，而环境保护难以明确衡量则很难被地方政府优先考虑。作为省级经济开发区，省政府和市政府都对B新区的经济发展给予了厚望。工业园区管理委员会不得不尽量放宽落户企业的环境标准，以争取更高的GDP与更高的财政收入。这是当地污染严重的根源。近年来，中央政府提出“生态文明建设”的战略目标，地方政府也逐渐提高企业的环保落户标准。

在面对村民的环境诉求时，地方政府会评估村民的行动，并选择自身策略。农民的环境举报、反映情况甚至司法诉讼，都难以对社会稳定构成威胁，政府压力小。相对于企业所提供的GDP增长、就业以及可能存在的密切利益交换，政府并不理会一般的环境污染。这时政府最优的选择是置之不理；但当污染企业发生突发性环境污染事故，那么事件影响较大，有可能对社会稳定购成威胁，居民受损与污染之间因果关系明显，那么政府会出面协调，及时处理环境事故，对村民进行一定补偿。当村民采取集会抗议、静坐或者针对企业的围攻行为，这些行动直接影响到社会稳定，那么地方政府必须采取压制、敷衍或协商的方式来化解冲突。这说明地方政府针对企业污染的处理很大程度上来自村民的压力及其对社会稳定造成的威胁程度。总体上地方政府面对环境污染的最优选择是保持社会稳定下的经济发展。

① 周黎安：《中国地方官员的晋升锦标赛模式研究》，《经济研究》，2007（7）：36～50。

2. **企业的利益及其策略选择**

企业是以利益最大化为根本目标的经济组织，其行为主要考虑获取和保障其自身的经济利益。从其经济理性来看，当政府对污染行为的处罚成本或者对受害人的赔偿成本高于企业污染治理成本，那么企业才会积极治理污染排放，实现外部成本的内部化。否则，企业没有动力提高污染排放的技术，必然以污染代替治理，甚至以缴纳环境违规罚款来代替治理。当村民对企业产生的长期污染进行单独上访或向企业反映，企业的最优方式是保持冷漠或者敷衍；其次，如果企业出现突发环境事故，污染后果严重而显著，那么企业在政府压力下一般采取赔偿、息事宁人的策略。显然，政府和村民的压力若不大到足以使企业改善其行为，那么它就会置之不理。同样，村民为了使企业重视环境污染，取得经济赔偿，会采取阻碍企业的正常生产，使其经济利益遭受损失的行为。在这种状况下，企业常常会暂时答应满足农民的要求，特别是经济补偿的要求，这会促进抗争行动得到平缓或消解。若村民行动过于激进，企业会报警寻求政府的帮助。另外，企业是高度组织化的统一体，在对峙中占据压倒性优势，有些企业也组织某些“黑势力”对村民进行殴打，并容易产生激烈的暴力冲突。[①]

企业在三方博弈中占据优势地位，从而在污染治理上存在“机会主义”。因为存在着污染信息的不对称，企业一方面通过各种方式逃避政府监管；另一方面对当地村民的污染抗议置之不理。即使农民向政府反映污染问题，以至于通过集体抗议等向政府施压，企业也可以静等政府的反应，直到政府向其施加压力，才会在污染治理上有所行动。

3. **农民的利益及其策略选择**

农民是企业污染的直接受害者。严重的污染使得工业园区附近居民的生活环境急剧恶化，空气污染、地下水污染、土壤污染等威胁到村民的基本生存底线。在这种情况下，农民的诉求若想得到重视，必须考虑政府和企业的态度和策略。农民认为地方政府和企业利益一致，可能无法解决污染问题，因此采取上访策略；认为地方政府关注稳定，因此便制造某种集体行动，迫使政府优先考虑他们的行为；认为地方政府害怕污染曝光而影响形象，因此便寻求媒体关注等等。同时，当政府对其诉求置之不理时，农民可能直接采

① 张玉林：《环境抗争的中国经验》，《学海》，2010（2）：67。

取行动，破坏企业生产，使企业必须重视其污染问题。

通过案例分析发现，农民主要采取的行动包括越级上访、静坐集会向政府施压、针对企业的聚众“闹事”、寻求媒体帮助。最后是在某些条件契合的情况下，农民会和企业、政府达成三方合作共同协商。同样，面对农民的这些行动，政府也会采取相应态度和策略，可以划分为压制、限制、冷漠、敷衍和合作五种基本态度（请见表2）。从博弈策略选择来看，农民的利益表达方式是尽可能地促进政府的回应，排除政府冷漠的选项，甚至选择那些高风险的行为。

表2　农民和政府间的博弈策略

		政府的策略选择				
		压制	限制	冷漠	敷衍	合作
农民的利益表达策略	1. 村民代表的越级上访		√		√	
	2. 以静坐、集会方式向政府施压	√			√	√
	3. 针对污染企业的聚众闹事	√			√	√
	4. 寻求舆论的支持		√		√	
	5. 村民代表与企业、政府的三方协商			√	√	√

（二）农民环境利益表达的简单评估

村民采取的利益表达方式既有理性的成本收益计算，也是政治博弈的结果，可以从政治和经济两个大的方面进行评估。政治指标包括制度化和冲突程度；经济指标包括成本（时间、金钱和风险等）和收益（效果）。根据上述指标可以对农民的五种利益表达方式进行简单的评价（如表3）。

表3　环境利益表达方式的评价

利益表达方式	成本	效果	制度化程度	冲突程度
1. 村民代表的越级上访	中	差	中	低
2. 以静坐、抗议的方式向政府施压	中	中	中	中
3. 针对污染企业的聚众闹事	高	差、中或好	低	高
4. 寻求舆论的支持	低	中或低	低	低
5. 村民代表与企业、政府的三方协商	中	中或好	低	低

从成本和收益角度看，寻求舆论支持成本低，但效果一般。地方政府往往控制媒体，使绝大多数的农民的环境抗议难以被媒体关注和报道。而针对企业的聚众闹事则成本最高。村民常常采取封堵工厂道路、破坏厂房、机器

等阻碍生产，希望迫使企业能给予赔偿并减少污染。这种方式简单直接，不需要前期过多的筹划安排，借助村民对污染企业的仇恨心态，达到一呼百应的效果。村民们常常怀有“法不责众”的观念。这种方式的弱点在于：村民的目标虽然具有正当性，但手段却是违法的，处于以“理”抗“法”的困境。实际上，这种方式风险很高，非法行为可能受到政府压制，也可能直接受到来自企业的有组织暴力。

从制度化和冲突程度看，上访、集会等制度化程度中等。上访是政府制度内的行为，但越级上访却被禁止。同样，公众具有游行示威的法定权利，但地方政府一般将静坐、集会等方式视为社会不稳定的因素。其余的方式都制度化程度低。从冲突角度看，针对污染企业的聚众闹事，冲突最高。

综合上述指标来看，村民代表与企业、政府的三方协商应当是博弈困境中最佳的制度选择，成本收益相对较好，冲突低，能在利益博弈中达成较高水平的均衡。单纯依靠村民游行集会或者阻挠企业生产只是博弈中的低水平均衡。在访谈调查的区域，三方协商多次得到应用并且对冲突解决起到了良好作用。例如，南大港焦化工厂众多，长期遭受污染的居民达两千人之多。为了彻底摆脱环境污染的困扰，居民代表、企业与政府三方终于坐到了一起进行平等协商。三方基于解决问题的心态，分别降低了各方最初的要求，最终决定由三方共同出资，重新选址，为这两千多居民建设新的居住区。

三方协商是在多方博弈下的临时性、权宜性选择，缺乏制度化的支持。因此，如何达成这种协商合作需要克服博弈困境的各种条件。第一，农民的利益诉求必须力量强大到政府和企业无法忽视的程度，而且农民需要足够理性；第二，政府秉持公正态度，能中立地处理企业和农民冲突；第三，企业无法摆脱政府监管和压力，必须参与合作。因此这种较高水平的合作面临重重障碍，并不总是能成为多方利益主体的选择。总之，政府和企业在污染治理方面的合作需要提高政府的层级监管体制、企业的环境管理能力以及多种经济工具的综合运用等。[①]

（三）工业园区农民利益表达的相关因素

从案例分析来看，工业园区农民利益表达还受到以下因素影响：

---

① 朱德米：《地方政府与企业环境治理合作关系的形成——以太湖流域水污染防治为例》，《上海行政学院学报》，2010（1）。

第一，农村的精英在利益表达中发挥重要作用。在访谈的 12 个村庄当中，领导者学历水平在高中及以上的比例达到七成。这些人中大约四成有过当兵、在外经商或村干部经历。他们多为家族的首脑人物，知识阅历比较丰富。在村民眼中，他们见多识广，懂得多，有思想，会办事，所以遇到重大的事情，会毫无怀疑地推选他们为带头人。

第二，经济因素对农民行为影响突出。在污染状况不能完全消除的状态下，村民行动目的更倾向于获得满意的经济补偿。另一方面，农民行动受到经济因素制约。比如越级上访行动就要耗费大量的食宿费用，对于收入不高的农民来说是一种相当重的负担。在经济水平较差的农村，村民的经济状况成为阻碍其行动的重要因素。在访谈过程中感受到村民希望得到应有的经济补偿，但相对高的成本又令他们顾虑重重。

第三，农村集体行动依赖地方社会关系网络。社会关系可以激励一个村民积极参与到环境抗争中来。例如案例中，王大本村的王先生是因为其兄坚持参与环境抗争而追随加入；社会关系也可以使村民由积极参与者变成退出者，如南大港产业园区内的魏先生本来是反对污染企业的领头人，但随后其表弟升任鑫海化工厂要职，他迫于亲戚关系的压力而逐渐退出抗争行动。农村家族常常是环境集体行动的主力军，一个家族态度通常会决定家族内个体的态度。

四、结论：以协商合作解决工业园区环境冲突

新兴工业园区的环境污染严重源自工业企业高度聚集，污染排放量大，环境监督弱、标准低。工业园区内的环境污染触及农民的生活底线，由此产生的环境冲突增多，使社会不稳定性因素增加。如何消解新工业园区内的环境冲突成为亟须解决的问题。

首先，解决环境冲突的根本途径是降低工业园区污染。政府应对工业园区进行科学规划，强化环境监管。地方政府不仅要估算工业园区企业能给地方带来多少 GDP，吸收多少就业，提供多少财政收入，还应注意如何处理高度聚集的污染物。地方政府应在园区规划阶段，做好环境影响评价，并建立综合性的废气、废水以及重金属处理设施。同时，政府应加强监管，提高环保标准，从而也使企业不断提高技术，减少污染排放。其次，企业应承担环

境责任与社会责任。企业应通过提高技术水平和产业升级，降低污染排放；提高“三废”的污染处理设施水平，将污染物的排放控制在国家规定的范围之内；更应主动接受政府、社会与民众的监督。没有政府的严格监管和社会监督，企业的行为就可能违规逃避责任。最后，以协商合作作为解决环境问题的制度化选择。在环境利益困境中，三方协商合作是克服困境的重要制度选择。然而目前这种选择仍然是自发而偶然的，具有较强的权宜性，需要农民施加强大的外部压力。因此，为了减少合作的成本和障碍，协商合作应成为政府解决环境冲突的制度化选择。新兴工业园区需从根本上降低污染，多方协商合作，构建环境友好的经济发展模式。

环境冲突的政策情境转化——过程与方式

张晓燕

摘　要：近年来，因环境问题引发的环境冲突逐渐增多。环境冲突不断发生引起了一系列的社会问题，影响了民众的日常生活和社会秩序。政策情境作为一个宏观的背景导向，通过其转化的过程与方式，可以为环境冲突化解提供一定的制度指引。

关键词：环境冲突；冲突转化；冲突化解；政策情境转化

政策是一个宏观的背景导向，现有的环境政策对企业行为的约束和激励变得越来越有限，在引导企业行为方面的作用变弱。为了不断完善现有的环境政策，我们要转化环境冲突的政策情境。政策情境转化，主要是指中国环境政策在近些年的变化。文章要探讨的是中国环境政策发生了哪些变化，以及如何完善环境政策的转化，以此为环境冲突的化解提供有利的宏观政策环境。

一、环境冲突及相关概念的阐释

（一）环境冲突

这里的环境冲突是指由于环境污染等问题引发的环境领域的公共冲突，

不指代人与自然资源之间的冲突。其中，公共冲突是指事关公共利益或公共事项的冲突，主要是社会性的公共冲突，包括社会公众间的冲突、公众与公共组织之间的冲突。环境冲突是指公众为了维护自己生存权、健康权而采取游行、集会、围攻、集体上访等方式反对污染企业落户、生产或排污的冲突，实质是我国公众基于维护生态利益而采取的环保自力救济行为。

（二）冲突转化与冲突化解

冲突转化（conflict transformation）的最简单解释是：将冲突转化为和平结局的过程。[①]具体来说，冲突转化[②]指的是政府、企业、民众和环保民间组织等主体运用长期和短期策略，通过转化行动者、争议事项、结构、方式、情境等，探究冲突根源，为冲突化解提供条件，以求化解冲突的方式和过程。冲突转化不是要一味寻求控制和管理冲突，而是要寻求转化特定冲突的根源本身；冲突转化是一个长期的、逐渐的和复杂的过程，需要持续的共同努力和互动，是过程导向和结构导向的。

冲突化解[③]是指政府的行政组织、社会组织、有权威的个人等实施主体为了解决冲突问题、消除冲突各方的误解，通过座谈、对话、协商、谈判、第三方干预等方式，促使各方共同探寻满足各方利益的化解方案。

（三）政策情境转化

政策情境的转化[④]，主要是指环境政策的转化，包括污染控制向污染控制与生态保护并重的转化、末端治理向过程控制的转化、行政命令向法律经济手段的转化等。这些环境政策的转化，可以促使企业由被动实施环境治理转化为主动实施环境治理，可以促使企业由结果治理转化为源头治理，可以促使企业由强制治理转化为积极主动治理。可以看出，政策上的约束和激励促使企业去遵守环境法律规范，企业会在政策允许的范围内进行生产和安全排放，并对产生的废弃物进行再次处理，所产生的污染对民众的生产生活不

作者简介：张晓燕（1983—），女，山西原平人，南开大学行政管理博士，中北大学人文社会科学学院讲师。

基金项目：国家社科重点项目“公共领域冲突管理体制研究”（批准号：13AGL005）。

① 参见维基百科网：http://en.wikipedia.org/wiki/Conflict_transformation.

② 常健、张晓燕：《冲突转化理论及其对公共领域冲突的适用性》，《上海行政学院学报》，2013 年第4期。

③ 张晓燕：《冲突转化视角下的中国环境冲突治理》[博士学位论文]，天津：南开大学，2014。

④ 张晓燕：《冲突转化视角下的中国环境冲突治理》[博士学位论文]，天津：南开大学，2014。

会造成影响，这消除了发生环境冲突的条件。实际上，政策情境的转化为环境冲突的化解提供了一个宏观的导向。

总体政策情境的转化，如国家倡议生态文明建设、重视环境保护政策这样的情境，会促进民众环境保护意识的觉醒和提高，会促进企业主动去遵循相关规则；具体政策情境的转化，如企业生产符合并保护民众生存环境，将得到具体政策优惠，这会促进企业去遵循相关规则。

二、环境冲突政策情境转化的过程

中国环境政策经过 30 多年的发展，发生了很大的转变。我国根据自己的国情，结合其他国家在环境政策方面的经验教训，不断调整和完善我国的环境政策。我国环境政策的演变经历了以下几个阶段：命令-控制型环境政策；明确环境保护责任主体的环境政策；防治结合和综合利用的环境政策。[①]环境政策在演变的过程中，其地位、重点、方法、范围、手段等都发生了变化。

（一）污染控制转化为污染控制与生态保护并重

截至 20 世纪 90 年代，我国环境政策的重点是对污染的控制。随着近些年的发展，环境政策的重点开始有所转移，在污染控制的同时，加大了生态保护的力度。近几年来，中国环境治理投资不断增加。“十五”和“十一五”期间，每年的环境污染治理投资总额呈逐年增长的态势，每年的投资占当年 GDP 的比重都在 1.01%及以上，其中，2010 年，环境污染治理投资总额为 6654.2 亿元，占 GDP 的比重高达 1.66%（见表 1）。20 世纪末，长江发生特大洪灾之后，国家为保护自然生态出台了一系列的政策，如停止重点区域天然林的采伐，将生态恢复列为开发的首要目标，制定退耕还林、封山绿化、个体承包等政策。伴随生态保护政策的实施，我国森林面积、森林覆盖率、森林蓄积量都有所增加，并且大量增加了各种类型和级别的自然保护区。其中，2010 年，全国各类自然保护区共有 2588 个，比上年增加 47 个。自然保护区面积 14944.1 万公顷，约占国土面积的 15.6%（见表 2、3）[②]。

① 张坤民、温宗国、彭立颖：《当代中国的环境政策：形成、特点与评价》，《中国人口・资源与环境》，2007 年第 2 期。

② 参见中华人民共和国环境保护部编：《2010 中国环境统计年报》，北京：中国环境科学出版社，2011 年，第 38 页。

表1　2000～2010年全国环境污染治理投资情况（单位：亿元）

年份	环境污染治理投资总额	城市环境基础设施建设投资	工业污染源治理投资	建设项目"三同时"环保投资	环境污染治理投资占GDP比重（%）
2000	1010.3	515.5	234.8	260.0	1.02
2001	1106.6	595.7	174.5	336.4	1.01
2002	1367.2	789.1	188.4	389.7	1.14
2003	1627.7	1072.4	221.8	333.5	1.20
2004	1909.8	1141.2	308.1	4660.5	1.19
2005	2388.0	1289.7	458.2	640.1	1.30
2006	2566.0	1314.9	483.9	767.2	1.22
2007	3387.3	1467.5	552.4	1367.4	1.36
2008	4490.3	1801.0	542.6	2146.7	1.49
2009	4525.3	2512.0	442.6	1570.7	1.33
2010	6654.2	4224.2	397.0	2033.0	1.66

资料来源：国家统计局、环境保护部编：《中国环境统计年鉴 2011》，北京：中国统计出版社，2011年，第145页。

表2　2001～2010年全国自然保护区数量（单位：个）

年度	自然保护区数	国家级	省级	地市级	县级
2001	1551	171	526	269	585
2002	1757	188	609	304	656
2003	1999	226	654	340	779
2004	2194	226	733	396	839
2005	2349	243	773	421	912
2006	2395	265	793	422	915
2007	2531	303	780	462	986
2008	2538	303	806	432	997
2009	2541	319	827	416	979
2010	2588	319	859	418	992

资料来源：中华人民共和国环境保护部编：《2010中国环境统计年报》，北京：中国环境科学出版社，2011年，第39页。

表3　2001～2010年全国自然保护区面积（单位：万公顷）

年度	自然保护区面积	国家级	省级	地市级	县级
2001	12989.0	5903.8	5725.9	423.2	936.0
2002	13294.5	6042.1	5907.3	463.1	882.0
2003	14398.0	8871.3	3995.6	429.0	1102.1
2004	14822.6	8871.3	4290.2	488.3	1172.8
2005	14994.9	8898.9	4487.0	501.5	1107.5
2006	15153.5	9169.7	4441.8	522.4	1019.6
2007	15188.2	9365.6	4260.1	537.6	1024.9

续表

年度	自然保护区面积	国家级	省级	地市级	县级
2008	14894.3	9120.3	4240.2	497.1	1036.8
2009	14774.7	9267.1	4004.5	471.2	1031.9
2010	14944.1	9267.6	4174.8	468.2	1033.4

资料来源：中华人民共和国环境保护部编：《2010 中国环境统计年报》，北京：中国环境科学出版社，2011 年，第 39 页。

（二）重视末端治理转化为重视源头控制

中国工业污染的这种转变从 20 世纪 90 年代初期开始，由分散治理转变为分散与集中治理相结合，末端控制转变为全程控制。对于那些消耗资源巨大的产业、产生严重污染的企业、技术较为落后的产业，国家采取了限制发展的政策，同时，国家通过向世界银行贷款开始试点进行清洁生产，实行从源头控制污染。到 2000 年底，全国 23.8 万家污染企业的 90%以上实现了达标排放。[①]到 2010 年底，全国工业废水排放量占废水排放总量的 38.5%，比上年有所降低。自 2001 年以来，工业废水排放量总体上稳中有降（见表 4）。这是我国经济结构调整的成果，是扶持第三产业发展的成果，也说明了我国企业从源头上减少了资源破坏和环境污染。

表 4　2001～2010 年全国废水排放量年际对比（单位：亿吨）

年份	废水排放量		
	工业	生活	合计
2001	202.7	230.3	433.0
2002	207.2	232.3	439.5
2003	212.4	247.6	460.0
2004	221.1	261.3	482.4
2005	243.1	281.4	524.5
2006	240.2	296.6	536.8
2007	246.6	310.2	556.8
2008	241.7	330.0	571.7
2009	234.5	355.2	589.7
2010	237.5	379.8	617.3

资料来源：中华人民共和国环境保护部编：《2010 中国环境统计年报》，北京：中国环境科学出版社，2011 年，第 4～5 页。

① 张坤民、温宗国、彭立颖：《当代中国的环境政策：形成、特点与评价》，《中国人口・资源与环境》，2007 年第 2 期。

（三）行政命令为主导转化为法律、经济手段为主导

以往，对于环境污染企业，我国实行行政命令式的政策，强制其进行环境治理，但是，随着环境法制建设的发展，我国逐渐使用法律、经济手段对污染企业进行治理。我国目前关于环境方面的法律有环境保护法、水污染防治法、大气污染防治法、固体废物污染环境防治法、环境噪声污染防治法等，国务院制定了关于环境保护和治理的行政法规，环境保护部门制定了相关的部门规章和规范性文件，还有，地方人大和政府制定颁布了相关地方性法规和地方政府规章等，基本形成了我国的环境法律体系。当然，其中仍有不足和需要进一步完善的地方。2010 年，全国排污费征收单位有 41.3575 个，征收金额达 188.19 亿元。[①]国家为了有效发挥经济手段的作用，正在积极制定与完善有利于环保的经济政策。政策制定坚持“污染者付费、利用者补偿、开发者保护、破坏者恢复”的原则，政策制定范围涵盖基本建设、综合利用、财政税收、金融信贷、引进外资等方面。中央政府对于环境整治给予大力的政策支持和资金支持，如对不同地区的环境治理给予不同程度的补贴。同时，对于环境污染的企业，政府要逐步提高环境污染收费标准，并研究实施排污税的征收。

（四）管制型环境政策转化为管制型与激励型相结合的环境政策

20 世纪七八十年代，环境政策制定的基本思路是通过强制执行环境政策来保护环境，相比于之前没有强制规定的状况，环境状况确实有所改善。但这种管制型政策没有考虑成本的要求，没有考虑如何通过资源配置来减少废弃物排放的问题，与环境治理的状况逐渐产生了不适应。面对环境治理问题，政府需要出台新的环境政策。结合环境治理的现状和企业的发展，管制型与激励型的环境政策应运而生，企业在实施环境治理的过程中逐渐增加了主动性。[②]

① 国家统计局、环境保护部编：《中国环境统计年鉴 2011》，北京：中国统计出版社，2011 年，第 154 页。

② 陈兴荣、王来峰、余瑞祥：《基于政府环境政策的企业主动环境行为研究》，《软科学》，2012 年第 11 期。

三、环境冲突政策情境转化的方式

环境政策情境转化为污染控制与生态保护并重，转化为源头控制与全程控制，转化为法律经济手段主导，转化为激励型政策。这些环境政策的转化需要采取相应的措施和方法，本研究对此进行了一些探索。

（一）完善生态保护机制

我国生态区域面积大，生态类型多样，在今后的生态保护与建设中，我们要完善生态保护机制，做到尊重生态自然规律，保护生态环境，提高生态系统的自我修复能力，促进生态系统的良性循环。

1. 综合治理

我国曾于1998年实行大规模的生态保护建设工程，自那以后，逐步开展退耕还林、退牧还草、建设防护林、治理水土流失等工程。起初，这些工程只是单一的种草、造林，彼此没有相互联系，收效甚微。后来，国家启动了其他工程，如三江源流域治理工程、青海湖流域治理工程，将单一的工程转化为多元综合治理的工程，并取得了显著的效果。为此，我们要加强综合治理的理念，提高区域整体生态功能。

2. 改善民生

生态保护建设会涉及与农牧民之间的关系问题，涉及如何改善农牧民生产生活的问题。农牧民长期的生产生活方式是上山砍柴、单一种植、传统养殖，而这些方式不利于生态的保护，要实现生态保护与建设，我们需要适当转变其生产生活方式，如使用沼气、经营多种农作物、发展现代畜牧业，将生态建设与农牧民增收致富联系起来，解决其长远问题。

3. 加强科技支撑

我们要加大生态领域科研投入，加强和稳定生态领域的科研队伍建设，优化生态科技资源配套设施，将科研成果与生产联系起来，加大科技成果的转化力度，推广应用科技成果，提高科技贡献率，提高森林资源质量，实现林农增收。

4. 建立和完善生态补偿机制

目前我国建立了森林、草原、湿地等生态补偿机制，并以试点的方式探索了区域生态补偿的具体模式。[①]为了巩固发展成果并进一步完善生态保护，我们应该着力建立和完善生态补偿机制。为此，我们应该转变经济发展方式、节约资源，实现不同地域、不同区域共享生态保护的发展成果；调整好生态保护建设者、生态受益者、生态破坏者之间的关系，合理界定不同主体的权利义务关系，发挥各主体保护生态的主动性和积极性；深化集体林权制度改革，保护林农的环境权益和生态收益；结合当地实际，积极推广试点探索的成果。

（二）完善环境规制政策体系

环境规制政策体系是一个涉及多方主体利益的体系，环境规制政策的出台是不同利益主体互相作用、互相博弈的结果。[②]政府是规制政策的制定者，作为规制方，在收集信息的时候，通常是企业自己上报环境信息，这势必会造成信息之间的不对称，影响政策的制定。同时，企业作为被规制者和利益相关方，会通过寻租等手段影响政策制定者，间接影响政策的制定，使政策倾向于有利于自己利益的一面，提高竞争对手的成本，减少政策对自己的不利影响，这损害了政策的客观公正性。

为了完善环境规制政策体系，政府需要不断拓宽环境信息收集渠道，减少企业对政策制定的影响；不断规范企业的行为，加强企业的社会责任。第一，完善环境信息的收集。政府在制定政策时，企业需主动上报其环境信息。政府在企业上报环境信息的基础上，应该提请专门的部门核实其信息是否属实。还有，企业环境信息需要民众的监督，民众监督其上报的环境信息是否完整真实，或者民众直接参与企业环境信息的收集。第二，规范企业的行为。增强环境规制政策的可操作性，严格规范企业的行为，具体落实企业的环境责任。如果企业违反了环境规制政策，应该明确对违规企业的处罚力度和措施，提高企业违规的成本，真正起到约束其行为的作用。第三，配套生产者责任延伸制度。企业对生产的产品负有责任，对其生产过程产生的废弃物也负有责任。企业要按照规定生产产品，按照要求进行排放，否则会因违规排

① 吴晓松、王心同、宋常青、宋元媛：《加强生态保护 促进生态文明建设》，《宏观经济管理》，2013年第6期。

② 刘江宜、余瑞祥：《建设资源节约型和环境友好型社会的挑战及途径》，《中国国土资源经济》，2009年第2期；孟庆峰、李真、盛昭瀚、杜建国：《企业环境行为影响因素研究现状及发展趋势》，《中国人口·资源与环境》，2010年第9期。

放受到处罚，增加其生产成本；同时，企业需要保证其产品符合规定标准，同时，企业对废弃物有回收和循环利用的义务，在回收利用过程中，企业需不断提高废弃物的处置成本，走循环经济的道路。

（三）完善激励机制

政府对企业进行规制的同时，也需要采取激励的措施，通过激励机制和利益调节机制分担企业的治理成本，调动企业的积极性，引导企业参与环境治理。

1. 声誉上的激励

首先，对那些保护环境并做出突出贡献的企业，政府可以进行表彰和奖励，并在政策上给予一定的支持，在同行业中树立“模范”形象，引导同行业企业的发展，实现节约资源的目标。其次，政府可以通过媒体广泛宣传企业的环保行为，报道企业的环保产品、环保先进技术、排污技术等，提升企业在民众心中的形象，激发民众的环保意识，使民众逐渐认可环保产品，缩短企业获得收益的周期。

2. 创新技术上的激励

首先，完善专利保护制度，保证企业的环境创新成果不被模仿，保证企业的环境创新在一定时期内可以获得相应的回报，降低企业的生产成本，并鼓励其他企业进行环境创新。其次，针对某些较难攻关的环境项目，政府可以提供一些资金支持，支持多个企业共同研发，并保证研发的成果可以共享，这样可以推动整个行业的环境创新。

3. 经济上的激励

政府通过经济方面的支持去激励企业的发展，如税收上的减免政策和信贷上的优惠措施。政府通过经济上的激励，引导企业向资源节约型和环境友好型发展，实现对资源的有效利用和对生态的保护。首先，减免税收政策。税收是政府的一种经济手段，环境税是政府进行环境保护和治理的经济手段。政府通过税收的方式将企业的环境污染纳入企业的生产成本，同样，政府可以通过减免税收的方式降低企业的生产成本，促进企业主动保护环境的行为。而且，政府的税收减免政策会提高企业的竞争力，引导企业采用先进环保技术，生产环保产品，从源头上控制环境污染。其次，给予环境补贴和优惠信贷。对于那些购置先进环保设备的企业，政府可以给予一定的财政补贴或者低息贷款，促进其进行清洁生产；对于那些进行环境污染防治，对生态保护和建设有贡献的企业，政府应给予一定的财政支持和补贴，调动企业进行保护生态和恢复生态的积极性；对于那些进行技术研发需要资金支持的企业，政府可以通过优惠的信贷措施，促进其进行环境技术研发。

美国环境冲突解决机制

林震

摘　要：美国在解决环境冲突方面积累了丰富的经验，不仅形成了较为成熟的环境诉讼制度，更充分发挥替代式纠纷解决办法的优势，化解了诸多棘手的环境冲突。本文主要介绍美国环境冲突解决中的非诉方式及其专业机构，期望为我国环境纠纷的解决提供必要的借鉴。

关键词：环境冲突；冲突解决；ADR

环境冲突，又称环境争议或环境纠纷（准确地说应该是纠纷的升级版），是指当事人基于各自的利益和价值，围绕环境、自然资源、土地资源等对象产生的事实的或潜在的矛盾或对立。美国在环境冲突解决领域有着丰富的实践活动和研究成果。20 世纪 60 年代，随着环境保护运动的兴起，美国联邦和地方政府通过了一些环境法规，解决空气和水污染问题，并在 70 年代成立了美国国家环境保护局（EPA），逐步形成比较成熟的环境诉讼制度，也大力发扬针对环境问题的非诉解决机制。

《环境冲突解决：承诺与绩效》[①]（The promise and performance of environmental conflict resolution）是美国环境冲突解决领域的力作，该书对该

作者简介：林震（1972—），男，汉族，福建省福清市人，北京林业大学人文社会科学学院副院长，绿色行政与生态环境政策研究所所长，博士、教授、博士生导师，主要研究方向为生态文明建设与管理、比较政治等。

① 感谢我的研究生吴欣欣等人对本书有关章节的翻译。

领域30年的发展做了系统总结和理论构建，并荣获2005年美国行政管理学会荣誉大奖。第一主编罗斯玛丽·奥利如（Rosemary O'Leary）教授当时是美国锡拉丘兹（雪城）大学马克斯韦尔公民与公共事务学院公共管理杰出教授。合作主编莉莎·宾汉姆（Lisa B. Bingham）教授是印第安纳大学公共和环境事务学院的科勒—兰登教授。她们两位还是印第安纳冲突解决研究所的共同创立者。

本文主要基于这本书的内容和美国国家环境保护局网站的相关资料，对美国（主要是联邦政府层面）环境冲突解决机制做一简要介绍。

一、环境冲突解决的“三权分立”和替代性方式的兴起

环境冲突中有相当大部分都属于公共冲突。从一般意义上说，公共组织都具有调整公共利益、解决公共冲突的职责。美国是一个典型的三权分立的国家，立法、行政、司法三个部门在解决环境冲突方面发挥着各自的作用。

美国国会被认为是解决国内冲突的主要机构。不同的利益主体直接通过参众两院议员或由利益集团向议员游说来表达诉求，以便国会在制定和通过法律的时候尽可能满足他们的要求，解决各方的冲突。国会设有专门委员会来处理相关领域的事务，在环境方面，参议院设有能源与自然资源委员会、环境与公共事务委员会，众议院设有资源委员会、能源和矿产资源委员会等专门机构。当然，国会处理的通常不是普通的民事纠纷，更多的是带有普遍性、根本性、典型性的利益冲突。尽管委员会成员一般都是相关事务的专家，但他们也难以对可能受环境政策影响的各方利益进行明确界定，很多利益攸关方也缺乏足够的人财物力以便有效地参与到立法环节中去。同时，立法过程本身就是政治博弈的过程，有时候非理性的党争会使问题的解决发生偏颇，带来模棱两可的立法结果。

立法领域的缺陷将环境冲突的皮球又踢回了行政领域。政府部门解释和执行模糊政策的努力又将引起新的争议。而对于一些当事人或组织来说，影响行政决策与影响立法一样困难，以至于干脆直接放弃或从相关程序中退出。还有一些当事人即使被邀请参加圆桌讨论或政策听证会，但也往往因为资源有限而使得参与的意义大打折扣。

立法和行政领域在有效解决环境冲突方面的失败让人们将目光转向诉

讼。的确，美国可以说是一个律师治国的国度，诉讼成为人们解决冲突的常见方式。20 世纪 70 年代以来，美国建立了较为完备的环境法体系和环境诉讼制度，积累了丰富的环境诉讼判例。美国环境诉讼有四个特点：（1）环保行政机关可以依法对违法企业或公民提起环境诉讼；（2）起诉资格扩张，环保团体、社区居民甚至鱼类代表都可以进入法院起诉排污企业或政府决策；（3）环境公民诉讼制度推动公众参与环境治理，任何人都可以以环境公益为由起诉环境污染或生态破坏的行为及许可等；（4）环境集团诉讼制度能够有效防止参与人数众多的环境突发事件，防止冲突升级，保护受害者利益。但诉讼解决机制也存在着一些缺陷：一是诉讼无法实现重大环境决策中的充分参与，耗时费力和不菲的诉讼成本阻却了一些利益组织，尤其是那些小型的或代表地区利益的组织；二是诉讼对于环境冲突中利害攸关的问题的解决常常是无效的，法院的职能决定了它们只能做一些程序性的处理，对抗双方非输即赢，解决不了争议的实质性问题。许多深层次的矛盾依然存在，将引发未来更多的诉讼。

"三权"在化解环境冲突方面的局限，导致非诉解决方式（Alternative Disputes Resolution，也称替代式纠纷解决）的兴起。非诉解决方式是指在中立第三方的协助下，各方自愿加入程序，通过一系列程序技巧，以达到预防和解决冲突的目的。也就是说，非诉方式是通过促进人们合作的方式，使其共同思考并发展出一个各方满意的替代方案。

ADR 的主要优势在于：（1）风险更小。诉讼方式非赢即输，风险较大；（2）花费更少。起诉费用、律师费用、通货膨胀的损失等交易成本都可避免或减少，所花的时间也更少；（3）共识更强。由于参与者都是最了解自己需求和利益所在的人，因此更有可能通过协商达成一个牢固的协议。（4）执行更易。比起其他可行的方式，这是各方都满意的解决方式，因此能够更有创造性、更高满意度地保证结果的施行。（5）效应更大。ADR 的成功有助于形成一种尊重并相信环境保护局、其他利益方及其雇员的文化，增进彼此的合作，提高遵守环境法律法规的可能性，同时也能扩大利益方对政府其他项目的支持，取得更好的环境保护效果。

1973 年，Gerald Cormick 和 Jane McCarthy 与华盛顿州的 10 个兴趣小组共同开始探讨斯诺卡米河（Snoqualmie）流域的洪水控制、康乐项目以及农业发展可行性。1974 年，有关方面终于签署了一个调解协议。尽管环境调解与合作性解决程序的根源要追溯到更远，但是许多痕迹表明这是首例成功的环境调解案例。[①]直至1986年，已有大约200个环境与公共政策有关的案件通过调解得以解决。[②]虽然此后并无调解案例的数量统计信息，但是增长是一直持续发生的。2000年，美国联邦环境保护局在《联邦公报》公布了《联邦环境保护局有关非诉解决方式适用政策》（EPA Policy on Alternative Dispute Resolution），该政策主要依据1996年的《行政纠纷解决法》（Administrative Dispute Resolution Act）制定，从国家层面表示对非诉解决方式在环境冲突中运用的支持及重视。到2003年，已有数百个冲突解决的专业机构或专业人士在各州及联邦政府工作，或在大学以及营利性的咨询公司工作。同样还有在非营利性组织工作的以及独立的从业者。[③]

二、美国环境冲突解决的主要对象

美国政府部门负责解决的环境冲突主要集中于以下七个方面：[④]

（1）合理规划公共土地以满足人们不同的使用需求。如规划一个国家森林，同时实现水土保持、木材采伐和休闲功能的需求。

（2）自然资源的冲突。例如，公平分配水、木材、矿产等资源的使用权。

（3）以上设施选址的冲突。如在哪里建设高速公路、水坝、高压线路或风力发电场等。

（4）保护区的分歧。例如，既做好康乐用途的管理，又保护好公园里的敏感区域。

（5）濒危物种的问题。例如，如何做好必要的保护，以防止一个物种的灭绝。

（6）部落与政府之间的关系。例如，如何尊重（印第安）部落主权，并在规划和执行项目时保护他们的圣地。

（7）与污染有关的冲突。例如，如何最好地实现空气、水或土壤的污染清理活动。

---

① Rosemary O'Leary, Lisa B. Bingham. The Promise and Performance of Environmental Conflict Resolution. *Resources for the Future*. 2003.p.27.

② Gail Bingham, *Resolving Environmental Disputes: A Decade of Experience*. Washington DC: Conservation Foundation, 1986.

③ Rosemary O'Leary, Lisa B. Bingham. The Promise and Performance of Environmental Conflict Resolution. *Resources for the Future*. 2003.p.28.

④ http://www.ecr.gov/Basics/Basics.aspx

三、美国环境冲突非诉解决方式

1996年出台的《非诉解决方式法案》中提到ADR包括但不局限于调和（conciliation）、促参（facilitation）、调解（mediation）、发现事实（fact finding）、小型审判（minitrials）、仲裁（arbitration）以及使用特派员（use of ombudsmen），或者是上述各种技术的组合。①

美国环保局总结了在环境冲突领域常用的五种非诉解决方式：（1）召集，即冲突评估，评估特定冲突的利益相关人、核心问题和适合的解决方式；（2）促参，通过中立的促参师协助从程序上突进冲突解决有序有效进行；（3）调解，调解人协助各方达成自愿互利的解决方案，需要参与方案设计；（4）共识构建，不同利益团体的代表人提前见面并参与讨论共同问题的一项技术；（5）特派员，通常由政府机关特派专员解决特定环境冲突。

表1　纠纷解决方法谱系

独立谈判	协助谈判		司法审判
	过程援助	结果预测	
谈判：各方及其代理人通过直接对话来解决纠纷。	召集：通过中立方协助各方决定是否以及怎样寻求谈判。 促参：通过中立方协助群体成员就复杂或可能引起争议的问题开展富有成效的讨论。 调解：中立方协助各方通过澄清问题、探讨解决方案以及评估如何最好地推进各自的利益来达成协议的志愿过程。	早期中立评估：通过中立的评估者针对各方的情况给出意见以及类似法院判决的结果。 事实认定：借助中立方进行调查、分析，并就事实问题向各方报告。 非约束性仲裁：借助中立方审查证据、听取争论并做出不具约束力的决定。 简易陪审团审判：各方向陪审团陈情以取得不具约束力的决定。	法院：各方对簿公堂，向法官或陪审团举证、陈情。法院做出有约束力且可上诉的决定。 行政法院：各方把自己的案子呈给某个机构的行政法法官，以便其做出一个有约束力且可上诉的决定。 有约束力的仲裁：借助中立方来审查证据、听取争论并做出有约束力的决定。
结果不具约束力（建议性）			结果具有约束力

这几个技术的共同点就是存在有客观中立的第三方。中立方，也就意味

① 1996ADRA

着，对本次结果没有直接的利害关系，协助精心安排程序并保证其公正地进行，使每个人都有发言权并影响决议的产生。

召集（convening or conflict assessment），也称为冲突评估，是指帮忙辨别争论的问题是什么、受影响的利益相关人有哪些以及控制冲突的合适的环境冲突解决方式。评估过程通常包括了多重的步骤：首先，潜在的利益相关人之间进行商议，评估出冲突产生的原因并辨别哪些组织或个人将长期受到处理结果的影响；其次，评定利益相关人的利益和需求，拟定一套初步的问题以备讨论，评估使用共识构建或其他合作性程序来解决这些问题的可行性，并可告知当事人，以便他们决定是否参与；最后，召集是为本次冲突选择最合适的冲突解决技术方式。[①] 这一步通常也被称为程序设计，由中立方建议或帮助建立一个解决特定争论或冲突的程序。这个程序设计师通常会与利益相关方的代表人会面，了解各方关于本次冲突的看法、各自利益以及有效处理的解决意见。根据所了解的信息，设计师接着向各方报告建议方式或处理冲突的计划。

促参（facilitation），指中立方（促参师 facilitator）帮助组织利益相关人在争论中建设性地讨论相关问题的合作性程序。他们一般都会在这种讨论之前和进行时参与互动，以保证所有合适的人都参与讨论，帮助当事人制定并遵守基本规则和议程，帮助当事人有效地沟通，帮助参与者的进展能按照既定的目标发展。促参可以在多种情况下起作用，其范围从科学研讨到管理层会面再到公共论坛，甚至可以在冲突各方尚未决定去试图解决争议时使用。

调解（mediation），是由中立第三方（通称为调解人）协助当事人就冲突的所有问题或部分问题达成一个自愿的、互利的、各方满意的解决方案。调解是冲突解决中最古老的形式，也是环境冲突解决最常用的方式。调解人没有强加任何解决方案的权力，但是必须使用各方接受的方式帮助他们自己设计出一个方案来。通常会包括以下工作：监督各方商谈，帮助各方找到共同领域并了解他人的可选择方案，提供建设性方案，帮助当事人起草最终和解协议。调解人通常出现在当事人数量有限的具体的冲突中，但是调解程序也会在推行广泛的政策或授权规章时中使用，此时可能有许多不同利益代表的参与人加入。

① Rosemary O'Leary, Lisa B. Bingham. The Promise and Performance of Environmental Conflict Resolution. *Resources for the Future*. 2003.p.31.

共识构建（consensus building），是指冲突各方同意都坐下来一起解决共同问题的一种相对非正式的程序，也是一种建立合作的方式。共识构建一般是在达成决议程序的早期，由不同的利益团体的代表人先见面并参与讨论的一项技术。

特派员（an ombudsmen），是指政府机构有接受申诉职责的政府专员帮助解决冲突。联邦环境保护局目前有特派员参与到一些项目。他们一般是联邦政府的高级雇员，具有独立调查公众申诉的能力，并推进各方沟通、消除顾虑以促成问题的解决。

由于联邦政府的重视以及大部分州政府的积极配合，现在美国已有许多通过非诉方式达成有效解决方案的环境冲突案例。一个著名的非诉方式解决的案例是加利福尼亚州湾区三角洲项目冲突。该项目在1995年正式设立，为解决加州圣华金河三角洲和圣弗朗西斯科湾的水资源利用冲突。这个项目在美国联邦政府的支持下，旨在协同各方——联邦、州、地方政府、有利害关系的私人机构以及非政府利益团体之间的利益，最终达成共识，解决湾区三角洲的三大主要问题：生态平衡、水质问题以及可持续的充足供水。冲突主要集中在农民、城市供水商、和环保主义者对湾区三角洲水资源的分配上。项目设立后，有政府特派员参与，经历召集、冲突评估以及专业中立方的参与促参、有关人员的居中调解，在联邦和州立法机构以及利害相关人参与的情况下通过一系列协议和修正案，最终顺利达成该项目的目标。

四、美国环境冲突解决的专业机构

随着美国政府和社会对ADR的重视，不仅催生了各级、各类从事ADR的专门机构，也促进了非诉冲突解决的规范化和职业化。

在联邦政府层面，美国国家环保局设有冲突预防与解决中心（Conflict Prevention and Resolution Center）。CPRC为整个环保局服务，它负责开发和执行局里的ADR政策，管理相关的ADR项目，协调案例的管理和评估，为专项规划的 ADR 活动提供支持；同时还向环保局的管理者和员工提供以下服务：协助招募在环境冲突解决方面有经验的职业促参师和调停人；旨在提升员工谈判和共识达成技巧的工作坊和研讨会；旨在帮助当事人找出推进和建立支持的最佳路径的形势评估和利益相关者的评估；就解决困难的规划问题和有效的谈判策略提供面对面的专家咨询。

环保局还有个一个环境上诉委员会（The Environmental Appeals Board），该委员会是根据环保局执行的环境法规而提起的行政上诉的最终裁决者。这是一个直属局长办公室的独立的、公正的机构。委员会通常由三名法官组成的小组构成，并以多数票作出决定。目前，有 8 名资深律师作为委员会的法律顾问。委员会鼓励当事人在上诉之前采取替代性方式解决纠纷。为此，委员会也启动了一个 ADR 项目。该项目是完全志愿的，并且为当事人提供一个由委员会法官担任中立评估者或调解人的 ADR 选项。其基本目标是在上诉之前为案子的解决提供一个中立的、保密的论坛。

1998 年，美国国会尤德尔基金会成立了美国环境冲突解决协会（U.S. Institute for Environmental Conflict Resolution），旨在帮助解决环境、自然资源和公共土地方面的冲突。USIECR 负责推进非对抗性的、力求达成协议的进程，其范围既包括大型的多方参与的共识建设，也包括协助谈判和提交法院的协调。它所提供的服务包括案例协调、召集、冲突评估、流程设计、促参、调解、培训和冲突系统设计。在其开始运营的前三年时间里，USIECR 参与了 100 多个环境案例和项目，分布于 30 个州和哥伦比亚特区。有几个项目是国家级的，涉及多个政府的或者多个州的。问题所涉及的领域也是非常广泛的，包括野生动植物和野生环境管理、将公共土地用作娱乐性场所、濒危的物质保护、海洋保护区、分水岭管理、生态系统恢复、湿地保护和城市基础设施规划。除了提供服务之外，USIECR 还提出了几个项目，包括两年举办一次的全国性会议联邦 ECR 合作项目；对全国环境政策法案试点项目展开调查，这是与俄勒冈联邦地区法庭联合开展的示范项目；以及在联邦机构召开 ADR 专家参与的联邦 ECR 圆桌会议。[①]

在州政府层面，大多数州都非常重视非诉方式在冲突解决方面的作用。例如马萨诸塞州设置了一个综合性的州级冲突解决项目——麻省冲突解决办公室（Massachusetts Office of Dispute Resolution）。MODR 是一个提供调解、促参、仲裁、案例评估、ADR 培训和其他 ADR 服务的州级机构。MODR 提供服务的对象主要有公共机构、市政当局、法院、雇用 MODR 工作人员的行政区划内的公民和私有部门中的中立调解员。MODR 组织上分为两个项目组：法院项目组和政府项目组。自 1985 年起，MODR 就为环境冲突提供调

① http://www.ecr.gov/Basics/Basics.aspx

解服务。MODR在该州已经解决了200多起涉及市政当局和州级与联邦机构的环境冲突。[①]州长赛路奇（Cellucci）颁布了名为“将冲突解决融入州级政府”的行政命令。其中强调了非诉解决方式的益处，并要求州级机构要“在适当的时候，要积极地充分运用非诉解决法来解决冲突”。还要求各机关的领导设置一个直接向他们汇报的ADR协调员。MODR负责向这些协调员提供培训、咨询和协助。

俄勒冈在运用共识法来治理方面是走在最前面的州。俄勒冈还搭建了广泛的基础设施来帮助州级机关使用合作流程。俄勒冈冲突解决委员会（Oregon Dispute Resolution Commission）是1989年依法成立的。委员会在促进调解、谈判、调停和其他基于合作的冲突解决流程中发挥了积极有效的作用。委员会有三大项目领域：社区冲突解决项目、法院提交协调项目和公共政策冲突解决项目。成立至今，ODRC已经帮助解决了数百起复杂而困难的公共政策争议。

① Rosemary O'Leary, Lisa B. Bingham. The Promise and Performance of Environmental Conflict Resolution. *Resources for the Future*. 2003. p. 198.

城市社区治理绩效及其对社会资本的依赖

——以天津市唐家口街创建群众诉求调处机制为例

陈月生

近年来，随着我国“社会建设”理论的提出和完善，众多学者在充分借鉴西方社会治理理论和经验基础上，围绕我国基层社会治理实践，发表了不少颇有建树的成果，对推进社会治理研究，做出了应有的贡献。但是，从我国社会转型和深化改革的现实要求以及建构我国本土化“社会治理”理论来看，对我国基层社会治理经验的研究，尤其是对基层社会治理绩效的量化研究以及基层社会治理过程中社会资本的作用研究，仍是亟待深入研究的问题，而这正是本文重点讨论的内容。

本文以天津市河东区唐家口街及所属社区创建“新时期群众诉求调处机制”（下文简称诉求调处机制）为案例，以该案例过程研究及其研究结果为基础，采取定量分析方法，重点对诉求调处机制绩效进行测量检验，论证诉求调处机制与社会资本的关系。

作者简介：陈月生，天津社会科学院发展战略研究所所长、研究员。研究方向：舆情基础理论、社会热点问题和民意调查、经济和社会发展战略。

基金项目：国家社科规划项目（项目批准号 07BSH015）：“舆情汇集分析和疏导机制与城市社区居委会建设研究”。

文章来源：本文是由国家社科规划项目（项目批准号 07BSH015）：“舆情汇集分析和疏导机制与城市社区居委会建设研究”结项成果中的部分章节改写而成。结项成果于 2014 年 9 月由天津社科院出版社出版。

一、群众诉求调处机制概述

唐家口街地处天津市河东区中部，辖区内设 13 个社区，实际居住 21397 户 55568 人。在实际居住居民中，60 岁以上 9911 人，占实际居住居民总数的 17.8%；各类残疾 1493 人，占实际居住居民总数的 2.6%。[①]有 1479 户 3219 位居民享受国家最低生活保障制度，69 户 177 位居民享受国家二保政策[②]，两项共占实际居住居民总数的 6.1%。该街区的显著特点是“三多一旧”，即老年人、残疾人、低收入群体多（约占实际居住居民总数的 26.6%），老居民区住房设施陈旧。因此，群众在实际生活中急需解决的突出问题相对较多[③]，居民强烈要求有畅通的诉求反映渠道，期盼在日常生活中，遇到急事、难事、险事时能有可信赖的人帮助解决；有怨气、疑惑时能有地方倾诉，能得到及时答复。为顺应民意，把矛盾和问题解决在基层，唐口街党工委和街道办在学习借鉴各地先进经验基础上，从 2007 年 4 月开始，通过试点取得初步经验和效果基础上，在全街所有社区建立了“社情民意接待站”[④]，街道和社区居委会在及时倾听和解决群众诉求过程中，逐渐形成了街区群众诉求调处机制。2009 年 5 月，唐口街党工委、街道办将“社情民意接待站”更名，出台了“关于成立‘唐家口街新时期群众诉求调处中心、分中心’[⑤]的决定”[⑥]，并制定了进一步充实、加强“新时期群众诉求调处机制（以下简称诉求调处机制）”的实施方案，由此，唐家口街创建诉求调处机制进入了一个新的发展阶段（见图 1）。

① 文中使用的数据系作者依据 2011 年 4 月唐口街各个居委会所填报的《居委会基本情况调查表》的统计数据。

② 指低保政策的补充政策。

③ 以上数据及具体情况来自 2010 年全国人口普查数据及深度访谈。

④“社情民意接待站”的任务是认真听取群众在实际生活中亟待解决的问题，并将这些问题汇总，上报到街道办事处，由街道办事处根据需解决问题的轻重缓急，给予解决或解释。

⑤ 试点之初，唐家口街将基层诉求表达渠道命名为“社情民意接待站”。之后，为进一步规范和加强街道对社情民意工作的指导，街道党政领导根据中央文件中有关“群众诉求调处”的说法，决定街道成立“新时期群众诉求调处中心”，将原设在社区居委会的“社情民意接待站”更名为“新时期群众诉求调处分中心”。

⑥ 参见中共唐家口街道工作委员会（东唐党发）[2009]16 号文件。

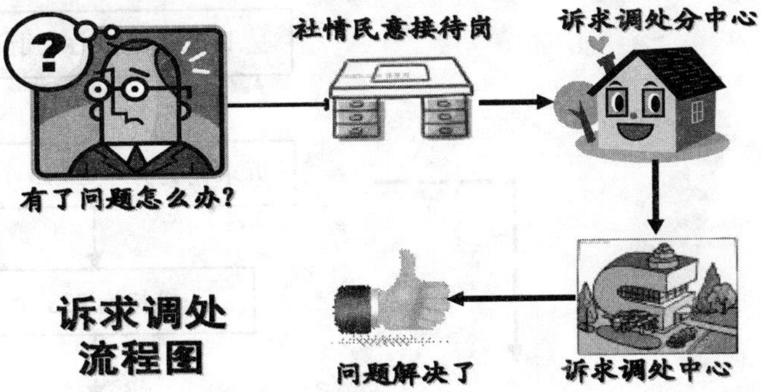

图 1　诉求调处机制示意图

来源：唐家口街诉求调处机制演示文稿课件

1. **组织架构**

诉求调处机制的组织结构依托街道和社区居委会，即街道设“群众诉求调处中心”（简称调处中心），由街道办主任担任调处中心主任，街道设综合办公室作为调处中心专门机构；社区居委会设“群众诉求调处分中心”（简称调处分中心），由居委会主任担任调处分中心主任；每个社区设若干社情民意接待岗（简称接待岗），每个楼门设 1 名社情民意接待员（简称接待员），接待岗是一座楼或特定居住片接待员的组长。截至 2011 年 3 月，13 个调处分中心共设接待岗 423 个，选聘接待员 1164 名。

诉求调处机制的组织结构（见图 2）呈现了科层制与扁平式网格相结合的特点，这种复合式的组织架构既体现政府主导，也体现居民广泛参与，形成“政民互动”合作治理网络，这种强调自上而下的管理与自下而上的参与相结合的组织结构，具有“善治”的主要特征（参见俞可平，2008：84-86）。

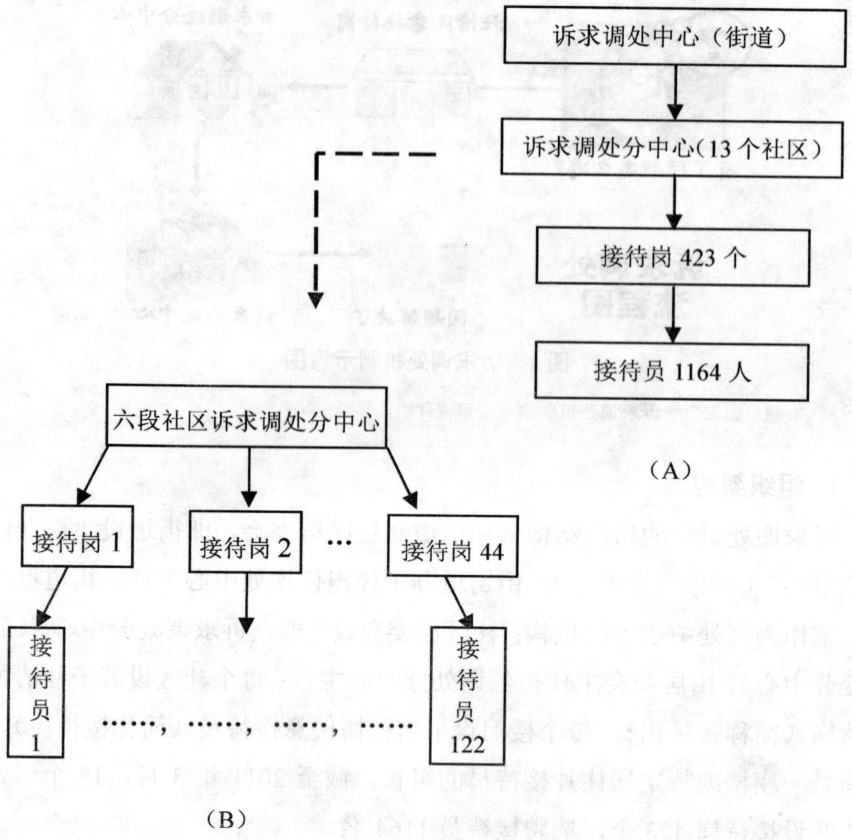

图2　诉求调处机制组织结构简图

2. 制度规则

按照调处中心、分中心、接待岗和接待员的不同工作职责，由调处中心在总结街道和各社区实践经验基础上，统一制定了各层面工作制度[①]。主要内容包括：领导接待、协调会（也称“大接访”）、互比互评、学习培训、信息收集反馈、诉求调处代理以及相关职责要求等。各层面的制度主要有以下几个特点：（1）日常管理的重心在调处分中心，工作方式以社区居民自治为主；（2）接待岗和接待员构成了日常接待、处置居民诉求的管理网络，接待员是居民诉求的第一个倾听者和信息汇集的最初工作环节，凡是群众反映的

①制度内容：诉求调处中心（街道办事处）：处级领导接待制度、诉求调处分中心协调会制度，也称大接访制度、诉求调处工作互比互评办法；诉求调处分中心（社区居委会）：例会制度、培训制度、信息反馈制度、居民诉求调处代理制度、社区诉求调处联谊制度、六项诉求调处工作职责和六个工作要求；社情民意接待岗：例会制度、培训制度、六项职责和三个要求；社情民意接待员：接待制度、信息收集制度、六项职责和四个要求、社情民意接待员守则。

问题，都要进行登记，对登记的诉求做到“每件必复”；（3）街道调处中心的工作重点在“领导接待”和“调处分中心协调会”两个工作环节上。

3. 运行方式

在诉求调处机制各个工作环节中（见图3），除街道“大接访”协调会（见图4）这个工作环节外，其他4个工作环节都具有直接面对居民的特点，承担对居民诉求进行倾听、解释、疏导以及解决问题或记录并及时向上反映的责任。在街道“大接访”协调会这个工作环节，一是利用街道行政组织平台协调行政资源解决居民诉求的难题，二是社区居委会代表居民通过行政组织平台与行政职能部门直接沟通，反映群众诉求和困难，并对行政职能部门的工作进行直接质询和监督。

从诉求调处机制的运行实践来看，利用行政手段推行群众诉求调处工作，协调行政资源解决群众诉求难题，是诉求调处机制得以创建和顺利运行的关键。第一，街道专门成立负责居民诉求调处的科室，表明群众诉求调处工作已纳入街道日常重要工作的范畴。第二，由街道党工委主办，综合室具体负责编辑刊印《社情民意情况专报》，及时反映街内各社区开展社情民意接待工作的情况，推广经验，传达有关政策信息和工作要求等。第三，诉求调处中心每两周举办一次“大接访”会议，协调行政资源解决诉求难题，一是职能部门无法推诿，二是促进街道领导对疑难问题主动请缨，把工作一竿子插到底。或者说，街道党政组织是诉求调处机制的政治基础和组织保障。

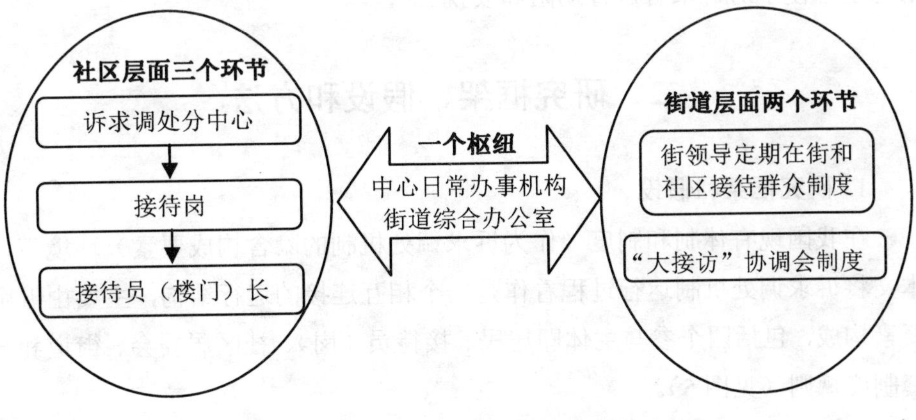

图3 诉求调处机制构成示意图

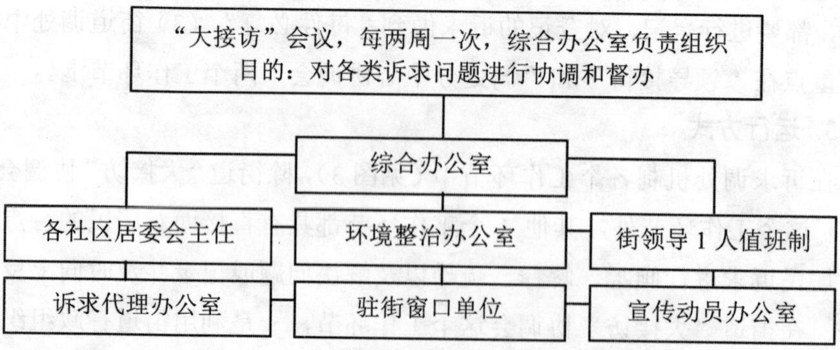

图4 社情民意"大接访"会议参会人员构成图

在接待岗和接待员扁平化网格组织结构中，调处分中心以社区居委会为组织基础，对接待岗和接待员贯彻民主自治精神，其自主管理方式体现在两个方面。

第一，由居委会和居民自行推选和管理接待员。社区居委会根据各自情况遴选接待员，分别采取由居委会主任指派，由楼栋内居民选举产生，由居民自荐参与等方式。他们对这些接待员实行动态管理，以防止因接待员退出导致的机制停滞。

第二，接待员参与管理居民诉求。一方面，他们作为诉求调处机制参与主体，帮助居民理顺诉求的办理过程，提高了为居民办事的效率，拉近了居民与政府部门的关系。另一方面，一旦矛盾激化，接待员所处的位置以及在情感上都便于对诉求者进行劝阻和安抚。

二、研究框架、假设和方法

1. 研究框架和假设

在我国现有体制和制度（作为诉求调处机制的隐含构成要素）环境下，本文将诉求调处机制运行过程看作是一个相互连接的运行结构，主要由五个要素构成，包括四个参与主体即居民、接待员（岗）、社区居委会、街道和一套制度规则（见图5）。

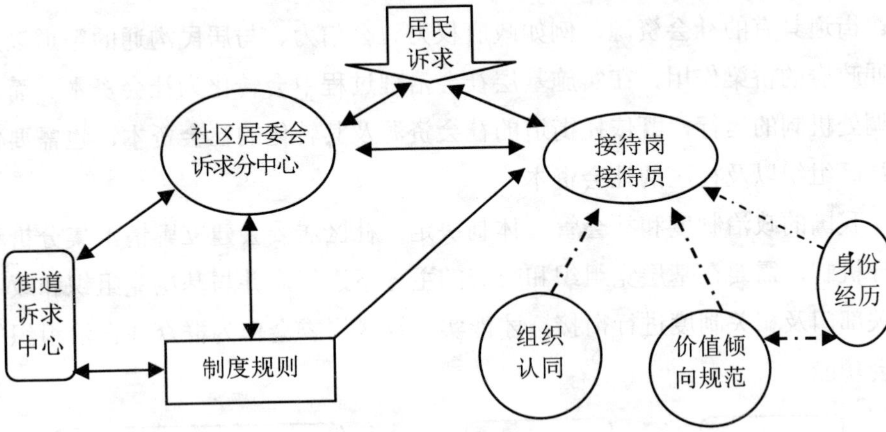

图5 诉求调处机制构成要素、相互关系及影响因素示意图

本文以舆情为研究视角，以行为理论、组织理论和治理理论为研究工具，运用量化研究方法，对诉求调处机制绩效进行测量分析，并以此为基础，通过对参与主体的行动分析，探讨社会资本与诉求调处机制之间的相互影响。

依据帕森斯的社会系统理论①，笔者将该机制过程中各参与主体的互动过程视为一个系统（见图6），各参与主体在参与行动中，主要的行为价值倾向在互动中趋于一致或相容，成为制度性约定的价值基础，以此为基础构成制度化的互动模式。诉求调处机制的目标取向体现了舆情制度的核心思想，即畅通社情民意反映渠道。在中国这样的差序社会结构中，居民诉求的组织化表达能够获得居民的委托和信任。其中，街道和社区居委会的协同合作，是提高群众反映社情民意话语地位的有效途径。因此，社区居委会建立舆情汇集分析和疏导机制，可以实现组织化的有序诉求表达，畅通社情民意反映的渠道。

同时，建立社区居委会舆情汇集分析和疏导机制，可以为社区居民搭建信息交流、答疑解惑、互相帮助的工作平台，提高社区居委会的居民自治能力，是进一步完善基层群众自治制度，健全城市基层治理和服务体制的重要途径。社区能够促成成员之间的合作与信任，使成员具有集体归属感和信任

① 帕森斯在《社会系统》一书中，以高度抽象的概念体系说明了行动系统的结构和过程：①各参与主体是在同一个互动环境中；②各参与主体的行为价值倾向反映了他们的需求结构，以及文化模式的内化如何改变这种需求结构；③当各参与主体彼此调整各自的行为价值取向时，规范经由具体的互动过程而产生；④这种规范作为参与主体彼此调整自己行为价值倾向的方法出现，同时又受总的文化模式的制约；⑤这些规范反过来调节着其后的互动，并使其稳定，正是通过这一过程，制度化的模式得以建立、维持或改变，即社会系统才形成与存在。

感。街道具有的社会资源，例如政府权力、公信力、与居民沟通的渠道以及连通政府的桥梁作用，在实施基层社会治理过程中会转化为社会资本。而诉求调处机制的运行，既依托街道的社会资源及其转化的社会资本，也需要依托社区组织以及社区的社会资本。

我国的政治制度和社会管理体制决定，社区居委会建立舆情汇集分析和疏导机制，需要在基层党组织和政府的主导下进行，并与基层党组织和政府有关部门及相关制度进行衔接，才能实现社区居委会作为群众性自治组织的社会功能。

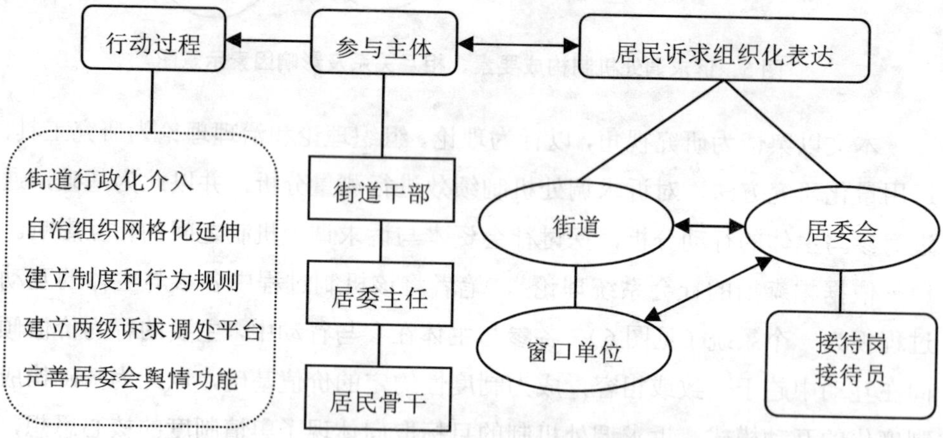

图6　分析框架示意图

2. 研究方法

（1）数据

本文所用数据来自笔者2011年6月至7月在天津市河东区唐家口街所辖社区进行的问卷调查。本研究对不同被试（居民、社情民意接待员和社区居委会主任）分别设计了调查问卷。[①] 其中，对诉求调处机制的实施效果等共性问题采取了相同的问题设置；对不同被试群体的个性问题采取了不同的问题设置。从诉求调处机制实施效果的普遍认同程度、实施过程中对具体问题的态度和行为倾向等方面进行深入的了解；并通过对不同被试群体的调查结果进行相互比较和印证，对诉求调处机制进行比较系统和深入的科学研究。

实际纳入此次问卷调查范围的是12个社区居委会，其中，金盾里社区因

① 本项调查问卷的名称为“居民社情民意反映意愿与工作机制评价调查问卷”，按三类被试分为“居民”卷、“社情民意接待员”卷、“居委会主任”卷。

样本总体偏小未列入此次问卷调查的范围（见表 1）。笔者根据 12 个社区居委会的实际情况和问卷调查的总体要求，对社区居委会成员和接待员（楼门长）群体采取饱和抽样方法，对社区居民群体则采取系统抽样方法，以全街（不包括金盾里）的实际居住 20853 户（54116 人）为样本总体①，采取访问员入户面对面访问的方式对全部被试进行问卷调查。

表 1　唐家口街各居委会实际居住户、人口、楼门长、接待员、居委会主任数统计表

序	居委会	户数/样本数	人口数/样本比	楼门长数	接待员数	居委会主任数
1	六　段	2100/105	6300/ 1.66%	125	122	6
2	工　大	901/45	2710/ 1.66%	60	60	5
3	嘉　华	2703/135	6291/ 2.15%	148	30	7
4	南　里	1278/64	3195/ 2.0%	64	30	7
5	久福园	1071/54	2662/ 2.02%	65	65	5
6	新开路	1827/89	4576/ 1.940%	103	103	6
7	卫国道	2175/110	5561/ 1.98%	100	30	6
8	华　馨	1824/91	4289/ 2.12%	133	133	6
9	南横街	807/41	2178/ 1.88%	52	52	6
10	北海里	948/52	2159/ 2.4%	43	39	4
11	红星路	3536/176	9519/ 1.85%	220	220	6
12	长征路	1683/84	4676/ 1.80%	100	31	5
13	金盾里	544/27	1452	38	7	7
总数		21397/1073	55568	1251	922	76
合计（不含金盾里）		20853/1046	54116	1213	915	69

注 1：不含金盾里，在楼门长中共有 298 人不兼任接待员。本次问卷调查将不兼任接待员的楼门长也纳入调查范围，所以，应参加接待员问卷调查的样本为 298 + 915 = 1213 个。表中数据来源于 2011 年 4 月唐口街各个居委会填报《居委会基本情况调查表》的统计计算。

注 2：在实际居民住户中包括租房居住的外来人口，这部分人口在社区工作中已纳入本地居民管理范围。

此次问卷调查共向各社区居委会主任发放问卷 69 份，实际回收 67 份②，有效问卷 67 份，有效率为 100.00%。向接待员发放问卷 1213 份，实际回收 1211 份，有效问卷 1166 份，有效率为 96.12%。向居民发放问卷 1046 份，回收 1040 份，有效问卷 1029 份，有效率为 98.94%。统计结果显示，居民被试的性别、各年龄段及就业人口比例等人口特征数据与 2010 年全国第六次人

① 数据源自 2010 年全国人口普查资料。
② 未回收的 2 份问卷是因两位居委会主任借调到区拆迁办工作所致。

口普查数据相差均不超过 3.2%。① 将该抽样数据与官方统计数据进行比对，各层的抽样误差率均低于 1.6%②，因此本文所使用的居民问卷调查数据具有较高的代表性。

（2）变量

本项研究对考察诉求调处机制绩效设计了 22 个测量指标，共选取 19 个测量指标作为因子分析的基础，采用 KMO 测度和巴特利特（Bartlett）球形检验表来探查变量间的偏相关性，比较各变量间相关性和偏相关性大小。测得 KMO 值等于 0.723，大于 0.7（KMO 测度的值越接近 1，使用因子分析效果越好），巴特利特球度检验卡方值为 3052.24，自由度为 171，显著性小于 0.001，表明本文所用数据适合进行因子分析。

根据碎石图和相关系数矩阵特征值大于 0.9 的准则，结合累计贡献率大于 60%的原则（见表 2），发现有 9 个因子对样本累计解释方差比例达到 61.38%。因此，最终确定提取 9 个因子可以对诉求调处机制绩效做出较满意的解释。

为理解公因子的实际意义，本文采用方差最大法对因子进行旋转，使每个因子上的负载尽可能向±1 或 0 的方向靠近。用一个正交矩阵右乘因子载荷矩阵，使旋转后的因子载荷矩阵简化。表 3 所示为旋转后的成分矩阵表，表中各变量根据负荷量的大小进行排列。旋转后的负荷量明显地向 0 和 1 两极分化，由此可以判断所选取的 19 个变量分别归入 9 个因子，笔者对这 9 个因子进行了命名（用 F1-F9 表示）并建构群众诉求调处机制评分体系。

F1：调处机制促进基层社区问题的解决[因子包含的指标（变量）为：调解邻里矛盾、情绪疏导、生活难事、反映问题方便]；

F2：调处机制提高了社区凝聚力[因子包含的指标（变量）为：群众动

① 2010 年全国人口普查，唐家口街“家庭户”的数据中，性别（不包括金盾里人口）：男性：48.82%，女性：51.17%。年龄（范围为 20～69 岁的人口，不包括金盾里）：20～29 岁：19.01%；30～39 岁：18.25%；40～49 岁：23.55%；50～59：24.75%；60～69：12.52%。就业率（不包括金盾里人口）：38.42%。本文的抽样结果显示：性别（不包括金盾里人口）：男性：48.10%（与官方数据相差-0.72%）；女性：51.90%（与官方数据相差 0.73%）。各年龄层比例（范围是 20～69 岁的人口，不包括金盾里）：20～29 岁：17.68%（与官方数据相差 1.33%）；30～39 岁：20.10%（与官方数据相差 1.85%）；40～49 岁：22.61%（与官方数据相差-0.94%）；50～59 岁，22.03%（与官方数据相差-2.72%）；60～69 岁：11.88%（与官方数据相差-0.64%）。就业率（不包括金盾里人口）：40.50%（与官方数据相差 2.07%）。

② 以成数抽样误差公式（$\mu=\sqrt{\frac{p(1-p)(N-n)}{n(N-1)}}$）计算，本文抽样误差分别为：男性或女性（全部抽样人口，共计 1029 人）：1.55%；各年龄层（20～69 岁人口，共计 972 人）：20～29 岁：1.34%；30～39 岁 1.27%；40～49 岁：1.34%；50～59 岁：1.45%；60～69 岁：1.11%；就业人口（20～69 岁人口，共计 972 人）：1.59%。

员能力、提高协调能力、对居委会信任、社区参与增加]；

表 2　Total Variance Explained 样本方差解释

Component	Initial Eigenvalues			Extraction Sums of Squared Loadings			Rotation Sums of Squared Loadings		
	Total	% of Variance	Cumulative %	Total	% of Variance	Cumulative %	Total	% of Variance	Cumulative %
1	2.669	14.049	14.049	2.669	14.049	14.049	1.817	9.565	9.565
2	1.415	7.447	21.497	1.415	7.447	21.497	1.569	8.257	17.821
3	1.391	7.323	28.820	1.391	7.323	28.820	1.486	7.819	25.640
4	1.124	5.918	34.738	1.124	5.918	34.738	1.220	6.421	32.061
5	1.085	5.712	40.450	1.085	5.712	40.450	1.181	6.217	38.278
6	1.054	5.549	45.999	1.054	5.549	45.999	1.167	6.142	44.419
7	1.022	5.377	51.376	1.022	5.377	51.376	1.106	5.820	50.239
8	0.977	5.143	56.519	0.977	5.143	56.519	1.086	5.716	55.955
9	0.924	4.862	61.380	0.924	4.862	61.380	1.031	5.425	61.380
10	0.880	4.631	66.012						
11	0.817	4.301	70.313						
12	0.814	4.282	74.595						
13	0.794	4.180	78.775						
14	0.762	4.010	82.786						
15	0.751	3.952	86.738						
16	0.690	3.630	90.368						
17	0.666	3.505	93.873						
18	0.627	3.302	97.175						
19	0.537	2.825	100.000						
Extraction Method: Principal Component Analysis.									

F3：调处机制提高政府工作透明度[因子包含的指标（变量）为：政策解释、办事程序咨询]；

F4：调处机制加强了社区居民自治[因子包含的指标（变量）为：强化服务居民、完善自治功能]；

F5：调处机制提高了政府（社区）办事效率[因子包含的指标（变量）为：回应诉求及时、及时了解政策]；

F6：调处机制促进了民意传达与监督[因子包含的指标（变量）为：监督街道干部、向上转达意见]；

F7：调处机制促进了居民参政议政[因子包含的指标（变量）为：参政议政]；

F8：调处机制加强了居民与居委会的联系[因子包含的指标（变量）为：

与居民联系制度]；

F9：调处机制加强居民间联系与信任[因子包含的指标（变量）为：增加联系信任]；

根据旋转后的因子载荷矩阵（见表3），运用回归算法，计算出因子得分函数的系数，并求出每个因子的得分。根据样本方差解释度计算（见表2），通过对9个单项因子指标进行加权平均，计算群众诉求调处机制的综合评价得分，具体计算公式为：

$$总分=\frac{9.565}{61.38}\times F1+\frac{8.257}{61.38}\times F2+\frac{7.819}{61.38}F3+\frac{6.421}{61.38}F4+\frac{6.217}{61.38}F5+\frac{6.142}{61.38}F6+\frac{5.82}{61.38}F7+\frac{5.716}{61.38}F8+\frac{5.425}{61.38}F9$$

表3 Rotated Component Matrix[a] 旋转后的因子载荷矩阵

	Component								
	1	2	3	4	5	6	7	8	9
调解邻里矛盾	**0.781**	0.055	0.033	0.009	0.021	0.137	-0.041	-0.044	0.029
情绪疏导	**0.673**	-0.004	0.154	0.149	0.017	-0.159	-0.053	0.016	0.000
生活难事	**0.652**	0.183	-0.103	-0.079	0.013	0.056	0.041	-0.033	0.040
反映问题方便	**0.433**	0.025	0.310	0.215	0.042	0.097	0.237	0.109	0.067
群众动员能力	-0.043	**0.717**	0.060	-0.077	0.024	-0.016	0.094	-0.205	0.227
提高协调能力	0.175	**0.639**	0.014	-0.092	0.004	0.109	-0.011	0.172	-0.295
对居委会信任	0.106	**0.505**	0.080	0.252	-0.041	0.108	-0.028	0.098	0.083
社区参与增加	0.148	**0.476**	0.001	0.388	0.158	-0.106	0.084	0.110	0.061
政策解释	0.039	0.038	**0.771**	-0.039	0.028	0.032	0.049	0.092	-0.010
办事程序咨询	0.062	0.071	**0.753**	-0.016	0.089	0.045	-0.105	-0.131	0.072
强化服务居民	-0.027	0.156	-0.157	**0.705**	0.108	0.049	-0.178	-0.027	0.057
完善自治功能	0.187	-0.163	0.221	**0.576**	-0.095	0.050	0.404	-0.052	-0.041
回应诉求及时	0.049	-0.019	-0.030	0.007	**0.865**	0.130	-0.034	-0.121	0.030
及时了解政策	0.012	0.092	0.302	0.122	**0.603**	-0.088	0.128	0.264	0.000
监督街道干部	-0.023	-0.038	0.027	-0.099	0.085	**0.777**	0.178	-0.026	0.176
向上转达意见	0.135	0.194	0.085	0.235	-0.010	**0.655**	-0.138	0.127	-0.169
参政议政	-0.025	0.101	-0.064	-0.051	0.054	0.049	**0.866**	-0.003	-0.016
与居民联系制度	-0.040	0.058	-0.019	-0.020	0.016	0.063	-0.009	**0.912**	0.110
增加联系信任	0.108	0.101	0.066	0.052	0.028	0.054	-0.025	0.127	**0.890**
Extraction Method: Principal Component Analysis.									
Rotation Method: Varimax with Kaiser Normalization.									
a. Rotation converged in 9 iterations.									

本研究在对接待员的调查问卷中，设计了“您担任社情民意接待员或在接待岗值班有什么感受”一题（见图7），通过对接待员职业动机的9个测量

指标的分析，以期发现社会资本在诉求调处机制中所发挥的重要作用。

您担任社情民意接待员或在接待岗值班有什么感受?

1. 能够为居民和社会做点事；　2. 参与社区事务名正言顺；

3. 有机会和更多的居民联系；　4. 能够得到居民的信任；

5. 能够得到组织的信任；　6. 可以体现自身价值；

7. 可以充实生活；　8. 能及时了解政策信息；

9. 接待和疏导居民诉求是我的责任；　10. 其他：________；

在您已经选择的结果中，请按重要程度由高到低排序：

排在第一：________；　排在第二：________；　排在第三：________；

图 7　调查问卷截图

此题是一个多选题，请每位受访的接待员选出他们认为真实感受的所有选项，并在选出的所有选项中按重要程度由高到低排序列出第 1 位、第 2 位和第 3 位选项。

三、研究结果与分析

1. 诉求调处机制的绩效测量与检验

（1）总体评分

为了消除各指标由于量纲单位不同所带来的不可比性，需要对数据进行标准化处理，标准化公式为 $Z=\frac{x-\mu}{\delta}$，并进一步加以线性转换，得到 T 分数，公式为：$T=10Z+50$，使评价分数在 0～100 分之内。

测量的结果，唐口街社区居民（包含接待员和普通居民）对诉求调处机制的总体评价为 50 分（见表 4）。结论：社区居民对诉求调处机制的绩效评价为中等水平。从整体上看，即使考虑到 9 个因子仅解释了约 60%的变量，存在一定的信息丢失，还是有足够的证据证明，社区居民对诉求调处机制绩效持肯定态度，说明诉求调处机制的实践探索是成功的。同时，也表明诉求调处机制仍需进一步改进和提高。

表 4 Descriptive Statistics 总体评价得分

	N	Minimum	Maximum	均值	标准差
T 总分	2195	22.50	81.40	50.0000	10.00000
Valid N (listwise)	2195				

（2）居民与接待员评分比较

居民和接待员是诉求调处机制两个主要参与主体，因此，将居民与接待员评分结果进行比较，深入分析不同参与主体对诉求调处机制绩效评价的差异，主要是在上述因子分析所得出的评分基础上，对居民与接待员两个独立样本进行 T 检验（即样本均值是否存在显著性差异）（见表 5），差异分析的结果可以归为以下两方面：

第一，达成共识方面（即不存在显著性差异）。接待员与居民在调处机制 F5 提高了政府（社区）办事效率、F7 促进了居民参政议政、F8 加强了居民与居委会的联系、F9 加强居民间联系与信任方面不存在显著性差异。

第二，存在显著性差异方面。接待员在对于调处机制的总评、F1 促进基层社区问题的解决、F2 提高了社区凝聚力、F3 提高政府工作透明度、F4 加强了社区居民自治、F6 促进了民意传达与监督这 6 个方面的评分高于普通居民。

比较的结果发现，诉求调处机制促进了基层社区群众诉求问题的解决，这些问题与居民日常生活息息相关，诸如，在调解邻里矛盾、情绪疏导、生活难事的解决、向政府反映问题时的便利等方面有积极作用。诉求调处机制对于协调各种资源解决群众诉求、凝聚民心具有重要意义。因为街道和社区居委会使用诉求调处机制促进了民意传达与监督，为居民有机会参与到社区公共问题的处理和反馈更加及时创造了条件，使居民群众对街道和社区居委会增加了信任感。因此，居民群众的社区参与度相对有所提升，增强了社区居民的自治能力。

接待员作为社区事务中的积极参与者，包括社区事务的管理者，会有向上评价的倾向。而作为诉求调处机制的直接感受者——居民，似乎会对诉求调处机制中的接待工作做出较为客观的评价。考虑到居民也会希望诉求调处机制无限地解决自己社区生活中遇到的各种困难的倾向，因而对该机制的评价也有可能产生低估的倾向。也就是居民在解决问题中，期望与实际存在着差异，便会在评分中表现出不客观。这些都可能是接待员与居民对诉求调处

表5　独立样本T检验结果汇总：总体评价和9个因子

变量	N	X	SD	*t*	*p*
总体评价					
接待员	1166	54.52	8.01	26.16	0.000
居民	1029	44.74	9.50		
F1					
接待员	1166	56.03	7.71	40.81	0.000
居民	1029	42.97	7.45		
F2					
接待员	1166	51.02	10.26	5.30	0.000
居民	1029	48.81	9.55		
F3					
接待员	1166	52.18	10.71	11.67	0.000
居民	1029	47.46	8.42		
F4					
接待员	1166	50.83	10.31	4.30	0.000
居民	1029	49.03	9.54		
F5					
接待员	1166	50.05	10.08	.253	0.800
居民	1029	49.94	9.91		
F6					
接待员	1166	51.44	10.78	7.60	0.000
居民	1029	48.31	8.72		
F7					
接待员	1166	49.71	10.22	-1.46	0.144
居民	1029	50.33	9.73		
F8					
接待员	1166	49.97	10.15	-0.144	0.885
居民	1029	50.03	9.83		
F9					
接待员	1166	49.69	10.37	-1.59	0.110
居民	1029	50.36	9.54		

机制的总体评分存在显著差异的原因。虽然不排除上述主观心理因素对于不同主体的评价影响，但是居民对于诉求调处机制的评价低于接待员评价的这种差距也是客观存在的。居民对于诉求调处机制在促进基层社区问题的解决、

提高了社区凝聚力、提高政府工作透明度、加强了社区居民自治、促进了民意传达与监督方面的看法与感受明显低于接待员。所以未来诉求调处机制在上述几个方面方还需改进，多倾听居民意见，不断提高倾听群众诉求、解决群众困难和问题的能力和水平。

2. 诉求调处机制对社会资本的依赖

社会资本是指个体或团体之间的关联，即通过社会网络、互惠性规范和由此产生的信任。[①]在本项研究中，社会系统的参与者在社会结构中所处的位置给他们带来的资源统称为社会资本。社区作为现代人类聚集生活的基本单位，构成了社会生活的重要方面。因此，社区能够促成成员之间的合作与信任，使成员具有集体归属感和信任感。具体来讲，设置接待员这一“头衔”是街道和社区组织所掌握的权力之一，可以看作是公信力转化的一种社会资本。接待员作为诉求调处机制的主要参与主体，需要“名正言顺”，或者说依赖于接待员这一“头衔”在诉求调处机制中发挥作用。

（1）接待员职业动机的测量分析结果

对接待员群体的职业动机认同率（百分比）进行统计的结果为：84.6%的接待员认为能够为居民和社会做点事是他们担任接待员的职业动机之一；52.9%的接待员赞同担任接待员（岗）充实了生活；52.3%的接待员认为担任此职务可以有机会和更多的居民联系；46.7%的接待员认为能够得到居民的信任是他们担任此职务的动机之一；44.6%的接待员认为他们担任此职务的职业动机之一是体现自身价值；33.5%的接待员考虑到担任此职务可以名正言顺地参与社区事务；31.2%的接待员认为他们的职业动机之一是能够得到组织的信任或能够及时了解政策信息；15.6%的接待员是把接待和疏导居民的诉求看作自己的责任（见表6）。

请接待员对“职业动机”已选项按重要程度排序，按照排在第1位的选项得4分，排在第二位的选项得3分，排在第三位的选项得2分，其他的选项得1分，没有被选的选项得0分的方式进行赋值，赋值后对1166份有效问卷关于其职业动机选项的排序平均值及标准方差的统计结果可以看出，担任接待员的职业动机或者说担任接待员的感受居于前三位的分别是：为居民和

① 参见林南：《社会资本——关于社会结构与行动的理论》，张磊译，上海：上海世纪出版集团、上海人民出版社，2005年，第28页，“社会资本被认为是一种存在于社会关系中的网络资源”；参见燕继荣：《投资社会资本：政治发展的新维度》，北京：北京大学出版社，2006年，第187页，社会资本“表现为个人关系、成员身份和社会网络，其核心要素或基础要素就是信任关系”。

社会做点事（2.99 分）；有机会和更多的居民联系（1.25 分）；能够充实生活（1.15 分）（见表 7）。

表 6　职业动机选项认同率

职业动机选项	认同率（有效百分比）
为居民和社会做点事	84.6
能够充实生活	52.9
有机会和更多的居民联系	52.3
能够得到居民的信任	46.7
能够体现自身价值	44.6
参与社区事务名正言顺	33.5
能够得到组织的信任	31.2
能够及时了解政策信息	31.2
接待和疏导居民的诉求是我的责任	15.6

表 7　接待员职业动机统计结果：按重要性排名赋值

	有效数量	缺失数量	平均值	标准方差
为居民和社会做点事	1166	0	2.99	1.533
参与社区事务名正言顺	1166	0	0.77	1.248
有机会和更多的居民联系	1166	0	1.25	1.386
能够得到居民的信任	1166	0	1.09	1.353
能够得到组织的信任	1166	0	0.68	1.149
能够体现自身价值	1166	0	1.02	1.315
能够充实生活	1166	0	1.15	1.273
能够及时了解政策信息	1166	0	0.59	1.013
接待和疏导居民的诉求是我的责任	1166	0	0.30	0.807

在受访的 1166 位接待员中，有 349 位是中共党员，有 817 位是群众（以下简称党员接待员和群众接待员）。另有 19 位接待员的政治面貌为其他，因样本数量很小，不具代表性，所以排除。

在 9 个职业动机选项中，党员接待员与群众接待员在职业动机上存在着差异（见表 8）。党员接待员对“为居民和社会做点事”“参与社区事务名正言顺”“有机会和更多的居民联系”“能够体现自身价值”“能够充实生活”“接待和疏导居民的诉求是我的责任”这 6 个职业动机的评分高于群众接待员。而群众接待员对“能够得到居民的信任”“能够得到组织的信任”“能够及时了解政策信息”这 3 个职业动机的评分要高于党员接待员。

但是，这种差异是否具有统计学意义，还需要进行检验。首先对因变量数据分布的正态性和方差同质性进行检验。根据表 9 显示的统计数据可知，9 个接待员的职业动机选项的偏度系数与峰度系数均属正常范围内。因此独立样本 T 检验可以用于测试根据不同政治背景分组的接待员的职业动机差异。独立样本 T 检验结果如表 10 所示，在 9 组检验结果中，有 3 组结果的伴随概率小于 0.01，其余 6 组显示没有显著差异。也就是说，这 3 个指标在党员接待员与群众接待员之间的得分差异显著且具有统计学意义。这 3 个指标分别是“居民信任”“组织信任”以及“个人责任”。另一方面，表 10 显示的 Levene 的方差齐性检测的结果说明了这两组方差存在显著差异（F = 23.795，$p < 0.01$；F = 19.267，$p < 0.01$；F = 66.436，$p < 0.01$）。因此，独立样本 T 检验报告为方差不等。

表 8　分组统计：职业动机与接待员的政治面貌

职业动机	政治面貌	数量	平均值	标准方差	平均标准误差
为居民做事	群众	817	2.99	1.527	0.053
	党员	349	3.00	1.553	0.082
参与社区	群众	817	0.73	1.223	0.042
	党员	349	0.82	1.281	0.068
联系居民	群众	817	1.24	1.381	0.048
	党员	349	1.25	1.402	0.074
居民信任	群众	817	1.15	1.396	0.048
	党员	349	0.95	1.244	0.066
组织信任	群众	817	0.74	1.200	0.042
	党员	349	0.56	1.022	0.054
自身价值	群众	817	0.98	1.300	0.045
	党员	349	1.12	1.361	0.072
充实生活	群众	817	1.12	1.268	0.044
	党员	349	1.23	1.290	0.068
了解政策	群众	817	0.60	1.044	0.036
	党员	349	0.56	0.921	0.049
个人责任	群众	817	0.23	0.712	0.025
	党员	349	0.47	0.984	0.052

表 9　接待员职业动机选项描述统计量

接待员职业动机选项	N	极小值	极大值	均值	标准差	偏度		峰度	
	统计量	统计量	统计量	统计量	统计量	统计量	标准误差	统计量	标准误差
为居民做事	1166	0	4	2.99	1.533	-1.119	0.070	-0.457	0.140
参与社区	1166	0	4	0.77	1.248	1.366	0.070	0.343	0.140
联系居民	1166	0	4	1.25	1.386	0.568	0.070	-1.207	0.140
居民信任	1166	0	4	1.09	1.353	0.817	0.070	-0.802	0.140
组织信任	1166	0	4	0.68	1.149	1.537	0.070	1.105	0.140
自身价值	1166	0	4	1.02	1.315	0.884	0.070	-0.695	0.140
充实生活	1166	0	4	1.15	1.273	0.697	0.070	-0.732	0.140
了解政策	1166	0	4	0.59	1.013	1.714	0.070	2.185	0.140
个人责任	1166	0	4	0.30	0.807	-0.041	0.070	-0.125	0.140
有效的 N（列表状态）	1166								

表 10　独立样本 T 检验：职业动机与接待员的政治面貌

		方差方程的 Levene 检验		均值方程的 t 检验						
		F	Sig.	t	df	Sig.（双侧）	均值差值	标准误差值	差分的 95%置信区间 下限	上限
为居民做事	假设方差相等	0.383	0.536	-0.082	1190	0.935	-0.008	0.097	-0.198	0.182
	假设方差不相等			-0.082	662.692	0.935	-0.008	0.098	-0.200	0.184
参与社区	假设方差相等	1.715	0.191	-1.109	1190	0.268	-0.087	0.078	-0.241	0.067
	假设方差不相等			-1.089	645.831	0.277	-0.087	0.080	-0.244	0.070
联系居民	假设方差相等	0.252	0.615	-0.134	1190	0.893	-0.012	0.088	-0.184	0.160
	假设方差不相等			-0.134	664.040	0.894	-0.012	0.088	-0.185	0.162
居民信任	假设方差相等	23.795	0.000	2.340	1190	0.019	0.200	0.086	0.032	0.368
	假设方差不相等			2.450	749.874	0.015	0.200	0.082	0.040	0.360
组织信任	假设方差相等	19.267	0.000	2.436	1190	0.015	0.177	0.073	0.034	0.320
	假设方差不相等			2.597	783.109	0.010	0.177	0.068	0.043	0.311
自身价值	假设方差相等	3.700	0.055	-1.656	1190	0.098	-0.138	0.083	-0.302	0.026
	假设方差不相等			-1.625	645.946	0.105	-0.138	0.085	-0.305	0.029
充实生活	假设方差相等	0.043	0.835	-1.270	1190	0.204	-0.102	0.081	-0.260	0.056
	假设方差不相等			-1.261	662.527	0.208	-0.102	0.081	-0.262	0.057
了解政策	假设方差相等	4.108	0.043	0.611	1190	0.541	0.039	0.064	-0.086	0.164
	假设方差不相等			0.642	756.936	0.521	0.039	0.061	-0.080	0.158
个人责任	假设方差相等	66.436	0.000	-4.815	1190	0.000	-0.245	0.051	-0.344	-0.145
	假设方差不相等			-4.244	522.113	0.000	-0.245	.058	-0.358	-0.131

对“居民信任”这一指标的检验结果证明了群众接待员与党员接待员在

看待“能够得到居民的信任”这一职业动机的重要性上存在着有统计学意义的显著差异（$t_{(df=749.85)} = 2.45; p < 0.05$）。群众接待员对于“能够得到居民的信任”这一职业动机的评分高于党员接待员，平均差异为0.2分。同样，“组织信任”这一组的检验结果证明了群众接待员与党员接待员在看待“能够得到组织的信任”这一职业动机的重要性上存在着有统计学意义的显著差异（$t_{(df=783.11)} = 2.597; p < 0.05$）。群众接待员对于“能够得到组织的信任”这一职业动机的评分高于党员接待员，平均差异为0.18分。而在“个人责任”这一组的检验结果证明了党员接待员与群众接待员在看待“接待和疏导居民的诉求是我的责任”这一职业动机的重要性上存在着有统计学意义的显著差异（$t_{(df=522.11)} = -4.244; p < 0.01$）。党员接待员对于“接待和疏导居民的诉求是我的责任”这一职业动机的评分高于群众接待员，平均差异为0.245分或0.25分（见表11）。

表11　存在显著差异的三组独立样本T检验结果汇总

变量	N	X	SD	*t*	*p*
居民信任					
群众接待员	817	1.15	1.396	2.450	0.015
党员接待员	349	0.95	1.244		
组织信任					
群众接待员	817	0.74	1.200	2.597	0.010
党员接待员	349	0.56	1.022		
个人责任					
群众接待员	817	0.23	0.712	-4.244	0.000
党员接待员	349	0.47	0.984		

因此，在获得居民信任、获得组织信任、个人责任三个指标上，党员接待员和群众接待员之间存在具有统计学意义的显著性差异。

总结以上数据分析可以看出，在担任接待员过程中，群众接待员更强烈地感到获得了居民和组织的信任；而党员接待员更多地认为担任此职务是自己的责任；不论是党员接待员还是群众接待员，担任接待岗位最重要的动机都是想要为居民和社会做点事。超过半数的接待员在参与社区接待工作的过程中感到自己的生活更加充实，同时也有更多的机会与社区居民联系。将近一半的社情民意接待员认为在工作中体现了自身价值并且得到了居民的信任。社情民意接待员是诉求调处机制直接的参与主体，他们对该机制的态度和亲身感受，反映了该机制具有动员和培育社区社会资本的功能。笔者注意到，有超过半数的接待员在参与过程中感到自己的生活更加充实和体现了自身价值，这实际上是一种幸福的感受。而这种幸福感受与获得信任是否有联系呢？在有关社会资本形成的解释中，主要是由英格雷哈特讨论的。英格雷哈特提出：总体生活满意度（overall life satisfaction）是更广泛的态度综合体——它反映的是一个人是否对他生活于其中的世界持有积极的或消极的态度——的一部分。生活满意度、幸福、人际信任以及一个人是支持激进的社会变迁还是捍卫自己原来的社会，都可以纳入一个文化簇之中（a cultural cluster）。英格雷哈特通过上面的论证暗示说生活满意度是基本价值观的一个持久的基础。因此，如果一个社会中的大多数个体是幸福的，对他们的生活是满意的，那么在那个社会中将产生出高水平的信任和社会资本。[①]上述对社会资本形成的解释模型，可以进一步解释接待员参与该机制的态度和亲身感受与获得信任具有内在联系。

（2）接待员对组织网络的认同及其对职业动机的影响

接待员和接待岗是不是一种组织网络，笔者在问卷中对这一问题进行了调查。评分标准为：选择“是”赋值 10 分，选择“不是”或“不清楚”赋值 0 分。综合评分结果，平均分为 5.4198 分，分析结论是，唐口街社区的居民对“接待员和接待岗是组织网络”的认同度处于中等水平。

从对此题作答的 1166 位接待员的统计结果看，有 813 位（约七成）接待员认同接待岗是一种组织网络，另 353 位（约三成）接待员认为接待岗不是一种组织网络。按照对“接待员（岗）是一种组织网络”的认同与否，将接待员分为两组，认同组织网络的接待员与不认同的接待员在 9 个职业动机选项的平均得分见表 12。针对这两组接待员职业动机平均得分的差异，采用了独立样本 T 检验来测试差异的显著性。

独立样本 T 检验的结果显示，两组接待员在居民信任（$t_{(df=734.53)} = -4.76$; $p < 0.05$）、了解政策（$t_{(df=848.04)} = -4.96$; $p < 0.05$）、个人责任（$t_{(df=920.29)} = -3.21$; $p < 0.05$）三个指标上存在显著性差异（见表 13）。分析结果发现，更多认同者在担任接待员的过程中更多地感受到了居民信任、个人责任和及时了解政策信息。

① [英]保罗·F. 怀特利，冯仕政编译：《社会资本的起源》，李惠斌、杨雪冬主编：《社会资本与社会发展》，北京：社会科学文献出版社，2000 年，第 53～54 页。

表 12　分组统计：接待员对组织网络的认同及其职业动机

	组织网络	N	Mean	标准差	均值的标准误差
为居民做事	否	353	3.08	1.519	0.079
	是	813	2.95	1.540	0.053
社区参与	否	353	0.87	1.356	0.071
	是	813	0.72	1.197	0.041
联系居民	否	353	1.30	1.372	0.072
	是	813	1.22	1.389	0.048
居民信任	否	353	0.82	1.284	0.067
	是	813	1.21	1.366	0.047
组织信任	否	353	0.70	1.201	0.063
	是	813	0.68	1.127	0.039
自身价值	否	353	0.95	1.329	0.069
	是	813	1.05	1.308	0.045
充实生活	否	353	1.10	1.286	0.067
	是	813	1.18	1.268	0.044
了解政策	否	353	0.39	0.859	0.045
	是	813	0.68	1.062	0.037
个人责任	否	353	0.20	0.642	0.034
	是	813	0.34	0.866	0.030

据分析得到的证据进一步说明，信任这一社会资本在社会治理现实中的重要性。根据什托姆普卡对“信任”的描述，在特定的社会系统中，“信任”是社会中需要寻求的，而“不信任”是需要避免的；信任是一种社会利益，而当信任不存在时，社会系统作为一个整体，连贯性和社会功能的实现就会出现问题；如果信任被摧毁，社会就会不稳固乃至崩溃。一般来讲，赋予他人信任有利于唤起他人的积极性。在本项分析中，更多的认同者在担任接待员的岗位时，更多地感受到了来自社区和其他居民的信任，由此，接待员的积极性被调动起来，这时候他们服务社区的活动也会“随着信任的增加而成比例地增加”。同时，信任不仅仅对于接待员，而且对于整个社区和其他群体也有重要的功能。什托姆普卡认为，信任不仅对参与者，而且对信任得到普及的更广大的共同体（团体、联合会、组织等）有重要的功能。第一，它激励社会性和与他人一起参与各种形式的联合，并且以这种方式丰富人际联结的网络，扩大互动的范围，以及允许更亲密的人际联系。换句话说，它增加了埃米尔·迪尔凯姆所称的“道德亲密性（Moral Density）”，和现代学者所

描述的“社会资本（Social Capital）”、“自发的社会性（Spontaneous Sociaility）”或“市民的约定（Civic Engagement）”。第二，信任促进了沟通的扩展，并解决了阻碍自发的集体行动的“众人致误现象”（pluralistic）。第三，信任鼓励对陌生人的宽容和接受，鼓励把文化和政治差异看成合法的——因为它允许以一种没有威胁的方式看待它们。用这种方式，信任抑制了群体内的敌对和陌生人恐惧症（xenophobia）的表现，并缓解了争执。第四，由于认同意识，信任文化增强了个体与共同体（家庭、民族、教会等）的联结，并产生强烈的导致合作、互相帮助以及为他人的利益甚至不惜牺牲自己的倾向的集体团结。第五，当信任文化出现时，交易成本被显著降低，而合作的机会被显著地提高了。简言之，“当信任存在时候，参与和行动的可能性增加了”①。在本研究中，由于接待员感受到了居民的信任，首先使社区的道德亲密性得到了提升，这种提升表明，接待员、群众以及社会管理者之间的互信得到了增加，凝聚力更加强大。接待员在信任的激励之下，更加积极地推进“信任的来源”——诉求调处机制（社情民意接待机制），将信任的正面反馈重新注入到社会系统之中，形成了良性循环。由于社会自发性和契约性得到了加强，源于对接待员的信任感的新生信任文化，也加强了社区个人与社会共同体——基层社区组织及各级政府的联结，形成集体团结。在这种作用下，社区作为一个整体，社会交易成本被显著降低，互相协作、商讨解决问题的机会也会显著提高。例如，社情民意接待员使居民（包括他们自己）对各级政府政策的了解加深了，无论是对政府政策的深入理解，还是由于信任产生的理解，都让社区多了参与和对话，减少了社区极端行为的出现。

表 13　独立样本 T 检验：接待员对组织网络的认同及其职业动机

		方差方程的 Levene 检验		均值方程的 t 检验						
		F	Sig.	t	df	Sig.（双侧）	均值差值	标准误差值	差分的 95%置信区间 下限	上限
为居民做事	假设方差相等	1.601	0.206	1.352	1208	0.177	0.130	0.096	-0.059	0.318
	假设方差不相等			1.359	702.238	0.175	0.130	0.095	-0.058	0.317
参与社区	假设方差相等	19.536	0.000	1.922	1208	0.055	0.150	0.078	-0.003	0.303
	假设方差不相等			1.830	622.581	0.068	0.150	0.082	-0.011	0.311

① [波兰]彼得·什托姆普卡著，程胜利译：《信任：一种社会学理论》（*Social Theory and Social Structure*），北京：中华书局，2005 年，第 141 页。

续表

		方差方程的 Levene 检验		均值方程的 t 检验						
		F	Sig.	t	df	Sig.（双侧）	均值差值	标准误差值	差分的 95%置信区间 下限	上限
联系居民	假设方差相等	0.591	0.442	0.943	1208	0.346	0.082	0.087	-0.088	0.252
	假设方差不相等			0.948	701.658	0.344	0.082	0.086	-0.088	0.251
居民信任	假设方差相等	9.560	0.002	-4.643	1208	0.000	-0.390	0.084	-0.555	-0.225
	假设方差不相等			-4.758	734.594	0.000	-0.390	0.082	-0.551	-0.229
组织信任	假设方差相等	4.548	0.033	0.373	1208	0.709	0.027	0.072	-0.114	0.168
	假设方差不相等			0.364	655.641	0.716	0.027	0.074	-0.118	0.172
自身价值	假设方差相等	1.750	0.186	-1.159	1208	0.247	-0.095	0.082	-0.257	0.066
	假设方差不相等			-1.152	683.793	0.250	-0.095	0.083	-0.258	0.067
充实生活	假设方差相等	0.123	0.725	-1.015	1208	0.310	-0.081	0.080	-0.237	0.075
	假设方差不相等			-1.010	684.761	0.313	-0.081	0.080	-0.238	0.076
了解政策	假设方差相等	42.706	0.000	-4.564	1208	0.000	-0.287	0.063	-0.410	-0.164
	假设方差不相等			-4.959	848.042	0.000	-0.287	0.058	-0.401	-0.173
个人责任	假设方差相等	29.889	0.000	-2.861	1208	0.004	-0.144	0.050	-0.243	-0.045
	假设方差不相等			-3.211	920.291	0.001	-0.144	0.045	-0.232	-0.056

接待员和接待岗是一种组织网络，也是基层社区管理组织架构下的一种岗位设置，虽然不是体制内的岗位，但岗位本身可以理解成为一种社会资本，通过接待员和接待岗建立了社区中各群体之间、个人与群体的关联与信任。

接待员作为居民中的骨干群体，在诉求调处机制中对“组织网络”的理解更加重要。因此，笔者对于接待员对“接待员和接待岗是不是一种组织网络”的认同感进行了单独考察。结果显示，约七成接待员认同接待员（岗）是一种组织网络，相对于不认同者，他们在担任接待员的过程中更多地感受到了“居民信任”“个人责任”和“及时了解政策信息”。其中，“居民信任”“政策信息”可以理解为诉求调处机制系统中的社会资本，分析结果显示了接待员对这些社会资本的依赖性。这里要特别强调的是“政治背景”对于接待员在组织网络的认同感上的影响。分析结果表明党员接待员对于“接待员是组织网络”的认同度相对于群众接待员更高，认知更加深刻。

四、研究结论与思考

本文着重对唐家口街创建“群众诉求调处机制”的绩效及其对社会资本的依赖进行了测量分析，得出如下结论：

通过对诉求调处机制的绩效进行定量分析，得到证据证明，诉求调处机制在把居民诉求问题解决在基层上切实具有积极作用。尽管该机制处于中等水平，但在民意的传达、对居民诉求的接待、疏导、反映和结果反馈、问题解决等环节上，居民能够感受到及时有效、实实在在的服务，居民乐于配合社情民意接待员参与到诉求调处机制中去。因此，诉求调处机制对于协调各种资源解决群众诉求、为居民有机会参与到社区公共问题的处理和反馈更加及时创造了条件，对凝聚民心，改善党群、干群关系，提升社区居民的自治能力具有重要意义。

通过对于社情民意接待员的职业动机的分析，笔者发现社会资本在舆情汇集与疏导工作中发挥了举足轻重的作用。在担任社情民意接待员这一岗位上，无论他们是党员还是群众，都更多地感受到了居民对他们的信任、个人肩负的责任和及时了解、转达党和政府政策信息的义务。社情民意接待员使居民（包括他们自己）对各级政府政策的了解加深了，无论是对政府政策的深入理解，还是由于信任产生的理解，都让社区多了参与和对话，减少了社区极端行为的出现。社会资本的存在，以及社会资本对社区成员的影响，对于诉求调处机制的建立、运转，奠定了基础。因此，接待员参与该机制这种幸福感受与获得信任具有内在联系。

创建诉求调处机制的实践表明，畅通群众利益诉求表达渠道，完善党和政府主导的维护群众权益机制，使绝大多数矛盾和问题及时发现在基层、解决在基层，是有效化解执政风险的善治过程。社区是国家与城市居民互动和社会福利递送的基本界面。社区是解决社会问题最为基本的途径，它具有信息、激励充分、回应性等方面的突出优势。在管理上，以社区作为社会管理的微观组织，有望顺利实现政情下达和民意上传，实现国家与民众的有效互动。而从服务的角度来看，社区最接近需要社会福利的家庭和个人，以社区作为福利递送的微观组织，不仅能提高服务递送的效率，还能借助社区内成员之间频繁的互动所形成的信息优势和行为规范，解决福利递送过程中因信息不对称等造成的政府失灵和市场失灵问题。[①]

笔者认为，将党和国家建立舆情汇集和分析机制这一制度思想，向基层群众自治组织延伸，不仅具有政治基础，也具有广泛的群众基础。在城市社

① 张秀兰、徐晓新：《社区：微观组织建设与社会管理——后单位制时代的社会政策视角》，《清华大学学报（哲学社会科学版）》，2012 年第 1 期。

区建立舆情汇集分析和疏导机制，与各级党和政府机构建立舆情汇集和分析机制，是两个不同层面的舆情制度，在党和政府层面，舆情汇集和分析主要是服务党和国家的科学决策；在城市社区层面，舆情汇集分析和疏导主要是解决群众诉求问题，两个层面的制度方向是一致的。但运作机制不同，前者是由上向下的科层制行政强控制模式。后者则是由下向上的群众自治为主的扁平化网格结构。因此，后者作为前者的延伸和补充是必要的。历史表明，社会微观组织的建设是所有有远见的政治家所持续关注的命题。基于当下中国的现实，可以说，加强和创新社会管理、社会治理须寻找微观层面上可依托的力量，促进个体的组织化，使社会治理和服务找到着力点。①

创建诉求调处机制的主要目标，是实现组织化和制度化解决群众诉求，接待员既是重要的参与者，也是社区舆情制度的具体实现形式。组织理论认为，对参与者而言，目标是认同和动因的来源。②在接待员看来，接待和解决居民群众的诉求是居民自己组织起来解决自己的问题，对目标认同具有本源的一致性，这是对组织认同的基础。早期的社会学家，从库利、韦伯到塞尔兹尼克和帕森斯，认为制度主要是规范性结构，它为社会生活行为提供了道德框架。与从外部强加的法律法规不同，行为规范被参与者内化：行为由对正确的认知所引导，由个体对他人的社会义务所引导，由对共同价值观的信奉所引导。……塞尔兹尼克等社会学家则更为重视在特定组织层面上发挥作用的信念和义务，这些信念和义务赋予组织特殊的性质结构。后一种兴趣也反映在研究团体文化的当代学者的著作中。③本研究对接待员职业角色的分析结果进一步证明了这一观点，或者说，接待员制度为其实现自身价值创造了条件。

对于诉求调处机制来说，不仅参与者行为规范的内化为其提供了内在动力，而且，制度本身的强制力的作用也是显而易见的。只是不只来自行政组织系统的约束力，还来自以居委会为代表的居民群众自治组织的监督力，其主要是通过居民诉求的组织化表达得到体现。组织理论认为，从制度规章的角度来看，导致遵从的主要机制是强制力。个人和团体出于权益的考虑而服

① 张秀兰、徐晓新：《社区：微观组织建设与社会管理——后单位制时代的社会政策视角》，《清华大学学报（哲学社会科学版）》，2012 年第 1 期。

② [美]W. 理查德·斯格特著，黄洋、李霞、申薇、席侃译，《组织理论》（第四版），北京：华夏出版社，2002 年，第 271 页。

③ [美]W. 理查德·斯格特著，黄洋、李霞、申薇、席侃译，《组织理论》（第四版），北京：华夏出版社，2002 年，第 125 页。

从规章准则：为了得到奖赏或为了避免惩罚。行为的合法性视其服从现存法律法规的程度而定。[①]笔者认为，从诉求调处机制的实践效果来看，接待员制度、“大接访”制度和领导干部定期到社区接待制度的核心，是群众诉求的组织化和制度化表达，并成为该机制的一种“强制力”。但是，在诉求调处机制中，这一“强制力”主要是通过参与者行为规范的内化发挥作用。

据调查，在街道层面并没有一份针对解决群众诉求而制定的考核标准，在社区层面由于接待和解决居民诉求主要是义务性质，也只是对程序的一般规定和要求。因此，笔者认为，诉求调处机制的实践探索为我们提供了一个方向，即民意诉求的组织化和制度化表达，应是我国基层社会治理的核心问题。但是，笔者注意到，在诉求调处机制的实践中，群众诉求的组织化和制度化表达这一“强制力”，由于缺乏基层党政机构与之相对应的机制和制度条件，机制本身也缺乏“强制力”的具体考核标准，容易导致该机制不可持续问题。或者说，基层社会治理，不能依赖或指望基层管理者的个人好恶、道德水平和工作能力的改善而得到改善，群众认可、行之有效的制度机制不能因相关领导的变更而终止。因此，需要群众参与这一“强制力”的制度化的监督与评判。

尽管诉求调处机制及其实践仍有一些不足，其经验以及所在区域的代表性也存在一定的局限，但笔者认为，创建群众诉求调处机制的实践探索，为我国基层社会治理创新提供了有益的参考和借鉴。

---

① [美]W. 理查德·斯格特著，黄洋、李霞、申薇、席侃译，《组织理论》（第四版），北京：华夏出版社，2002 年，第 125 页。

城市化进程中社区物业管理模式探析：以天津市北辰区为例

原珂

摘　要：根据天津市北辰区不同社区物业管理的现状，概括出天津市社区物业管理的三种基本模式：自组物业服务企业管理模式、专业物业服务企业管理模式和多元物业服务企业管理模式。其中，多元物业服务企业管理模式又可以划分为以社会化管理服务单位为主的准物业管理模式、以产权单位自行管理的专业物业管理模式和以居委会牵头进行自治管理的自主物业管理模式三种类型。同时，对不同的物业管理模式进行了相关评价，并指出其对我国其他城市正在探索中的物业管理模式所具有的借鉴价值。

关键词：城市社区治理；物业管理；管理模式

一、问题的提出

随着我国城市化进程的不断推进，作为城市治理现代化重要组成部分之一的社区治理，其物业管理模式的选取对实现社区物业保值、增值，改善人们生活、工作环境，促进城市社区治理与基层社会管理，提升城市治理水平，维护城市形象，都起着十分重要的作用。

作者简介：原珂（1986—），男，汉族，山西河津人，南开大学周恩来政府管理学院行政管理专业博士生，主要研究方向为公共治理与冲突管理、城市社区治理。

基金项目：南开大学2014年博士研究生科研创新计划项目（68140001）。

我国物业管理兴起于20世纪80年代，其顺应了住房市场化与住房管理社会化的改革要求，填补了在原有单位制解体后住宅区管理的真空，逐步走向了企业主导的一体化物业管理模式。但是，随着市场经济的逐步深化与城市化进程的快速推进，尤其是住房产权制度的不断完善与公民意识的日渐觉醒，过去传统单一的物业管理模式已经无法适应快速发展中城市社会发展的需求，围绕物业而产生的社区纠纷、矛盾与冲突问题日益凸显，维权斗争等群体性暴力事件有增无减、频发不止，并趋于愈演愈烈之态势。这些问题不仅影响到城市社区居民群众的日常生活与社会秩序，而且甚至还要把30多年来积累的物业管理实践根基推向整体塌陷的边缘。[①]因此，本文以天津市北辰区为例试图对以下问题作出回答：天津市现有的城市社区物业管理模式有哪些？其各自的特点与适应性如何？其对我国其他正在探索中的城市社区物业管理有何借鉴意义？

二、相关概念与文献回顾

城市社区物业管理，主要是指对居住小区或商业小区的房屋建筑及配套设施设备和相关场地进行维修、养护、管理，维护物业管理区域内的环境卫生和相关秩序的活动。本文所涉及的物业管理主要以城市住宅小区为主，其管理对象主要是社区内的建筑、环境、设施及相关场地的使用、维护与管理等。纵观国内外城市社区，现行的物业管理模式主要有以下几种比较具有代表性：以美国为代表的专业物业管理模式、以新加坡为代表的共管式物业管理模式、以台湾地区为代表的自营式物业管理模式和以香港地区为代表的法团式物业管理模式，它们各有所长，因地制宜，发挥着各自功效。

根据《物权法》第八十一条规定，我国物业管理模式可以采取业主自行管理模式、委托物业服务企业模式或其他管理人管理模式等。在这一法规指导下，各地根据实际情况，因地制宜，形成了多种多样的物业管理模式。有学者根据我国不同地区的经济状况，归纳出我国住宅小区（楼宇）的物业管理模式大体有以下六种：（1）以区、街道办事处以及居委会为主成立的物业管理公司开展物业管理工作；（2）以房地产管理部门转制成立的物业管理公

① 张农科：《关于我国物业管理模式的反思与再造》，《城市问题》，2012（5）：2。

司开展物业管理工作；（3）房地产开发公司组建的物业管理公司开展物业管理工作；（4）单位直管公房管理模式；（5）完全按照现代企业制度建立起来的物业管理公司[①]开展物业管理工作；（6）由街道居委会、社区服务站以及物业管理公司以“合三为一”的一种管理模式开展物业管理。[②]然而，王光荣认为，城市社区物业管理的基本架构由业主、物业服务企业和行政主管部门三者组成，其运行模式由日常运行、问题处理和主题规范三大模式构成，每一模块都可以归纳为一系列机制，并认为社区物业管理架构和运行模式是政府、企业、社会各司其职构成的完整体系。[③]

根据上述社区居委会、物业服务企业和业主委员会三者之间的关系以及各自的自治水平与力量强弱的关系，步延胜在其博士论文中总结出三种物业管理模式：一是“一方独大”模式，即在物业小区中只有社区居委会或者只有业主委员会，由其中一方对小区物业进行管理；二是“合二为一”模式，即社区居委会和业主委员会是同一批人，只是在进行社区管理、履行行政职能时以居委会的身份出现，而在进行物业管理、行使业主权利或履行业主职责时又以业委会的身份出现，即形成“两套班子，一套人马”的模式；三是“三位一体”模式，即由业主委员会、社区居委会和物业服务企业三方组成一个联合管理机构，针对特定的物业管理辖区内的公共事务进行联合管理。[④]

根据物业管理发展的不同阶段，张沈生等人在宏观层面上将物业管理模式划分为常规物业管理模式[⑤]和新型物业管理模式。前者主要包括房管所转化模式、内部福利性管理模式、开发物业管理一体化模式和专业化物业管理模式，后者主要包括业主自治式物业管理模式、股权配送式物业管理模式。[⑥]其他学者在研究深圳物业管理发展历程时，认为根据不同阶段的特征可以划分为四种模式：传统物业管理模式、服务型物业管理模式、规模化管理模式和专业化物业管理模式。[⑦]

---

① 物业管理公司，根据2007年8月26日最新修订的《物业管理条例》，统一改为“物业服务企业”。

② 杜娟：《多元利益共存下的社区物业管理模式研究——以江浦路社区为例》，上海交通大学，2010。

③ 王光荣：《城市社区物业管理模式及其实践困境探析》，《前沿》，2013（13）：142～143。

④ 步延胜：《城市物业管理组织体系研究》，哈尔滨工程大学，2006。

⑤ 常规的物业服务企业形式大致可分为四种：一是由房管所转轨组建的；二是由企事业单位的后勤部门在机构改革中转变形成的；三是由房产开发商自建的下属公司；四是专业物业服务企业。以上形式的物业服务企业分别对应不同的物业管理模式。转引自张沈生、杨翠翠、宫险峰：《我国房产开发商自建物业服务企业现状与未来》，《沈阳建筑大学学报（社会科学版）》，2009（2）：171～172。

⑥ 张沈生、杨翠翠、宫险峰：《我国物业管理模式分析》，《沈阳建筑大学学报（社会科学版）》，2010（10）：429～432.

⑦ 袁苏贵：《深圳物业管理模式研究》，华中科技大学，2004。

依据物业管理理念或策略的不同，刘黎虹分析了我国物业管理中比较流行的几种管理模式：规模化经营模式，以规模求效益；服务标准化模式，以质量求效益；封闭式物业管理模式，以差异性求效益，并在此基础上，探索了将营销概念融合到物业管理之中的经营型管理模式。①伴随着物业服务企业将从“一体化”物业管理模式向“管理型”物业管理模式转变，“管理型”物业管理模式逐步引入职业经理人机制，此时，业主自主管理模式将会应运而生，并迅速占据一定的市场份额。此外，目前我国也陆续出现了业主自主经营管理模式和信托物业管理模式②，并日渐彰显出较强的生命力。

虽然我国物业管理已走过了30多年的历程，但迄今尚未形成真正的物业管理市场，没有形成成熟的符合我国国情的物业管理模式和管理制度。③然而，当前我国正处于社会转型深水区，城市化进程也正在加速推进，如不尽快探索出符合我国国情、民情和房屋建筑管理规律的城市社区物业管理模式，不仅无法使我国的物业管理走上可持续发展的道路，而且还可能会由于物业管理体制、机制、模式和制度的落后，引发大量的社会问题。因此，对正处于快速城市化进程中的中国，思想日益分化、多元利益逐渐凸显、各种矛盾不断积聚等在城市社区生活中更为凸显。此时，在城市社区层面积极探索新的物业管理方法，重塑物业管理模式，对当代中国城市社区建设及其发展与治理具有重要意义。

三、城市化进程中的天津市社区物业管理模式

天津市地处渤海之滨，是中国北方第二大城市，现辖 13 个市辖区和 3 个市辖县，其中市辖区分为中心城区、环城区和远郊区，总计共 111 个街道，1573 个社区，134 个乡镇、3782 个村。④2013 年末全市常住人口 1472.21 万人，其中，户籍人口 1003.97 万人，外来人口 440.91 人，户籍人口中非农业人口 632.23 万人，占户籍人口的 62.97%。⑤据不完全统计，目前天津已有超过一半的社区在不同程度上推行社区物业管理。而北辰区地处天津西北角，

① 刘黎虹：《物业管理模式的分析与探索》，《长春工程学院学报》，2001（3）：29～31。
② 王筝：《我国物业管理模式转变及其动因分析》，《经济问题探索》，2010（12）：187～190。
③ 张农科：《关于我国物业管理模式的反思与再造》，《城市问题》，2012（5）：14。
④ 根据 2013 年天津统计年鉴和 2014 年 6 月访谈资料整理所得。
⑤ 2013 年天津市国民经济和社会发展统计公报，参见其网站：http://news.enorth.com.cn/system/2014/03/29/011781759.shtml。

属天津环城四区之一，现辖5个街道和9个镇，是典型的城乡结合部。近年来北辰区在城市化建设方面取得了巨大成就，在某种程度上，其城市化进程具有典型的代表意义。为此，本文以天津市北辰区社区物业管理的不同现状，试图概括出天津市城市化进程中的现行社区物业管理的三种基本模式。

（一）自组物业服务企业管理模式：以回迁社区为主

自组物业服务企业管理模式主要是指由所在镇村自行组建物业服务企业，对其辖区内的新近城市化地区符合条件的社区进行专业化、“围合”式的有偿物业管理。这一管理模式的最大优势是，可以实现物业管理与社区管理相结合，社区建设与物业发展相互依存、相互促进，这样不仅可以从实践层面促进社区物业管理的创新，而且还可以从理论层面丰富社区治理的蕴含。

在天津，这一模式是新近城镇化地区社区可以选择的最佳物业管理模式，如回迁社区等。所谓回迁社区，主要是指城中村和示范小城镇还迁社区，其社区物业管理一般都是由镇村组建物业公司来实施管理。特别是对“村改居”之前村集体经济较为雄厚、且居住人员以原村民“一村为主”的社区较为适用，如天津北辰区双街镇双街村，其物业管理模式就是由村委会牵头成立物业公司，根据村经济发展实际，社区物业费采取“先缴后补”方式，保障物业公司正常运营，并取得了良好的效果。

从本质上来说，这一模式是一种非营利性的物业管理模式。但是，从长期来看，这一模式在运行中可能会存在以下两方面的问题：一是其对所在镇村的经济压力比较大；二是此类物业公司人员往往由原居住地居民组成，专业人员比较缺乏，物业提供一般都是基础性、较为简单的服务内容，尚未完全摆脱粗放式初级管理模式的影响。

（二）专业物业服务企业管理模式：以商品房和保障性住房社区为主

专业物业服务企业管理模式，一般是指由社区居委会或业主委员会聘请专业的物业服务企业，按照合同约定对本社区实施专业化的物业管理。专业物业服务企业进行社区物业管理，往往具有能够从根本上实现改善社区治安、保洁、绿化等工作状况的资质，实现社区物业的保值、增值等。

目前，天津采用这一管理模式的小区主要以商品房和保障性住房社区[①]为主，如天津大部分商品房和保障性住房都是聘请专业性的物业公司或原开发商所下属的专业物业公司（如中海物业、万科物业等）来提供物业服务。

在本质上，这一管理模式是一种营利性的物业管理模式。不论其在市场效率、管理机制方面，还是人员素质、服务提供方面，都具有其他物业管理模式难以比拟的优势，但是，其在现实运营中，也存在着以下问题：一是常常缺乏社区居委会的大力支持与配合；二是前期整治启动资金往往由企业自筹，经济压力较大；三是运营中“收费贵”“收费难”所导致的企业效益不良等问题，而这些问题在经济基础相对较弱的保障性住房社区更为突出。

（三）多元物业服务企业管理模式：以旧楼区改造提升区为主

多元物业服务企业管理模式，主要是指以社会化管理服务单位为主、产权单位自行管理和居委会牵头自治管理为补充的管理模式。其具体可以划分为以社会化管理服务单位为主的准物业管理模式、以产权单位自行管理的专业物业管理模式和以居委会牵头进行自治管理的自主物业管理模式三种类型。在本质上，多元物业服务企业管理模式是一种兼具营利性与非营利性混合物业管理模式。

1. 准物业管理模式：社会化管理服务单位进行管理

所谓“准物业管理模式”，是相对专业物业管理模式而言，其物业管理服务水平一般还达不到专业物业管理服务所要求的标准或只能提供其中一部分物业管理服务，其通常是由社会化的管理服务单位进行管理。当前天津市推行准物业管理模式的社区（其中部分成立了业主委员会，部分没有成立）的最大特色是根据实际需要“菜单式”地购买物业服务。其通常是由具有公益性的物业服务企业进行日常管理服务与运营，公司人员大多是由所在社区“4050”下岗或失业人员组成。在现行中，这种管理模式主要负责所在社区的安全、清洁、治安等基础性的工作，并且收费标准相对较低。

目前，天津市旧楼区改造提升社区中的绝大多数社区都采用准物业管理模式。其中比较具有代表性的是北辰区集贤里街道的大部分社区，并收到了良好成效。笔者根据对相关负责任人的访谈得知，准物业管理模式之所以能

① 此处的商品房社区指除了一般意义上的商品房小区外，也包括售后公房小区、限价商品房小区、传统私房小区、直管公房或单位公房社区以及部分“村改居”后的回迁房社区等；此处的保障性住房社区主要包括经济适用房、公租房、廉租房小区。

收到良好的效果，得益于有效的工作方法和“一条线、两把尺、三巡查”的良好运行机制。其具体做法是在街道层面成立统一服务队，专门负责所有小区的日常保洁和治安维护，居委会对其进行监督与指导。同时，街道派出 2 个专门巡查员，其主要作用是围绕所在社区进行巡视，以发现问题，而非解决问题（若一个月内发现不了任何问题，其自身就可能存在问题）。其运行机制中的“一条线”指街道书记或主任一把手统领，“两把尺”指管理制度与奖惩制度，三个巡查包括：一是日常巡查员（每天派 2 个“4050”的人员，分责任区、各司其职，一天两次对社区进行全方位的巡逻，发现问题）；二是每周街道分管科进行相关巡查，并且每月通报一次结果；三是每季度、每半年街道主管领导巡查一次，并进行考评，将其结果作为年终考核的一项指标。

准物业管理模式对于“村改居”之前集体经济较弱的村更为适用，这类社区通常是由原乡镇或村委会牵头推行菜单式的物业服务管理办法，具体做法为原乡镇或村委会与相关物业服务企业，按照实际需求，分别签订卫生保洁、垃圾清运、管道清污、绿化管护、治安巡逻、电梯养护等专项服务合同，费用由社区居民分担，以保证社区物业工作的正常运转。同时，这一管理模式也适用于“村改居”后居住人员较为混杂（如“多村混居”）的社区，其主要通过镇政府[①]牵头成立物业公司，聘请有事业心、有能力、有资质的项目经理负责日常的经营与管理，菜单式地提供所需物业服务项目，以逐步走向专业化、市场化的物业管理服务。但是，这一模式可能存在的最大问题是，如果原乡镇或村委会没有根据实际情况采用此模式的话，社区居民由于其“小、松、散”的特点很难采取这一模式。

2. 专业物业管理模式：产权单位自行管理

产权单位自行管理的专业物业管理模式，主要是指根据社区居民房屋产权的属性，由其产权单位进行统一管理。房屋产权属于集体所有的，就由其所属房产局进行管理；房屋产权属于社区居民所有的，就由其成立的业委会或所在社区居委会聘请专业物业服务企业进行管理。这一管理模式在管理方法上与以商品房和保障性住房为主的专业物业服务企业管理模式较为相似。

由于受计划经济体制下“单位制“的深厚影响，目前天津市还有相当一部分社区的房屋产权是由其产权单位统一进行管理的，因此其物业管理服务

① 目前天津市的“村改居”社区现状为部分“村改居”社区成立了社区居委会，部分还没有成立；部分“村改居”之前的镇政府更名为街道办事处，部分还没有更名。

方式也是由所属产权单位进行统一提供。如天津采用这一管理模式比较具有代表性的社区为北辰区天穆镇的欢颜里社区。欢颜里社区的大部分房屋产权属于集体所有，其所在社区居委会主要是通过引进其产权单位所属的专业物业服务企业，对本社区进行专业化的物业管理服务。同时，该居委会凭其自身优势，将社区物业管理服务纳入社区管理工作之中，以充分发挥物业服务企业在社区治理中的作用，并取得了显著成效。但是，这一模式可能存在的问题基本上也与专业物业服务企业管理模式存在的问题相似。

3. 自主物业管理模式：居委会牵头自治管理

居委会牵头进行自治管理的自主物业管理模式，是指由社区居委会牵头负责进行本社区的物业管理，而不必成立或聘请专业的物业服务企业。这种模式下的物业管理是由其所在的社区居委会组织实施的。其最大的特色就是社区居委会“一方独大”，实行自治。

尽管从理论上来说，社区自治是社区发展的最终归宿，但是现实中由于多方面的原因，能够完全进行“自我教育、自我管理、自我服务、自我约束”的社区还是相对很少。例如天津市北辰区佳荣里街道的佳荣里社区，其虽未实行社区自治，但是其在社区物业管理方面，却是典型的自主物业管理模式。其具体做法是由佳荣里社区居委会牵头负责组建本社区的物业管理服务队伍，并进行本社区相关物业的日常管理与维护工作，最终实现对本社区物业服务的自治管理。此外，佳荣里社区，作为天津市自主物业管理模式的典型代表，不仅是天津市“2013 年度首批市级美丽社区”和物业长效管理排头兵，而且在 2014 年又推出“五个一个样”社区治理标准，在社区物业管理与社区治理方面都取得了较好的成效，社区居民满意度较高。

但是，这一管理模式也有其局限性，一般适用于居委会具有较强统筹能力的社区。社区居委会主任往往是“社区精英”或“社区能人”，具有较好的社会资源和较强的个人领导力、号召力，并且愿意牵头组织、参与相关社区事项。同时，该模式还要求所居住的社区居民一般要具有良好的自身素质和较高的自治意识。当然，这一模式也存在着其自身不可避免的问题：一是如果社会居委会换届或当前的“社区精英”或“社区能人”不存在了，其是否具有可持续性；二是社区居民是否有较高的综合素质与自治意识；三是这一模式是否能经得住市场的冲击等问题。

四、天津市社区物业管理模式对其他城市的借鉴价值

综上所述，虽然不同的社区物业管理模式各有其优势和局限性，但是，对正处于社会转型期加速期、快速推进城镇化进程的中国来说，其都可以同时并存、取长补短，相互借鉴，以期逐步建立起具有中国特色的物业管理新体制、新模式。从某种程度上来说，上述天津市北辰区社区物业管理模式对我国其他城市正在探索中的城市社区物业管理模式具有以下几方面的借鉴价值与启示意义。

一是将物业管理与推进城市化发展结合起来，将社区物业管理融入社区治理，以专业化物业管理的推广普及，带动基层城市治理结构、管理模式的转变，丰富基层的公共服务渠道和内涵，提高城市化水平，深化城市化进程。

二是将市场机制引入社区物业管理。一方面可以解决政府在社区建设中经费投入不足的问题，实现企业化运作，市场化运营，实现城市社区、尤其是“村改居”社区住宅管理的革命，规范城市社区物业管理。另一方面，还可以创新社会管理方式，拓宽公共服务领域，提升服务质量，以此提高社区管理与服务的档次，深化社区治理，推进城市治理现代化的进程。此外，在市场机制下，物业服务企业应转变理念，精心管理，用心服务，强化宣传，获得业主的认可与支持，乃是顺利推进物业管理的必要条件。同时，物业服务企业还应结合所在社区实际状况，精打细算，开源节流以现实社区物业服务的长效运作。

三是作为社区“三驾马车”的社区居委会、业主委员会和物业服务企业，三者应相互支持与配合。在我国现行体制下，社区物业管理的良好运行，离不开社区居委会或业主委员会的支持与配合。因此，一方面，需要进一步厘清社区居委会、业主委员会和物业服务企业之间的关系，明确各自职责，以形成合力；另一方面，社区居委会、业主委员会有责任对物业服务企业进行指导、协调和协助，如帮助提供或解决物业管理用房紧缺问题、积极配合物业收费、保洁等工作。

总之，对于社区物业管理模式而言，永远没有最理想的模式，只有最适合的模式。因此，不能说哪种物业管理模式就是社区物业管理的最好模式或固定模式，而要根据社区的实际发育水平，因地制宜，选择其最适合的物业管理模式与方法。

基于物业问题的业主维权冲突研究

——来自湖南省长沙市的调查分析

吴晓林　姜永熹

摘　要：随着商品房小区的急剧增长和“物业管理”模式的不断扩展，由“物业纠纷”甚至“物业暴力”引发的业主维权行动，迅速蔓延。通过对湖南省长沙市的问卷调查发现：城市社区的物业冲突问题具有普遍性，超过八成的业主遭遇过各类物业问题和冲突；业主与物业公司和房产商的冲突最有可能激化；业主阶层地位与冲突激化的可能呈正相关关系，阶层越高的业主越认同业主维权冲突有激化的可能。

关键词：物业纠纷；业主维权；长沙市

一、问题的提出

1980 年，深圳东湖丽苑以补偿贸易的形式进行土地批租，首开先河，建成中国大陆第一个商品房小区。[①]1998 年，国务院下发《关于进一步深化城

* 作者简介：吴晓林（1982—），男，汉族，山东莱阳人，中南大学公共管理学院副教授、行政管理系主任，南开大学中国政府与政策联合研究中心研究员，研究方向为城市治理与社会冲突；姜永熹（1991—），山东潍坊人，山东大学政治与公共管理学院硕士研究生，研究方向为地方治理与政治发展。

课题项目：本文受国家社科基金项目“基于城市社区业主权益维护的社会冲突及其整合机制研究”（2013T60143）资助。

文章来源：本文拟刊于《城市问题》2015 年第 1 期。

① 朱文策：《中国商品房编年史第一批商品房业主从深圳走出》，载《南方都市报》，2005 年 7 月 18 日（第 3 版）。

镇住房改革，加快住房建设的通知》，标志着单位分房时代的终结和住房商品化时代的到来。随后，城市商品房住宅小区迅速激增，与此相应，城市空间产生了一个庞大的业主阶层。在“物业管理”模式不断扩展的过程中，由“物业问题”“物业纠纷”甚至“物业暴力问题”引发的业主维权行动，迅速蔓延全国。以住房为中心，一个以社区为主要场域、城市基层权力关系再造的“住房政治”形态，逐步形成。特别是随着2003年《物业管理条例》的颁布，业主阶层的“物权意识”逐渐清晰，他们围绕“物权受损”的实际展开了多种多样的维权行动。近年来，围绕权利受侵的物业管理纠纷与冲突越来越多。在诸多力量的推动下，业主维权逐渐演变为一场席卷全国的运动。以“业主维权”为关键词进行“百度指数”搜索，可以看出2011年以来，“业主维权”的搜索量和头条新闻指数呈直线上升趋势，平均每周有92条头条新闻。2014年，媒体报道的新闻量除了在春节期间有短暂下跌以外，其他时段都保持了相当的热度，高峰期达到每周210条。（见图1）

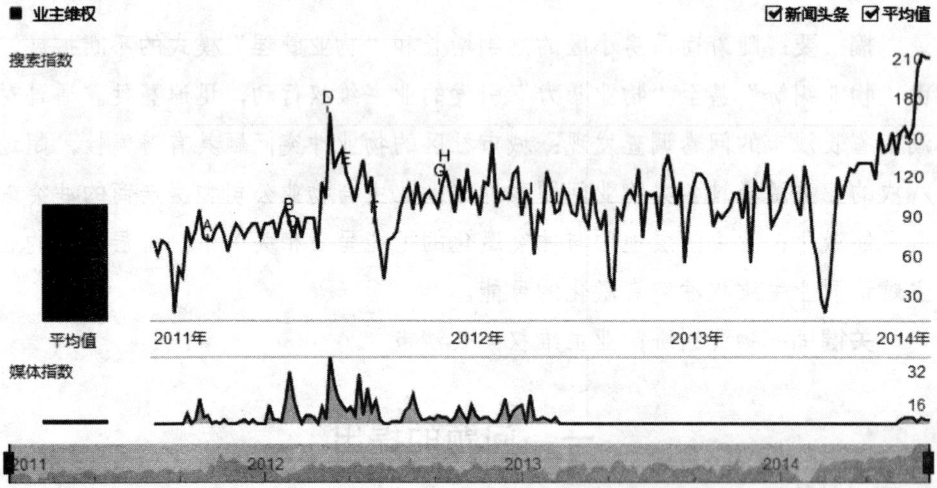

图1 以“业主维权”为关键词的百度指数搜索结果

从物业诉讼的数量来看，在《物业管理条例》颁布之后北京市有关物业纠纷的案件大幅增长，2004年北京市HD区物业管理类案件数量比2003年激增了7倍多，CY区法院增幅近三倍。[①]在长沙，市级人大和政协对物业管理层面的提案逐年增长，2012年提案16份，2013年提案19份，2014年提

① 刘子曦：《激励与扩展：B市业主维权运动中的法律与社会关系》，《社会学研究》，2010年第5期。

案24份。

业主维权已经成为继工人维权、农民维权之后的第三大维权现象。[①]目前，学界对“由物业问题引发的业主维权”问题的研究，主要集中在广沪穗等发达地区，并且大多采取个案研究的方法[②]，定量研究尤其缺乏。这样，得出结论的普遍性和适用性就要大打折扣。那么，除了发达地区以外，中西部地区是否也有类似的纠纷和业主维权行动？

根据文献研究及观察，本研究力图回答下列几个问题。第一，在中部地区的长沙市物业纠纷问题的程度如何，是否存在由此引发的业主维权行为或潜在冲突？第二，业主维权冲突是否有进一步激化的可能？目前，业主维权冲突屡见报端，有序、有效的解决途径却相对薄弱，因此，业主维权冲突是否有进一步激化的可能尤其值得关注。第三，业主的阶层地位、收入等特征对维权活动产生怎样的影响？业主的文化程度、收入及阶层地位，是影响业主维权意识的重要评测指标。为此，本文以湖南省长沙市为例，以问卷调查的方式开展了研究。

二、样本选择与人口学特征

（一）样本选择

本研究通过随机抽样的方式在长沙市内进行了问卷调查，其中发放问卷310份，回收问卷300份，有效样本是266个，有效率为88.7%。通过SPSS对问卷的信度和效度测量，显示问卷同质性信度为0.752，折半信度为0.779，表明问卷测量较为可信。（见表1）

表1　问卷信度分析

同质性信度（Alpha系数）	折半信度
0.752	0.779

经过KMO和Barlett球形度检验（见下表2），KMO>0.5，Barlett球形度检验达到极其显著性的水平（0.000），表明问卷结构效度有效。

① 吴晓林：《国外社区“业主组织”研究述评》，《国外理论动态》，2014年第8期。

② 吴晓林：《中国城市社区业主维权运动研究综论：学术图景与研究展望》，《城市问题》，2013年第6期。

表 2　问卷结构效度分析（KMO 和 Bartlett 的检验）

取样足够度的 Kaiser-Meyer-Olkin 度量		0.922
Bartlett 的球形度检验	近似卡方	858.486
	df	45
	Sig.	0.000

（二）样本的人口学特征

调查的样本人群中，男性 108 人，女性 158 人，分别占调查样本的 40.6%和 59.4%。从年龄情况来看，按照 18～44 岁（青年）、45～60（中年）、60 岁以上（老年）的年龄划分，青年人、中年人和老年人分别占有效调查样本的 76.2%、19.2%和 4.5%。其次，文化程度占有效样本的比例分别如下，初中及以下占 8.4%、中等学历 18.7%、大专占 27.5%、本科占 32.4%、研究生及以上占 13.0%。这表明业主阶层的文化程度普遍较高。在政治面貌的调查中，占样本 49.8%的受访者为群众（或其他），28.8%为中共党员，19.7%为共青团员，1.7%为民主党派人士。因为 60 岁以上人群大多数为退休阶层，他们很难区分属于哪个特定阶层，因而，本文在数据统计时将这部分人群排除在外。除去这部分人群，本文的有效样本为 242 人。

（三）阶层特征

根据对于阶层一般划分的依据，本调查选取“月均收入”和“职业身份”两个指标衡量业主的阶层特征。综合二者的相关性判定阶层分布情况。

从月均收入来看，在 236 个有效样本中（缺省值为 6 个），两端的样本最少，越往中间的样本比例越大。2012 年，长沙市城镇居民人均可支配收入达到 21319 元，月均水平为 1776.6 元/人，可以看出大多数业主的收入大多集中在 2500～10000 元/月的水平（图 2），要高于长沙市城镇居民人均可支配收入水平。

为了检验长沙市业主的阶层属性及其与其他变量的关系，这里按照职业类型，将社会相应阶层分为 7 个阶层（见表 3）。从职业分布来看，第五职业阶层和第六职业阶层的业主，分别占调查样本的 40.1%和 21.9%，是业主群体职业分布的主体部分。

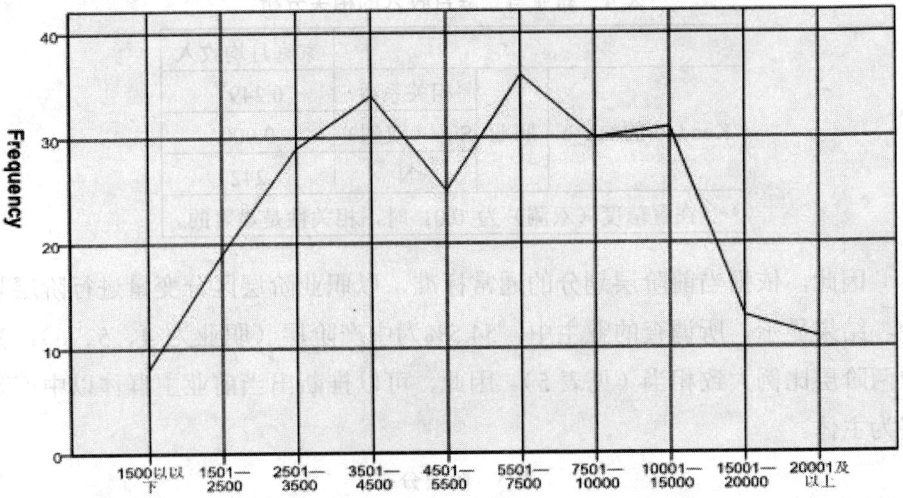

图 2　长沙调查样本的月均收入

表 3　样本职业分布

有效								
	职业 1	职业 2	职业 3	职业 4	职业 5	职业 6	职业 7	合计
频率	24	8	19	35	97	53	6	242
有效百分比	9.9	3.3	7.9	14.5	40.1	21.9	2.5	100
累积百分比	9.9	13.2	21.1	35.5	75.6	97.5	100	
注	职业 1	下岗、失业、待业人员、享受政府救济的贫困人员						
	职业 2	体力劳动工人、农民工、保姆等						
	职业 3	半技术半体力劳动工人、售货员、列车员以及其他各类服务人员等						
	职业 4	技术工人、个体户或自我雇佣人员（自由职业者）						
	职业 5	党政机关和社会团体一般工作人员、一般技术人员、小雇主、小饭馆老板、小杂货店老板、企业一般管理人员、体力劳动者的主管、秘书、中小学教师等						
	职业 6	中下级政府官员或其他有行政级别的管理人员、高级技术人员、经理、项目主管人员、技术人员的主管、拥有较少雇工的私营企业主、较小企业的董事、大学教师、主治医生、包工头等						
	职业 7	高级政府官员或其他高级管理人员、大企业的董事（长）、拥有较多雇工的私营企业主、著名注册会计师、著名律师、演员，节目主持人、歌星等						

通过卡方检验分析发现，职业与家庭月收入之间成显著正相关关系，在相伴概率为 0.000（<0.01）时，二者呈正相关关系。即家庭月收入随着职业水平提高而增加。（见表 4）

表 4　职业与家庭月收入的相关分析

			家庭月均收入
Kendall 的 tau_b	职业	相关系数	0.249**
		Sig.（双侧）	0.000
		N	242

**. 在置信度（双测）为 0.01 时，相关性是显著的。

因此，依据当前阶层划分的通常标准，以职业阶层区分变量进行阶层划分。结果显示，所调查的业主中，54.5%为中产阶层（职业为 4、5、6），其他两阶层比例大致相当（见表 5）。因此，可以推断出当前业主群体以中产阶层为主体。

表 5　阶层分布

		频率	百分比	有效百分比	累积百分比
有效	低收入阶层	51	21.1	21.1	21.1
	中产阶层	132	54.5	54.5	75.6
	高收入阶层	59	24.4	24.4	100.0
	合计	242	100.0	100.0	

三、长沙市物业问题及其业主维权冲突演化的趋势

物业问题是指业主与物业公司关于物业服务的相关问题，如物业费、服务质量、物业公司选聘等问题以及业主与物业公司关系的相关问题。以上问题在发生和解决过程中，易产生纠纷和冲突，并由此构成业主维权的主要内容。因此，本调查对上述方面进行调研，并进一步分析出其冲突演化的趋势。

1. 业主遭遇物业问题具有普遍性。84.3%的业主反映遇到过不同形式的物业问题。本研究采用逻辑回归分析对影响小区物业冲突的人口学因素进行分析，将是否遭遇物业问题和冲突进行二元赋值，遭遇过冲突的值为 1，没有遭遇过冲突的值为 0，其他为缺省值，形成新变量。将新变量与年龄、性别、文化程度、职业、政治面貌等方面人口学特征进行二元 logic 回归分析（见表 6）。从 wald 值来看，如果按照置信度为 95%，文化程度、月收入、月还贷压力与是否遭遇冲突的相关性较显著。年龄、住房贷款的 wald 值最小，显著性水平最低，因此可以判断，业主年龄和有无住房贷款与是否遭遇物业冲突无明显关联。

除此外，小区档次和人均住房面积的显著性水平较其他最低，这反映出小区类型和环境的业主对于冲突发生的看法和采取维权的选择差异性较小，即不同小区类型和环境的业主在做出维权选择和遭遇物业冲突的境遇基本相似。

表 6　是否遭遇冲突影响因素二元 logic 回归

		B	S.E.	Wals	df	Sig.	Exp (B)	Exp(B)的 95% C.I.	
								下限	上限
步骤 1[a]	性别	0.709	1.517	0.219	1	0.640	2.033	0.104	39.780
	年龄	17.031	9128.364	0.000	1	0.999	2.492E7	0.000	0.000
	文化程度	-1.290	1.023	1.589	1	0.207	0.275	0.037	2.045
	职业	-0.215	0.472	0.207	1	0.649	0.807	0.320	2.034
	政治面貌	-0.171	0.672	0.065	1	0.799	0.843	0.226	3.147
	月收入	0.298	0.322	0.855	1	0.355	1.347	0.716	2.535
	小区档次	-0.149	0.719	0.043	1	0.835	0.861	0.210	3.526
	住房贷款	-16.881	10889.649	0.000	1	0.999	0.000	0.000	0.000
	月还贷压力	-0.554	0.947	0.342	1	0.559	0.575	0.090	3.677
	人均住房面积	0.126	0.614	0.042	1	0.838	1.134	0.340	3.781
	小区居住时间	-0.276	0.735	0.141	1	0.707	0.759	0.180	3.203
	常量	26.973	23614.931	0.000	1	0.999	5.181E11		
a. 在步骤 1 输入的变量：性别，年龄，文化程度，职业，政治面貌，月收入，小区档次，住房贷款，月还贷压力，人均住房面积，小区居住时间									

在所遭遇的物业问题和冲突中，业主阶层反映最为集中的四个问题分别为："水电、网络、电梯质量""物业费高、服务质量差""公用场所缺乏或被私用"和"公益金、维修金不透明"问题，分别占到调查样本的 40.4%、36.6%、35.3%和 32.3%，也就是说长沙市业主群体面临的突出问题分别与生活设施、物业服务和建筑物区分所有权有关，涉及业主住房私权和公权的方方面面。(见表 7)

2. 业主与物业公司、开发商之间的冲突最为集中，且有激化的可能。业主维权本身源于业主物权受损，在具体维权的过程中因为也要与其他治理主体发生关系，又会不可避免地造成其他冲突。调查发现，业主同开发商和物业公司的冲突的程度最高。反映同开发商和物业公司冲突程度较大和很大的比例总和分别达到 24%和 28.1%，业主同物业公司之间的冲突最集中（见表 8）。

表 7　遭遇物业问题和冲突类别分布

		响应		个案百分比
		N	百分比	
冲突类别[a]	房子的质量、价格、虚假广告等	70	12.0%	29.8%
	物业费高、服务质量差	86	14.7%	36.6%
	选聘物业	29	5.0%	12.3%
	成立业委会受阻	25	4.3%	10.6%
	公共场所缺乏或被私用	83	14.2%	35.3%
	公益金、维修金不透明	76	13.0%	32.3%
	周边环境被破坏	69	11.8%	29.4%
	水电、网络、电梯质量维修	95	16.3%	40.4%
	受到物业或房产商报复	14	2.4%	6.0%
	没有发生冲突	37	6.3%	15.7%
总计		584	100.0%	248.5%

a. 值为 1 时制表的二分组。

表 8　业主同其他主体冲突程度

		街道办及上级政府		开发商		物业公司		业委会或业主		居委会	
		频率	百分比	频率	百分比	频率	百分比	频率	百分比	频率	百分比
有效	无冲突	108	44.6	79	32.6	56	23.1	98	40.5	123	50.8
	冲突不大	56	23.1	35	14.5	50	20.7	75	31.0	53	21.9
	一般	59	24.4	68	28.1	66	27.3	55	22.7	50	20.7
	冲突较大	14	5.8	39	16.1	51	21.1	6	2.5	10	4.1
	冲突很大	3	1.2	19	7.9	17	7.0	2	0.8	1	0.4
	合计	240	99.2	240	99.2	240	99.2	2	0.8	237	97.9
缺失	系统	2	0.8	2	0.8	2	0.8	238	98.3	5	2.1
合计		242	100.0	242	100.0	242	100.0	4	1.7	242	100.0

问卷分析还表明，业主同物业公司和房产商之间的冲突最有激化的可能。认为业主同开发商的冲突可能激化（有些可能、可能较大与可能很大的加总）的达到 54.2%，同物业公司的冲突可能激化的则达到 66.1%。业主同街道办、居委会以及业主之间冲突激化的可能虽然较小，但是也存在一定的危险（见表 9）。

对于如何因应物业问题和纠纷，受访者在回答“如果有人因为物业或房子问题邀您上访或游行等，您的态度是？”的问题时，表示同情但不参加的比例为 40.4%，参加的比例为 37.9%（见表 10）。由此可以看出，对于业主而言，当其权益受到侵害时，采取相应的集体行动甚至制度外行动进行维权的趋向是明显的。这从侧面解释了当下商品房小区中业主维权的集体行动发生的潜在动员基础。

表 9 业主认为与其他主体冲突激化的可能

		街道或上级政府		居委会		开发商		物业公司		业委会或业主	
		频率	百分比	频率	百分比	频率	百分比	频率	百分比	频率	百分比
有效	绝对不可能	31	12.8	39	16.1	21	8.7	19	7.9	37	15.3
	不太可能	116	47.9	114	47.1	84	34.7	56	23.1	106	43.8
	有些可能	65	26.9	57	23.6	80	33.1	99	40.9	74	30.6
	可能比较大	10	4.1	13	5.4	30	12.4	39	16.1	13	5.4
	可能很大	9	3.7	7	2.9	21	8.7	22	9.1	2	0.8
	合计	231	95.5	230	95.0	236	97.5	235	97.1	232	95.9
缺省		11	4.5	12	5.0	6	2.5	7	2.9	10	4.1
合计		242	100.0	242	100.0	242	100.0	242	100.0	242	100.0

表 10 上访或游行的态度（n-240，缺省值为 2）

	频率	有效百分比	累积百分比
劝阻	20	8.3	8.3
旁观	32	13.3	21.7
只表示同情但不参加	97	40.4	62.1
参加	91	37.9	100.0
合计	240	100.0	

3. 业主物业冲突激化的条件。本研究以“何种情况下，您会采取上访甚至集体游行的方式维权”的问题来衡量冲突激化的条件。其中，物业问题久拖不决占 44.3%，自身权益损失很大的比例为 39.9%，被打、被报复或威胁为 31.1%，有人或业委会组织发动的占 20.3%。另外，还有 21.1%的受访者选择“再怎么也不会”的选项。调查显示，曾经遭遇过物业冲突或与其他治理主体发生过冲突的业主，越认同“冲突有激化的可能”（见表 11）。

表 11 有冲突经历的业主对冲突激化可能的相关性分析

		业主同街道办及上级政府部门的冲突是否会激化	业主同开发商的冲突是否会激化	业主同物业公司的冲突是否会激化
没有遭遇过物业冲突	Pearson Correlation	-0.142*	-0.206**	-0.262**
	Sig.（双侧）	0.032	0.002	0.000
	N	226	232	231

*. 在置信度（双测）为 0.05 时，相关性是显著的。

**.在置信度（双测）为 0.01 时，相关性是显著的。

这里将阶层特征作为分析影响冲突激化条件的变量。因为通过样本观察，各个阶层的样本量差异较大，所以这里以职业阶层为权重进行加权，获得不同职业阶层的业主对于冲突激化的判断。分析显示，第一职业阶层中有15.8%的业主认为与物业公司冲突激化的可能较大或很大，第二阶层中有25.5%的业主认为冲突激化的可能较大，第三阶层中有21.7%的业主认为冲突激化的可能较大或很大，第四阶层中的比例为20%，第五阶层中为28.3%，第六阶层中为34.6%，第七阶层中为50%（见表12）。经检验阶层地位与冲突激化可能的认同相关度 $p=0.000<0.05$，呈强相关关系。经过加权分析，可以看出，职业阶层越高，越认为冲突可能激化升级（见表13）。同样，阶层地位与“认为同开发商冲突有可能激化”的关系也呈正相关关系，二者相关度 $p=0.000<0.05$。对于文化程度与持冲突激化意见的调查也表明，文化程度越高的业主越认为业主同物业公司冲突激化的可能性越大，本科学历认为冲突激化可能较大的比例为32.3%，研究生及以上学历的业主认同比例为36.7%，而初中及以下学历层次的认同比例仅为5.6%（经检验其相关度 $p=0.000<0.05$，呈强相关）。可以看出，社会阶层越高的业主越倾向于认为，业主同物业公司、房产商等市场组织的冲突有可能激化。

表12　职业阶层与业主和物业公司冲突是否激化交互分类表

			冲突是否激化——业主同物业公司					总计
			绝对不可能	不太可能	有些可能	可能比较大	可能很大	
职业	第一阶层	数量	4	10	18	2	4	38
		职业中的%	10.5%	26.3%	47.4%	5.3%	10.5%	100.0%
	第二阶层	数量	6	3	9	6	0	24
		职业中的%	25.0%	12.5%	37.5%	25.0%	0.0%	100.0%
	第三阶层	数量	8	24	40	16	4	92
		职业中的%	8.7%	26.1%	43.5%	17.4%	4.3%	100.0%
	第四阶层	数量	20	55	65	25	10	175
		职业中的%	11.4%	31.4%	37.1%	14.3%	5.7%	100.0%
	第五阶层	数量	49	147	301	119	77	693
		职业中的%	7.1%	21.2%	43.4%	17.2%	11.1%	100.0%
	第六阶层	数量	8	88	176	96	48	416
		职业中的%	1.9%	21.2%	42.3%	23.1%	11.5%	100.0%
	第七阶层	数量	9	18	18	9	0	54
		职业中的%	16.7%	33.3%	33.3%	16.7%	0.0%	100.0%
总计		数量	104	345	627	273	143	1492
		职业中的%	7.0%	23.1%	42.0%	18.3%	9.6%	100.0%

表 13 对称度量

		Value	Asymp. Std. Error[a]	Approx. T[b]	Approx. Sig.
Ordinal by Ordinal	Gamma	0.128	0.031	4.150	0.000
	Spearman Correlation	0.107	0.026	4.172	0.000[c]
Interval by Interval	Pearson's R	0.111	0.026	4.319	0.000[c]
N of Valid Cases		1492			
a. Not assuming the null hypothesis.					
b. Using the asymptotic standard error assuming the null hypothesis.					
c. Based on normal approximation.					

四、结论与讨论

通过对长沙市业主维权现状的调查与分析，可以发现商品房小区中物业纠纷和冲突的程度，并初步摸清城市社区业主维权的现状与趋势。

首先，城市社区的物业冲突问题具有普遍性。超过八成的城市社区业主遇到过各种各样的物业问题。需要说明的是，按照现有的商品房开发制度，在业主委员会未成立之前，商品房住宅小区一般是采用“前期物业制度”，这个前期物业要么由开发商本集团的物业公司承担，要么由开发商指定。因此，很多商品房住宅小区出现“父建子管”的现象。在涉及房屋质量、虚假广告或区分所有权被侵占的情况下，业主无法找到房产商，很容易将矛头指向其附属的物业公司。因而，商品房住宅小区里冲突的双方主要集中在业主和物业公司之间。调查也发现，绝大多数的物业冲突局限在了“物权”领域，“共有权益”的维护还未成为业主维权的主要形式。

其次，因物业纠纷引发的业主维权冲突有激化的可能。业主与物业公司和开发商之间的矛盾冲突建立在二者缺乏在共识渠道下达成一致的现实条件上。正是由于业主与物业公司和开发商在博弈中的不平等，致使具有优势的物业公司或开发商偏好于以非法制化渠道来应对业主提出的维权要求，以减轻其维护自身利益的成本，如拖延提供物业管理区域证明、房屋及建筑物面积清册和业主名册等业主委员会成立所必需的证件等。相比之下，业主在时间成本、财力物力方面明显处于劣势，很难形成整合力较强的维权集体，也很难较长时间地维系业主之间的关系。即使业委会成立之后，一些房产商或物业公司出于利益考虑一般会“收买”分化或直接操控业委会成员，使其成为自己的代言人。此外，业委会的成立和运行的门槛过高，新兴的住宅小区往往规模较大，要么动辄上千户要么上万户，加重了业主体制内维权的难度。在这种情况下，业主维权冲突很容易走上制度外，并且从“业主同物业公司的一阶冲突”走向“业主群体同其他治理主体之间的二阶冲突”。长沙市的一些小区就曾经发生过堵路游行等业主维权形式。由此而形成“越维权、冲突越激化”的怪圈。调研发现，在问题久拖不决、自身权益受损较大和受到报复等情况下，业主同物业公司、房产商之间的冲突最有可能激化。

最后，社会阶层地位是影响“业主维权冲突激化”的重要变量。社会阶层越高的业主越是倾向于认为业主维权冲突有可能激化、升级。需要注意的是，城市商品房小区中的物业纠纷和冲突问题的实质，是以业主为代表的城市居民群体同物业公司代表的商品市场间的冲突和博弈。引入社会阶层视角分析业主维权问题，是建立在当下社区居民权利意识、群体意识不断增强的基础之上的。对于冲突激化的判断，并非意味着社会走向不稳定，恰恰相反，伴随着居民自身的维权意识和手段日益成熟，如果将冲突逐渐纳入正常的解决框架内——成熟而强大居民组织与物业公司的协商或正常的法律途径，这种冲突则能够得到很好的处理。

通过上述分析可以看到，随着商品房住宅小区的快速扩增和物业管理市场的扩大，物业问题和由此引发的业主维权冲突将是城市社区的一个大问题。如何将矛盾和冲突在小区范围内解决，防止冲突外溢，成为一个重要的课题。本文的研究只是对一个中部省会城市的物业冲突和业主维权进行了初步的描述性研究，抓取了业主维权冲突的部分图景，但是，由于调查选点的局限，其中的一些问题和结论可能在其他地区并不适用；特别是对长沙数据的分析，还需要进一步深入，例如，长沙市业主阶层从“默认的维权行动阶层”走向“实际的行动阶层”，需要怎样的条件，这对于预防和解决维权冲突问题，具有关键性作用。最后，业主集体维权还处于方兴未艾的阶段，不但面临制度性障碍，更面临自身组织失灵的“本源性”障碍，组织有序的集体行动可以促进矛盾的解决，也可以促进制度的改变，但是，何种行动是“国家”容忍的，何种行动能够避免冲突升级，是下一步需要重点研究的。

网络、医患和城管冲突管理研究

网络舆情的“自清洁”功能及其实现条件

常健

摘　要：网络舆情会夹杂着各种不实信息、非理性判断和极端的倾向，但网络舆情本身也具有“自清洁”的功能，它对网民非理性的事实判断、价值判断、负面情绪和行动意志具有一定的消解作用。网络舆情“自清洁”的动力来自两个方面的相互作用：一方面是网络本身的多元性、平等性、自由性和开放性，另一方面是维持网络发展的内部要求和外来竞争压力。要充分发挥网络舆情的“自清洁”功能，就要创造适合其发挥作用的条件，包括增强网络社群间的竞争压力、维护这种竞争的公平性以及促进网络社群内部交流的多元、平等和开放性。

关键词：网络舆情；“自清洁”功能；网络社群

近来对网络舆情研究的关注焦点，主要集中于其可能产生的负面作用以及如何通过外部的管理来消除这些负面作用。但网络舆情作为一种自然发生的社会现象，是否存在着“自我清洁”功能？如果有，其作用方式如何？其作用条件是怎样的？对这些问题的研究，有助于我们更深入地理解网络舆情

作者简介：常健（1957—），男，天津人，南开大学周恩来政府管理学院教授、博士生导师，副院长，主要研究方向为公共治理与冲突管理。

基金项目：国家社科重大项目“中国特色人权发展道路研究”（11&ZD072），负责人薛进文；教育部国家人权教育与培训基地重大项目“市场经济初创时期各国人权发展道路比较研究”（12JJD820021），负责人常健；天津市教委重大社科项目“社会管理创新与诚信社会建设”（2011ZD004），负责人常健。

文章来源：本文刊载于《天津社会科学》2013 年第 6 期。

自身的发展过程，并对舆情管理的有效方式及其限度作出合理的界定。

一、网络舆情“自清洁”功能的表现形式

网络舆情会在某种程度上产生各种不实信息、非理性判断和极端化的主张，但它本身也存在着对这些负面现象进行“自清洁”的功能。

所谓网络舆情的“自清洁”功能，是指网络舆情自身在形成和发展过程中会通过自发的对话、讨论、比较、甄别等方式在一定程度上抵消或消解掉那些不真实的信息、不合理的判断和不健康的主张。与它相对的是网络监管机关的来自外部的“外清洁”功能，它通过监管、封号、删帖、关闭网站、追责、操控意见领袖等外部强制方式来对网络舆情进行清理和控制。

网络舆情包括着事实判断、价值判断、情绪和行动意志四个方面的核心要素。而网络舆情的“自清洁”功能也包括着对这四个方面的“清洁”过程。

1. 网络舆情对事实判断的“自清洁”机制

网络对网络舆情的事实判断的“自清洁”功能主要是通过以下形式来实现的：

（1）网民质疑

网络上发布的各种信息鱼龙混杂，许多信息存在着不符合常识、前后矛盾、相互矛盾的情况。在网络舆情的形成过程中，任何一个网民所提供的信息或表达的主张，都会受到其他网民的质疑。网民质疑的重要作用在于引发对质疑的回答、对真实情况的进一步关注和调查以及对相关信息的修正。因此，网民质疑过程本身，会对缺乏客观依据的事实判断形成消解作用，使其或是作出修正，或是无法继续传播。

（2）当事人网络自辩

网络舆情所涉及事项的当事人会在网络上发布相关信息说明情况，以澄清网络中流传的不实信息。当这种自我说明具有相当的可信度时，会消解网络舆情中一些被误传或恶传的信息，消解由这样的不实信息产生的缺乏充分根据的猜测和判断。

（3）记者网络报道和自我修正

媒体记者具有敏锐的新闻触觉，他们对发生事件及时进行跟踪调查和报道。这些报道总是针对网民最关心的事项和问题。如果这些调查和报道是根

据客观发生的真实情况，那么就会对网络舆情中那些猜测和缺乏依据的判断形成强有力的冲击。因此，记者的媒体报道经常主导着网络舆情的发展。然而，记者的报道多数是即时性的，为了抢先发布消息，他们经常是基于有限的消息来源和所感知到的实际情况。由此形成的信息和事实判断经常会具有片面性。然而，记者的报道是不断跟进的，随着时间的推移，信息来源会不断拓宽，现场感知会迅速扩大，这使得记者随后的媒体报道会不断修正先前报道中的信息和判断，从而对网络舆情中的事实判断形成自我清洁。

（4）各网络媒体报道间的差异与相互修正

随着网络媒体的发展，进行新闻报道的网站已经不是只有一家，而是有众多不同的网站对信息进行报道。尽管对主要的新闻报道具有趋同化的倾向，但由于各家网站也都有自己的信息渠道，而不同信息渠道的新闻报道也存在着一定的差异。而网民在网上浏览新闻时，虽然会重点关注自己偏好的网站，但也会浏览其他网站发出的消息。网民会迅速地发现各网站发出消息之间的差别，并因此发出质疑。而各网站也同样会注意到自己与其他网站新闻之间的差异，并对信息进行进一步核实和修正。

（5）政府网络信息公开

政府发布的信息如果具有相当的可信度，也会消解相关的猜测和不实信息。例如，在甬温高铁“7·23”动车追尾事件中，当铁道部新闻发言人王勇平在发布会现场公布伤亡数据为35人死亡、192人受伤时，网络上就出现了关于重大责任事故中的“35人死亡编制”一说，指出在过去曾发生过的重大责任事故中，类似2007年洪涝灾害等死亡人数均为超过35人。微博上流传“35人死亡上限论”，称超过36人市委书记将被撤职，所以动车事故一开始发生，就注定了死亡人数不会超过35。微博还列举了从1993年到2011年国内重大事故中死亡的人数，“碰巧”都是35人。此说法更加深了网民对死亡人数瞒报的确认，认为官方瞒报死亡人数为降低事故级别，避免丢官免职。这样的说法一经传播就触动了网民敏感的神经，但是由于网络舆情此时已经近乎脱离了理智和事实检验的原则，很多网友在未经查证的情况下就转帖谩骂。当7月25日新华网报道死亡人数已达38人时，“35人死亡上限”的说法便不攻自破。[①]2011年12月25日国家安监总局事故调查组正式发布了事

① 张和平、李亚彪、崔峰：《甬温线特别重大铁路交通事故死亡人数上升至38人》，新华网：http://news.xinhuanet.com/society/2011-07/25/c_121717685.htm。

故调查报告[①]，使该事件的情况得到全面澄清。

2. 网络舆情对价值判断的“自清洁”机制

在事实判断的基础上，网民会形成相应的价值判断。与事实判断相比，价值判断会更加多元化。在价值多元化的社会背景下，每个网民都会从自己所信奉的价值理念出发来对社会现象作出自己的价值判断，因此即便是在同样的事实判断基础上，也会产生不尽相同的价值判断。而这些价值判断又会反过来影响网民对事实的观察和判断视角，使其更加关注和强调从自己价值观角度所重视的方面。

在网络舆情中，网民的价值判断发挥着极为重要的作用，它直接影响着网民的情绪和行动意志。网络舆情对价值判断的“自清洁”功能，主要是指如何防止极端化的价值判断在网络舆情中占据主导地位，它主要是通过网民间的辩论来实现的。网络不是一个单向度信息传递的渠道，而是一个可以开展相互对话交流的平台。对社会现象的各种不同的价值判断不仅会在网络上发表出来，而且一定会形成相互之间的辩论。这种网民之间的辩论，会对每个网民的价值判断形成相互制约，使每个网民都会看到存在着与自己不同的价值判断，因而会反思自身价值判断的合理性。尽管改变一个人的价值观是相当困难的，但通过网民间的辩论却会实际影响和修正网民对某种社会现象的价值判断，防止极端的价值判断占据网络舆情的主导地位。

3. 网络舆情对情绪的“自清洁”机制

与传统媒体不同，由于网络参与者是匿名的，因此他们在网络上的情绪表达更加直接。情绪具有感染性。当某种被压抑的情绪以更加直接和具有煽动性的形式被表达出来时，就会对其他网民产生情绪影响，甚至形成情绪共振。在网络冲突的发展过程中，情绪的暴发与共振是导致冲突升级为暴力的因素，也是冲突升级的最重要标志之一。

网络对极端化的负面情绪也具有一定的“自清洁”功能。它主要是通过两种机制实现的。一是极端情绪的自我抵消。一方情绪的极端化，往往也会导致另一种情绪的极端化。各方极端化的情绪之间的对峙，会抵消相互的能量，形成一种相对的平衡。二是网民的自发抵制和孤立。在通常情况下，大

① 参见国务院“7·23”甬温线特别重大铁路交通事故调查组：《7·23甬温线特别重大铁路交通事故调查报告》，2011年12月25日，国家安全生产监督管理总局网站：http://www.chinasafety.gov.cn/newpage/Contents/Channel_5498/2011/1228/160577/content_160577.htm。

多数网民并不会产生和维持极端化的负面情绪状态。当一些网民的情绪出现极端化的负面倾向时，一些网民会对这种极端化的负面情绪表达进行抵制，多数网民则会因为感到不适而拉开与这些网民的距离，形成孤立化的趋势。这意味着情绪越是极端化，越不容易引起情绪共振。它反过来说明网络对极端化的情绪具有一定的“自清洁”功能。

4. 网络舆情对行动意志的“自清洁”机制

网民在事实判断、价值判断和情绪的支配下，会产生一定倾向的行动意志和主张。这些意志和主张会要求和迫使现实作出某种改变。当行动意志和主张违背社会的法律和道德规范时，网络对其也会有一定的“自清洁”功能。这种功能主要通过两种形式来实现：一是网民投诉。当论坛中一些网民的言谈主张违背网德和法律时，会有其他网民对其进行投诉。二是版主警告。当论坛版主认为这种被投诉的行为有损于该论坛的长远发展时，就会对相关网民发出警告，约束其违背网德和法律的言谈主张。这两个相互联系的机制会对违背法律和道德的行动意志形成一定的约束作用，使其不会轻易获得网民的响应。

以上只是列举了一些最常见的网络舆情“自清洁”的方式，在实际的网络生活中，还有许多其他的“自清洁”形式和机制。正是由于网络中存在着以上这些“自清洁”的形式和机制，使得我们实际看到的最后形成的网络舆情已经经过了自然的过滤，筛除了大量的值得怀疑的信息和不合理的判断。

但应当注意的是，网络自清洁功能也是一柄双刃剑。它在自我过滤的过程中也不断自我强化。随着各种“自清洁”形式和机制的作用，那些受到质疑的信息或是被核实，或是被纠正，或是被排除；那些受到批评的主张或是被辩解，或是被修正，或是被边缘化。在这种自我完善的过程中，网民逐渐形成某种共同接受的认识，并且通过不断“清洁”的过程使认识不断强化。但网络中多数人最后形成的认识，仍然不一定就完全反映了事实的真相，所形成的判断也不一定严格合理，但由于经过这种“自清洁”的过程，它们却会被坚定地相信。因此，仅靠网络舆情的“自清洁”机制，并不足以消解网络舆情的消极因素，还必须有网络外部的“清洁”机制进行补充。

二、网络舆情“自清洁”功能的动力来源

网络舆情“自清洁”的动力来自两个方面的相互作用：一方面是网络本身的多元性、平等性、自由性和开放性，另一方面是维持网络发展的内部要求和外来竞争压力。

1. 网络社群自身的生存和发展需求要求维护多元平等的交流

首先，网民是多元化的。网络交流是社会生活的一种特殊形式，网络交流的参与者也是多元化的社会成员，每个人都有自己的利益、主张、观察和实践。特别是随着全民教育水平的不断提高，网民的甄别和判断能力也在不断提升。因此，在网络中绝不是只有一个声音，而是多种不同声音并存。网络的一个重要特点是表达的平等性，各种意见都有平等的表达机会。不同观点的相互交流，本身就会对网络舆情形成一种内在制约，使各种不实信息和不当判断在平等的讨论过程中被过滤和筛除。虽然说，网络成员的多元性和表达的平等性本身就可以形成网络舆情的内在制约，但在网络交流中，这种多元平等表达经常会受到一些人的破坏。对抗这种破坏的动力，来自网络社群自身的生存和持续发展的内在需要。每个网络社群要想长期聚拢人气、保持持续的生命力，就要建立内部的交流规范，不能任由少数成员胡乱搅局。因此，在各个网络社群中，那些希望使网络社群持续生存的成员就会自发地形成和维护内部的交流规范，它表现为网络投诉和版主警告，以保证网络社群内部的多元平等交流。

2. 网络社群的自由加入和网络社群间的竞争要求网络社群保持开放性

网络的另一个重要的特点就是出入的自由。如果一个网络社群在这些方面不能胜过其他网络社群，网络社群成员就会用脚投票，转投其他网络。而网络社群间的相互竞争，使每个网络社群都希望通过吸引更多成员来扩大自己的交流范围和社会影响力。要扩大网络社群的吸引力，网络社群本身所讨论的问题就要具有重要的社会意义，网络社群传播的信息就要具有相当的可信度，网络社群形成的判断就要具有相当的公正性，网络社群所发出的主张就要具有相当的合理性。网络的进出自由和网络间的竞争，迫使每个网络社群要对各种信息保持开放态度，包括其他媒体的信息和政府发布的信息，而信息的开放本身就会对每一种信息的内容形成有效的制约。

三、创造条件充分利用网络舆情的“自清洁”功能

由于网络舆情本身鱼龙混杂，其中不免有恶意造谣、攻击、片面之词和极端化的判断，甚至会有某些威胁社会秩序和稳定的倾向，因此，研究者们将应对网络舆情的重点放在“监察”“引导”“管控”上[①]，提出要培养、争夺和利用“意见领袖”[②]。用这些方面来应对网络舆情中的负面现象虽然会产生一定效果，但另一个不容忽视的重要方面，就是如何充分利用网络舆情的“自清洁”功能来消解它所制造的“污染”。如果可以将网络舆情看作是一个具有自身活力的发展过程，那么它本身一定也具有内在的“免疫功能”。仅仅靠外部治疗尽管可以产生短期的即时效果，但其副作用却是使网络舆情自身的“免疫功能”衰弱下去，甚至被破坏。从长远来看，这并不利于网络舆情自身的健康发展，也会使网络舆情丧失对各种不同信息和主张进行整合的社会功能。

要充分利用网络舆情的“自清洁”这种“免疫”功能，就要创造适合“自清洁”功能发挥作用的条件。如前所述，网络舆情“自清洁”的动力来自两个方面的相互作用：一方面是网络本身的多元性、平等性、自由性和开放性，另一方面是维持网络发展的内部要求和外来竞争压力。因此，要使网络舆情的“自清洁”功能充分发挥出来，就需要创造下面这些条件：

首先，开放网络社群多元空间，增强网络社群间的竞争压力。当某些网络社群独大并形成某种垄断时，这些占据垄断地位的网络社群自身的生存压力就会减弱，其“自清洁”的“免疫”功能本身也会受到相应抑制。因此，应当开放网络社群的多元空间，形成多种社群网络并存和相互竞争。网络社群间的竞争所形成的生存压力，会迫使各网络社群内部加强自律、提升社会公信力、增强社会吸引力。这会充分动员其自身的“自清洁”功能，强化自我约束，增强网络成员之间的相互制约。

其次，建立网络社群间的行为规范，维护网络社群间竞争的公平性。网络社群间的竞争，会激发各网络社群维持生存的能量，但这种能量一方面会

---

① 参见苏艳芳《新时期下高校网络舆情的引导与管控》，《中国校外教育·A》，2011 年第 2 期。

② 刘国军：《网络舆情发展视角下社会管理方式创新五路径》，《西安日报》2012 年 4 月 17 日；齐朝阳、陈少平：《高校网络舆情的引导策略研究》，《思想政治教育研究》，2012 年第 3 期；《尊重网络舆论，培养新意见领袖》，《学习时报》，2013 年 6 月 10 日。

形成更强的内部约束力，另一方面也会导致一些社群采用各种恶意手段来与其他社群进行竞争，其中包括为吸引更多的网络成员和网络关注而过分利用各种噱头、发布各种耸人听闻的信息、作出超出理性的极端判断、特意作出反对一切主流意识的极端姿态，甚至恶意攻击和破坏其他网站和论坛。针对这些不合理、不公正的竞争手段，必须建立维护网络社群间公平竞争的行为规范，以便充分发挥网络竞争所产生的“自清洁”功能，抑制由这种竞争所产生的负面现象。

最后，促进网络社群内部交流的多元、平等和开放性，增强自然制约。如前所述，网络社群内部交流的多元、平等和开放，本身就会在相互对话中形成对各种信息和主张的自然制约。但在网络社群间的竞争中，为了提高网络社群的内部凝聚力，社群中会强化“群体性思维”，排斥各种不同意见，不允许对社群自身提出批评，封锁外来信息的进入，形成“一边倒”的舆论倾向。为了防止这种效应，就应当鼓励网络社群形成“鼓励性沟通氛围”，允许各种不同的主张平等发声，允许各种外来的信息自由进入网络社群，允许对各种不同的信息进行质疑、分析和甄别，允许各种不同的主张以理性的方式平等对话和相互批评，反对对某些“意见领袖”人为制造绝对的个人崇拜。

从激发网络舆情“自清洁”功能的视角出发，需要对政府网络舆情监管的角色和方式进行重新反思。不能仅仅着眼于约束网络舆情的各种结果，而要更多地着眼于完善网络舆情的形成过程；不能只用外部力量来消除网络舆情的各种负面现象，还要更多地考虑如何充分调动和利用网络舆情自身的“自清洁”免疫机制来消除其自身发展过程中所产生的问题。从这个角度考虑政府在网络舆情发展过程中的角色，就不应当仅仅是一个“灭火者”和“手术者”，更重要的是充当“调理师”，通过促进各种机制的健全和完善来实现网络舆情自身的健康发展。

网络动员对冲突管理的四大挑战

徐祖迎

摘　要：近年来社会冲突事件频繁发生，网络动员成为推动冲突扩散和升级的重要机制。网络动员对冲突管理带来了一定的挑战，主要表现为网络动员对信息管理、情绪管理、评价管理和行为管理的挑战。就信息管理挑战而言，信源的多元化导致真相难以辨认、信息的快速扩散加大了政府回应和管理的难度、信息的匿名发表使得政府很难找到谈判和协商的对象；就情绪管理挑战而言，情绪升温阻碍了有效沟通、情绪感染加剧了观点的偏激和极化；就评价管理而言，简单化思维导致了评价的二元对立；就行为管理而言，网络动员降低了人们参与的成本、增强了人们的"赋权感"、加剧了网络行为的失范以及加大了责任追究的难度。

关键词：信息管理；情绪管理；评价管理；行为管理

近年来社会冲突事件频繁发生，在很多情况下，网络动员都成为推动冲突扩散和升级的重要机制。网络冲突管理的目标就是发挥网络动员在冲突管理的正面功能，抑制其负面功能。网络动员使得传统的冲突管理有了一定的难度，它给我国的冲突管理带来了一定的挑战。

作者简介：徐祖迎（1983—），男，汉族，安徽宿州人，淮北师范大学管理学院，讲师，博士，主要研究方向为网络管理与邻避治理。

基金项目：国家社科青年项目"城市化进程中的社会治理与少数民族合法权益保障"（批准号：14CMZ030），淮北师范大学青年科研项目"'中国式'邻避冲突及其治理研究"（批准号：2014xq040）。

一、网络动员对信息管理的挑战

信息管理贯穿着冲突管理的始终。冲突管理的整个过程包括诊断、干涉、效果和反馈等几个阶段，这几个阶段都需要对信息的有效搜集和分析，因此冲突管理目标的实现有赖于对信息的有效管理。由于网络动员的匿名性和快速传播性等特点，它给信息管理带来了严峻挑战，主要表现在以下几个方面：

（一）信源的多元化，导致真相难以辨认

有效的冲突管理有赖于对冲突事项和冲突事实的深刻把握。网络动员促进了信源的多元化，QQ、博客（微博）、论坛等都可以成为网络信息的重要来源。信源的多元化以及互联网的隐身功能使得信息在传播的过程中发生了扭曲，尤其为网络谣言的传播提供了舞台，这就导致了事实的真相难以辨认。

网络谣言的广泛传播常常导致事实的真相难以辨认。网络动员之所以导致事实的真相难以辨认，除了因为网络谣言满足了人们的信息需求之外，还是因为网络谣言的传播往往伴随着某些所谓的细枝末节的描述，或者当事人的“证言”。

网络谣言往往以图文并茂等细节形式的“佐证”，固化了人们的认识。我们之所以相信网络谣言，是因为谣言和内容与我们的心理预期是一致的。我们在认识某些事件之前往往存在着一种固定的思维模式和解释框架，如果谣言的内容和我们的心理预期或者解释框架是一致的，我们一般比较倾向于相信谣言的内容，特别是如果谣言能跟以图文并茂等细节形式“相互印证”，就更加固化了我们对事件的最初认识。一般来说，图片是对事实真相最直接、最真实的描述，网络世界中所谓的“无图无真相”强调的就是图片在揭露事实方面的重要性。但是图片并不一定总能够反映事实，在网络谣言的传播中，人们往往通过对图片的操纵来扭曲事实。

这种操纵主要是通过两种方式来实现的：第一，通过图片的拼接来歪曲事实。科学技术的发展为人们进行图片造假提供了技术支撑，有的网民就通过对照片的 PS，来推动谣言的传播；第二，通过图片的空间移动来“佐证”事实。这种操纵主要是借助于网民丰富的想象力，把原本和事件并没有直接关联的图片和某些热点事件连接起来，以对其进行“佐证”。

（二）信息的快速扩散，加大了政府回应和管理的难度

冲突管理要求对公共冲突事件进行及时、快速的回应与管理。在前网络社会，人们提出了突发事件处置的“黄金24小时”法则，即在事发24小时之内发布事件的真实信息，以澄清谣言，引导舆论的发展。一般地说，冲突管理的难度与冲突扩散的速度和范围成正比，冲突的后果取决于四种维度：冲突的范围、受关注程度、冲突的激烈程度和冲突的向度。而网络动员无疑拓展了冲突的范围、提高了冲突的受关注度，从而也增加了政府管理的难度。

冲突的扩散导致旁观者的卷入，增加了冲突管理的难度。“因为就A和B的冲突而言，一旦C介入A和B之间的冲突，冲突的性质也必然会发生改变，C可能与A联合使力量平衡向着有利于A的方向发展，或者可能支持B从而使力量向有利于B的方向发展，他也可能打破现有的对抗结构，或将自己的意志强加于A和B。然而不管C怎么做，他都将使一对一的冲突转变为二对一或三方的冲突。所以，每一次新主体的介入都会仅凭通过冲突的范围改变对抗结构。”①而网络动员则极大地便利了冲突的扩散，特别是在互联网的虚拟场域，冲突的扩散往往会导致冲突规模的扩大，在“群体无意识”的心理支配之下，人们的情绪会相互感染，从而有可能出现破坏性行为，促使冲突升级。

冲突扩散是指随着冲突从它的初发地转移和扩散到其他地方，这主要表现为冲突场景的转换以及参与人数的增加。在每一次社会冲突中，其主体主要包括两个部分，一个是处于冲突核心地位的积极参与者和被吸引到现场的旁观者。冲突扩散的过程就是冲突的积极参与者动员和吸引旁观者参与冲突情境的过程。在斗争周期内，“最特别的不是所有群体同时期朝相同方向‘揭竿而起’，也不是特殊人口群体以一次次相同的方式活动，而是早期造反者展开的集体行动的示范影响，在通常较沉默、资源较少的群体中引起各种各样的扩散、延伸、仿效和感应作用。”②从这个意义上说，冲突扩散的程度取决于人们掌握冲突信息的多寡和方便程度，无疑互联网为人们进行冲突信息的交流和传递提供了绝好的平台。

---

① [美]E. E. 谢茨施耐德：《半主权的人民：一个现实主义者眼中的美国民主》，任军锋译，天津：天津人民出版社，2000年，第2页。

② [美]西德尼·塔罗：《运动中的组织：社会运动与斗争政治》，吴庆宏译，南京：译林出版社，2005年，第194页。

在2011年的“占领华尔街”运动中，互联网成为“占领华尔街”运动的催化剂，人们借助于Twitter（推特）、Facebook（脸书）和Meetup等平台交流信息和建立联系，从而迅速地聚集起来。在很短的时间内，这种社会冲突和“占领运动”就迅速地从纽约扩展和蔓延到波士顿、芝加哥和华盛顿等大城市并在全球数十个国家和数百个城市同时进行，其扩散和蔓延的速度之快，令人惊奇，也让人们见证了互联网快速信息传播功能对冲突扩散的作用。

（三）信息的匿名发布，使得政府很难找到协商和谈判的对象

在现代社会，谈判和协商是传统的冲突管理的重要手段。“在解决冲突时，有三个潜在目标：一是试图改变对方；二是试图改变局势；三是试图改变自己。改变别人的做法是不太可能奏效的……因此只能用谈判和劝说来实现第二个和第三个目标。”[①]在冲突管理的过程中，通过谈判和协商来化解冲突至少有以下几个方面的好处：首先，谈判和协商是双方之间的一种相对平等的讨论和沟通，在很大程度上反映了双方的意愿；其次，谈判和协商对于冲突的双方来说是一种“头脑风暴”的过程，在此过程中，有可能激荡出一种创造性地解决冲突的方法；再次，由于谈判和协商是在自愿的基础上完成的，因此谈判或协商的结果更能得到双方的认同和遵守。因此，通过谈判和协商来化解冲突已经成为冲突管理的重要方式。

传统的社会动员主要是一种有领导、有组织的集体行动的发动过程，政府和社会组织及其精英人物在社会动员中起着规划动员任务的作用，所以它主要是一种组织动员。传统的社会动员“是由一定的组织者发起的、有明确目的地引导社会成员共同参与，以完成一定社会任务的社会活动，不是无组织的自发行动。”[②]但是在网络时代，任何网民都可以就感兴趣的发表观点并发起动员，这种动员往往缺乏组织性。在网络动员的过程中，由于动员主体的匿名性，在冲突聚焦和升级之后，政府往往发现很难找到协商的对象。特别是在冲突升级和暴力运用的阶段，这时的集体行动往往涉及“散步”、堵路、拉横幅甚至冲击政府机关等实质阶段，为了避免惹上各种麻烦，在动员群众参与集体行动之后，动员的发起者往往选择隐身，集体行动呈现出无组织化

① [英]芭芭拉·A. 布贾克·科尔韦特：《谈判与冲突管理》，刘昕译，北京：中国人民大学出版社，2009年，第41～42页。

② 甘泉. 骆郁廷：《社会动员的本质探析》，《学术探索》，2011年第12期。

的特点。集体行动的无组织化造成了网民意见表达的离散化和随机化，每个人都在表达自己的观点，但是却很难达成共识。这种无组织化的集体行动给冲突管理带来的挑战就是当冲突爆发以后，政府希望找到协商的对象来化解冲突、解决问题，但是却往往发现无法找到具体可以谈判和协商的对象，政府即使有心化解冲突，也往往无处发力。

二、网络动员对情绪管理的挑战

任何冲突都会伴随着一定的情绪内容，有的学者把利益、情绪和价值观视为冲突必不可少的三个要素，“在任何冲突中，冲突的情绪性因素应当放在首要处理位置”[①]。因此，在应对社会冲突的过程中，需要对情绪进行适当的管理。网络动员导致了情绪的强化和升温，对情绪管理带来了一定的挑战。

（一）情绪的升温阻碍了有效沟通

负面情绪的强化和升温会导致冲突双方的相互指责和批判，增深双方的误解，破坏双方的信任关系，从而阻碍了双方的有效沟通。网络动员作为一种聚众过程会调动网民的各种情绪，它使得双方迅速地从准理性状态进入非理性状态，从而形成各种负面的情绪。互联网则为各种负面情绪的相互感染提供了最好的温床，在群体无意识的心理支配之下，网民的负面情绪会迅速强化和升温。

情绪的强化和升温会导致非理性因素在沟通中占据支配地位，导致冲突双方根本无法听进不同意见，从而导致冲突的升级。有效的沟通应当是理性的，如果情绪性的非理性因素在沟通中占据主导地位的话，往往会形成两种极端情况，要么是极力排斥对立的观点，要么易被对方所操纵和控制，完全接受对方的观点。而网络动员由于网民情绪的相互感染，无疑大大增加了其非理性行为。

“在传统上，情绪是与理性相对立的，这一观点在日常生活中具有很大的影响力，即便是作为科学的心理学中依旧具有一定的影响。”[②]网络动员是一

① [澳]彼得·康戴夫：《冲突事务管理——理论与实践》，何云峰等译，上海：世界图书出版公司，1998年，第8页。

② [新西兰]斯托曼：《情绪心理学——从日常生活到理论》，王力译，北京：中国轻工业出版社，2006年，第108页。

种引导人们的思想和行为发生变化的过程，为了达到动员的目的，动员的发起者往往会综合运用多种策略，比如通过悲情弱势策略获得网民的同情，或者运用诙谐戏谑策略引起网民的关注，甚至不惜通过散布谣言来突出事态的严重性。总之，动员发起者希望能够带动网民的情绪，全身心地参与其中。

在网络动员的作用之下，情绪的释放和发泄过程往往伴随着偏见、幻想、猜疑等非理性行为，并最终形成一种标签化和模式化的解释话语，即自己代表的是正义的一方，对方则是非理性和非正义的。这种情绪化有可能会使人的头脑暂时失去理智，使人处于一种癫狂的状态，由对“事”的关注转移到对“人”的怀疑与否定，导致了各种负面的评价和冲突。一旦形成了这种固定化的认知和思维模式，网上的不同观点的表达就不是一种交流和沟通，而完全是站在道德的高度，对对立观点的批判和压制，有效沟通也就无从谈起。

（二）情绪的强化加剧了观点的偏激和极化

在现实生活中，人们的观点也有可能出现偏激和极化情况。由于网络动员的匿名性和低成本性，各种负面的情绪都可以无所顾忌地在互联网上释放。在群体无意识的心理支配之下，网民的负面情绪极可能会出现相互感染和相互强化，而这则使得人们更难听见不同的声音和观点。互联网上负面情绪的强化，无疑则进一步地加剧了观点的偏激和极化。

在互联网的虚拟场域，存在着严重的群体无意识情况，在这种意识的驱动之下，人们往往易于受到情绪的感染和相互传染，人们的认识和想法最后往往趋于一致，即使是最极端的想法在互联网的世界中也能找到市场。凯斯·桑斯坦用“群体极化”一词来概括观点的自由市场中这种人云亦云和观点最后趋于同化的现象。

凯斯·桑斯坦认为，群体极化现象是指：“团体成员一开始即有某些偏向，在商议后，人们朝偏向的方向继续移动，最后形成极端的观点。简言之，群体极化是指群体成员中原先存在的倾向性，通过群体的作用而得到加强，使一种观点或态度从原来的群体平均水平，加强到具有支配性地位的现象。”①凯斯·桑斯坦通过对60多个网站的随机调查研究，发现在互联网存在着更多的群体极化现象，他指出，群体极化倾向在网上发生的比率是现实生活中面

① [美]凯斯·桑斯坦：《网络共和国——网络社会中的民主问题》，黄维明译，上海：上海人民出版社，2003年，第67页。

对面的两倍多。

网络动员过程中的"协同过滤"现象无疑进一步地加剧了群体极化现象。这种"协同过滤"主要表现为在网站上提供相似或相近观点的网页链接，这种链接在提供方便的同时，也导致了信息的"窄化"。在"协同过滤"的作用机制之下，网络动员中的信息体现为一种观点极化的现象，对立或不同的观点受到压制。

三、网络动员对评价管理的挑战

评价是指人们根据一定的价值观念对公共冲突双方的是与非、善与恶、喜好与厌恶等的一种主观评判，这种评判常常涉及人们对冲突双方的品德和态度等深层次的感知。相对于主流媒体而言，人们在互联网上的评价更趋向于负面化。特别是由于网络动员的匿名性，人们在互联网上的发言相对地可以无所顾忌，这就给评价管理带来了极大的挑战，它突出地表现为人们评价思维的简单化以及负面评价的极端化。

网络动员中的简单化思维主要是一种价值判断上的二元对立，即对应着一种非黑即白、非善即恶的解释图式。"从总体上来看，很多中国网民易被简单化思维所主导，这表现为他们对一些事物或人物的判断是基于简单的价值框架，如'对'与'否'，同时，他们喜欢用贴标签式的方式、符号化的方式来简化复杂事物。"[①]在公共冲突事件中，将复杂的事件简化为善与恶、是与非、强与弱的简单对立，就是一种简单化的思维模式。

在公共冲突事件中，网络舆论已经被一种简单化的思维模式所主导。这种简单化思维已经成为网民一种普遍的认知模式：一个有着弱势身份标签的受害者，一个无恶不作的坏人；或者是一个"跟我们一样的底层人"，一个垄断着各种资源的强者；或者是一个强势的政府部门，一个求告无门的"受欺凌者"——这样的简单新闻故事占据媒体报道的很大部分，很容易唤起一种共同的"受害"感觉，形成热点。

这种简单化的思维方式其实也是身份边界的一种激活和划分。在社会冲突中，边界的标记是非常重要的，人们倾向于发展一套"我们——他们"对

① 彭兰：《现阶段中国网民典型特征研究》，《上海师范大学学报》（哲学社会科学版），2008年第6期。

立的解释框架，这个框架突出了社会的不公正程度，也界定了群体的边界。在抗争政治理论中，边界激活机制提高了区分两个行动者“我们——他们”之间差异的显著性，有利于集体认同的形成。

社会学家很久以来一直强调社会冲突在突出群体边界以及强化内部团结时的作用。人们通常通过网页、QQ（群）、博客和论坛等媒介来交流信息，了解有关冲突的进展，在这个过程中，人们划定一个明显的“我们——他们”边界。通过选择地“重述”过去和现在所处环境中的某些情境、事件和体验，网友将“人们面前的这个世界”进行了简化和压缩的解释，公共冲突事件的相关情境被辨别和标记为“我们被深深地伤害或者我们的利益被侵害”等不公正境遇①。这也是人们有选择性地“界定和标签”发生于他们身边冲突事件的过程。

任何一种社会冲突或者社会运动都包含认同、敌人和目标三个方面。其中，“一个群体必须要把自己界定为一个群体，而它的成员则必须发展出关于社会运动的共享观点，发展出共同目标，以及有关集体行动的可能性和局限性的共通意见……如果一个群体不能产生集体认同感，那么它就无法完成集体行动”②。这个集体认同感的构建过程就是“我们——他们”边界的形成过程。在此，“我们”与“他们”得到了界定并被赋予了新的意义。在“瓮安事件”中，“我们”是被羞辱和欺骗的对象，“他们”是试图利用权力逃避制裁的机会主义者；在“抵制家乐福”事件中，我们是强烈的民族主义和爱国主义者，“他们”是榨取我们的利润并反对我们的敌人；在“天价烟”事件中，“我们”是追求事实真相的公民，“他们”是享有各种特权的寄生虫和腐败者；在“占领华尔街”运动中，“我们”是被剥夺的底层，“他们”是引发金融海啸的罪魁祸首……这种“我们——他们”身份边界的确立和激活是网民能够响应网络动员并参与集体行动的心理基础。

四、网络动员对行为管理的挑战

现实集体行动的参与需要一定条件，它不仅要求行动者具备参与的能力，

① 王英：《网络新社会运动中的集体认同感构建》，人民网：http://media.people.com.cn/GB/137684/10595704.html。

② [荷兰]贝尔特·克兰德尔曼斯：《抗议的社会建构和多组织场域》载艾尔东·莫里斯、卡洛尔·麦克拉吉·缪勒：《社会运动理论的前沿领域》，刘能译，北京：北京大学出版社，2002年，第95页。

也要求拥有参与的意愿，并不是所有的行动者愿意承担参与行动的成本。而网络动员则大大地降低了参与的风险和成本，对行为管理带来了极大的挑战。这主要是由于以下几个方面的原因：

（一）降低了人们参与的成本

传统的动员理论认为，人们是否会响应动员参与集体行动，建立在他们对利益的衡量基础之上。如果仅仅以利益作为人们是否参与集体行动的唯一考量的话，人们倾向于不参与集体行动，这就是奥尔森提到的“搭便车”困境。

然而，在互联网的虚拟场域，由于网络动员的隐蔽性、便捷性和快速性，人们参与集体行动的成本极其低廉，只要轻点鼠标就可以响应动员并参与集体行动。这种参与既可以表现为一种线下参与，更经常的是一种在线参与。这主要有两个方面的原因：第一，网络世界中的匿名性，使得坚守负责任行为的可能性降低。即使参与动员和集体行动，人们也可以完全在“身体的不在场”的情况下完成，这就增加了政府进行责任追究的难度。第二，网络世界的参与以“身体的不在场”为典型特征，这种参与可以降低组织内部分裂和内讧的可能性。

格兰诺维特曾经从互动的频率、感情力量、亲密程度和互惠交换四个维度来界定了关系的强弱。他认为弱关系是指那种互动频率较小、感情较为淡薄、关系不太密切以及相互间互惠交换较少的关系。网络空间中的人际关系是一种典型的弱关系，这种弱关系大大增进了信息库的容量以及信息的多元化，在某种程度上，它也降低了人们参与集体行动的障碍。面对面的关系虽然重要，但是这种未曾谋面的弱关系更会降低人们参与集体行动心理负担。

网络动员降低了人们参与集体行动的障碍和心理负担，这主要是由于网络动员降低了人们的心理阈限值。在不确定或危险的状况下，个体参加集体行动的倾向建立在他对风险评估的基础上。在传统的社会动员中，人们参与集体行动主要以“身体的在场”为典型特征，这就增加了他们被识别和追究的几率。而在网络动员下，大部分的集体行动主要是一种“身体的不在场”，即使这种集体行动由网内走向网外，由于网络动员的快速传播性，在短时间内可以动员大量的行动者参与行动。这种“法不责众”的心理状态也激发了人们参与集体行动的可能性。正如有的学者所言：“阈限理论意识到了在许多直接行动的实践中，包含‘你先来’和‘人多势众更安全’的场景。”[①]心理阈限值过高的人们倾向于不参加集体行动，因为这种行动会给他们带来一定的风险。但是在网络动员的过程中，由于互联网可以把你参与或即将参与行动的信息迅速地传递给其他的大量网民，并且动员的隐蔽性也降低了被惩罚的可能性，因此互联网降低了一些网民的心理阈限值，从而使集体行动更容易发生。

（二）增强了人们的“赋权感”

赋权通常指个人、团体和组织增强了自己的力量，有能力采取某些行动并改进现状的过程。正如有的学者所言，“赋权是指人能支配自己的生活，制定自己的生活议程，获得技能，建立信心，解决问题，能够自立。它不仅是集体的、社会的、政治的过程，而且还是个人的过程。它不仅是一种过程，也是一种结果”[②]。赋权主要针对的是社会中那些“无权”的群体或者我们通常所说的“弱势群体”，它的最主要的特征就是参与和自信，提高“无权”者的自信心和参与意识。

在网络社会时代，互联网是一种可资利用的弱者的武器，普通民众会突然有种被赋权的感觉，觉得自己会无比强大。互联网增强了人们的赋权感，让人们感觉到自己比以前有了更多的力量，能够完成以前不能完成的工作，实现以前无法实现的理想。

互联网无疑体现了一种市民主义的倾向，“网络媒体的开放性、交互性、隐匿性以及双向传播性等特点使得普通个人能够轻松地获取在传统媒体背景下无法得到的海量信息，打破了社会精英对信息的封锁和控制，彻底扭转了在信息占有上的不对等情况”。[③]“由于技术的优势，相对于空间有限和管制严密的传统媒体，互联网首次为普通民众提供了直接面向公共空间表达意见的机会，以及与政府和官员直接沟通、直接发声的渠道，具有‘赋权’和解放的意义。”[④]这种赋权使得网民可以以互联网为武器，直接参与集体行动，实现冲突的快速扩散。

---

① [英]安德鲁·查德威克：《互联网政治学：国家、公民与新传播技术》，任孟山译，北京：华夏出版社，2010 年，第 186 页。

② 韩鸿：《参与和赋权：中国乡村社区建设中的参与式影像研究》，《国际新闻界》，2011 年第 6 期。

③ 孙健、徐祖迎：《网络舆论监督及其规范》，《中国行政管理》，2011 年第 12 期。

④ 周葆华：《突发公共事件中的媒体接触、公众参与与政治效能——以“厦门 PX 事件”为例的经验研究》，《开放时代》，2011 年第 5 期。

(三)加大了责任追究的难度

传统的集体行动是以“身体的在场”为突出特征，这就增加了他们被识别或辨认的几率。网络动员的匿名性使得“身体不到场”成为可能，从而加大了进行责任追究的难度。

网络表达权虽然是公民的基本权利，但这并不意味着公民的网络表达可以无所顾忌。当这种表达或行动伤害到他人的权利时，公民就应该为自己的行为负责。就网络谣言而言，网络动员的匿名性加大了责任追究的难度。

谣言作为一种未经证实甚至是虚构的信息，在公共冲突过程中，它通过导致认知偏差、激发负面情绪、形成单向度的价值判断和强化群体性思维四种机制促进了冲突的升级。[①]因此，在冲突管理的过程中，必须要对那些恶意的谣言制造者进行进行责任追究，以减少谣言的传播。

从源头上治理谣言，不仅要求敢于和谣言进行“赛跑”，及时地公布事实的真相，打消人们的疑虑，对谣言的恶意制造者的责任追究也是一种释疑和管理的重要手段。传统的谣言主要是通过口耳相传的方式，借助于人际网络传播的。传播双方在现实生活中往往有着地域、职业、亲情和友情等方面的联系，谣言的这种传播方式需要身体与身体的接近，其传播方式是单点对单点，谣言传播的主体和受众相对清晰可辨，因此对谣言传播的责任追究相对容易。但是在互联网的虚拟场域，没有人知道你是谁，任何人都可以自由地发表信息，这时候对新闻事件的猎奇和娱乐心理就有可能超出对新闻客观真实性的追求。“网络谣言往往发端于BBS论坛区、网站留言板、个人博客、即时通信和手机短信，但其起源通常无法查证，大部分的谣言信息来源不明，而网络特有的匿名作用，使得谣言来源不明的特性更加明显，上述发端地可能也只是网络谣言传播的中转站。”[②]这时的谣言的传播并不需要身体的在场，传播方式也往往是面对面的。网络的这种隐蔽性特征带来责任追究的难度，网络时代人们以较低的成本来发布信息，但是信息核实的成本却极为高昂。正如有的学者所言：“在因特网上，完全没有人知道你是谁，没有人知晓你的种族和性别。这种肤色盲和性别盲对很多人具有积极意义，因而大受欢

---

① 常健、金瑞：《论公共冲突过程中谣言的作用、传播和防控》，《天津社会科学》，2010年第6期。

② 胡泳：《谣言作为一种社会抗议》，《传播与社会学科》，2009年第9期。

迎。”[①]

不仅网络谣言制造者的责任难以确定，网络谣言的传播者由于过于庞大和分散，也难以进行追究。传统的谣言传播具有明显的地域性特征，而网络谣言则是跨区域的，任何地区的网民都有可能成为网络谣言的二次传播者。“在传播过程中，会产生‘核裂变’效应，每个网民都可以根据自身的感受和体会不断加工，以至于事实的内核甚至于网络谣言本身都会变得面目全非，责任主体更是无从查找，给网络谣言的监管和治理带来很大困难。”[②]在网上经常会看到这样的情况：一桩传闻被炒作得纷纷扬扬，造成了严重后果，查实之后却发现是子虚乌有，但是要追查起因却是无人负责，只能不了了之。

① Tim Jordon, *Cyber Power: the Culture and Politics of Cyberspace and the Internet*, NY: Routledge, 1999, PP.67.

② 陈东冬：《网络谣言的治理困境与应对策略》，《云南行政学院学报》，2012 年第 3 期。

近十五年来国内医患纠纷及其化解研究述评

常健　殷向杰

摘　要：自20个世纪90年代末以来，中国医患纠纷的主要起因由原来的技术性原因转移为社会性原因，对医患纠纷的研究文献也出现了迅速的增长，这些文献主要集中在对医患纠纷起因、冲突升级、医患纠纷化解机制的研究等方面。既有研究为医患纠纷的化解提供了一定的实证基础，并从多学科的角度对此问题进行了全方位的透视，但也存在着公共管理角度研究不足、相关主体功能系统定位模糊、重视冲突化解而忽视了冲突转化、实证调查缺乏深挖掘、模式总结不够深入等缺陷，应当在日后研究中着力加以改进和完善。

关键词：医患纠纷；医疗纠纷；公共冲突

目前可以查阅到的国内对医患纠纷的研究，最早的是20世纪80年代初，相关论文主要集中在对其他国家出现的医患纠纷进行介绍或对西方的研究进行译介、对医疗纠纷案件的分析鉴定、病历书写等，这些讨论更多地集中于技术性问题。20世纪90年代末，对医患纠纷的研究文献数量大幅度持续增加，而且关注的重点逐渐由引起医患纠纷的技术性原因，转移为对引起医患纠纷的非技术性原因的探究，医患纠纷也日益成为现实和理论关注的社会焦点和热点问题。

有学者认为，我国医患纠纷的发展可以分为三个阶段，“第一阶段从80年代初到1987年，处于医患关系相对平稳阶段，第二阶段从1987年到1998

年，是医患关系从平稳走向激化的阶段，第三阶段从1999年至今是医患‘打乱仗’、医患全面冲突及全面走向法制化阶段”[①]。笔者认为这种划分是符合客观情况的。为了更深入地推进相关研究，为实践工作提供政策参考，笔者选择了1999年作为研究的起点，尝试对1999年到现在近十五年的主要观点进行梳理，并在此基础上，探究以后的研究应当重点加强的几个方面。

一、对医患纠纷起因的调查和研究

对医患纠纷的起因主要对不同的主体和环境进行了分析和概括。主要有以下一些主要观点。

1. 医院的使命异化与管理僵化

对医院的批评主要集中在：（1）使命的异化和价值缺失，表现为医院及医护人员的经济利益导向（收礼、接受吃请、收红包等）促进了医疗费用的快速增长[②]，这一方面提高了患者对疾病治疗的预期，另一方面，也积累了患者的不满和怨气，导致一旦诊疗结果没能达到患者期望，纠纷就会迅速激化。[③]（2）市场化的考核机制使工作人员过多将精力集中在经济效益上，导致功利主义、金钱崇拜盛行，出现过度医疗、推诿和规避责任、偷改病历、收受贿赂、泄露隐私等诸多不良现象。[④]（3）官僚制的组织文化和刚性管理原则，表现为医院管理机制僵化，医疗服务流程繁杂，缺乏创新，难以适应患者维权意识高涨的社会情况，缺乏对自我形象的塑造和维护，“脸难看、知情难、治病难”现象普遍，而这又进一步提高了医疗成本，形成恶性循环。（4）医院的医疗设施差，也导致患者的焦虑、不满和紧张感增加。[⑤]

2. 医务人员的医德医风不正和专业技能不精

对医疗人员的批评主要集中在：（1）服务态度差、医德医风不正[⑥]；（2）与患者的沟通不足或沟通不畅，表现为：解释不耐心、表情冷漠、不尊重患

作者简介：常健，南开大学周恩来政府管理学院副院长，教授，博士生导师；殷向杰，南开大学周恩来政府管理学院博士研究生。

基金项目：国家社会科学基金重点项目（13AGL005）。

文章来源：本文刊载于《天津师范大学学报》2014年第2期。

① 明廷强、邢鲁勇：《我国医患纠纷的成因及其对策》，《齐鲁学刊》，2008（5）。

② 欧志梅等：《成都市社区居民和住院病人医患纠纷经历调查》，《现代预防医学》，2010（18）。

③ 王建国、尹国、王为国：《吉林省医疗纠纷现状调查分析》，《劳动保障世界》，2010（9）。

④ 易学明：《医患之间》，南京：东南大学出版社，2012年。

⑤ 欧志梅等：《成都市社区居民和住院病人医患纠纷经历调查》，《现代预防医学》，2010（18）。

⑥ 冯殿卿、郭君伟：《74起医疗纠纷事件的综合分析》，《中国医院》，2004（4）。

者等；（3）专业技术不精或疏忽大意或过于自信，导致医疗失误率较高，本来可以避免的医疗事故更能激发患者的大规模不满。[①]

3. 患方的低容忍、高情绪与法律意识差

对患者及其家属的批评主要集中在：（1）普遍缺乏医学常识，对医务人员抱有过高的要求或期望值，不能容忍正常范围内的失误，发生纠纷后，更多将原因归结为医护人员。一些没有科学依据的猜测，增加了医患之间的误解。[②]（2）患者及其家属由于感情上难以接受负面的后果，导致情绪化的行为取向比较明显，包括心理失衡，寻找宣泄的渠道，不惜采取一些过激的手段来增加谈判砝码，为寻求关注而制造事端等。（3）患者的维权意识普遍上升，但法律意识却明显不足，这导致体制外的维权方式盛行。

4. 政府的投入不足与分配不公

对政府的批评主要集中在：（1）对医疗卫生事业的财政投入不足，导致医院的生存和发展过于依靠服务收费[③]，对医生的激励机制被扭曲[④]，以药养医成为一种普遍的现象，从而使患者的负担增加。[⑤]（2）医疗资源的分配不公，及在此基础上推进的医疗卫生市场化。[⑥]

5. 法律制度的二元适用与规则混乱

对法律制度的批评主要集中在：（1）《医疗事故处理条例》增加了患者知情权的保障，并对医疗机构的民事责任和行政责任作了详细规定，加大了医方的举证责任[⑦]，导致凡是患者对医疗效果不满的，多数可以和医疗事故挂钩，增加了患者借机闹事的可能性。[⑧]（2）赔偿金标准较低，涵盖内容不全，存在着二元适用问题。多项计算方法明显低于《国家赔偿法》，而且没有关于死亡赔偿的规定，但在医疗纠纷中，几乎半数是关于医疗事故中的死亡赔偿的。[⑨]同时，对医疗赔偿实行的是双轨制，医疗事故责任适用《医疗事故处理条例》，医疗过错责任适用《民法通则》，但二者差距悬殊[⑩]，致使一些律

① 程文兰：《浅谈医患冲突产生的原因及改善的对策》，《中国医学创新》，2012（21）。
② 尚鹤春、黄桂佑：《医患冲突的心理成因与调适研究》，《医学与社会》，2008（2）。
③ 黄豪、娄继权、顾桂国、饶文华：《11例医闹事件的统计分析》，《中国卫生资源》，2008（5）。
④ 李玲：《解决医患冲突需政府责任到位》，《中国医药报》，2011-12-23。
⑤ 陆树程、刘萍：《和谐社会与医患冲突——从服务型政府的角度看》，《毛泽东邓小平理论研究》，2010（4）。
⑥ 蒋德海：《公权在医患纠纷中应有利于医患之间的信任》，《探索与争鸣》，2012（8）。
⑦《临床误诊误治编辑部》，《从法伦理角度简析〈侵权责任法〉法律适用“二元归一”的意义》，《临床误诊误治》，2011（2）。
⑧ 王羽：《〈医疗事故处理条例〉和〈医疗事故处理办法〉的主要异同点》，《中国医院》，2002（6）。
⑨ 徐江：《〈侵权责任法〉对〈医疗事故处理条例〉的继承与变革》，《中国卫生法制》，2010（4）。
⑩ 杨立新：《〈侵权责任法〉改革医疗损害责任制度》，《中国人民大学学报》，2010（4）。

师和代理人以医院非法行医和病历不真实等原因干扰医疗鉴定，无法搞清患者损害后果与医疗行为之间的相关关系。①

二、促进医患纠纷升级的主要因素研究

1. 医患不信任促进了对抗性手段的过多使用

由于医生和医院的逐利倾向导致患者很难相信医生，由于各种医闹的频繁，医生也不敢轻易相信病人。医学信息不对称导致的医患对话困难，加重了医患之间的不信任。②由于这种相互不信任的心理，医生倾向于做更多的检查从而实现自我保护，这就加大了患者的经济负担；患者倾向于将正常范围内的失误也归因为医生的不负责任，加重了其愤怒感，并更倾向于使用对抗性的手段来维护自己的权利。

2. 正常维权之路堵塞导致体制外行为盛行

正常的患者维权之路不畅，尤其是对事故鉴定的规定不能保证其结果的公正性，医疗事故的鉴定体制、程序、人员依然在各级卫生行政部门的控制范围之内，实践中也很少得出不利于医院的鉴定结论。这就限制了患者在遇到不公时能够通过正常渠道维权的可能性。

3. 职业“医闹”促进了对抗手段的升级和蔓延

医闹经常是一些不法之徒，甚至社会黑恶势力构成，他们凭借人多势众、对医院环境熟悉、对医方心理了解、有打架闹事的经验等优势，在医院想方设法寻找机会，鼓动患者或其家属通过闹事获得更多赔偿，挑起和扩大医患纠纷，成为导致医患冲突快速升级的重要推动力量。③

4. 社会职业道德的缺失营造了冲突升级的环境

一些职业道德低下的律师、法医、记者为冲突升级推波助澜。在医闹或患方各种社会关系的动员下，一些律师和法医为了在这种事件中获得自己的收益，通过给病人提供各种违背职业道德的服务，帮助病人获得额外利益，并在病人获得的经济补偿中切走一块作为自己的费用。④一些媒体为了吸引更多的眼球，通过“妖魔化”医务人员来追求“轰动效应”，不对事件进行全

① 郑雪倩、王李红、聂学：《正确理解〈侵权责任法〉之医疗损害责任》，《中国医院》，2010（3）。
② 姚澜：《刨根医患纠纷》，《中国国情国力》，2006（12）。
③ 李玲：《解决医患冲突需政府责任到位》，《中国医药报》，2011-12-23。
④ 杜治政：《医患关系面临的课题：利益与冲突》，《医学与哲学》，2002（11）。

面、深入的调查，便盲目指责，以激烈的言辞、扭曲事实的标题来进行报道和评论，误导了社会舆论。[①]

5. 医方的无原则妥协促进了患者“闹者多得”的行为取向

闹者多得的前例刺激了患方将事件闹大的心理。一些医院为了尽快恢复医疗秩序，抱着家丑不可外扬的心理，往往愿意“私了”，通过“花钱买平安”来处理事端，往往做出巨大让步来满足患者的赔偿要求。[②]在一定程度上鼓励了后来者提出更高的要求，采取更严重的手段。

三、对医患纠纷化解与处置机制的研究

对医患纠纷的化解和处置途径主要包括六种：医患双方的直接对话解决；卫生部门作为幕后组织主导的调解；司法部门作为幕后组织主导的调解；社会组织的调解；以商业组织（尤其是保险公司）主导的调解；通过司法诉讼来化解和处置冲突。其中，除了医患双方的直接对话和司法诉讼之外，其余的调解往往是多个组织或主体以某种方式共同致力于纠纷的化解过程。

1. 医患双方直接对话解决

有研究认为，医患双方直接对话解决冲突的适用条件为：造成医患冲突的责任清晰，处置过程和结果无可辩驳，赔付额度不高，双方无意纠缠。医患双方协调解决的优势在于：程序简单、私密性强、直接高效。弱点在于：双方直接沟通，不容易控制冲突恶化，容易各执一词，彼此协商的随意性较大，很难达成一致意见。[③]患者与医院直接对话的风险在于，对诊疗信息掌握不足，与医院相比，处于信息弱势。医院的风险在于患方可能纠缠不清，甚至采取过激行为。[④]

2. 卫生行政部门主导下的纠纷调解

卫生行政部门是各级医院的主管单位，在地方的很多实践中，将医院的相关纠纷由卫生行政部门组建医患纠纷调解委员会来实现对医患纠纷的干预和调解。尽管，卫生行政部门在医院管理经验方面具有一定优势，但由于涉

---

① 刘振华、王吉善：《中国医疗治疗建设》，北京：北京大学医学出版社，2010 年，第 250 页。

② 乐虹：《当代医患关系及纠纷防控新思维》，北京：科学出版社，2011 年，第 167 页。

③ 李华：《我国医疗纠纷第三方调解机制优化策略研究——以重庆市为例》，《第三军医大学博士学位论文》，2012，第 53 页。

④ 乐虹：《当代医患关系及纠纷防控新思维》，北京：科学出版社，2011 年，第 162 页。

及行业利益和行业保护，从公正性的角度考虑①，卫生部门不宜介入医患纠纷的处置。而且，卫生行政部门作为医院的主管单位，很容易被患者质疑其公正性。②同时，卫生行政部门也存在着人力不足、对医学和法学的专业素养不足等问题。③

3. 司法部门主导下的纠纷调解

司法部门主导下的医疗调解委员会是目前很多地方所采用的医患纠纷化解模式。该模式的特点是：政法委或其他司法组织是医调委的领导机关，医调委以社会组织的名义展开活动，但政府保证其基本运转经费。此类组织一般以依法调解为活动的准则。司法行政主管下的人民调解不仅超脱于医患双方，而且调解协议具有法律地位。④

4. 社会组织主导下的纠纷调解

各地的医疗调解委员会多数以社会组织定位和展开工作，但一般都有政府相关部门作为背后的支持和领导机关，其人员、经费、工作原则等都受到政府相关部门的支持和约束。也有一些地方，政府倡导建立社会组织，但政府不对其业务展开进行实质意义上的指导或支持，我们就可以视其为社会组织主导下的纠纷调解。这种模式的优点在于，比较中立，能够节约政府的行政开支，充分挖掘社会力量来进行冲突化解。其弊端为，可能会受到资金、专业人员、权威性等方面的限制，可持续发展乏力。

5. 商业组织主导下的纠纷调解

商业组织主导下的纠纷调解在现实中不占主流，但也有一些地方的商业组织尝试进入该领域，由保险公司或相关市场主体出资设立，进行市场化运作。比如天津市金必达医疗事务信息咨询服务公司，成立于 2004 年 11 月，专门从事医患纠纷诉前调解与研究⑤；2005 年 9 月，中国医学科学院肿瘤医院与中国人民财产保险公司签订医疗责任保险，让“闹事者”与保险公司谈判。⑥其优势是可以在一定程度上保证资金和人员，但这种模式下的医疗纠纷调解机构公益性不足，很容易演变成为有偿调解，难以满足弱势患者的赔

① 赵新河：《构建仲裁制度是公正高效处理医患纠纷的必然选择》，《中州学刊》，2005（6）。
② 石翠杰：《探索化解医患纠纷新模式》，《中国司法》，2010（5）。
③ 乐虹：《当代医患关系及纠纷防控新思维》，北京：科学出版社，2011 年，第 163 页。
④ 石翠杰：《探索化解医患纠纷新模式》，《中国司法》，2010（5）。
⑤ 晓崔：《医患纠纷——第三方调解面面观》，《医院管理论坛》，2007（5）。
⑥ 王丽：《“刹住”中国特色的“医闹风”——访十一届全国政协委员、中国医学科学院肿瘤医院院长赵平》，《中国医院导报》，2010（8）。

偿需求。

6. 司法诉讼的途径

诉讼是化解医患冲突最权威的方式，它通过严格的程序和权威的裁判使医患纠纷得到最高强制力的解决方案。但由于医疗纠纷的特殊性，医疗纠纷诉讼具有“证据认定难、短期结案难、矛盾化解难、法律适用难、鉴定采信难”等公认难题。[①]尤其是在医患纠纷发生后，医患双方争议大、对立情绪强，患者往往着急获得补偿，也不愿意承受耗时、耗钱、沉重的诉讼成本[②]；司法具有相对消极性，不能主动介入纠纷中，便无法控制纠纷的升级；同时，司法对证据的强调使患者由于技术和信息弱势而居于不利地位，走法律程序去化解医患纠纷的案例数量较少。

7. 医患双方对不同途径的偏好

李华通过对重庆医科大学附属第一医院等患者和医务人员各200名的调查表明，患者认为最适合解决医疗纠纷的方式依次为：自行协商（37.37%）、第三方调解机制（28.79%）、诉讼（21.72%）、卫生部门协调（12.12%）；医务人员认为最适合解决医疗纠纷的方式依次为：诉讼（33.50%）、卫生部门协调（26.00%）、第三方调解（24.00%）、自行协商（16.50%）。[③]可见医患双方对不同途径的偏好存在较大差异：患者认为首选的方式自行协商对医院来说是最差的方式；医院认为最好的方式诉讼对患者来说却是第三选的方式；第三方调解对患者而言，排名第二，可以认为是次优的选择，对医院来说，排名第三，可以说是勉强接受的选择；卫生部门协调对医院来说是次优的选择，对患者而言，却是最不可接受的选择。同时，70%的医务人员和63.13%的患者都认为有必要完善现有的非诉讼医疗纠纷解决方式。[④]

四、既有文献对理论深入与实践参考的主要贡献

1. 丰富的实证资料为理论提升提供了较好的经验基础

医患纠纷化解实务性很强，近年来，医患纠纷成为医院管理最头痛的问

① 刘振华、王吉善：《中国医疗治疗建设》，北京：北京大学医学出版社，2010年，第55页。
② 晓崔：《医患纠纷——第三方调解面面观》，《医院管理论坛》，2007（5）。
③ 李华：《我国医疗纠纷第三方调解机制优化策略研究——以重庆市为例》，《第三军医大学博士学位论文》，2012年，第46页。
④ 李华：《我国医疗纠纷第三方调解机制优化策略研究——以重庆市为例》，《第三军医大学博士学位论文》，2012年，第48页。

题，成为医院费用支出很大的一个组成部分，而且医患纠纷的越演越烈成为严重影响医院日常秩序，影响医护人员人身安全的重要因素，成为医院管理者、政府卫生部门、司法部门、公安部门等高度重视，而且迫切需要解决的普遍性的社会问题。在这种需求导向下，不少医务工作者、研究者、政府政策调研部门针对特定地区进行了很多调研，做了不少统计和分析，这些数据尽管在细节上存在着各种差异，调研、统计的手段也存在着多元化的倾向，但若是从较宏观、较抽象的视角来看，他们所反映的问题具有很大的共性。比如在医患纠纷起因、对抗手段、冲突升级因素、医疗调解委员会的设立和运行等众多方面，很多研究得出相类似的观点或结论。这些实证性的调查为了解目前医患纠纷及化解的主要途径提供了经验基础，也为进一步的理论抽象提供了坚实的经验基础。

2. 多元的学科角度为全面透视问题提供了可能

2013 年 3 月 31 日，笔者以“医患纠纷”为主题词在 CNKI 网进行搜索，得到相关研究的学科分布为：医药卫生方针政策与法律法规研究（2116 篇）、临床医学（675 篇）、行政法及地方法制（327 篇）、诉讼法与司法制度（193 篇）、民商法（157 篇）、医学教育与医学边缘学科（154 篇）、公安（85 篇）、法理法史（73 篇）、保险（67 篇）、投资（63 篇）、中国政治与国际政治（62 篇）、药学（57 篇）、外科学（44 篇）、特种医学（31 篇）、急救医学（29 篇）、预防医学与卫生学（25 篇）、新闻与传媒（22 篇）、基础医学（17 篇）、妇产科学（17 篇）、中医学（16 篇）、口腔科学（13 篇）、感染性疾病及传染病（11 篇）、刑法（10 篇）、高等教育（9 篇）、神经病学（9 篇）、消化系统疾病（9 篇）、行政学及国家行政管理（9 篇）、中国文学（8 篇）、人物传记（8 篇）、肿瘤学（7 篇）、心血管系统疾病（7 篇）、儿科学（7 篇）、仪器仪表工业（6 篇）、生物医学工程（6 篇）、宏观经济管理与可持续发展（6 篇）、经济法（5 篇）、皮肤病与性病（5 篇）、思想政治教育（5 篇）、有机化工（5 篇）。

从这些文献的分布，可以从大学科类角度进行如下排序：医学和政策法律交叉类文献最多，为 2116 篇，占总数的 48.4%；专业医学类相关文献共 1133 篇，占总数的 25.9%，排名第二；法学类文献 765 篇，占总数的 17.5%，排名第三。其余文献及所占比重分别为：经济类（包括保险、投资）文献 136 篇，占总数的 3.1%；治安管理类文献 85 篇，占总数的 1.9%；政治与公共管理类文献 71 篇，占总数的 1.6%；新闻传媒传记类文献 38 篇，占总数的 0.9%；

偏向工科的仪器、生物工程类文献 17 篇，占总数的 0.4%；高等教育类文献 14 篇，占总数的 0.3%。

从这些文献的分布可以看出，医学、法学对医患纠纷的研究最多，同时，政策学、传媒学、经济学、治安管理、高等教育、政治学、生物工程、仪器等多个学科对医患纠纷都有涉猎。这些多学科的不同视角为全面认知和了解医患纠纷现状，分析其背后的成因，探索可能的解决渠道提供了全方位的视角。

五、既有研究的不足及可能改进的方向

1. 缺乏从公共管理角度对治理结构的深度探索

从相关文献看，对医患纠纷的研究最集中的视角主要集中在医学和法学上，从公共管理视角进行的系统深入研究比较少见。这种缺陷导致了下述问题：第一，限于法学、医学具体的技术性层面而缺乏对医患纠纷化解的整体制度设计；第二，对中国特有的公共管理文化和人们抗议的逻辑缺乏深入分析，事实上，当前的社会冲突表达中，很多领域人们都采取了通过“闹大”的手段来表达抗议，比如环境冲突、劳资冲突、拆迁冲突等，医患纠纷作为众多社会冲突中的一个种类，参与者与其他冲突中的人们有相似的行为逻辑，从公共管理视角研究的缺乏会失去对其他冲突处置和化解方法的充分借鉴。

2. 对相关主体功能定位与互动关系研究不足

医患纠纷及其处置涉及多元主体，除医患双方外，人民调解组织、卫生部门、司法部门、公安部门、财政部门、民政部门、社会组织、商业保险公司、法学研究会等都可能参与其中，如此多元的参与主体，应该如何协调、配合，以什么样的机制相互协作更有效，是关系到纠纷解决机制能否良性运行的关键问题。但现有的研究多数对主体及其定位语焉不详，都说应该有哪些组织参加进来，但这些组织应当如何定位，如何运作才能形成整体合力，怎样的功能设计更能符合实际的需要并能满足未来的社会形势，等等，对这些问题的研究缺乏细化和深入。

3. 着眼于冲突化解，忽视了冲突转化

在关于医患纠纷机制效用方面，不少研究总结统计了相关机构近年来接收和调成的医患纠纷数量，以及相关的索赔额度和最终达成协议额度等，这

些研究基本上都集中在如何有效地控制和化解冲突上，尚未发现集中或有意识地探讨如何利用医患冲突的正面功能的研究。这种缺陷导致多数学术讨论和实践探索更多地集中在对当下问题的处置上，缺乏对长远目标的深层关注。这也意味着，冲突给社会发展带来了巨大的成本和损失，但是，我们并没有充分挖掘这种社会成本付出中的经验和教训，缺乏足够的意识去利用这些冲突中所包含的信息来对社会治理制度进行有效的改进，从而实现对冲突能量的转化，使之成为促进社会公共秩序调整的机会和力量。

4. 调查研究缺乏深入追问并缺乏比较研究

既有研究对不同地方有了很多的调查，有不少较为详实的数据，但总体来看，这些调查数据存在以下问题：第一，所调查数据多限于表面情况的描述，缺乏对决定这些表面情况的深层原因的足够关注，从而使相关研究多数在表象层面徘徊，缺乏建设性的深入研究；第二，缺乏对各地不同情况的比较研究，多数限于对一个地方的相关情况的介绍和总结，即使一些研究谈到了不同地方的不同做法，也都限于基本情况的介绍，对这些不同背后的深层制度设计的考虑、实际运行的情况、存在的问题及可能的破解思路等缺乏比较。

5. 对各地纠纷化解模式的总结缺乏标准

从现有研究看，出现了不同的冠之以模式的说法，比如宁波模式、北京模式、上海模式等。读者看到的只是一些地名，一个模式与另外的模式存在着怎样的区别和联系，无法获得相关信息。对这些模式的总结需要从本质性的做法或理念的不同上找合适的标准，而不应当只是简单地以地名命名。

为有效弥补既有研究的这些弊病，学术界应当在以下几个方面着重加以重视，并集中力量进行突破：（1）加强从公共管理视角出发的对医患纠纷宏观制度设计和治理策略的研究；（2）加强对如何成功地进行冲突转化的研究，以最大程度地挖掘既有冲突的内在的正面功能；（3）加强对相关医患纠纷化解模式的深度对比与分析，比较不同地方在实践中的不同做法；（4）重点加强对参与到医患纠纷治理中来的不同主体的定位、协同机制的研究，为此类公共冲突的化解提供更高层面的有效治理的探索。

论医患纠纷人民调解的六大机制及其完善[①]

许尧　王燕

摘　要：医患纠纷的成功调解需要建立和完善相互衔接、互为补充的六大机制：非法暴力的防控机制，重在防止纠纷恶化为暴力伤害案件或群体事件；医疗风险的分散机制，通过实施医责险制度分散医院的巨额赔付风险；不同诉求的协商机制，医调委通过组织一定规则约束下的公平协商达成终结纠纷的共识；调解经费的保障机制，重在政府主导建立对医调委的经费支持系统，保证调解的廉价性和中立性；调解诉讼的衔接机制，增强调解的权威性以及引导那些无法在医调委调解下成功化解的纠纷走向法律诉讼的渠道；错误疏漏的整改机制，重在挖掘纠纷背后的结构性原因，并通过改进管理和服务来减少医患纠纷发生的可能性。在解决各机制的内部问题的同时，要进一步从制度建设、组织建设和文化建设三个方面加强机制间的协同和配合。

关键词：医患纠纷；协同治理；公共冲突管理

近十年来，医患纠纷出现了高速增长的态势，“医闹”成为一种普遍现象，不少患者将“停尸病房”“设灵堂”“堵大门”等作为表达不满和寻求补偿的渠道，有些地方甚至接二连三地出现暴力伤医案件。这些情况引起了政府和

作者简介：许尧，男，河北井陉人，管理学博士，南开大学周恩来政府管理学院讲师，南开大学人权研究中心研究人员，主要研究方向：公共冲突管理、人权政治学。王燕，女，天津人，南开大学周恩来政府管理学院硕士研究生。

基金项目：国家社科重点项目“公共领域冲突管理体制研究”（项目号：13AGL005）。

社会各界的普遍重视，2014 年全国“两会”上，共有 90 多份相关建议和提案聚焦医患纠纷及其化解问题；3 月 7 日，习近平总书记在参加贵州代表团审议时强调，必须维护医院的正常秩序，保护医护人员安全，任何伤害医护人员的违法行为都要依法严肃处理①。国务院根据全国“两会”意见对政府工作报告作出了 6 处重要修改，其中 1 处就是增加“构建和谐医患关系”的内容。②

鉴于医患纠纷具有复杂性、专业性和多发性等特点，政府积极探索有效的治理之道。目前看来，成立中立第三方的“医疗纠纷调解委员会”（以下简称“医调委”）逐渐成为中央相关部委和各地地方政府及相关部门的共识。截止到 2014 年 5 月，全国共建立了医调委 3396 个，雇有人民调解员 2.5 万多人，2013 年共调解医疗纠纷 6.3 万件，调解成功率达 88%。③

从各地经验来看，医患纠纷的有效治理需要构建六个彼此相关的机制，分别是非法暴力的防控机制、医疗风险的分散机制、不同诉求的协商机制、调解经费的保障机制、调解诉讼的衔接机制和错误疏漏的整改机制，这些机制设计的合理程度及相互衔接的情况在很大程度决定了一个地方医调委工作的有效程度和医患纠纷治理的能力状况。

一、非法暴力的防控机制

非法暴力的防控机制通过包括使用合法手段（包括合法暴力）来阻止医患之间的直接暴力对抗行为。该机制是确保冲突表达方式和平性，并在此基础上化解医患纠纷的条件性机制，它一方面，可以防止冲突的极端恶化，防止负面伤害行为的扩散和升级，防止民事案件转化为刑事案件；另一方面，也为冲突双方能够坐下来进行平等的协商提供起码的基础。

医患纠纷中的暴力行为表现为多种形式，包括针对医护人员的打骂、威胁、限制人身自由的行为，也包括私设灵堂、摆放花圈、焚烧纸钱、悬挂横幅、堵塞大门、违规停尸等通过强力来影响医疗秩序的行为，还包括非法携带枪支、弹药、管制器具或者爆炸性、放射性、毒害性、腐蚀性物品进入医

① 参见《习近平参加贵州代表团审议》，新华网 http://news.xinhuanet.com/politics/2014-03/07/c_119666515.htm。

② 参见霍小光、赵超：《政府工作报告作出 6 处重要修改》，新华网 http://news.xinhuanet.com/politics/2014-03/12/c_126258897.htm。

③ 参见《全国医疗纠纷人民调解工作现场会在天津召开》，中央政府门户网站 http://www.gov.cn/xinwen/2014-05/06/content_2672502.htm。

疗机构，故意扩大事态等行为。

这些行为从性质上分为两类，一类是情绪发泄型行为，是患者一方由于难以承受失去亲人的伤痛或难以接受负面的诊疗后果将情绪发泄到医护人员身上或医院的行为，具有情绪主导的特点，属于非理性行为，主要表现为对医护人员的打骂、威胁等，一般不会采取设灵堂等形式。另一类是表演施压型行为，主要是患者及其家属（代言人）通过伴有暴力的表演行为来对医院或其他相关主体施加压力，迫使对方接受自己提出的补偿方案，增加或实现自己的利益诉求，这是一种具有明确目标的理性行为，尽管是以情绪化行为表达出来的，在现实中可以表现为上述各种暴力形式。情绪发泄行为是较正常的现象，主要通过疏导情绪等方式来解决，对于表演施压行为则需要进行依法打击和控制。

长期以来，对于表演施压型行为，缺乏有效的制约和规范措施。其中的难点在于：（1）在多数案例中，患者都有明显的损失，都是受到伤害的一方，在情理上，对患者的这些行为进行压制具有一定的道德压力；（2）对这些行为的制裁和阻止缺乏明确的法律依据，主要原因在于，医院是否属于“公共场所”存在疑问和争议，《治安管理处罚法》明确界定了几种公共场所，比如车站、码头、港口、机场、公园、展览馆等，没有提到医院，其他相关法律也没有将医院明确为公共场所，在这种情况下，公安机关的相关阻止和制裁行为就缺乏明确的法律依据；（3）公安机关的出警带有一定风险，在各类群体性事件高发的社会大背景下，民众对警察带有一种刻板印象，公安机关出警很可能会因此引火上身，所以，对此种情况，不少地方的公安机关也是多一事不如少一事。

这些因素导致了很长一段时间里，缺乏对在医院闹事行为的有效治理。2007 年卫生部部长高强在接受采访时说：“最近几年，由于医疗纠纷而发生的冲击医院、干扰医疗秩序的恶性事件处于上升趋势。2002 年这类事件有 5000 多起，2004 年上升到 8000 多起，2006 年则超过了 1 万起。”[①]2013 年，仅湖北省各级公安机关因涉医事件就出动警力 7763 人次，制止医闹事件 354 件，查获职业医闹 75 人。[②]

① 董伟、何磊：《医患关系和谐是维护健康的基本条件》，《中国青年报》，2007 年 3 月 12 日。

② 参见湖北省综治办：《创新调解体制机制 构建和谐医患关系》，《全国医疗纠纷人民调解工作现场会书面交流材料汇编》，2014 年 5 月 5 日。

非法暴力的防控机制存在的主要问题在于，在医患双方发生暴力对抗时，公安机关可能会在即时启动预案、恰到好处地掌握暴力运用的边界、恰当精确地打击非法暴力行为者等方面存在一定困难。这些问题的解决需要对在医院发生的具体暴力行为及其治理办法以权威性的方式进行明确，对相关合法暴力主体在何种情况下应当如何采取何种行为进行细化规定。

值得关注的是，2014 年 4 月，最高人民法院、最高人民检察院、公安部、司法部、国家卫生和计划生育委员会联合制定了《关于依法惩处涉医违法犯罪维护正常医疗秩序的意见》，对六种暴力行为及其制裁进行了详细说明，各地公安机关也联合卫生、司法等相关部门，开展了类似创建平安医院等多项专项活动，非法暴力防控机制逐渐得到了相关部门的重视。

非法暴力防控机制的主要作用是防止冲突对抗形式的升级和恶化，防止医患双方由于尖锐对抗而产生新的人身、财产损伤（害），但暴力防控本身并无法有效地化解冲突，也无法彻底消除冲突的根源。所以，在建立和完善暴力防控机制的同时，还需要建立有效的能够对医患纠纷中受到伤害的一方的补偿机制，从而通过利益补偿来消除医患纠纷的根源。在中国近些年来的地方实践中，多个地方通过建立医疗事故的风险分散机制来实现对患者的补偿。

二、医疗风险的分散机制

医疗风险的分散机制通过医院购买医责险，从而在发生医患纠纷后，保险公司根据医院在其中的责任程度，按照法律法规的相关规定来对患者进行赔付。该机制可以起到三个方面的作用：（1）这种机制能够有效地将风险转化到更多的主体来承担，从而避免由于意外事故导致特定主体的巨额赔付；（2）医院参保后，将具体的赔付事宜由医患之间协商转化为医方、患方和保险公司之间协商，增加了第三方，增强了赔付的中立性、专业性和及时性，能够更好促进纠纷的公平解决；（3）可以促进医患纠纷的化解场所由医院转到院外，能够有效地将医患纠纷中的情绪性因素和对立心理进行场域隔离，避免对正常医疗秩序造成危害。但这种机制要发挥作用，就必须要有大量的医院参与进来，否则就无法有效地分散相关风险。

从现实来看，风险分散机制的推动主要存在着两个方面的问题。第一，医院入保规模问题。风险分散的基础是规模效应，但在现实中，并不是所有的医院都愿意参加到这种机制中来，尤其是那些医患纠纷少的医院，它们会倾向于医院直接赔付，从而避免交付保金的压力和得不偿失的风险。第二，实际赔付额及赔付效率。保险公司作为市场主体，必然会谋求利润最大化，所以，在实际纠纷的调解过程中，会存在压低赔付额度的倾向，对于已达成的协议，也可能会延长赔付的周期，或人为设置其他障碍。

对于医院入保规模的问题，目前主要有两种做法：一方面，政府主导推进医院入保，比如天津市政府规定市区二级以上公立医院全部加入医责险，宁波市规定全市所有公立医疗机构（民营医疗机构自愿参照）均要参加医责险；另一方面，通过制定浮动保费比率来增强医院本身的主动性，每一年度的保费额度按照上一年度的实际赔付额度来确定，如天津市规定医院参保费用最高优惠幅度为50%，如医院医患纠纷严重，则下一年度的续保费用最高涨幅可达上一年度的3.5倍。针对实际赔付效率的问题，保监局等相关部门要根据实际情况，对赔付的程序、额度、时限做出明确的要求。

医疗风险的分散机制只是为患者得到足额赔偿，协助医院共同承担风险提供了基础。保险公司本身作为市场主体，在医患纠纷调解的专业性、公正性等方面都存在着难以避免的缺陷，所以，医患纠纷的有效治理还需要有一个专门的机制来促使医患之间就纠纷解决达成一致协议。在现实中，医患纠纷调解的重任主要是由中立的第三方——“医调委”来承担，医调委主导下的纠纷调解也成为新时期医患纠纷化解制度创新的关键点和核心内容。

三、不同诉求的协商机制

不同诉求的协商机制是医患纠纷得以化解的核心部分，也是决定医患双方是否能够达成合意的关键。其主要功能在于，通过公平对等的协商，明确彼此在事故中的责任，并在此基础上，依据相关法律制度的规定，确定是否赔付及赔付的额度。公平协商过程在现实中主要由中立第三方——“医调委”来主持和推进。当然，并不是所有的医患纠纷都通过医调委来化解，很多地方规定了患者索赔在一定额度之上的才（或必须）进入医调委调解范围，较小的额度（比如10000元以下）一般由医患直接协商解决。

不同诉求协商机制存在的主要问题集中在医调委主持下的调解要严格依照法律法规的要求来进行，还是医调委主要承担“和事佬”角色，医患双方达成合意即可。这种分歧可以归结为“依法调解”还是“合意调解”的工作原则之争。

“依法调解”的优势在于以法律制度的一致性和客观性来裁判纠纷中的责任程度，能够给冲突双方相对客观和稳定的预期，避免出现因人而异的情况。其劣势在于无法考虑到实际生活中的情理，容易导致僵化的判断，也无法对特殊困难的患者进行足够的弥补或扶助。由于严格执行法律意味着相对客观的结果，所以，无法满足那些高赔偿诉求，这可能会导致患者一方采取极端的手段来进一步提高诉求表达的对抗性，导致威胁社会稳定的事件发生。

“合意调解”的优势在于只要医患双方认可，就可以视为调解成功，并不严格追究是否符合法律规定的赔偿标准，这就为满足医患双方的一些特殊的需求提供了可能性，也可能由于不强调证据、鉴定等的客观性，而节约调解的时间和物质成本。其劣势为对规则的忽视会导致产生新的潜规则，那就是患者的所得高度依赖于其谈判能力，而在当前社会情境下，“闹事”会显著提高当事人的谈判能力，这会产生新的不公平。

在现实中，依法调解和合意调解并不是严格对立的，强调依法调解的同时，也需要考虑到医患双方的合意，强调医患双方的合意本身也并不意味着可以置法律于不顾。二者的区分主要是在一些特殊的场景，一些微妙的必取其一的特殊情况。总体来看，强调“社会效果”的一些地方会在一些困难的场合中偏向于合意调解，旨在树立和维护“规矩”的地方会在矛盾的时候更倾向于依法调解。

在这几年的探索中，较为成功的医调委多数比较强调“依法调解”，最重要的是确立尺度，并始终以同样的标准来对待不同的案例。比如宁波市医调委从 2008 年 3 月到 2014 年 4 月期间，有 501 起医院报告无责任但最终找到过失并给予患方赔偿的案例，有 523 起患方提出不合理高额索赔要求最终降低诉求的案例，其中有 139 起索赔几十万元最终下降到 10000 元以下。[①]当然，为弥补制度的刚性带来的对特殊困难患者考虑的不足，可以采取用民政救济资金、组织捐助等方式来加以弥补。

① 浙江省宁波市卫生局：《创新机制 地方立法 保障医疗纠纷依法规范处置》，《全国医疗纠纷人民调解工作现场会书面交流材料汇编》，2014 年 5 月 5 日。

四、调解经费的保障机制

不同诉求的协商需要在医调委的主导下进行，而医调委的工作是否能够得到民众的认可和支持，主要取决于其权威性和公信力的高低，这两方面都基于医调委的客观中立性和处置纠纷的专业性。而医调委之所以能够保持客观中立并保证其专业性高度依赖于它们是否能够得到公共财政的足额保障。在这个意义上讲，调解经费的保障机制是医患纠纷能够得以化解的关键支持机制。

政府对医调委经费支持程度的不同表明着对医患纠纷属性的不同认识，如果将医患纠纷界定为公共冲突，那么，政府就有义务来承担医调委的调解经费。如果将医患纠纷视为私人之间或私人与社会组织之间发生的纠纷，则政府会更倾向于让其他社会主体来承担纠纷化解的费用。

由谁来承担医调委的经费支出对其工作会产生重要的影响，完全由政府来出资的医调委，更能集中精力客观、中立地主持调解工作，也更容易稳定队伍。需要向社会筹措经费的医调委一定程度上会挤兑能够用来调解的精力，出资方还可能会影响医调委的中立性和客观性，使医调委在具体调解工作中偏离中立第三方的立场。

调解经费保障机制的问题主要集中在两个方面：第一，不少地方对医调委的财政保障不足，从全国范围来看，只有北京、天津、上海、浙江、福建等少数省（市）实现了全额保障，还有45%的医调委的经费没有纳入政府财政经费，这从根本上影响着医调委工作的实质性开展和业务水平的提高。第二，一些相关主体（如保险公司、医院等）通过对医调委经费的支持，逐渐出现一些使医调委偏离客观中立立场的苗头，而这种苗头如果不得以遏制，将对医调委的公正性产生致命的影响。

五、调解诉讼的衔接机制

尽管医调委存在成本低、公正性高、高效便捷等特点，但它毕竟是社会组织，在权威性、专业性等方面还具有一定的不足，并不能保证能够对所有的医患纠纷都进行有效化解，它有其自身难以克服的缺陷，尤其是对于事实过程较为复杂，双方责任很难明确，双方争议经调解后依然过大的纠纷，就需要和更权威的纠纷化解途径保持衔接和畅通，所以，调解诉讼的衔接机制解决的是两个基本问题：一方面要通过与诉讼途径的某些合作，提高医调委调解的权威性和专业性；另一方面，要实现“出口畅通”，如果医调委不能有效解决纠纷，也不能使纠纷重新回到医患双方的直接对峙状态，就要采取有效的方式，来将冲突能量引导到权威性更高级的纠纷解决机制中去。

调解和诉讼的衔接机制主要包括：（1）在诉前引导阶段，如果患者对相关纠纷化解的渠道不了解，到法院提起诉讼，法院可以视情况，先引导当事人到医调委进行调解。（2）在医调委的调解过程中或者法院在审理过程中，可以相互咨询或委托。（3）为增强人民调解的权威性和公信力，一些地方尝试建立人民调解协议的司法确认制度。（4）如果医调委实在无法对特定纠纷进行有效的调解，可以引导医患双方当事人通过诉讼的途径来化解纠纷，并告知诉讼的相关程序和要求。

对于调解和诉讼的衔接主要通过两种途径，一是，医调委和法院都是联席会议的主要成员单位，二者可以在联席会议或领导小组这样的类似组织中共同商量彼此衔接的方式和办法。二是，对于一些需要制度化规范的问题，可以通过共同制定规范性文件的形式来加以明确，比如天津市司法局与人民法院就联合制定了《关于加强医疗纠纷调解工作的意见》等。

六、错误疏漏的整改机制

错误疏漏的整改机制是对已经发生的医患纠纷进行总结分析，提出预防同类纠纷的建议，并由相关主体来实施和落实。该机制主要解决的是从根本上减少医患纠纷发生的问题，是一种促进“良性循环”的机制，它能够使已经发生的成本得以最大程度的利用，并从根本上减轻其他五个机制的化解压力。

该机制主要涉及三方面工作：第一，数据整理与分析工作。主要通过对特定时期内医患纠纷案例的深入分析，总结出医患纠纷的特点、成因、趋势和医患纠纷化解的难点、重点、要点等，为相关工作开展提供依据，比如，北京市医调委针对所调解的5000多件案例，建立了科目分类详细的数据库，可以随时统计各项数据，以此为基础，他们定期向行政主管部门报送《医疗纠纷防范专刊》，截止到2014年5月，已报送26期。

第二，案例深入剖析工作。数据整理主要反映大趋势和宏观结构，案例剖析主要是深入到具体的案例细节，通过解剖一只麻雀来了解发生医患纠纷的细节性原因。案例的深入分析能够直观地提醒人们可能发生事故和纠纷的细节问题，引起大家的重视。比如，天津市卫生局定期组织案例分析工作，到2014年5月，已经组织医疗纠纷案例分析会59次，讨论分析了937个案例，每次会议都有数百人到场听会。

第三，整改方案制定与实施工作。针对医院管理或医护人员服务存在的普遍性问题，卫生部门可以对相关医院作出整改的要求并监督实施，针对个别医院的特殊问题，则需要在卫生部门的监督下，相关医院进行专项整改。比如山东省泰安市2013年向医疗机构提出合理化建议36条，纠纷发生率同比下降 20%。[①]在医患纠纷及其处置的分析中，也可能会发现一些多元主体协同的问题，这就需要提交到联席会议或领导小组来讨论，并制定解决的方案。

七、加强机制间的协同与配合

医患纠纷人民调解的六大机制共同构成当前化解医患纠纷的治理体系，不同机制分别由不同的政府部门作为主要牵头部门，同时，也有不同的部门或组织来作为其辅助主体或实施主体，每个机制都有自身核心的功能定位。

具体而言，非法暴力防控机制的主要牵头部门是公安部门，医调委和医院是辅助实施主体，其核心功能是确保诉求表达的和平性；医疗风险分散机制的牵头部门是保监部门，保险公司或保险经纪公司是其实施主体，核心功能在于打破医疗风险的集中性，充分地发挥规模效应；不同诉求协商机制的牵头部门是司法行政部门或政法委（或其下属机构，如综治办等），实施主体是医调委，其核心功能是维护调解的公平性；调解经费保障机制的牵头部门是财政部门，一些社会组织、企事业单位、个人也可能会成为经费的提供者，其核心功能是通过保障经费支持来确保医调委能够居中调解；调解诉讼的衔接机制的牵头部门是人民法院，医调委是辅助主体或实施主体，核心功能在

① 参见山东省泰安市人民政府：《政府搭台 调解唱戏 倾力构建平等和谐医患关系》，《全国医疗纠纷人民调解工作现场会书面交流材料汇编》，2014年5月5日。

于增强调解的权威性，并在医调委无法有效调解的情况下为医患纠纷的化解提供出口；错误疏漏整改机制的牵头部门是卫生局，医调委、医院、相关社会组织是辅助主体或具体实施主体，其核心在于挖掘纠纷的正面功能，从而实现纠纷治理进入良性的循环轨道。这些关系可见表1。

表1　医患纠纷人民调解机制的类型及其相关主体

机制类型	牵头政府部门	辅助主体或实施主体	功能定位
非法暴力的防控机制	公安局	医调委／医院	确保表达的和平性
医疗风险的分散机制	保监局	保险（经纪）公司	打破风险的集中性
不同诉求的协商机制	政法委／司法局	医调委	维护调解的公平性
调解经费的保障机制	财政局	社会组织等	保障调解的中立性
调解诉讼的衔接机制	人民法院	医调委	增强调解的权威性
错误疏漏的整改机制	卫生局	医院／医调委等	挖掘纠纷的正面性

由于医患纠纷人民调解的过程既涉及政府、社会组织、企业三类不同性质部门的合作，又涉及政府行政部门与党委系统部门的合作（如政法委、卫生局、财政局的合作等），还涉及政府行政系统内部的公安、卫生、保监、司法、财政等行政部门的合作，在不同的环节中还需要多个主体的相互协作和配合，所以，医患纠纷人民调解是一个高度复杂的治理系统，其中，任何一个机制的功能履行偏差或不足都可能会造成其他机制运转压力增加，甚至会造成整个治理体系的崩溃。因此，必须要加强这些机制之间、主体之间的有机协同，从而保证医患纠纷人民调解机制的良性运转。

机制之间、主体之间的有机协同需要着重加以解决的问题主要是如何清晰地界定彼此之间的功能重点和边界，如何化解在治理过程中的内部分歧，如何建立起能够高效化解纠纷的文化系统。这些问题的解决需要以下几个方面的工作。

第一，提升制度的权威性、系统性和精巧性。现在很多地方都已经通过地方条例、行政规章、规范性文件等形式对医患纠纷人民调解的相关工作做出了要求，但还不够完善，表现为有些制度的权威性不高，有些缺乏对相关主体职责的科学界定，有些地方对医患纠纷治理中的一些细节性问题缺乏关注，也有些地方的相关制度还不配套，甚至存在相互矛盾的地方，这些都需要进一步聚焦和整合，提升相关制度的权威性、系统性和精巧性。

第二，强化能够统合各机制运行的联席会议功能。要建立能够有效疏解部门间、主体间矛盾，化解彼此分歧的，超然于这些具体机制的协商议事组织。在医患纠纷化解得好的地方往往会建有高效的医患纠纷解决联席会议（或领导小组），地方主管领导往往是联席会议的召集者。联席会议既能广泛征求意见，相互交换信息，又能有效整合资源，及时解决问题，是确保医患纠纷治理体系内部“和谐”和“高效”的重要保障。

第三，建设理解包容、协同配合、坚守中立的调解文化。医患纠纷的化解是一项具有高度挑战性的工作，既需要面对高情绪状态下的冲突双方，又需要在法律制度的框架内谨慎协调相互矛盾的利益诉求，还可能会受到冲突当事方的暴力威胁以及来自方方面面的人情压力，这就需要建设医患纠纷调解的特定文化。这种文化要强调对不同诉求、不同人群的理解和包容，能设身处地地考虑对方的困难；要强调与其他主体的协同和配合，强化无缝协作和紧密配合；强调第三方不可动摇的中立性和公正性，守护法律底线，维护医患双方的正当权益。

城管执法冲突的社会情境

——以《城管来了》为文本展开

陈柏峰

摘　要：当前城管的公共形象相当负面，几乎等同于暴力执法、扰民、欺压弱势群体、腐败等。然而，从体制形成来看，城管执法克服了多头执法体制的诸多弊端，大体上符合社会发展需要。从纪实作品《城管来了》来看，城管在食品安全、城市交通、市民人身财产安全、社区安宁等多方面有着积极作用，执法冲突的发生有其结构性原因：执法矛盾向城管集中；政府行政决策风险向城管转移；执法受益者是“沉默的大多数”。《城管来了》反映的执法实践与传媒表达大不相同，因为传媒将个别城管的暴力执法特征刻板印象化，掩盖了城管执法的积极面向，通过“污名”建构了负面的城管形象，并将暴力抗法摊贩的形象圆形化，诱导公众将问题指向体制。这无助于解决问题。传媒应当客观全面报道城管执法的社会情境，帮助不同人群共享经验、凝聚共识、达致理解、弥合矛盾。

关键词：城管；执法冲突；社会情境；《城管来了》；传媒

作者简介：陈柏峰，中南财经政法大学法学院教授、博士生导师。
文章来源：本文原载《法学家》2013 年第 6 期。

一、从城管执法的形象说起

随着城市化的快速发展，城市居民的各种需求不断增长，城市管理职能的重要性日益凸显，而城市发展所带来的秩序变化也给城市管理带来了挑战。面对需求和挑战，我国政府逐渐探索出了城市管理综合行政执法体制。与此同时，科技和传媒业的发展促进了舆论监督和信息公开，城管执法越来越曝光在公众视野中，相关负面新闻不断出现在媒体上，尤其是暴力执法和抵制执法的新闻。社会公众对城管的负面评价和反感情绪日涨，甚至出现了取消城管的呼声。在网络舆论中，对城管的怨恨、讽刺和嘲笑不绝于耳，城管的公共形象相当负面：

第一，城管意味着暴力，城管执法就是暴力执法。网络上随处可见“三千城管”的各种诗词，流传甚广。[①]一首诗这样写道：“给我三千城管，复我浩荡中华；剑指天山西、马踏黑海北；贝加尔湖面张弓，库页岛上赏雪；中南半岛访古，东京废墟祭祖。中国城管，所向披靡，见神杀神，见佛杀佛。拳打欧洲诸侯，脚踢北美花旗。上能打飞机，下能秒坦克。下海灭航母，飞天打卫星。”另一首诗这样写道：“一声霹雳一把剑，一群猛犬是城管，钢铁的心肠黑色胆，综合治理保治安。杀声吓破乞丐胆，风林火山威名传，抢必狠，打必烂，砸敌摊位再罚款！”以影射、嘲笑城管暴力执法的各种漫画、笑话段子同样充斥网络。例如，一幅漫画中，有两个浑身背着装备的军人，其中一个问道：“敢问兄台是哪国的特种部队？”另一位回答说：“No，No，俺是中国的城管队员！”再如一个笑话段子：“五角大楼秘密报告称：中国城管队伍是一支具有强大潜力，能单靠一辆破面包车或皮卡就能全天候作战的可怕准军事组织。我国庄严承诺对外不首先使用城管。”另一个段子：“在我们眼里，英美特种兵如果是尘埃的话，我们就是沙尘暴——摘自《城管的优秀历史》前言”，“逃跑？我们会让你生活在无限的恐惧之中。——战斗中的一城管言论”。这些诗词、漫画、笑话段子，都是通过消费城管暴力执法来娱乐受众，城管的暴力形象在娱乐过程中得以进一步强化。

第二，城管意味着扰民，城管执法破坏安宁的生活秩序和自由繁荣的市场秩序。网络上有一流传甚广的组图《清明上河图之城管来了》。第一张图是

① 这些诗句、故事在网络上搜索即可见，流传非常广泛，恕不标明出处。

《清明上河图》的局部图，贴文描述了让人感叹的“好一座繁花似锦的城池”：一座大桥中间的人行道，是一条熙熙攘攘的人流；有坐轿的，骑马的，挑担的，赶毛驴运货的，推独轮车的……街市行人，摩肩接踵，川流不息。接着，忽闻人惊呼：“城市管理者来了”，顿时马惊人慌，只见骤然飞急水，忽地起洪波，城垣尽倒，商铺皆休。数年后，城市管理系统成立十周年成就展在博物馆开幕，展区正中悬挂一巨幅清明上河图，城垣依旧，人烟不再，贴文写道：“汴京城市管理者模范城！”组图中的第二张图就是“博物馆展区挂的那幅清明上河图”——经过网友涂改，画面的背景都还在，只是人物全部都被涂掉，街上尽是散落的零碎物、被打翻的箩篼和篮子。不少网友认为很“写实”，很“形象”，并感慨“城市管理者早诞生几百年，就没有清明上河图了”。[①]显然，受众在娱乐、消费这一组图的过程中，也加固了城管扰民的形象。

第三，城管意味着欺压，城管执法就是欺压弱势群体。城管只要与执法对象发生冲突，公众就习惯性地认为城管在欺负弱势群体。笔者所任教的大学边上有个城中村，挨着校园的那条路上，不断有人搭建违建房做买卖，这使公路变窄了约三分之一。城管几乎每年都要去强制拆迁，每次都要发生一些冲突，但之后不久违建房又会重新出现。每次强拆时，学生们总会向我反映“城管欺负弱势群体”，他们甚至拿出“生存权”来为违建者辩护。一位网友记叙了类似的事情：“大学时候，学校一侧门有条‘小吃街’，超多小贩，很多老爷爷老奶奶推着板车卖东西。有一次城管来了，小贩四散逃窜，有一个老伯跑的时候不小心把板车里的水果撒了一地。当时，我和几个学生还帮那老伯捡水果。那晚在学校内网论坛就有人说这事，基本都认为是城管暴力执法，推了那板车。其实，人家城管连车都没下。”[②]人们在不明是非的情况下推定城管欺压弱势群体，可见他们对城管已经形成了思维定式和固定印象。

第四，城管还意味着素质低、腐败等。北大的学生拿着问卷到北京某城管大队来做调查，第一题就是城管的学历：A.小学，B.中学，C.大专，D.没文化。大学生们根本就不清楚，北京的城管队员都要经过公务员考试，最少也是大专学历，市局还有硕士。[③]可见，一般人看来，城管就是素质低的。一位城管队员记叙，“去参加同学聚会，一说我在城管，桌上就别提多热闹了，

① 参见《“城管来了”，商贩全逃走》，http://news.163.com/09/0410/12/56HPTJBF000120GR.html

② 网友评论，参见宋志刚：《城管来了》，北京：北京理工大学出版社，2011年，第54～55页。

③ 宋志刚：《城管来了》，北京：北京理工大学出版社，2011年，第28页。

各种打镲、各种挤兑。神马给我三千城管如何如何、神马烤白薯全拿家去了……然后就举出各种的道听途说：哪儿的城管怎么有钱、怎么腐败”，这位城管感觉“以前都是不错的同学，这会儿全成阶级敌人了”。[①]据这位城管队员记叙，至少在北京，这些腐败的“指控”，包括罚没的灰色收入，收取保护费、管理费，将抄走的水果拿回家等，都不能成立。[②]

当前城管形象之恶劣，几乎已经等同于凶神恶煞的暴力机构，而且是专门对付弱势群体的公权力机构。负面的城管形象对民众产生了影响。有问卷调研表明，在争议发生后而情况未明了前，大多数民众表现出对“弱势群体”的不自觉同情，从而站在城管执法相对人一边。[③]负面的城管形象可能对学者也产生了不小影响。有学者未经实证调查即认为，正是通过非法化小摊贩，城管才“重任在肩”，得以大量行使处罚权，从而获得与处罚权相关的合法和不法的利益。合法利益包括处罚权、变相许可权、将事业编制转为行政编制的可能；非法利益包括收保护费、默许亲朋好友设摊。[④]张永和等人虽然不否认存在相对人有意制造冲突的情形，但坚持认为，矛盾主要源于城管执法者公权意识落后，滥用权力，甚至耀武扬威，还不完全具备服务思想。[⑤]负面形象让城管受到了巨大压力，执法举步维艰。一位城管说：“大学时代，天涯是我的乐土，现在完全成了我的噩梦，一篇帖子浏览下来，全是城管死全家、问候城管祖宗十八代等。”[⑥]

应该说，某些城管野蛮执法的现象是存在的，但整体而言，暴力恐怕不是城管执法的日常手段，城管更不是暴力执法、野蛮执法的常设机构。至少在北京，“近几年，总局管得很严，北京的城管顶多嚷嚷两声，绝不可能打人的。每次出任务，都有队员手持录像机拍下全部的执法过程。如有纠纷，一看录像就全明白了。”[⑦]一份实证研究甚至表明，城管执法中执法者和相对人都遵循着合作逻辑。[⑧]

---

① 宋志刚：《城管来了》，北京：北京理工大学出版社 2011 年，第 10 页。

② 宋志刚：《城管来了》，北京：北京理工大学出版社 2011 年，第 33～41 页。

③“城管综合执法状况研究”课题组：《西安市临渔区城管综合执法状况观察报告》，《法学》，2009 年第 6 期。

④ 何兵：《城管追逐与摊贩抵抗：摊贩管理中的利益冲突与法律调整》，《中国法学》，2008 年第 5 期，第 167 页。

⑤“城管综合执法状况研究”课题组：《西安市临潼区城管综合执法状况观察报告》，《法学》，2009 年第 6 期，第 93 页。

⑥ 宋志刚：《城管来了》，北京：北京理工大学出版社，2011 年，第 10 页。

⑦ 宋志刚：《城管来了》，北京：北京理工大学出版社，2011 年，第 25 页。

⑧ 汪演元：《城管执法中的合作逻辑》，《社会中的法理》总第 4 卷，北京：法律出版社，2012 年。

城管执法实践的描述与其公共形象的反差，不能不让人疑心：糟糕的城管形象是否就是城管执法状况的真实反映？实践中的城管及其执法冲突到底是怎样的？传媒是如何描述、建构城管形象的？我们到底应当如何面对并解决城管执法中的问题？本文将以《城管来了》为文本，展开对这些问题的讨论。《城管来了》是一部展现城管真实状态的“无码”作品，讲述的是作为一名城管队员，作者宋志刚亲身经历的具体执法过程，执法过程中遭遇的种种麻烦，以及执法生活中的日常见闻等。这是一部颇有影响的著作，其内容最早发表在天涯论坛，引起了广泛关注和热烈讨论，后汇集出版成书。以此人所熟知的写实著作为经验基础，展开对城管执法问题的讨论，可以节省交流成本。更为重要的是，与社会调研基础上的分析相比，研究者不可能垄断材料和故事，更不可能垄断对材料和故事的解释，[①]因此可以展开更具有多面性、包容性的讨论。

二、城管综合执法体制的形成

基于糟糕的城管形象，媒体和网络中有一股很强的舆论，认为城管是政府专门用来对付弱势群体的机构，应当取消。也有学者认为，城管是特定历史时期需求的产物，当前的存在主要是体制性既得利益的惯性作用。[②]当然，“取消城管”属于极端言论，理性面对问题就不会认为城管的作用完全是负面的。张永和等人的问卷调查显示，69.5%的受访群众认为，如果没有城管，城市状况会变得更糟糕。[③]不过，传媒和网络上很难见到这种声音。可以肯定的是，城管执法的需求在传媒中尚未得到足够的表达，甚至在学术研究中也没有得到应有的重视。

与媒体和网络上的“常识”相反，城市管理古已有之，也需要面对与今天城市管理中类似的问题，比如越区经营、占道经营等。[④]而且，当前城管所承担的一些职能，新中国成立以来一直就有管理机构履行。例如，对摊贩

① 苏力曾讨论过以文艺作品展开法律社会学研究的优势，道理与此有些类似。苏力：《法治及其本土资源》，北京：中国政法大学出版社，1996 年，第 40 页。

② 何兵：《城管追逐与摊贩抵抗：摊贩管理中的利益冲突与法律调整》，《中国法学》，2008 年第 5 期。

③“城管综合执法状况研究”课题组：《西安市临潼区城管综合执法状况观察报告》，《法学》，2009 年第 6 期，第 90 页。

④ 张春兰：《唐宋城市管理制度的演进》，《光明日报》2010 年 11 月 3 日，第七版；张春兰：《唐五代时期的城市管理制度》，《唐史论丛》第 11 辑，西安：三秦出版社，2009 年；张春兰：《由唐入宋都城管理制度的变革》，《宋史研究论丛》第 12 辑，保定：河北大学出版社，2011 年。

的管理，就一直由工商行政管理部门承担。[①]一般认为，城管开始于1997年国务院法制办以批复的方式启动“相对集中行政处罚权”试点工作。在城管体制形成之前，城市管理职能分散在不同部门，包括公安、工商、交通、卫生、城市监察等。由于立法工作强调“条条”管理，法律、法规所规定的行政处罚权，往往会明确政府某一个具体部门来实施。实践中制定一部法律、法规，就会设置相应的执法队伍。这样，执法队伍就多得泛滥。国务院法制办工作人员称，1996 年前后，“北京市按照法律、法规要求设立的市一级行政执法队伍有127支，上海市市一级有142支，浙江省的杭州市有207支，苏州市有80支，山东省东营市虽然规模不大，也达到42支。”“北京市的127个市一级行政执法队伍中，共有行政执法人员 6 万多人，另外还有高达 17万人的各类群众协助执法组织。”[②]

这种城市管理和执法体制带来了严重的问题，不但扰民，而且效率低下。众多的执法队伍，执法范围重叠交叉，普遍产生“重复执法”“依法打架”的现象。例如，在市场管理中，就有工商、食品卫生、技术监督、规划、园林、环保市容、物价、市政等部门职责交叉。在有利可图的执法环节，各种执法队伍一拥而上，重复处罚，企业和市民不堪其扰；在无利可图的执法环节，各执法队伍又互相推诿，无人过问，官僚主义泛滥。而且，执法力量分散在众多部门和队伍，每个部门和队伍的执法能力非常有限。由于山头太多，分得过细，单个执法队伍的资源和权限都十分有限，稍微牵涉广一点或者深一点的问题就难以单独解决，因此产生“七八个大盖帽，管不住一顶破草帽”的现象。于是，诸多问题需要依赖联合执法。出现问题后，各个执法队伍都不积极执法，等到问题发展到一定程度，往往是面临上级考评压力，或引起了领导关注，于是在领导指示下，不同部门开展联合执法。

联合执法必然是运动式的，难以成为日常执法机制，导致诸多问题。首先，联合执法运动治标不治本。联合执法运动过后，问题又重新反弹，单个执法队伍仍然难以解决，于是干脆回到从前放任不管的状态。执法者和执法对象逐渐形成了默契，共同等待新的联合执法运动的到来。在这种环境下，执法队伍的惰性和官僚主义得以培养，执法对象的机会主义心理也不断膨胀。

① 黄冬娅：《转变中的工商所：1949 年后国家基础权力的演变及其逻辑》，北京：中央编译出版社，2009年，第79～83页。

② 江凌、张水海：《相对集中行政处罚权：发展历程、实施情况与基本经验》，《行政法学研究》，2008年第4期。

其次，联合执法运动导致侵害执法对象权益的责任不明。联合执法运动往往由地方政府发动，但行政处罚需要具体执法部门作出，而且要比日常处罚重。一旦出现问题，具体执法部门往往不愿意单独为联合执法的错误承担责任，事实上联合执法中的责任也难以区分，而所谓的“联合执法队”又无法成为责任主体。据一位城管讲，北京市城管队伍成立的机缘就是，一个综合执法队的执法活动侵害了相对人的合法权益，相对人提起行政诉讼，联合执法队却没有法律资格来应诉，市政府因此下决心搞城市管理相对集中处罚权的改革。① 这位城管所言也许不是事实的全部，但应当是执法体制改革的诱因之一。

在这种背景下，城市管理综合行政执法成了改革的方向。1996 年《行政处罚法》第十六条规定：“国务院或者国务院授权的省、自治区、直辖市人民政府可以决定一个行政机关行使有关行政机关的行政处罚权，但限制人身自由的行政处罚权只能由公安机关行使。”这为城管部门相对集中的行使职权提供了法律依据。在无需对有关法律、法规作出全面修订的情形下，可能较好解决行政执法领域职权交叉、多头执法、重复处罚、执法扰民、效率低下、执法机构膨胀等问题。1997 年 3 月 7 日，国务院法制办发了《关于在北京市宣武区开展城市管理综合执法试点工作的复函》（国法函（1997）12 号），同意北京市在宣武区开展综合执法试点工作。城市管理中，涉及城市居民生活各个方面、原本分属于城市中多个政府职能部门的行政处罚权，高度集中于城管综合行政执法机关。

继北京市宣武区试点工作后，全国不少城市看到了城管综合执法的优越性和可行性，纷纷向国务院提出请求，要求开展这项工作。由此，进入试点扩大阶段。国务院不断批准设区的市在城市管理领域开展了相对集中行政处罚权的试点工作。2000 年 9 月 8 日，国务院办公厅下发了《国务院办公厅关于继续做好相对集中行政处罚权试点工作的通知》（国办发（2000）63 号），对加强试点工作作了具体规定，进一步明确了试点工作的方向，要求积极稳妥地扩大试点范围，把试点的经验运用于市、县机构改革。此后，试点范围进一步扩大。2002 年 8 月 22 日，国务院颁布了《关于进一步推进相对集中行政处罚权工作的决定》[国发（2002）17 号]，明确规定国务院授权省、自治区、直辖市人民政府可以决定在本行政区域内有计划、有步骤地开展相对

① 刘阳：《北京城管研究》，北京大学博士论文，2011 年，第 17 页。

集中行政处罚权工作。这标志着试点工作的结束，城管执法体制得以全面推进。

应该说，城管执法体制是改革的产物，是过去的多头执法体制难以适应转型期城市管理的产物，它顺应了发展潮流，符合现实需求。比如，武汉市建立城管执法体制后，就取得了一些明显成效，精简了执法机构，减少了执法人员。一份权威报告指出，撤消了原市政、市容环卫、规划和街道城管等70多支城市管理方面的监察队伍，执法人员从2060人减少到1550人。[①]与旧有的执法体制相比，城管综合执法体制有诸多优点，可以避免前述多头执法、重复处罚、执法扰民的弊端；可以形成执法合力，显示行政执法职能合理配置的积极效果；可以实现城市管理执法的经常化，改变过去分散执法的突击执法、运动式执法的做法；可以解决执法的利益驱动问题，使执法行为与执法机构、人员的利益脱钩，减少以收代管、只罚不管等现象；更重要的是，可以实现执法职能分化，强化责任约束。相对集中行政处罚权，把经常发生的、较易查处的、与市容市貌密切相关的行政处罚、检查权统一交由城市管理执法局行使，改变了原来由一个行政机关“自批、自管、自查、自罚”的“一条龙”管理模式，这可以使众多行政部门从大量的执法事务性工作中解脱出来，初步实现了管理权、审批权同监督权、处罚权的适当分离，从而减少因分散执法带来的推诿、扯皮、职责不清、“有利争着管、无利都不管”等问题，明确了执法责任，集中了执法力量，加强了监督处罚的执法力度，从整体上提高了执法透明度和执法效率。

从城管综合执法体制形成来看，这种体制是符合社会发展需要的。然而，遗憾的是，城管执法体制从一开始就成为负面新闻的多发地带，成为社会公众争议的对象，甚至是敌视的目标。很多人因此呼吁取消城管，甚至视城管为黑恶势力一般。这背后当然有很多方面的原因。无论如何，从本节的梳理来看，完全敌视城管执法体制的论调，显然缺乏历史感，没有意识到城管执法体制形成的历史缘由。道理很简单，不能因为执法过程中存在问题，就取消执法。倘若撤销了城管执法体制，按过去的多头执法体制进行执法，或联合执法，相关负面事件仍然有可能发生。现实的做法应当是，探索城管执法的实践逻辑，发现城管执法中存在的问题，尽力完善执法体制。

---

①《关于武汉市开展相对集中行政处罚权试点工作情况的汇报》，http://www.whfzb.gov.cn/site/publish/whfzb/C1201110271420300071.shtml。

三、城管街头执法的冲突

北京的城市管理综合执法范围涉及 14 个方面，包括市容环境卫生、园林绿化、城市规划、工商行政、公安交通、城市节水、停车管理、环境保护、施工现场、城市河湖、公用事业、导游业、市政、交通等。[①]城管执法主要发生在街头和社区空间，其负面形象主要因街头执法而起，因此笔者将以街头执法为主来展开讨论。

城管的街头执法主要针对无证摊贩。无证摊贩主要是城管在巡查中发现的，甚至是在无照经营多发区域“人盯车巡”时发现的。巡查可能是上级城管督查部门交办的，也可能是“线人”提供了线索，“线人”往往是与无证摊贩有生意竞争关系的合法经营门面或报亭。城管执法的空间，绝大多数时候在具有流动性和陌生性的街头，这将执法者暴露在一个没有安全保障的环境中。街头是人来车往的城市街面，是没有主人的共享空间，也是不具备排他性的开放空间。人们行色匆匆，只有非常短暂而无意义的擦肩而过，也许偶尔会有一些交谈，但归根结底每个人都只是过客。这种喧嚣杂乱的环境，本身就蕴藏着危险和不确定性。[②]“即使不考虑暴力，街头空间也是执法负担最重的环境；而对警察而言，街头空间则属于高危环境。”[③]这种环境中的执法与在办公室里开罚单当然是两回事。城管对执法对象和环境较为陌生，缺乏明确预期，其控制局面的能力当然会受制约。与公民去政府机关窗口办事不同，街头上的无证摊贩因违法而成为城管的“顾客”，被迫成为执法对象，这使城管的工作充满了对立冲突，增加了矛盾纠纷的可能性。如果考虑到当前社会矛盾凸显、“仇官”情绪激烈等因素，街头执法的危险性就更高。宋志刚的经历记叙生动地呈现了这种危险：

> 话说有一段时间，我们辖区里开“河北大奔”卖水果的小贩特别多，他们逆行、闯红灯、上便道，相当强悍。那种柴油车劲儿特别大，而且

① 马怀德、王柱国：《城管执法的问题与挑战——北京市城市管理综合行政执法调研报告》，《河南省政法管理干部学院学报》，2007 年第 6 期。

② 参见韩志明：《街头官僚的空间阐释》，《武汉大学学报（哲学社会科学版）》，2010 年第 4 期。

③ Michael Lipsky, *Street-level Bureaucracy: Dilemmas of the individual in public services,* New York: Russell Sage Foundation, 2010, p57-58.

为了对付城管车，四周都包上了铁丝网，根本没法下手。唯一的办法就是趁他们停车售卖的时候上去堵住驾驶舱，开门就拔钥匙。只要速度慢了，司机一脚油下去，就算没戏了。

那天，我们盯住了一辆停在路边售卖的柴油车，驾驶舱里的司机位居然是空的。我和同事们悄悄靠近，堵住了车门。我以迅雷不及掩耳之势拉开车门，伸手就去拔钥匙。当时，我全部的注意力都在方向盘上，完全没在意车里副驾驶上还坐着另一个人。在这时，副驾驶上的那个年轻人突然抄起车头仪表盘上放的一把水果刀，狠狠地砍了过来。那一瞬间，我的视线忽然变得很奇特，那把刀就像慢动作一样划过我的眼前……

刀，没砍中我，却砍在了车座子上。后面上来的同事把我一把推开，拔下了车钥匙，控制住了那个年轻人。当时，如果我再往前一丁点儿，或者水果刀再长点儿，我的脖子绝对会被豁开。[①]

在街头空间中，每个市民都可能针对特定事件有所作为，城管难以事先预料这些作为，而需要在当场作出恰当的反应。除了制服及其所代表的公共权力，城管并不拥有令人畏惧的其他要素，甚至只有恶名和负面形象。城管需要在事件当场独立作出正确的判断和决策，如果反应不妥，轻则难以完成执法任务，重则导致矛盾激化，甚至危及自身生命安全。更麻烦的是，如果街头执法现场聚集了围观群众，这会对城管构成巨大的挑战。在群体心理作用下，城管队员在语言沟通或执法策略上稍有不妥，就可能演化成群体性事件，甚至现场任何人的任何一个偶然行动，都可能使局面失控。宋志刚记叙，有一次执法时，突然跳出一个大学生来，义正词严地指责他，手都指到脸上了："是不是城管一起的，为什么执法不穿制服，是不是怕打人被认出来是城管？"宋气愤之下对大学生吼起来了，要不是副队长及时阻拦，很可能跟学生打起来。[②]宋志刚还记叙了这样一起经历：

违建小棚子里弄个小饭馆，我们三个人去查，刚说限期搬走，还没真轰，吃饭的就呼啦一下把我们围住了。店主把刀拎在手里跟我们说话，路人甲乙丙丁都骂我们。记得骂的最多的一句话是："你们不给穷人活路，

① 宋志刚：《城管来了》，北京：北京理工大学出版社，2011年，代自序第4页。
② 宋志刚：《城管来了》，北京：北京理工大学出版社，2011年，第17页。

穷人卖饭给穷人吃。你们端了小店，两种穷人都没饭吃了。”我们也是接到举报才去的，可当时就被围着骂。没有一个人来帮我们说一句话。围观的也有小区居民，但当时他们好像一点也不介意小区环境，就跟着骂我们。[①]

另一位城管队员在跟帖中说，阻止一个早餐摊贩挡道，会挨几群人骂：小贩们（原因略）；吃早点的人们：“靠，这些城管真是土匪，吃个早点都不让我清静”；家属院的住户：“你们这些城管干嘛？把摊子都赶到小区里，还让不让我们走路啊？别说汽车了，自行车也过不去啊”；家属院的物业、保安们：“你们这些城管真不是东西，害得我们天天被业主投诉，你们就让他们在外面摆呗，外面那么大空地呢”；不明真相的群众：“这帮土匪，还让不让弱势群体活了？摆个摊卖个早饭也管”。[②]显然，在执法过程中，尤其是强制执法，这些人群都可能成为不稳定因素。

按宋志刚的概括，无证摊贩有几种不同的人群，有些人群是不会闹事的，有的人群则有群体性闹事的风险。[③]大学生趁着节假日在景区卖伞、花、国旗、纪念品之类的；年轻白领为了好玩或应对生活压力而摆地摊，他们绝对不会对抗执法。北京市区的无业人员（“北京大爷”）拉着乡下的亲戚租个小房，无照经营，范围广泛，从早餐到衣服、水果等。城管一执法，当家的北京大爷就会出现，台词一般就是：“街道不给我解决，我吃什么、喝什么？我自己找个事干，不用你们政府解决，再管我们，全家去街道主任家吃饭去！”即使街道办给他们找经营的地方，他们也会说“摊位费高交不起”“离家太远不想去”。他们抵制执法，“将无照经营进行到底”，虽然不太可能动用暴力。北京近郊的农民，赶着马车或开着农用三轮车，进城贩卖蔬菜瓜果，很多人起初是季节性的，农闲时才去，逐渐就变成常年的了。这类人，抵抗执法的劲头颇大。

外地来京摊贩是城管街头执法风险更高的人群。一类是有点手艺的外来务工人员，文化不高，听说北京钱好挣，可来了一看，根本不是那么回事，有一部分人干两天就回去了，这种人一般比较老实，不会对抗执法。但还是

① 宋志刚：《城管来了》，北京：北京理工大学出版社，2011 年，第 121～122 页。
② 网友评论，参见宋志刚：《城管来了》，北京：北京理工大学出版社，2011 年，第 121～122 页。
③ 参见宋志刚：《城管来了》，北京：北京理工大学出版社，2011 年，第 21～22 页。

有一部分人靠手艺扎根下来，于是将家里人也弄来，挣到一些本钱后就回老家做小生意去了。另一类是没什么手艺，到京后没挣到钱，回老家又怕丢面子，于是逐渐进入了小贩大军，干一些没有技术含量的工作。他们饿不死，也挣不了钱，无法衣锦还乡，只能留在北京。他们有帮派，还干缺斤短两、强买强卖的事情，也不怕对抗城管。第三类是那些曾从事无照经营的“退役”人员。在城管执法时，这类人负责挑事、吵闹、吸引围观群众。他们自己不会动手打城管，但可能在群众围观环境下挑动前两类人动手。人群聚集，常常就意味着执法现场的控制难度和风险加大。

在这种执法环境下，城管必须保持足够的敏感性和警惕性。日常巡查中，有时即使发现无证摊贩，但如果城管队员太少，也不能轻举妄动。在街头执法过程中，北京的城管队员会用摄像机全程记录，这既可以在现场出现意外情况，或事后发生法律纠纷时保存证据，也可以敦促城管队员依法文明执法，敦促摊贩守法，减少暴力执法或抗法的发生率。全程摄像在不发达地区可能还难以做到。重要地段或影响可能较大的摊贩取缔，一般有三四辆执法车形成一个车队前往执法。第一辆是“侦察、控制车”，是“前线”侦察“敌情”的“侦察兵”，一般是租来的民用面的，它能保证开到摊贩面前而不被发觉；第二辆往往是“指挥车”，或指挥车与“运兵车”的结合，负责指挥行动的业务队长坐在这辆车上，通过呼叫电台指挥执法车队；有时指挥车后面会再紧跟一辆“运兵车”，加强查扣时的“兵力”；最后是一辆皮卡或小型货车，用来装载查扣的物品。[①]在接近目标区域时，指挥车会与侦查车保持适当距离，既不至于被商贩发现，又要保证在侦察车行动后及时赶到。

从理论上讲，查处无证摊贩的行政执法步骤应当是：发现违法行为——提取证据——处罚违法行为。但是，倘若在街头空间中按照这一步骤操作，城管执法将面临巨大的风险，甚至可以说，几乎每件查处行为都可能演化为群体性事件。因此，对无证摊贩的查处在现实中就遵照以下程序：控制经营工具——暂扣经营工具——处罚违法行为。充满风险的执法环境常常使法律程序失去意义。为了保证执法行动成功，需要在无证摊贩尚未察觉的情况下，迅速控制他们的经营工具。为了保证城管队员自身的安全，在控制和查抄经营物品时，要第一时间控制经营工具中的危险品，包括水果刀、铁铲等，以

① 参见刘阳：《北京城管研究》，北京大学博士论文，2011 年，第 69 页。

防摊贩情绪失控用这些危险品伤害城管队员。而在城管执法体制形成之初，城管执法往往会首先将卖馄饨、饺子或炸油饼、油条的摊锅踢掉，因为那时摊贩更加彪悍，在怒气之下可能将锅往城管队员身上泼。[①]公众看起来较为暴力的执法形式，也许并非出于城管队员天生的暴力执法倾向，而是在复杂而危险的街头执法环境中的自我保护。

查抄的过程，城管行动很快，以尽量减少群众围观，因为围观群众一多，群体互动就会产生心理激励作用，[②]“暴力抗法”的概率就大大升高。因此要迅速把摊贩与经营物品隔离开，在摊贩没有对物品查扣行动强烈阻挠的情况下，尽快将物品装车、拉走；然后将摊贩带到执法车上开暂扣单，并让其到城管队接受处理。在街头空间中，相对而言，执法车是城管队员所能实施有效控制的一个小空间，它也能隔断摊贩与围观群众之间的交流，防止群体心理发酵。现场处理完之后，所有人员迅速撤离。等到摊贩到城管队来接收处理时，执法活动就完全发生在城管所能有效控制的空间，毫无风险。执法过程中，如果城管未能完全控制执法现场，最可能出事的环节就是经营工具被人掀翻（往往是存心生事的无业围观人员），此时倘若有人喊“城管打人”，围观人群都涌上来，城管就必须在更危险、更大的压力下完成经营工具装车。稍有不慎，就可能发生暴力冲突。

四、执法冲突的结构性原因

正因为城管执法遭遇了诸多冲突，甚至执法队员或执法对象死伤的严重冲突，城管执法体制成为社会公众所争议的对象，很多人因此呼吁取消城管。这种论调显然失之于简单，没有意识到冲突背后城管执法的积极面向，也没有在现实基础上探讨执法冲突的影响因素。城管执法的社会需求没有得到充分揭示，并不为一般人所了解。在这方面，城管队员宋志刚的著作《城管来了》做了很好的工作，从一线揭示了城管执法工作的社会需求和积极面向。

1. 在食品安全方面，城管执法可以起到积极作用

无证摊贩的食品卫生，完全超出了人们通常的想象。[③]摊贩本人是肝炎

---

① 参见宋志刚：《城管来了》，北京：北京理工大学出版社，2011 年，第 210 页。

② 科尔曼详细解析了这种心理过程，参见[美]詹姆斯·科尔曼：《社会理论的基础》，邓方译，北京：社会科学文献出版社，1999 年，第 264～267 页。

③ 参见宋志刚：《城管来了》，北京：北京理工大学出版社，2011 年，第 96～103 页。

患者、肝炎携带者的很普遍，肝炎携带者的老乡帮在妇幼医院门口卖糖炒栗子、摊煎饼、煮玉米。甚至还有艾滋病患者卖盐水菠萝，手上被菠萝扎得全是血口子，还是很敬业地往盐水里泡菠萝，他的生意很好，因为过路人全不知情。麻辣烫摊贩将前一天的渣滓放到第二天接着炖，汤里甚至出现黏痰，咬一口不熟不入味的食物，带着“哈喇子”又放回锅里。烧烤摊贩以猪肉、流浪猫狗肉、獭兔肉、狸子肉等当羊肉卖。还有摊贩用人造奶油做爆米花，这种人造奶油就是所谓的反式脂肪酸，口感好，却有极大危害，使冠心病、乳腺癌、哮喘、糖尿病、不孕不育等严重疾病的概率大大升高。

2. 在城市交通畅通上，城管执法可以起到疏导作用

无证摊贩往往是哪里人多往哪里摆，因为有人气才有生意。有网友说：“初中时我家这边有条街上全是卖东西的呢，本来回家需要5分钟，可是通常都要半个小时才能到家，根本就走不动啊，全是人啊。然后我同学每次放学都先打电话给城管，之后就能顺顺利利地回家了，没准路上还能捡个好的苹果啥的。”[①]还有网友说：“以前家住南三环，那叫一个乱，便道两溜儿摊，中间是顾客，根本走不动，只能到行车道上走。走过卖日用品这儿，又是小吃一条街，就是最流行那种露天的麻辣烫摊子，熟不熟、脏不脏的就吃下去了，没得肝炎就是万幸。曾经看过几次城管抄摊，现在一抄摊都上百人围观，城管可能动手吗？而且摆摊的也不是善茬儿，还没怎么着呢，就扯脖子喊城管打人了。一般都是城管开着车，举个喇叭警告一下，小贩便收拾东西，等车走了，再摆回来。”[②]

3. 在人身财产安全上，城管可以起到维护作用

有的无证摊贩强买强卖，几个摊连着卖小商品，专门坑学生。组队摆摊的小贩基本都有分工，除了摆摊的之外，还有望风的和“尾行男”。“尾行男”就是在摊子周围转悠的闲人，乍看是路人，在发生买卖纠纷的时候负责观察周围动静，顺道向事主施压。[③]有专门卖假药的、卖小动物的，基本上靠坑骗；有卖烟花爆竹的，危害人身安全[④]；还有卖氢气球的，还发生过严重的爆炸伤人事件。[⑤]

---

① 网友评论，参见宋志刚：《城管来了》，北京：北京理工大学出版社，2011年，第92页。
② 网友评论，参见宋志刚：《城管来了》，北京：北京理工大学出版社，2011年，第112页。
③ 参见宋志刚：《城管来了》，北京：北京理工大学出版社，2011年，第16页。
④ 参见宋志刚：《城管来了》，北京：北京理工大学出版社，2011年，第75～76页。
⑤ 参见宋志刚：《城管来了》，北京：北京理工大学出版社，2011年，第108页。

毫无疑问，城管执法有着诸多社会需求和积极面向。由于多种原因，城管执法在回应社会需求上还存在不足，未起到预期作用，但不能因此完全抹杀城管执法的积极面向。至于城管执法过程中发生冲突，完全归结为城管暴力执法，无疑过于简单。城管执法冲突常见，不仅有街头执法特性上的原因，还有结构性的体制原因：

第一，城管综合执法体制下，执法矛盾向城管部门集中。为了解决行政执法领域职权交叉、重复处罚、执法扰民、效率低下等问题，改变多头执法体制，形成执法合力，城市管理中将涉及城市居民生活各个方面、原本分属于城市中多个政府职能部门的行政处罚权，高度集中于城管综合行政执法机关。这样，原本分散于社会不同领域，本由政府不同部门执法的各种矛盾就向城管部门集中。这种体制虽然有利于执法，却造成了政府不同部门间的权限和责任分配失衡。规划、审批的权限都集中在工商、规划、市政、土管等部门，这些部门的工作在理论上都是为市民服务的，不会与市民发生直接冲突。即使与市民打交道，其工作环境也是在办公室的“窗口空间”中完成的，他们最多需要到市民间做一些调研，工作环境几乎没有危险。而几乎所有部门的处罚职权都转移给了城管部门，城管部门直接与市民打交道，而且是行使行政处罚权，因此与市民发生冲突的可能性大大超过其他政府部门。

而且，在城管综合执法体制下，其他行政部门没有管好的事情，都会让城管来负责。比如食品安全卫生问题没解决好，警察、城管是负责的终端；土地管理、房屋管理问题没解决好，城管也是负责的终端。一位网友评论说：“俺是搞卫生监督的，说白了就是城管哥哥说的那些管坐店餐饮的。自打有了城管哥哥，俺们算是解放了一大块。再也不用满街追着卖毛鸡蛋、炸香肠的小摊贩跑了，可总要有人追啊，重担就落在你们身上了……”[①]城管综合执法体制下，很多执法部门的责任被城管执法部门所承接，甚至可以说，城管和警察集中了绝大部分基层一线矛盾。

第二，城管综合执法体制下，政府行政决策的风险向城管部门转移。因为城管综合执法体制的存在，地方政府越来越习惯于将城市管理中的复杂难办事务交给城管部门，城管越来越成为地方政府改革的“断后”力量。这样，城管就承接了很多不良政府决策的风险。很多地方政府领导急于追求政绩，

① 网友评论，参见宋志刚：《城管来了》，北京：北京理工大学出版社，2011 年，第 223 页。

盲目上马面子工程，罔顾基层社会现实，政策一旦推行，社会矛盾突出，城管又必须冲到第一线，为不良决策承受骂名。一些地方政府完全无视当地的现实，提出建设“无摊贩城市”，甚至连郊区农民偶尔上街卖菜也要予以取缔。一些地方政府取缔摊贩却没有相应的辅助措施，摊贩只能在街头与城管玩起老鼠与猫的游戏。甚至北京市也存在类似问题，为了申办和筹备奥运会，城市管理的思路从之前的“搞活经济”、解决市民的“菜篮子”问题为主，转为治理市容环境为主，因此撤销了大量合法市场。这一过程中政府并没有给出明确的说法，是通过“合法加害权”[①]的方式模糊处理的，以各种其他理由，冲击摊贩的经营，迫使他们撤离或转行。[②]这使很多原本有证的摊贩，变为街头流动的无证摊贩，他们与城管在街头拉锯数年。这一政府改革决策的实质，就是成本和风险实际上由摊贩和城管来承担。

不良政府决策分配给城管的执法目标，直接指向了底层人群的基本生存。他们当中的很多人为了到城市发展而自谋生路，本来应该是政府扶助的对象，却因为涉嫌违法而成为城管打击的对象。当下层人群的生存，碰到盲目的行政决策时，街头执法的风险可想而知。盲目的行政决策，实际上寄予城管过高的期望，赋予了他们难以完成的任务，进而使他们成为“众矢之的”。上级的要求、市民的抱怨和相对人的抵触，将成为城管所不能承受之重。由于城管机构由地方政府自主设立，中央政府并无对口部门，这种有“块”无“条”的制度架构，显然为地方政府将行政决策风险转移给城管部门提供了便利。

第三，城管执法面对的是难办事项，却得不到群众的支持。城管的执法，除了违法者的非法利益受损外，往往是对一部分人有利，对一部分人不利；或者说一部分人欢迎，另一部分人反对。比如，某大学门口有摊贩卖食物，方便学生自习后吃饭。校长觉得挡道，因此坚决要求城管取缔，还拒绝了联系有卫生保障的食品点的建议。城管取缔时，只能遭受学生的使劲责骂。[③]另有一个很有意思的个案：小伙子打电话说车道被摆摊的占了，还把车刮了，非要城管过去取缔；城管过去后，一个老太太出来与城管争执，说取缔了市场她买菜不方便。这个老太太是小伙子的妈妈。[④]群众往往是，摊贩摆在他的家门口，影响到他了，他就激烈反对，要求取缔；没在他家门口，他就很

---

① 吴思：《潜规则：中国历史中的真实游戏》（修订版），上海：复旦大学出版社，2009年，第5页。
② 参见刘阳：《北京城管研究》，北京大学博士论文，2011年，第68页。
③ 参见宋志刚：《城管来了》，北京：北京理工大学出版社，2011年，第59～60页。
④ 参见宋志刚：《城管来了》，北京：北京理工大学出版社，2011年，第75～76页。

乐意，愿意享受摊贩带来的方便。而在执法现场，即使得益的群众也不会表态支持城管，而受损的群众更可能激烈反对。

也就是说，城管执法往往是在为“沉默的大多数”群众服务。拆除违建物就是这样：“违法建设”最初出现的时候，周围的人往往碍于情面不会声张，接下来大家就争相效仿，于是违建成了普遍情形，直到严重影响公共利益或其他市民利益，城管不得不出来执法。在一起因违建影响了地下水管线路的案件中，城管执法仍然得不到群众的支持，违建房主与城管斗智斗勇，群众却缩头不出。[①]由于服务对象的沉默，执法缺乏充满正气的环境，违法者可能会无所顾忌地抵制执法，做出过激行为，而执法者也可能因缺乏安全感而做出过度行动，从而引发执法冲突，甚至暴力冲突。在这种执法环境下，甚至从城管执法中受益的人，也可能因不理解，或受违法者的行为表象感染而反对城管执法。比如黑车问题，那些出门不好打车的人就不反对黑车，而被黑车抢了生意的出租车司机、嫌黑车占道影响通行的人，就支持打击黑车。但是，一旦城管整治黑车，街头尽是围观群众，得益的群众也不会出来支持城管，甚至还会跟着批评城管钓鱼执法、执法不规范。

五、执法冲突的传媒表达

城管执法的矛盾和冲突多发，尽管有城管人员暴力执法的原因，但很难说这是主流；客观来说，既有社会矛盾本身的原因，也有城管执法体制下的结构性原因。但是，传媒在报道城管执法冲突时，似乎所有的社会情境都不存在，似乎暴力执法就是城管的天性，而冲突都是暴力执法引起的。关于城管执法的新闻，几乎从不谈及城管执法的合理性，而总是或明或暗地建构城管专制、暴力、进攻性的形象。举两个例子如下：

> 贩夫走卒、引车卖浆，自古便是良民的正当职业，是盛世通衢的繁荣之景。而这些在今日之城市却成为了某些人眼中一道褪不去的疮疤，自然也就成为了城管的“专政”对象。于是乎，暴力执法和暴力抗法的恶性循环，一次又一次地在中国的城市里上演。[②]

---

① 参见宋志刚：《城管来了》，北京：北京理工大学出版社，2011年，第126～129页。
② 景锦：《深圳城管扒裤：典型制度下的典型事件》，《南都周刊》2007年5月14日。

城管执法，执的是什么法？执的是“维护公共秩序法”还是“砸烂小商小贩饭碗”之法？假设是前者，目的是维护公共交通秩序市场秩序干净整洁秩序，完全可以用劝说、动员的模式。还可以向小商小贩提供摊位提供场地的模式达成“维护”目的，而今却是兴师动众“会同”街道办事处、派出所进行联合执法。如此模式，实在是一种直接平推驱逐模式，根本未用劝说加提供摊位模式，又怎么可能令小商小贩们信服？……大量的事实表明，城管打人属于“常态”，被城管暴力致伤者绝非少数。①

这些媒体讨论基本没有任何深入调查，对城管执法的社会情境和机制并不了解，仅仅根据不断爆料的暴力执法对城管作总体判断；却对城管执法的风险，对摊贩暴力抗法常常视而不见，对城管被杀缺乏基本同情。网易“另一面”栏目最近将城管执法的相关负面新闻收集在一起，标题分别是“管得越来越多”“罚得越来越狠”“腐败越来越重”。栏目丝毫没有提及城管扩权的历史背景和综合执法体制的形成过程，只谈城管执法队伍的扩大，不谈其他部门执法队伍的减小；只谈城管执法范围的扩大，不谈其他部门退出执法一线。专题也没有深究其列举的那些城管违法腐败个案的代表性和普遍性问题，将2007年杭州西湖景区的某处罚做法当做城管执法的一般处罚模式，将2009年上海浦东出现的“钓鱼执法”当做城管执法的一般方式，最后却以确证的口吻得出结论：“城管背负的骂名越来越多、舆论争议越来越大，但却因为能够创造实实在在的政绩，所以还是深受上级领导信赖，于是进一步促使更多的职能职责、执法权限向城管部门倾斜集中。”②门户网站甚至很不严肃地调侃城管，腾讯网曾有一期节目这样描述城管：

论其制，律法之内无所授，法外之域起衙司；论其伍，青皮无赖结其帮，酷吏残刻领其队。论其酬，公帑税金养其众，劫夺民财肥其私。论其兵，褐衣大帽壮其势，狼牙镣铐助其威。论其行，哀哀之民夺其口，嗷嗷之辈断其炊。一国之内，无论大都小邑，此辈结队横行。动则呼啸指斥，立则狼蹲豺伏。无论老弱男女，群殴见血则快意；任尔贩夫走卒，

① 李振忠：《城管“暴力执法”是否也是“抗法”》，http://view.news.qq.com/a/20120128/000010.htm

②《城管扩权：从临时机构到无所不管》，http://view.163.com/special/reviews/chengguan0823.html

追打跪地迫罚金。[①]

媒体甚至以这种表达来为调侃城管确立正当性：

> 城管打人已经不算是新闻，城管打死人也不再是新闻。城管与小贩的矛盾似乎已经变得不可调和，更何况城管还准备和警察联手。对城管的讨伐之声从来没有停止过，但是暴力执法事件也从来没有停止过，只是每次的暴力执法事件都会有着不同的情节。各地都在净化城管形象，各种声音也在讨论谁之过，谁之责。我们一直谴责，我们表达愤怒，可是于事无补。无奈之余，一种新的民意表达方式开始出现，那就是"调侃"。网络上"城管"作为名词被解释成专门欺压租不起商铺、办不起执照商贩以及其他弱势群体的黑社会组织，作为形容词的解释是残暴、血腥、恐怖，作为动词等同于打、砸、抢。除此之外，网络上还流传着很多关于城管的笑话，曰"你太城管了"，生动幽默地讽刺着城管执法。……暴力不能解决问题，谴责也无法解决问题；打累了，骂累了，用一种"调侃"的方式表达想法或许可以更好地增进沟通，会心一笑解千愁。[②]

传媒的这种表达，实际上是对城管的"污名"[③]，将个别城管暴力执法、专横腐败等负面特征刻板印象化，进而成为本质上与城管群体对应的"指称物"，由此掩盖了城管的其他特征。传媒通过强势的话语权，通过"贴标签"的方式，完成这一污名过程。暴力、腐败、"没有人性"等标签，最初可能只与部分城管个体相连，随后，通过媒体的反复炒作，标签被更多人接受用来指称城管执法的特征，标签指称的物件特征泛化，并与城管群体之间的关系凝固僵化。这样，标签就似乎成为了城管群体的"固有本性"，对城管群体的污名化的过程于是完成。传媒对城管的污名化，有多方面的原因，既与极端观点容易引起关注的传媒介入特性有关，也与传媒追求商业利益的倾向有关，还与作为各种力量斗争平台的传媒特性相关。[④]

---

① 《〈我的城管我的城〉"剧组招募"》，http://news.qq.com/zt/2009/cg/cnm325.htm

② 《"城管来了"，商贩全逃走》，http://news.163.com/09/0410/12/56HPTJBF000120GR.html

③ [美]欧文·戈夫曼：《污名：受损身份管理札记》，北京：商务印书馆，2009 年，第 3～5 页。

④ 具体可参见陈柏峰：《传媒监督权行使如何法治》，《法学家》，2012 年第 1 期；陈柏峰：《法治热点案件讨论中的传媒角色》，《法商研究》，2011 年第 4 期。

这种污名化的传媒表达，对受众产生了不可小觑的影响。那些对城管工作不了解、缺乏社会经验的人，在看了这些描述之后，就对城管心生憎恶，而不会去思考城管执法的社会需求。新闻报道之后的评论或跟帖，几乎都是"城管全家死光光"之类的暴戾表达；偶尔有人发表持中之论，也会遭到网民讽刺甚至围攻。如果在暴力冲突中执法相对人受伤或死亡，媒体上自然是一片骂声。即使是发生冲突后，执法相对人回家后因其他原因的死亡，人们也会当成"城管打死人"。[①]在暴力事件发生后，权威报告尚未发布，人们都会理所当然地认定城管打人。即使执法过程中发生城管伤亡，传媒也几乎不谈论城管执法的积极面向，不劝导市民远离暴力，网民则往往欢呼"又死了一个狗城管"，以此来发泄生活怨气，就好像城管死了不算人死，城管的生命就不是生命一样。

在城管形象被污名化的同时，违法犯罪摊贩的形象被大众媒体圆形化。扁形人物与圆形人物是小说理论家福斯特提出的概念，前者指的是特征集中且单一的人物形象，他们在叙事中的一切言行一切情节，都是以单一特征为导向的；后者则相反，具有多个不同的特征，有些特征甚至是互相矛盾的。[②]在摊贩杀害、伤害城管后，摊贩的形象通常会被媒体圆形化处理。摊贩崔英杰杀死城管李志强一案发生后，《南方周末》的报道没有违背证据和基本的事件线索，但所有的描述都围绕"崔英杰其实是好人"展开，重点放在崔英杰的个人经历上，讲述他是个优秀的转业军人，曾被评为优秀士兵，勤劳工作、孝顺父母、能说会道、心地善良、人缘极佳，强调崔英杰的农民工身份、进城务工的艰辛经历、被拖欠工资的情况。报道甚至处处将崔英杰与李志强进行对比，从家庭到工作，他们都是平凡的好人，相遇却是一个血案的发生，而"那一刻，崔英杰为何会行凶？没有人知道"。他并没有恶意抗拒执法，仅仅想保留自己新买的三轮车，它是被拖欠工资、生活非常拮据情形下，借钱所买的最后的谋生工具。[③]这种叙事下，他的奋力抵抗是可以谅解的；而且，他离开现场后又回去是为了寻找同伴，发生流血事件是由于现场的混乱引起了误会，杀人只是惊慌失措的意外。

摊贩夏俊峰杀死两个城管、重伤一个城管的案件发生后，媒体采取了类

① 参见金林：《昆明城管被指围殴三轮车夫致其死亡》，《生活新报》2009年10月30日；庞继光、曲鸣飞：《昆明通报三轮车夫潘怀用死因》，《都市时报》2009年11月10日。

② 参见刘燕：《案件事实的人物建构》，《法制与社会发展》，2009年第2期。

③ 赵凌、郑焰：《城管副队长之死》，《南方周末》2006年9月14日，第A8版。

似的叙事策略，讲述案情的“背后”。网易视频讲述：“夏俊峰夫妇自幼生活困难，全部的希望都寄托在儿子身上。摆摊的‘巨额’收入让他们实现了一直以来的最大愿望：送儿子去上画画班。”视频暗示夏俊峰在城管执法过程中挨打，因此才在暴怒之下杀害城管；暗示夏俊峰案在审判过程中存在程序问题、伪证嫌疑；并渲染夏俊峰亲人为“化解冤仇”所做的努力。[①]凤凰视频更是极力渲染夏俊峰生活的艰辛，为了给儿子创造好一点的学习条件而辛劳摆摊，渲染城管执法的粗暴及其对摊贩的心理伤害，甚至公开挑拨官民矛盾。[②]媒体还不断讲述夏俊峰的儿子的故事，渲染夏俊峰“为了儿子，我什么都不怕”，渲染他儿子的绘画天赋。[③]还通过他儿子“被同学打不敢还手”，来隐喻夏俊峰与城管的关系：父亲杀死城管被判死刑，孩子在被人欺辱时就不敢还手。[④]跟踪报道甚至通过描述夏俊峰在监狱里的生活来渲染他的绝境[⑤]，通过强调“事发地如今交钱即可摆摊”，来暗示城管执法不具正当性。[⑥]这些描写和渲染，其目的都是为了表明，夏俊峰并不是一个十恶不赦的杀人犯，而是一个有着与常人一样感情的父亲、丈夫，是一个需要尊重和尊严的底层劳动者。

传媒对摊贩形象的圆形化描述，并非什么都“圆形”，而有其视点的特别选择。作为杀人犯的崔英杰、夏俊峰，其凶残的一面始终没有被呈现，其杀人的行为在细节上从来没有被呈现。但是，这并不代表他们就只有传媒特意呈现的勤劳善良，而真的没有恶。即使只从生活常理出发，拿刀杀人该是一种多大的恶，需要多大的狠心和仇恨？城管暂扣非法经营的工具，就是一种难以忍受的、非要杀人而后快的屈辱吗？媒体津津乐道于城管“暴力执法”给摊贩所造成的创伤，渲染杀人犯的父母妻儿是多么可怜、多么无助，却几乎不提摊贩杀人对城管家人所造成的创伤。难道城管就不是人，就没有父母妻儿？传媒当然不会否认摊贩杀人的事实，但杀人者和被杀者的某些身份、特征却可以被用来消解对杀人者、杀人行为的仇恨。

传媒对城管形象污名化、摊贩形象圆形化的描写，刻画了城管和摊贩的

---

①《夏俊峰案：小贩刺杀城管的背后》，http://v.163.com/jishi/V7HIQFQDL/V89K7P12K.html

②《小贩夏俊峰》，http://v.ifeng.com/documentary/society/201105/d8019665-c5f2-4c26-a6af-d1b1869f9e1c.shtml

③ 周华蕾：《儿子与童话》，《南方周末》2011 年 9 月 16 日。

④《夏俊峰杀城管获死刑续：其子被同学打不敢还手》，http://news.qq.com/a/20121016/002036.htm

⑤ 周华蕾：《和夏俊峰、蔚少辉一起蹲班房》，《南方周末》2012 年 6 月 28 日。

⑥ 张国栋：《沈阳小贩刺死城管追踪：如今事发地交费即可摆摊》，《南方都市报》2012 年 9 月 3 日。

部分特征，避而不谈另外一些特征，深描某些事件，对另一些事件视而不见，目的就是利用被选定的素材来呈现执法冲突，限定受众的思考和评价，进而认同传媒所给定的叙事结构和定性。顺着传媒的思路，一般人就会提出“是什么原因迫使一个好人走上绝路”的疑问，对这个问题的回答指向了公共权力与公民权利、现有体制与个人生存之间的矛盾。[①]这种描写诱导受众选择性地注意被害人的城管队员身份，并借题发挥式地将焦点放在城管的“暴力执法”上，让民众将死伤城管与恶劣的城管公共形象建立联想，从而让杀人摊贩看上去更值得同情，甚至增加了某种英雄色彩，并最终抽象地指向体制。重庆任建宇在看完视频《小贩夏俊峰》后转帖说：“这是怎样的悲哀。这个社会恶人当道，好人不得善终，而我们这代人的使命就是消灭恶的制度，并使之成为善的守护神。”[②]夏俊峰的妻子收到网民上百万的捐款，而网络上则是一片“又死了一个狗城管”的欢呼声。“涉及案情的一系列事件，经过挑选、裁剪、解释，编织到一个由语言来呈现的戏剧化故事当中，情节塑造出人物，再使用人物在叙事中的形象引发受众对他的评价，诱导受众期待判决会给予这个人物他应得的结局，这结局当然正是叙事者希望给予该人物的，也是叙事者期待受众认同的。”[③]

传媒通过叙述可怜的善良的底层人陷入困境，暗示法律对他应当与对待残暴的歹徒不同，正义的做法不是置他于死地，而是给他改过自新的机会。在崔英杰案中，刑法专家登场表态“要对整个案件综合考察才能作出正确的定罪量刑”；宪法、行政法专家则质疑城管执法权限和执法行为的合法性，甚至搬出了《经济、社会、文化权利国际公约》。[④]在夏俊峰案件中，律师、学者、新闻评论员，对审判发表意见的更多，大多以所谓的正当防卫、防卫过当、程序瑕疵来说事。[⑤]在微博上，关于“夏俊峰案”的搜索结果有数十万条，公共知识分子广泛参与传播并发表“专业意见”。例如徐昕说：“小贩夏俊峰的行为是典型的私力救济，是针对城管申凯、张旭东等十多人野蛮执法的被迫抵抗，是正当防卫，至多是防卫过当，即使构成犯罪，亦罪不当死。

① 参见刘燕：《案件事实，还是叙事修辞？》，《法制与社会发展》，2007年第6期。

② 参见刘俊：《重庆“不正常”青年》，《南方周末》2012年10月18日。

③ 刘燕：《案件事实的人物建构》，《法制与社会发展》，2009年第2期。

④ 参见赵凌：《崔英杰案判决在即，学界呼吁慎用死刑》，《南方周末》2007年2月1日，A6版。

⑤ 参见胡雅君：《夏俊峰案凸显城管困境：暴力是否源于制度》，《21世纪经济报道》2011年5月12日；《夏俊峰案：需要有公正的司法给民众信心类别》，《南方都市报》2011年5月14日；邓子滨：《公正必须看得见》，《南方周末》2011年5月20日；谭翊飞：《追问夏俊峰案》，《财经》2011年6月7日。伍少安：《夏俊峰案中的司法是否公正应当给出答案》，http://view.news.qq.com/a/20110516/000044.htm。

关注夏俊峰案，并希望以此案推动中国的死刑限制/废除运动。”[①]这些说法，在法律上很难成立，而且与案件审判量刑很难有直接联系，却可以从社会舆论上影响案件。崔英杰没有被判处死刑立即执行，夏俊峰的死刑复核在最高法院一年多仍无下文，也许就是法院面临压力的反映，虽然没有直接证据证实。

为了强化给定的叙事结构和定性，微博上的公共知识分子顺势把问题推向所谓的体制。李承鹏说：“这一个违章摆摊的父亲，却是要努力养活儿子的父亲。这一个杀了人的父亲，却是为保住最后尊严才杀人的父亲。这个前技校生，后二级车工……辗转最后，竟至杀人。试想一个小贩格杀当世两大城管之际，内心该多激愤。此时该羞愧的到底是这父亲，还是这街、这城、这国。”[②]斯伟江这样回复夏俊峰的妻子：“会好的。包括夏俊峰，和我们这个时代。钟摆不会永远在一边的。”[③]范忠信说：“全国每年群体事件大小数万起，城管商贩冲突尤为剧烈。夏俊峰事件的沈阳爆发商家集体罢市。这是特大事件一触即发的讯号。台湾二二八事件就是小烟贩受辱引起的。危机四伏，只有政改可以挽救。为何？只有政改可以约束官员官府滥用权力！所有祸事，都是滥用公权引起的！”[④]媒体和公共知识分子，借着给杀人摊贩争取免死的机会，毫不含糊地煽动人们仇恨体制。如同微博的实证研究成果指出的，都市精英知识分子以“豪民”的身份不容置疑地代表“人民”“草民”“老百姓”或“公众”的意见，在法律过程中以“动员”代替“程序”，将几乎所有的具体个案“上纲上线”为体制问题。[⑤]

六、执法冲突的呈现与弥合

应当承认，城管执法冲突的传媒表达，成功引导了受众的思考。它建构了执法冲突的人物和语境，其中有暴虐的城管，有受压迫的摊贩，然后就是城管暴力执法，遭到凌辱的摊贩奋起反抗。这种描写与被传媒“污名”后的城管形象高度一致，符合受众的先在经验和价值判断。然而，城管执法冲突

① 徐昕微博，http://weibo.com/poetjustice
② 李承鹏微博，http://weibo.com/lichengpeng
③ 斯伟江微博，http://weibo.com/u/2729816327
④ 范忠信微博，http://weibo.com/fzx59
⑤ 王维佳、杨丽娟：《“吴英案”与微博知识分子的“党性”》，《开放时代》，2012 年第 5 期。

却未能得到全面真实的呈现，城管执法因此未能得到理性讨论，城管执法中的问题也难以得到实质性解决。即使传媒和公共知识分子的努力使个案的处理结果符合他们的期待，并不意味着城管执法的问题得到了解决，也不意味着城管执法冲突就得到了弥合，更不意味着社会管理秩序就可能更好。实际情况可能恰恰相反。杀害李志强的崔英杰被判处死刑缓期两年执行，传媒和受众满意，李志强的同事宋志刚却说："如果我是志强队长的亲人，我会为了我的亲人不停上访，就算穷尽我的下半生，也要让那个凶手得到应有的惩罚，以告慰亲人的在天之灵！"[①]他坦言：

> 我不愿意去志强队长家。我害怕。我害怕，我去多了，就会丧失工作的勇气。看见志强队长的家人，就像看见我自己的家人一样。如果有一天我不在了，他们会怎么生活？如果我脖子上的大动脉被豁开……如果我满身鲜血地躺在急救室里……如果我爹妈在外面痛不欲生……会不会有人说我是个敬业的好同志？会不会有人为这个二十来岁的年轻生命感到惋惜？会不会有人同情这对痛失爱子的年迈老人？我想，或许不会……我能得到的，或许只是满篇欷歔、甚至奚落的报道……我能得到的，或许只是网络上大家的振臂高呼："又一个狗城管被干掉了……"[②]

传媒表达远远没有呈现城管执法冲突的社会情境，它强化了受众的一部分常识，同时故意遮蔽、限制了另外一部分常识。摊贩艰辛生存的一面，传媒广为宣传，受众广为接受；但摊贩动手杀人那一刻的凶残，传媒却故意回避；城管执法的艰难和无奈、维护城市管理秩序的需求，媒体都避而不谈；城管与摊贩在街头空间中的斗争与纠葛，媒体不理解也不愿去理解。由于社会科学话语、概念、理论对指涉对象有反思性建构作用，指涉对象自身可能以社会科学的方式来思考，"专业观察者所宣称的知识重新又进入到它所指涉的对象之中，从而又改变着他所指涉的对象"[③]，因此，媒体描写客观上可能鼓励摊贩在街头抵抗城管的执法，制造新的社会不稳定。同时，媒体上出现的公共知识分子，虽然根本不了解底层生活与基层执法，却以底层民众的

---

① 宋志刚：《城管来了》，北京：北京理工大学出版社，2011年，代自序第6页。
② 宋志刚：《城管来了》，北京：北京理工大学出版社，2011年，代自序第5页。
③ [英]安东尼·吉登斯：《现代性的后果》，田禾译，南京：译林出版社2000年版，第38～39页。

代言人自居，以人民的名义发言，他们不是呼吁底层执法者与底层人民互相理解，不是呈现彼此不同的社会经验以获得谅解和共识，而是宣扬暴力，甚至煽动民众反对体制。显然，媒体对真实的城管执法并没有兴趣，宋志刚记叙了这样一件事情：

> 前几年，通州区的城管队员查抄路边小贩，收缴气球。不想气球突然爆炸，破气球皮就糊在了一个年轻城管兄弟的脸上。氢气球爆炸瞬间温度据说不低，那气球皮一下就黏住了他的脸。等到了医院，医生把气球皮取下来，这哥们儿已经毁容了。哥们儿的未婚妻看见他受伤后的脸，也跟他吹了，他难受得不行。当时他的队领导就想让媒体给说说这事，一个是为这兄弟宣传宣传，好歹宽宽他的心；再一个是想跟广大市民说说，别给孩子买氢气球了，太危险。结果媒体“谢绝”了，因为没“爆点”。……这些媒体也不知道怎么想的，就爱报道城管打人、城管追小贩的事，怎么就不提醒提醒老百姓，这小贩卖的东西危险啊？①

只有关于摊贩和城管的常识都呈现在人们面前，城管执法冲突才有可能从制度上得以化解。只有相关信息得到全面呈现，社会才能真正深刻理解城管执法及其冲突。如果公众对城管执法的社会需求缺乏认识，对城管执法体制的形成历史毫不知情，对执法冲突的街头场景毫无体会，对街头执法冲突的结构性原因毫不理解，对媒体表达的叙事结构毫无警醒，城管执法的冲突也许永远都无法弥合。一个真实的世界都没有得以呈现，却去讨论其中冲突的弥合，这岂不是在沙堆上建设高楼大厦？毫无疑问，在现代社会，向大众呈现真实的世界，只有依赖传媒，必须让公众了解他们所尚未了解的常识，让所有的人共享经验。

在一个传统的乡土社会中，不但所有成员共享经验，而且不同世代的人也可以共享经验。乡土社会安土重迁，生于斯、长于斯、死于斯，人口流动很小，社会分工也不明显。“在这种不分秦汉，代代如是的环境里，个人不但可以信任自己的经验，而且同样可以信任若祖若父的经验。一个在乡土社会里种田的老农所遇着的只是四季的转换，而不是时代变更。一年一度，周而

① 宋志刚：《城管来了》，北京：北京理工大学出版社，2011 年，第 109 页。

复始。前人所用来解决生活问题的方案，尽可抄袭来作自己生活的指南。”[①] 而在现代社会，社会流动加速，社会分工日益发达，每个人都只了解自己职业领域的一小块，只对自己的专业领域才精确熟悉。对专业之外的领域不但不理解，而且缺乏理解的基础，因为信息爆炸使人们很难对离日常生活稍远的领域有深入了解。人们很难从日常生活过程去分享他人的生活经验，因为现代社会的复杂性使其丧失了经验共享的生活机制。传统乡土社会是同质社会，而现代社会是异质社会，人们必须借助传媒这一平台来共享经验，传媒的重要性也因此凸显。

传媒应当客观全面报道城管执法，充分展现执法冲突的社会情境，帮助不同的人群共享经验、凝聚共识并塑造民意。经验分享能增进社会黏性，帮助人们解决共同的问题，确保人们对真正的问题和需求有所反应，甚至帮助人们认同自己。经验分享可以增进人们互相了解，促进社会互动，让人们拥有共同话题、任务和关心对象。经验分享提供了一种社会黏性，让不同的人相信他们拥有相同的文化。他们借由创造共同记忆、经验和共同的进取精神，打造一个分享的文化。[②]大众传媒在经验分享中担当着重要角色，若处置不当则可能制造分裂。在城管执法冲突的描述中，传媒显然未能较好地履行责任，扮演恰当的角色，促进经验共享。传媒的描写未能摆脱对城管的污名，没有全面提供城管执法的图景，城管的执法需求、执法困境、执法场景在媒体中都不存在，这样不能帮助受众全面理解城管执法。不同人群不能从公共传媒中分享不同的经验和知识，社会黏性不仅没有增加，反而在反对体制的呼声中遭到腐蚀。如此，公共讨论不但不会凝聚社会共识，反而进一步制造了对立情绪，孕育暴力的种子。

传媒未能在分享经验的基础上塑造健康的民意，基层社会仍然处于分裂状态。城管执法仍然举步维艰，得不到公众的理解；人们仇视执法者的情绪进一步加强，并没有因为杀人摊贩的从轻处置而得以缓解；城管执法的受益者进一步沉默，甚至不自觉地加入了反对执法秩序的浪潮中。这越发强化了城管执法的危险环境，未能缓解社会张力。媒体和社会对此都应该有所反思。健康的传媒立场，应当是全面客观地呈现社会困境、共享社会经验、达致互

① 费孝通：《乡土中国 生育制度》，北京：北京大学出版社，1998 年，第 51 页。

② 参见[美]桑斯坦：《网络共和国：网络社会中的民主问题》，黄维明译，上海：上海人民出版社，2003 年，第 69、74 页。

相理解、弥合社会矛盾。当然，健康的传媒立场，科学全面地呈现执法冲突，这些仅仅是起点。要从根本上解决城管执法冲突问题，至少还需要加强以下四个方面工作：一是进一步优化城管执法体制，促进城管依法执法，提高城管系统的法治化水平；二是提高政府行政决策的科学化程度，避免城管部门成为承担政府行政决策风险的“专门机构”；三是继续保障民生，提高人民生活水平，以使城管执法目标远离底层人群的基本生存线，从而降低执法难度；四是加强城管执法需求和积极面向的宣传，寻求社会对城管执法的理解和合作。显然，城管、传媒和社会，都任重道远。

南开大学出版社网址：http://www.nkup.com.cn

投稿电话及邮箱：	022-23504636	QQ：1760493289
		QQ：2046170045(对外合作)
邮购部：	022-23507092	
发行部：	022-23508339	Fax：022-23508542